ख़ुद से जीत

ख़ुद से जीत

सुन्दर चन्द ठाकुर

वाणी प्रकाशन

वाणी प्रकाशन

4695, 21-ए, दरियागंज, नयी दिल्ली 110 002

फ़ोन : +91 11 23273167 फ़ैक्स : +91 11 23275710

शाखाएँ

अशोक राजपथ, पटना 800 004, बिहार

कॉफ़ी हाउस कैम्पस, महात्मा गांधी मार्ग, इलाहाबाद 211 001, उत्तर प्रदेश

महात्मा गांधी अन्तरराष्ट्रीय हिन्दी विश्वविद्यालय, वर्धा 442 001, महाराष्ट्र

www.vaniprakashan.com
marketing@vaniprakashan.in
sales@vaniprakashan.in

Khud Se Jeet
by Sunder Chand Thakur

ISBN : 978-93-5518-019-3
Health/Fitness

प्रथम संस्करण 2022

मूल्य : ₹ 599

आर. टेक ऑफ़सेट प्रिंटर्स, दिल्ली-110 032 में मुद्रित

वाणी प्रकाशन का लोगो मक़बूल फ़िदा हुसेन की कूची से

समर्पण

मेरी रनिंग जर्नी पर आधारित यह किताब मैं इस यात्रा में हमसफर बने अपने प्यारे दोस्तों के नाम करता हूँ। उनके बिना यह सफर मुमकिन न था।

डॉ. शशिकला
गौतम और मालाबी दास
अमित और निधि डालमिया
अमित और रूपा प्रतिहारी
अर्चना और निखिल वर्मा
अनुपम और पियाली गुहा
प्रसून और चंद्रिमा सिकदर

भूमिका

क्या आपने कभी सोचा कि आपके जीवन में सबसे बड़ी उपलब्धि क्या हो सकती है। ऐसी उपलब्धि जिसके बाद कुछ भी हासिल करने को न रह जाये। परम सत्य की तरह। उसके बाद कुछ और जानने को भी बाक़ी न रहे। मैं जब यह किताब लिखने बैठा, तो बहुत रहस्यमयी ढंग से यह सत्य मेरे सामने उजागर हुआ। मैं कुछ देर के लिए विचारों के अंधड़ में खो गया। थोड़ी देर बाद जब सब कुछ शान्त हुआ, तो मेरे दिमाग़ में सिर्फ़ वह सत्य बचा रह गया था, जिसे मैं अपना परम सत्य मान रहा हूँ। मुझे यह बात समझ आ गयी थी कि जीवन में सबसे बड़ी उपलब्धि उस समझ को पा लेना है, जो हर स्थिति में अपने परिष्कृत स्तर पर बनी रहकर हमें निरन्तर मानसिक शान्ति दे सके। मानसिक शान्ति से मेरा अभिप्राय ऐसे दिमाग़ से है, जो पूरी तरह शान्त हो। पूरी तरह शान्त और पूरी तरह वर्तमान में। यही वह स्थिति है जिसमें हमें उस आनन्द का सुराग मिलता है, जिसकी खोज में हम अन्यथा मारे–मारे फिरते हैं। पर ऐसी समझ विकसित कर पाना, जो आपको विचारों के अंधड़ से बाहर निकाल हमेशा मौजूदा पल की तरंग पर बैठाए रखे, आसान नहीं। यह ऐसा नहीं कि आप यूनिवर्सिटी में दाख़िला ले लो और जब पास होकर निकलो, तो ऐसी समझ से लैस होकर निकलो। इस समझ को पाने के लिए आपको पहले अपनी आदतों से बाहर निकलना होगा। आपको यह जानना होगा कि आपका दिमाग़ किस तरह वर्गीय, आर्थिक, सामाजिक, धार्मिक, राष्ट्रीय, विचारधाराओं से जुड़े, लिंग और जाति के कारण जन्मे न जाने कितनी तरह के कितने सारे प्रभावों के असर में है। इन सबसे मुक्त होकर जब

आप अपनी स्मृति से भी बाहर निकलेंगे और भविष्य की किसी भी तरह की कोई कल्पना नहीं करेंगे बल्कि जैसा अभी है, उसे ही पूरी तरह, बिना समझौता किये स्वीकार करेंगे, तब एक सम्भावना अपने पंख खोलती दिखेगी। वह इसी समझ की सम्भावना होगी, जिसकी मैं बात कर रहा हूँ। ऐसी समझ, जो आपको लगातार आनन्द से भरा हुआ रखेगी। ऐसा इसलिए भी आसान नहीं, क्योंकि मानसिक स्तर पर हमें पकड़ने वाली दूसरी आदतों की क्या बात की जाए, सामान्यतः हम अपनी इन्द्रियों से सम्बद्ध आदतों से ही छूटने में असफल रहते हैं और कई बार तो ऐसी ही किसी आदत के चलते मृत्यु का ग्रास ही बन जाते हैं। सिगरेट, तम्बाकू और शराब की लत ऐसी ही आदतों में शामिल हैं। पर ये बहुत ही स्थूल प्रकृति की आदतें हैं। बल्कि ये तो व्यसन हैं। आदतें तो सूक्ष्म स्तर पर भी काम करती हैं। ज़्यादा खाना और बार–बार खाना भी आदत ही है। क्रोध करना, ईर्ष्या करना, तुलना करना, हताश होना, निराश होना, बहुत ख़ुश हो जाना आदि भी तो मन की आदतें ही हैं। इन सारी आदतों को समझना और इनसे ऊपर होकर अपने मन की हरकतों, अपने दिमाग़ में आने वाले विचारों को लेकर सजग रहते हुए जान पाना कि मन और दिमाग़ में जो हो रहा है, वह क्यों हो रहा है, मन के साथ न बहने लग जाना, विचार को सच मानकर उसके लिए कुछ भी करने को तैयार न हो जाना, ऐसा बहुत कुछ है, जिसे आपको पल–प्रतिपल घटित होने वाले निजी जीवन में उतारना होगा और अपने व्यवहार और सोच के प्रति सचेत बने रहना होगा, जागरूक होना होगा, तभी आप उस मुकाम तक पहुँच पायेंगे, जहाँ ख़ुशी देने वाली वह जादुई समझ रूपी तितली आपके कन्धे पर आकर बैठ जायेगी। तब आप अचानक पायेंगे कि दुनिया बहुत सुन्दर है, आप ही अपनी आँखों पर अज्ञान की पट्टी बाँधे अन्धे बने हुए थे। नासमझी की नींद में आप चीज़ों की ख़ूबसूरती देखने से महरूम रहे। पर अब और नहीं। मूझे भरोसा है कि दस साल की मेरी रनिंग यात्रा के दौरान मेरी आदतों में बदलाव और मैराथन में तेज गति से दौड़ पाने के संघर्ष की यह दास्ताँ आपको अपने खुद के जीवन को बेहतर बनाने में मददगार साबित होगी।

अनुक्रम

अध्याय 1

2011 : पहली मैराथन का दर्द और रोमांच

एक तीखी उदासी चक्राकार घूमती मेरी सोच की गहराइयों में उतर रही थी। मैं जान रहा था कि मुझे ऐसा नहीं होने देना चाहिए क्योंकि बाद में मुझे ही उसे अपनी चेतना की उन गहराइयों से बाहर खींचकर निकालना था। जीवन उदासी और नकारात्मकता के साथ हरगिज़ नहीं जिया जा सकता। उदासी तभी ख़ूबसूरत लगती है, जब वह हमारे भीतर हमारी भावनाओं में नहीं बल्कि बाहर प्राकृतिक दृश्यों, बिम्बों में उतर रही हो। अपने ही भीतर उदासी क्यों अच्छी लगेगी। लेकिन मैं यह सब जानते हुए भी उसकी जकड़ में कुछ यूँ कसता जा रहा था मानो वह एक विशालकाय भूखा अजगर हो और मैं उसका निरीह शिकार। दो दिन पहले तक सब कुछ इतने उत्साह से लबरेज़ था। समय को लेकर मैं सुध–बुध खो चुका था। समय था ही कहाँ मेरे पास। मैं समय के ख़िलाफ़ दौड़ रहा था। मुम्बई मैराथन का वह दिन सिर पर था, जिसका मैं महीनों से बेसब्री से इन्तज़ार कर रहा था। मेरे लिए यह महज 42 किलोमीटर की दौड़ न थी। दाँव पर मेरा सब कुछ लगा हुआ था। मैं कृत–संकल्प था कि इस बार मैं पिछले साल वाली ग़लतियों को नहीं दोहराऊँगा

और आखिरकार चार घण्टे के उस जादुई आँकड़े को छू ही लूँगा जिसे पाने के लिए मैंने पिछले चार सालों से हाय तौबा मचा रखी थी। अगर आप किसी मैराथन दौड़ने वाले से बात करेंगे, तो वह बतायेगा कि असल में मैराथन दौड़ने वालों की नज़र में चार घण्टे के इस आँकड़े के दोनों ओर दो अलग–अलग क़िस्म के लोग होते हैं। पहले वे जो चार घण्टे से कम समय में मैराथन की दौड़ पूरी करते हैं और दूसरे वे जो चार घण्टे से कम समय में मैराथन की दौड़ पूरी नहीं कर पाते। इन दो वर्गों में एक बहुत बारीक़ मनोवैज्ञानिक फ़ासला है। मैं लगातार यही सोच रहा था कि इस बार मुझे चार घण्टे से कम समय में दौड़ पूरी करने वाले उन अनोखे दौड़ाकों की ख़ास जमात का हिस्सा बनने से कोई नहीं रोक सकता था। यह सुनिश्चित करने के लिए कि मैं हर हाल में चार घण्टे में मैराथन पूरी कर लूँ, मैं साल भर तीन घण्टे पचास मिनट का लक्ष्य रखकर तैयारी करता रहा। जैसे–जैसे मैं आपको अपने अभ्यास और बाकी तैयारियों की कहानी सुनाऊँगा, आप भी यह यक़ीन करने लगेंगे कि इस बार मैं अपना लक्ष्य हासिल कर ही लेने वाला था। उसे पाना महज एक औपचारिकता भर थी। तो फिर ऐसा क्या हुआ कि मै इस लक्ष्य को छू नहीं पाया और अब बालकनी में खड़ा ढलते हुए सूर्य को देखते हुए उदासी के भँवर में उतर रहा था। मैंने कितने सालों से इस तरह कभी बालकनी में खड़े होकर ढलता सूरज नहीं देखा था। फुर्सत ही कहाँ थी। मेरा पूरा वज़ूद लक्ष्य को अपनी मुट्ठी में करने की जद्दोजहद में डूबा हुआ था। आज अचानक उस वज़ूद का ही धरातल दरक गया था और अब उसकी जगह मुझे भीतर खींचता हुआ एक निर्वात उतर रहा था।

मैंने मैराथन दौड़ना 2011 में शुरू किया था। तब मेरी उम्र 42 साल थी। पिछले दस सालों में मैं हाफ़ और फुल मिलाकर लगभग तीन दर्ज़न मैराथन तो दौड़ ही चुका हूँ। इस दौरान मैराथन दौड़ने वाले

कई नये दोस्त भी बने। मैंने गौर किया कि ज़्यादातर लोग लगभग पैंतीस की उम्र से दौड़ना शुरू करते हैं। शायद इसी उम्र में यह अहसास जागता है कि हम उम्र की चोटी पार करके अब ढलान पर उतर रहे हैं। हर व्यक्ति यहाँ पहुँच अपने स्वास्थ्य के प्रति जागना शुरू करता है, क्योंकि अब उसे गाहे–बगाहे अपने ही दोस्तों के अचानक निधन की झकझोरने वाली ख़बरें मिलना शुरू हो चुकी होती हैं। मैराथन दौड़ने वाले इस बात से इनकार करेंगे, पर एक सच यह भी है कि मैराथन दौड़ना अहं को भी तुष्ट करता है। अलबत्ता कोई भी ऐसा काम जो कठिन है, उसे लोग इसलिए भी करना चाहते हैं, क्योंकि वह उनके अहं की तुष्टि कर उन्हें सुखद अहसास देता है।

आप यह जान लीजिए कि जो आदमी जितना असम्भव–सा दिखने वाला काम कर रहा है, उसके अहं की भूख उतनी ही ज़्यादा है। हालाँकि मेरे मैराथन दौड़ने की वजह बिलकुल अलग थी। उन दिनों मैं जीवन को सिर्फ़ प्रतिस्पर्धा के रूप में देखता था और मेरा भरोसा यह था कि जो भी व्यक्ति लक्ष्य को सामने रख बाकी सब कुछ भुलाकर पूरी एकाग्रता के साथ उसे पाने के लिए ख़ुद को झोंक देगा, उसे सफलता मिलने से कोई नहीं रोक सकता। ये वे दिन थे, जब मेरा सारा फोकस अपने क्रिकेटर भतीजे उन्मुक्त चन्द पर था, जो कि दिल्ली की टीम से रणजी खेल रहा था। बचपन से ही उसके शारीरिक–मानसिक प्रशिक्षण में मेरी बहुत सक्रिय भूमिका रही थी। वह एक होनहार क्रिकेटर के रूप में उभर रहा था। मैंने उसके सामने रणजी के एक सीजन में 1000 रन बनाने की चुनौती रखी। इस चुनौती को वह गम्भीरता से ले, इसके लिए मुझे ख़ुद के सामने भी कोई बड़ी चुनौती रखना ज़रूरी लगा। बहुत सोचने के बाद 42 किलोमीटर की फुल मैराथन दौड़ना मुझे एक गम्भीर चुनौती लगी, क्योंकि उन दिनों मैं तीन किलोमीटर से ज़्यादा नहीं दौड़ पाता था। 42 किलोमीटर दौड़ना लगभग असम्भव–सा लगने वाला काम था। वैसे ज़्यादातर मैराथन दौड़ने वाले पहले कुछ साल हाफ़ मैराथन दौड़ना शुरू करते हैं और शरीर के थोड़ा अभ्यस्त हो जाने के बाद

ही फुल मैराथन के बारे में सोचते हैं। मिलिन्द सोमन ने भी पहले चार–पाँच साल हाफ़ मैराथन ही दौड़ी थीं। बाद में ज़रूर उन्होंने दिल्ली से मुम्बई और अहमदाबाद से मुम्बई जैसी लम्बी–लम्बी दौड़ें भी लगाईं। ऐसा ख़ुद उन्होंने मुझे बताया था। पर मैं अपने भतीजे उन्मुक्त पर मनोवैज्ञानिक दबाव बनाने हेतु अपने लिए असम्भव प्रतीत होने वाली बड़ी चुनौती लेना चाहता था, ताकि वह रणजी सीजन में 1000 रन बनाने की अपनी चुनौती को ज़्यादा गम्भीरता से ले। हालाँकि कुछ सालों बाद मुझे यह एहसास हुआ कि क्रिकेट के खेल में लक्ष्य निर्धारित करना और इस तरह चुनौती देना ठीक नहीं। यह सही तरीक़ा नहीं है। और अब तो मैं लक्ष्य निर्धारित किये जाने के पक्ष में ही नहीं हूँ। सिर्फ़ लक्ष्य ही क्यों, मैं दूसरों से प्रतिस्पर्धा के भी ख़िलाफ़ हो चुका हूँ। अब मैं लक्ष्य की बजाय प्रक्रिया पर ज़ोर देता हूँ और ख़ुद से ही प्रतिस्पर्धा करने पर ज़्यादा भरोसा करता हूँ।

जनवरी 2012 में मैं अपनी पहली फुल मैराथन दौड़ा। यह दौड़ प्रशिक्षण और अभ्यास से ज़्यादा इच्छाशक्ति के बूते पर दौड़ी गयी थी। मैंने यह मैराथन 4 घण्टे 55 मिनट में पूरी की। पहली मैराथन के लिहाज से थी, यह बहुत ख़राब प्रदर्शन नहीं था। यह बात और है कि उन्मुक्त ने उस रणजी सीजन में एक हज़ार रन नहीं बनाये। उसे दूसरे तरीक़े से अपने समय में कहीं और अपना कौशल दिखाना था। पर मेरा मैराथन दौड़ना जो शुरू हुआ, तो वह कभी रुका नहीं।

हालाँकि दस साल बहुत लम्बी अवधि नहीं है, मगर इस दौरान मेरे जीवन में जिस तरह चीज़ें बदलीं, मेरी निजी आदतों से लेकर मेरे सोचने के तरीके में जो फ़र्क़ पैदा हुआ और सोच के बार–बार बदलते रंगों से संचालित होने वाला मेरा अच्छा–बुरा मूड जिस तरह एक स्थायी आनन्द की समभाव तरंगों की सवारी करने लगा है, यह इस अवधि के दौरान तय की गयी मेरी यात्रा को थोड़ा रोचक बनाता है।

इस रूपान्तरण की कहानी संभवतः अपनी आदतों को बदलने और ऊर्जा से भरा सन्तुलित जीवन जीने में आपकी भी कुछ मदद कर सके, यही ध्यान में रख मैं इन दौरान तय की गयी अपनी यात्रा के

अलग–अलग पहलुओं को आपके सामने खोल रहा हूँ। इन आदतों में लगभग रोज़ ही दो पैग शराब और दो पैकेट सिगरेट पीने जैसे व्यसनों के अलावा जब–तब अहं की गिरफ़्त में आकर भावनात्मक उफानों से गुज़रना और लगातार एक उत्तेजना में रहते हुए अपनी मानसिक ऊर्जा को नष्ट करना जैसी कई नकारात्मक बातें शामिल थीं। मैं देखता हूँ कि दस साल पहले जो मेरे साथी थे, अब मुझे देखकर अचरज करते हैं कि मैं ऐसा कैसे हो गया। मुझे जानने वाले मेरे शराब–सिगरेट पीना छोड़कर एक ही महीने में दो–दो फुल मैराथन दौड़ने या साउथ अफ्रीका जाकर 90 किलोमीटर की कॉमरेड मैराथन में शिरकत करने जैसा काम करने को बहुत हैरानी से देखने वाले थे। अब iron man यानी लौह पुरुष बनना (जिसके लिए 3.8 कि.मी. स्विमिंग, 180 कि.मी. साइकलिंग और 42 कि.मी. की दौड़ 16 घण्टे से कम समय में पूरी करनी होती है), मेरा अगला लक्ष्य होने वाला था। मेरे दोस्तों को मुझे देख जितना अचरज होता था, मुझे यह सब अब उतना ही सहज लगने लगा था। मेरे हाथ मनुष्य के भीतर छिपी असीम सम्भावनाओं को सच करने का सुराग लग चुका था। मैं जान गया था कि हर व्यक्ति अपने में बुद्ध होने की सम्भावनाएँ लिए हुए है। यह उस व्यक्ति पर है कि वह इन सम्भावनाओं को हक़ीक़त में बदलने की कोशिश करता है या नहीं।

वह 2011 में अगस्त का कोई दिन रहा होगा, जब मैंने आगामी जनवरी में उन दिनों स्टैण्डर्ड चार्टर्ड मुम्बई मैराथन के नाम से लोकप्रिय फुल मैराथन दौड़ने का फ़ैसला किया और दौड़ने का पहला गम्भीर अभ्यास करने का इरादा लेकर सुबह–सुबह घर से निकल गया। उस दिन मैं एक घण्टा बीस मिनट में दस किलोमीटर दौड़ा। ज़ाहिर है, बहुत धीमी रफ़्तार थी यह, क्योंकि दिमाग़ में रफ़्तार से ज़्यादा दूरी हावी थी। मैं मद्रास में फ़ौज में अफ़सर बनने के प्रशिक्षण के दौरान सिर्फ़ एक बार 13 कि.मी. दौड़ा था, बल्कि कहना चाहिए कि मुझे दौड़ना पड़ा था, क्योंकि वह ट्रेनिंग का अनिवार्य हिस्सा था। हालाँकि फ़ौज की ट्रेनिंग ने हमें पीठ पर वजन और कन्धे पर राइफल

लादकर खेतों और जंगलों में उबड़–खाबड़ रास्तों पर रात–रात भर चलने के बहुत ही पीड़ादायक अनुभव भी दिये थे, पर उसके अलावा मैं कभी पाँच कि.मी. से ज़्यादा नहीं दौड़ा था। 1997 में फ़ौज छोड़कर सिविल लाइफ़ का हिस्सा बनने के बाद तो यह दूरी भी घटकर तीन कि.मी. हो गयी थी। जिन दिनों मैं पहली मैराथन दौड़ने की तैयारी कर रहा था, मैं नवी मुम्बई में वाशी के क़रीब सानपाडा में थारवानी नाम की इमारत में रहता था। मैंने अपनी बाइक से इमारत के चारों ओर जा रही सड़क पर दूरी नाप ली थी। एक पूरा गोल चक्कर क़रीब 700 मीटर का पड़ता था। पहले ही दिन मैंने इसके पन्द्रह चक्कर मारे थे। वैसे उन दिनों मैंने दूरी को कदमों से नापने का भी अभ्यास किया था। सामान्य कदमों से चलते हुए मेरे 120 कदमों का सौ मीटर बनता था। जॉगिंग करते हुए मैं सौ कदमों में सौ मीटर और थोड़ा गति बढ़ाकर दौड़ने पर नब्बे कदमों में सौ मीटर की दूरी तय करता था। दूरी, स्पीड और दौड़ने सम्बन्धी दूसरी कई जानकारियाँ देने वाली गारमिन कम्पनी की घड़ी मैंने दो साल पहले ही ली है। तो अब क़दम गिनकर दूरी का अन्दाज़ लगाने का टंटा नहीं रहा। घड़ी के बिना यह पहला प्रैक्टिस रन ठीक 10 कि.मी. का था या नहीं, कहा नहीं जा सकता। पर जो यक़ीन से कहा जा सकता है, वह यह बात है कि उस दौड़ के बाद मेरी पिण्डलियों में असहनीय दर्द उतर आया था। पर मैं हिम्मत हारने वालों में नहीं था। मैं अब अपने ही दिमाग़ को छकाने वाला खेल खेलने वाला था। अगले रविवार मैं घर के सामने से गुज़र रही पाम–बीच रोड पर हो लिया। वाशी से शुरू होकर पनवेल और उससे भी आगे तक जाने वाली यह सड़क इस क्षेत्र की सबसे ख़ूबसूरत सड़कों में गिनी जाती है। इसके एक ओर जहाँ ऊँची–ऊँची आलीशान इमारते हैं, दूसरी ओर समुद्र से निकलकर आये पानी का क्रीक है, जिसमें मैंग्रोव्स की हरियाली फैली हुई है। चूँकि चार–पाँच लेन की यह सड़क बहुत चिकनी दिखती है और अमूमन ख़ाली रहती है, उस पर गाड़ियाँ भी उतनी ही सर्राटा भागती हैं। इसीलिए इस सड़क पर आये दिन दुर्घटनाएँ होती रहती थीं।

इस लिहाज़ से दौड़ने के अभ्यास के लिए मेरा रोज़ इस सड़क पर निकलना ख़तरे से खाली नहीं था। पहले कुछ दिन दौड़ते हुए मैं बार–बार पीछे मुड़कर देखता था कि कहीं कोई गाड़ी ज़्यादा ही तेज़ गति से तो नहीं आ रही। पीछे मुड़कर देखने से मेरी गति कम हो जाती थी और गर्दन पर भी ज़ोर पड़ता था। पर अगले दिन ही मैंने इसका तोड़ निकाल लिया। मैं गाड़ियों की उलटी दिशा में दौड़ने लगा। इससे मेरा डर कम हुआ।

पाम बीच रोड पर मैंने एक बार में अधिकतम 20 कि.मी. दौड़ने का अभ्यास किया। वे मेरे शुरुआती दिन थे और मैं अकेला ही फुल मैराथन की तैयारी कर रहा था। सामान्यतः इतनी लम्बी दौड़ की तैयारी लोग ग्रुप में ही करते हैं। चूँकि मैं पहली बार मैराथन दौड़ रहा था, मेरे सामने कई तरह की चुनौतियाँ पेश हो रही थीं। पहली बड़ी समस्या पानी को लेकर थी। दस कि.मी. से ज़्यादा दौड़ लगानी हो, तो बिना पानी के दौड़ने में घबराहट होती थी। मैं नहीं जानता था कि कभी मैं 24–24 कि.मी. भी बिना पानी की बूँद पिए दौड़ सकूँगा, जैसा कि मैंने दो साल पहले ग़लतफ़हमी में आकर किया। आज सोचता हूँ, तो पहली मैराथन की तैयारी करते हुए की गयी अपनी कई करतूतों पर हँसी आती है। नौसीखिया था, प्यास लगती थी या नहीं, पर दिमाग़ में यह भरा हुआ था कि पानी साथ में होना चाहिए। पहले कुछ दिन तो मैं बड़ी वाली प्लास्टिक बोतल ही हाथ में लेकर दौड़ने निकल गया। पर दो दिन बाद महसूस हुआ कि इतनी भारी बोतल उठाकर दौड़ने से मेरे हाथ और कन्धे दोनों दर्द करने लगे हैं। मैंने हाथ में बोतल लेकर दौड़ने की बजाय जेब में पैसा रखकर दौड़ना शुरू किया। मैं आधे रास्ते के बाद सड़क किनारे एक दुकान से पानी की बोतल ख़रीदता और बोतल का वज़न कम करने के लिए आधा बोतल पानी एक बार में ही पी जाता। ये मुझे बाद के सालों में मालूम चलना था कि दौड़ते हुए पानी की ज़रा–ज़रा–सी घूँट ही लेनी चाहिए। ज़्यादा पानी गटकने से पेट भारी हो जाता था। इन्हीं दिनों मेरे बड़े भाई भरत चन्द ठाकुर का कुछ दिनों के लिए दिल्ली

से मुम्बई आना हुआ। मेरे लिए यह खुदा की भेजी नेमत थी। अब संडे के दिन मैं लम्बी दौड़ का अभ्यास कर सकता था। मैं पानी और बिस्कुट कार में रख देता और बड़ा भाई जगह–जगह कार रोकता हुआ मेरे साथ चलता। इस तरह मैंने भाई की मदद से पहली बार 30 कि.मी. दौड़ने का अभ्यास किया। यह ज्ञान मुझे बाद में प्राप्त हुआ कि दौड़ते हुए साथ में पानी रखने के लिए कमर में बाँधने वाली बेल्ट मिलती हैं, जिनमें पानी की छोटी–छोटी बोतलें रखी जा सकती हैं। दौड़ने से जुड़े ऐसे और भी कितने ही सबक थे, जिन्हें मैंने आने वाले सालों में धीरे–धीरे ही सीखना था। जहाँ तक उस पहली मैराथन की बात है, तो मैं आज भी कह सकता हूँ कि वह मैंने अपनी जान जोखिम में डालकर सिर्फ़ और सिर्फ़ अपनी इच्छाशक्ति के बलबूते पर दौड़ी थी। उसे याद करता हूँ, तो आज भी मेरे रोंगटे खड़े हो जाते हैं। आखिर कैसे मैं उस बयाँ न किये जा सकने वाले दर्द को सहते हुए 42 किमी की दौड़ पूरी कर पाया?

पहली मैराथन का सजीव चित्रण करने से पहले मैं उन दिनों दौड़ने से इतर अपने जीवन को जाँचना चाहता हूँ कि वहाँ क्या सूरते हाल चल रहे थे। मैं उन दिनों अपना पहला उपन्यास *पत्थर पर दूब* पूरा कर रहा था। उपन्यास मैंने पूरी ईमानदारी के साथ योजनाबद्ध तरीक़े और जहाँ–जहाँ ज़रूरत पड़ी, वहाँ अनुसन्धान करते हुए पूरी सतर्कता के साथ लिखा था। मेरा मुम्बई आना और एक साल यहाँ अकेले रहना उपन्यास के जल्दी पूरा होने का सबसे बड़ा सबब बना, क्योंकि मुम्बई में अकेले रहते हुए मैंने उपन्यास लिखने के अलावा कोई दूसरा काम नहीं किया। मैं दफ़्तर से लौटते हुए रास्ते से वोदका का एक पव्वा और दस–दस रुपये के मूँगफली व मूँग दाल के दो पैकेट ले आता था। छोटी गोल्ड फ्लैक सिगरेट का पैकेट मेरे पास रहता ही था। घर पहुँचते ही मैं अपना ड्रिंक बनाता, सिगरेट सुलगाता और उपन्यास के दृश्यों में उलझ जाता। रात के एक–एक

बजे तक उपन्यास लिखा। मैं अगले दिन सुबह दौड़ लगाने निकल जाता। पर यह दौड़ना मैराथन की तैयारी वाला दौड़ना नहीं था। बमुश्किल दो–तीन किलोमीटर की यह दौड़ ख़ुद को गुमराह करने के लिए थी कि मैं शारीरिक रूप से फिट हूँ और फिटनेस को लेकर रोज़ मेहनत भी करता हूँ। मुम्बई में पहले दो महीने मैं वरली में टाइम्स ऑफ इंडिया के गेस्ट हाउस में रुका। यह गेस्ट हाउस छोटे से टीले पर स्थित है। कमरे की खिड़की खोलने पर समन्दर का एक छोटा हिस्सा दिखायी देता था। मैं सुबह–सुबह समन्दर किनारे दौड़ने जाता था। मुझे हवा में एक अजीब–सी गन्ध महसूस होती थी। यह समंदर के खारे पानी की गन्ध थी, जिसमें मछली की गन्ध घुलमिल जाती थी। मैं सिर्फ़ अपनी दौड़ने की क्षमता को जाँचने के लिए दौड़ता था। इस दौड़ने के पीछे भी एक छोटी–सी कहानी है।

दिल्ली में मयूर विहार में रहते हुए सुबह बेटी को स्कूल–बस में छोड़ने जाता था। कई मर्तबा जब जल्दबाजी में वह अपनी कोई कॉपी–किताब घर ही भूल जाती या जब मुझे ही उसके खाने–पीने की कोई चीज़ बस्ते में रखना याद नहीं रहता, तो मुझे हड़बड़ाहट में घर से भूली हुई वह चीज़ लाने जाना पड़ता। मुम्बई में तो फिर भी ऐसी उम्मीद करना बेमानी नहीं कि बस का ड्राइवर आपके आने तक इन्तज़ार कर ले, क्योंकि यहाँ लोगों में धैर्य बहुत है, पर अधैर्यवानों की दिल्ली में इसकी कल्पना भी नहीं की जा सकती थी। वहाँ बस आपके लिए नहीं रुकती। मुझे उस भूली हुई चीज़ को अपनी बेटी तक पहुँचाने के लिए शॉर्टकट मारकर क़रीब डेढ़ कि.मी. दूर एक दूसरे बस स्टॉप जाना पड़ता था। मुझे वहाँ बस के पहुँचने से पहले पहुँचने के लिए बहुत तेज़ दौड़ना पड़ता था। इतना तेज़ कि मेरा सीना फटने को हो आता। धीरे–धीरे मैं इस तरह तेज़ दौड़ने का अभ्यस्त होता गया। मुझे याद है कि रास्ते में चढ़ाई भी आती थी। मैं उस चढ़ाई पर भी पूरी रफ़्तार से दौड़ता था। बेटी की स्कूल बस पकड़ने के लिए कई सालों तक लगायी गयी उस दौड़ ने मेरे भीतर दौड़ने को लेकर मेरा आत्मविश्वास बनाये रखा।

वरली के समंदर किनारे दौड़कर मैं कमरे में लौटता, तो सबसे पहले चाय मँगवाता और उसकी चुस्कियाँ लेते हुए सिगरेट सुलगा लेता। उन दिनों मैं इतनी सिगरेट पीता था कि मुझे लगभग हर वक़्त उसी का ख़याल रहता। सुबह पहली सिगरेट शौचालय में ख़र्च होती थी। जैसा कि लगभग हर चेन–स्मोकर के साथ होता है, बिना उस सिगरेट के निवृत्त हो पाना नामुमकिन था। उसके बाद कुछ सिगरेटें तो समय के मुताबिक़ तय थीं। मसलन– नाश्ते, लंच और डिनर के बाद। ऑफ़िस में तीन–चार चाय के साथ। सुबह घर से दफ़्तर निकलते हुए। दफ़्तर पहुँचकर अन्दर घुसने से पहले। इन तय सिगरेटों के अलावा कुछ अतिरिक्त सिगरेटें भी थीं, जिन्हें पिया जाना इस बात पर निर्भर करता था कि मनोवैज्ञानिक रूप से मुझे कब कहाँ 'दिमाग़ी ऊँचाई' मिलती है यानी मैं कब ख़ुशी जैसा कुछ महसूस करता हूँ। यह ऊँचाई किसी भी बात पर मिल सकती थी। ऐसी कोई ख़बर मिलने पर जिससे मुझे लगता कि मेरे मान–सम्मान में इज़ाफ़ा होने वाला है, जैसे किसी पुरस्कार मिलने की सूचना या चूँकि उन दिनों पैसों को लेकर हालत पतली रहती थी, तो कहीं से पैसा मिलने की ख़बर भी दिमाग़ में ख़ुशी की तरंगें पैदा कर देती और मैं बरबस सिगरेट पर सिगरेट सुलगाने लगता। मौसम का भी बहुत असर पड़ता था। मैं बादल और बरसात पर कोई उम्दा शेर या कविता पढ़ लेने की ख़ुशी भी सिगरेट पीकर ही पचाता था। जरा–सी ठण्ड बढ़ी नहीं कि मेरे लिए उसका तोड़ भी सिगरेट होती। मुझे बख़ूबी याद है कि मैं ठण्ड के दिनों में एक बार जब अपने विवाह की बाबत लड़की देखने गया, तो कैसे मैंने उसके घर में घुसने से पहले नीचे सीढ़ियों में ही सिगरेट पी डाली और मुँह में इलायची रखकर उसके घर की घण्टी बजाई। बातचीत करते हुए मैं मुँह कम खोल रहा था कि सिगरेट की गन्ध बाहर न निकल जाये। यही लड़की दो रोज़ बाद मुझसे मिलने कनाट प्लेस आई। शाम का वक़्त था। हवा में ठण्डक थी। हम कनाट सर्कल के बीच में बने पार्क में हरी घास पर बैठे थे। बातचीत के दौरान मुझे लगा कि लड़की वाकई समझदार

है और ऐसा सोचते ही ख़याल आया कि यह मेरी पत्नी के रूप में मेरे जीवन को स्वर्ग बना देगी। इस ख़याल ने सीधे दिमाग़ में ख़ुशी की तरंगें पैदा कीं और मेरे हाथ में छोटी गोल्डफ्लैक की गर्दन आ गयी। मैंने उस लड़की के सम्मुख शिष्टाचार का प्रदर्शन करते हुए सिगरेट पीने की इजाज़त माँगी। वह मुस्करा दी। मैंने सिगरेट जला ली। उसके बाद तो क़रीब पैंतालीस मिनट की बातचीत के दौरान मुझे तीन–चार बार अलग–अलग वजहों से ख़ुशी जैसा अहसास हुआ और हर बार मैंने सिगरेट जलाकर अपने ख़ुशी को जज़्ब करने की कोशिश की। सिगरेट सुलगाने से पहले हर बार लड़की से इजाज़त माँगने का शिष्टाचार मुझसे दिखाया न गया। अगले दिन ही लड़की की माँ का फ़ोन आ गया। उसने मेरी माँ से कहा कि लड़का अच्छा है, पर सिगरेट–शराब पीता है। शादी करनी है, तो उसे दोनों को छोड़ना होगा। मैंने माँ से कहा–मज़ाक मत कर। लड़की छोड़ सकता हूँ, पर सिगरेट नहीं। और इस तरह वह ख़ूबसूरत और समझदार लग रही लड़की मेरी सिगरेट की लत की भेंट चढ़ गयी।

वरली के उस गेस्ट रूम में सिगरेट पीना निषेध था। शराब पीना भी निषेध था। इसीलिए मुझे बहुत होशियारी से काम करने पड़ते थे। फ़ौज के दिनों से ही मुझे एक बात समझ में आ गयी थी कि जीवन में ज़मीनी स्तर पर काम करने वाले कर्मचारी जितने काम के होते हैं, ऊपर वाले अफ़सर आदि उतने काम के नहीं होते। और संसार के सारे महान कार्य कर्मचारियों द्वारा ही संपन्न किये जाते हैं, अफ़सर तो बस बना–बनाया केक खाने आते हैं। गेस्ट हाउस जैसी जगहों में जाकर मैं सबसे पहले वहाँ के केयरटेकर, चौकीदार, वेटर जैसे लोगों से दोस्ती गाँठ लेता था। यह आदत मुसलसल आज तक बनी हुई है। इस गेस्ट हाउस में तो मुझे लम्बा रुकना था। मैंने अविलम्ब यहाँ के कर्मचारियों से दोस्ती गाँठ ली। अब मैं कमरे का अपनी ज़रूरतों के मुताबिक़ इस्तेमाल कर सकता था। हालाँकि मैंने तब भी पर्देदारी बनाये रखी और कुछ भी 'अवैध' करते हुए सारे एहतियात बरते। मसलन सिगरेट पीनी हो, तो कमरे

की खिड़की ज़रूर खोल लेता और सिगरेट के टोटे बाकायदा एक कागज में जमाकर दफ़्तर जाते हुए रास्ते में कूड़े के सुपुर्द करता। वोदका की बोतलों को निपटाने के लिए मुझे थोड़ी–सी अतिरिक्त मशक्क़त करनी पड़ती। क्योंकि कूड़े में फेंकने से पहले मैं यह सुनिश्चित ज़रूर करता कि कोई मुझे देख तो नहीं रहा। नया–नया सम्पादक बनकर मुम्बई आया था। जाने कितने लोग मेरे सम्पादक बनने पर मुँह फुलाए बैठे थे और मैं जानता था कि ईर्ष्या कुछ भी करवा सकती है। पता चला कि ईर्ष्या में गिरफ़्तार कोई रोज़ कूढ़े के पास खड़े होकर मेरा विडियो बना रहा है – पहले बोतल फेंकने का और फिर मेरे जाने के बाद उसका क्लोज अप ले रहा है, जिसमें बोतल की ब्रैंड तक साफ़ दिखायी दे। ऐसे तीन–चार विडियो बनाने पर तो उस शख़्स को ईश्वर मनवाँछित फल देते हुए मुझे कुर्सी विहीन करने में विलम्ब नहीं करता। इसीलिए मैं गेस्ट हाउस में रहते हुए सिगरेट और शराब के मामले में अपने साये पर भी यक़ीन नहीं करता था।

पहली मैराथन का दिन जैसे–जैसे नज़दीक आ रहा था, मेरा निश्चय भीतर ही भीतर और मज़बूत होता जा रहा था। मैंने तब उन दिनों की अपनी अधकचरी समझ के मुताबिक़ अपनी ओर से अभ्यास में कोई कमी नहीं छोड़ी थी। पर आज जब पलटकर उस तैयारी को देखता हूँ, तो हैरान होता हूँ कि उस तैयारी के साथ मैंने आखिर कैसे मैराथन पूरी की। मैं औसतन हफ़्ते में तीन दिन दौड़ता था। दो दिन घर के पास ही उसी गोल घेरे में, जिस पर मैंने पहली बार दस कि.मी. की दौड़ से मैराथन की तैयारी का शुभारम्भ किया था और रविवार के दिन पाम बीच रोड पर। वे बेहद आर्थिक तंगी के दिन थे, इसलिए सस्ती से सस्ती चीज़ से काम चलाया जाता था। मेरे पास जो जूते थे, वे वैसे दौड़ने वाले जूते न थे, जिनसे मैं अब दौड़ने लगा हूँ। वह एक साल पुराना जूता था, जिसे मैं अभ्यास में ही काफ़ी घिस चुका था। मेरी मैराथन की तैयारी अपने में पर्याप्त नहीं थी। मैं रविवार को ज़्यादातर 12 से 20 कि.मी. तक ही दौड़ता था।

सिर्फ़ एक बार बड़े भाई के आने से जब पानी मिलने की सुविधा बनी, मैं 30 कि.मी. दौड़ा था। फुल मैराथन की अच्छी तैयारी के लिए कम से कम पाँच बार 32 कि.मी. दौड़ने का अभ्यास ज़रूरी है। इतना लम्बा दौड़ने के लिए यह भी ज़रूरी है कि आप बीच में कुछ न कुछ खाते रहें, ताकि आपके शरीर को ऊर्जा मिलती रहे। लेकिन मैं उन दिनों *जो मिल गया, उसी को मुकद्दर समझ लिया* की धुन पर दौड़ता था। खाने के लिए अपने पास सिर्फ़ गुड़ रखता था।

मैं अपनी मानसिक स्थिति याद करने की कोशिश करता हूँ, तो पाता हूँ कि मैं अपनी पहली मैराथन को लेकर बहुत उत्साहित था। मैंने अपने पुराने जूते एक सप्ताह पहले धोकर चमका दिये थे। मेरे पास एक अच्छी क्वॉलिटी की नेकर थी। वैसे एक ऐसे शख़्स के लिए अच्छी क्वॉलिटी के क्या मायने, जो किसी समय यू शेप वाले कच्छे को दौड़ने वाला नेकर समझकर सरेबाज़ार दौड़ा करता था। जी हाँ, मैं स्कूली दिनों में ऐसा कारनामा कर चुका था। पहली मैराथन की तैयारी के वक़्त मेरा अज्ञान ऐसा था कि टी–शर्ट को लेकर मैंने आख़िरी वक़्त में फ़ैसला किया कि मुझे नया टी–शर्ट लेना चाहिए और मैं मैराथन से एक दिन पहले ऑफ़िस के पास ही सी.एस.एम.टी. स्टेशन के अंडरग्राउंड मार्केट चला गया। वहाँ से मैं महज चार सौ रुपये का नीले रंग का टी–शर्ट ख़रीद लाया। पाँच सौ रुपये क़ीमत वाली टी–शर्ट की 400 रुपये में डील कर मैं ख़ुश था। मैंने ऐसी मोटी, खुरदरी, भीगकर भारी हो जाने वाली टी–शर्ट पहली और आख़िरी बार इसी मैराथन में पहनी। मेरे पाग़लपन की सीमा यह थी कि मैंने ब्रैंडिंग के लिए एक सफेद काग़ज़ पर ख़ुद ही अपने अख़बार का नाम (एन.बी.टी.) लिखकर उसे टी–शर्ट के पीछे टाँक दिया था। ऐसा मैंने दूसरों की देखादेखी किया था, क्योंकि कई रनर्स को अपनी कम्पनी की टी–शर्ट पहनकर दौड़ते देखा था, सो मुझे लगा कि मुझे भी अपनी इस साहसिक दौड़ के ज़रिये अपनी पत्रकार कम्युनिटी का सिर ऊपर उठाना चाहिए। हालाँकि दौड़ते हुए कुछ ही कि.मी. के बाद पसीने से भीगकर इस इश्तेहार को फट

जाना था और इससे मेरे मन को दुख ही पहुँचना था। पर मैं अकेला ही था, जो एक ऐसी टी–शर्ट पहनकर दौड़ा, जिसमें आगे बिब लगा था और पीछे बिब की स्टाइल में ही अख़बार का नाम। मैं इस फख्र से भी दौड़ रहा था कि ऐसा करने वाला सम्भवतः मैं हिन्दी अख़बार का पहला सम्पादक था, हालाँकि बाद में किसी ने मुझे बताया कि अंग्रेज़ी अख़बार का भी कोई सम्पादक फुल मैराथन नहीं दौड़ा है। लेखकों की बिरादरी में दौड़ने वालों का नाम खोजें, तो सबसे पहले जापानी लेखक हारुकी मुराकामी का नाम आता है, जिन्होंने दौड़ने पर किताब भी लिखी है – *व्हॉट आई टॉक अबाउट व्हेन आई टॉक अबाउट रनिंग*। मुराकामी को दौड़ने वाला उपन्यासकार कहते हैं। अब यह संयोग ही है कि मैं भी उपन्यास लिख चुका हूँ। इस किताब को भी मैं सिर्फ़ दौड़ने तक सीमित नहीं रखने वाला। यहाँ मैं अपनी दौड़ने की यात्रा के साथ उससे इतर जीवन की उठापटक से भी आपको रु–ब–रू करवाने वाला हूँ।

मेरा मैराथन दौड़ना एक बड़ी घटना बनकर मेरे जीवन में अवतरित हो रहा था। घर में त्योहार जैसा माहौल था। पत्नी ने तय कर लिया था कि वह भी मुझे दौड़ते हुए देखेगी। मेरे बहाने उसे मुम्बई की मैराथन देखने को मिलने वाली थी। मुम्बई के लिए यह बहुत बड़ा इवेंट था, जिसे टी.वी. पर लाइव प्रसारित किया जाता था। उस साल लगभग 30 हज़ार लोग इसमें भाग लेने वाले थे। इनमें अन्तर्राष्ट्रीय स्तर के मैराथन रनर भी शामिल थे। इस मैराथन के लिए ख़ास रेल सेवा चलाई जा रही थी। तय हुआ कि मैं लोकल ट्रेन से ही सी.एस.टी. तक ज़ाऊँ। उसी के पास आज़ाद मैदान से दौड़ शुरू होने वाली थी। मुझे ठीक से याद नहीं कि दौड़ शुरू होने से पहले मैंने क्या–क्या किया, सिवाय विस्मय भरी आँखों से दूसरे रनर्स को देखने के, क्योंकि वे बहुत उम्दा पोशाकों में दौड़ने वाले थे। वॉर्म–अप के लिए मैंने कुछ दंड–बैठक पेले और हाथ–पैर हिलाए,

क्योंकि तब मुझे वॉर्म–अप के नाम पर इतना ही आता था। दौड़ शुरू हुई, तो हर–हर महादेव के अन्दाज़ में मैं उस भीड़ की नदी में उतर गया। पहले दो कि.मी. तक बेहद सतर्कता बनाये रखने की ज़रूरत थी, क्योंकि आपका पैर दूसरे धावक के पैर के नीचे आ सकता था। मैं क़रीब 11 कि.मी. प्रति घण्टा की रफ़्तार से दौड़ रहा था। कुछ ही देर में मेरी बायीं ओर समन्दर नमूदार हुआ और मैंने पाया कि मैं मरीन ड्राइव पर आ पहुँचा हूँ। मैं पहली बार मरीन ड्राइव पर इस तरह दौड़ रहा था। आने वाले सालों में मुझे इस पर अनगिनत बार दौड़ना था। यहाँ पहुँच सड़क चौड़ी हो जाती है और समन्दर की ओर से हवा भी आने लगती है। मरीन ड्राइव पर जगह–जगह स्टेज बने थे, जहाँ लाइव बैंड चल रहे थे। समन्दर, हवा और संगीत का मिला–जुला असर था कि मेरे पैरों की गति स्वतः बढ़ गयी। अब तक मेरा शरीर भी गर्म हो चुका था। मैं यहाँ से लेकर क़रीब चार कि.मी. आगे हाजी अली तक अच्छी रफ़्तार में दौड़ा और इस दौरान मैंने उत्साह में आकर साथ दौड़ रहे धावकों से बातचीत भी की। पर बांद्रा सी–लिंक तक पहुँचते–पहुँचते मुझे महसूस हुआ कि मेरे घुटनों के दोनों ओर दर्द सिमटता जा रहा है। सी–लिंक के पुल पर गज़ब का ख़ूबसूरत नजारा पेश आया। दायीं ओर से समन्दर के पार इमारतों के पीछे से लाल रंग का सूरज निकल रहा था। हमने अँधेरे में ही दौड़ना शुरू किया था और अब सूर्योदय के साथ हमारी नज़र के सामने रोशनी फैलने लगी थी। पर इस ख़ूबसूरत नजारे का मैं ज़्यादा देर तक आनन्द नहीं ले पाया। यह दिमाग़ में अहसास की एक तरंग की तरह उठकर डूब गया, क्योंकि अब बार–बार ध्यान दर्द से बिलबिलाते घुटनों की ओर जा रहा था।

सी–लिंक का पुल था कि ख़त्म होने को नहीं आता था। उसे पार करते–करते 20 कि.मी. की दूरी पूरी हो गयी। अभी 21 कि.मी. की आधी दूरी पूरी होने के लिए भी एक कि.मी. और दौड़ना था। साथ में दौड़ रहे लोगों से अब कोई संवाद सम्भव न था, क्योंकि भीतर आवाज़ निकालने लायक ऊर्जा भी अब नहीं बची थी।

आधी दूरी यानी 21 कि.मी. का पॉइंट पार करते हुए न चाहते हुए भी यह ख़याल दिमाग़ में कौंधा कि मेरा तो दो–चार कि.मी. भी दौड़ पाना सम्भव नहीं लग रहा और अभी तो पूरा इक्कीस किलोमीटर बाकी है। इतना कैसे दौड़ पाऊँगा? यह नामुमकिन है!! अब तक मेरी रफ़्तार बहुत ज़्यादा धीमी हो चुकी थी। मैं दौड़ने की स्टाइल में लगभग पैदल ही चल रहा था। धीमी रफ़्तार का अहसास मुझे उन अधेड़ लोगों को देखकर हुआ, जो अब मुझे पीछे छोड़ते हुए सरपट आगे बढ़ रहे थे। क़रीब बाइस कि.मी. की दूरी पर मुझे अचानक अपना नाम सुनाई पड़ा। मैं ठिठक कर रुक गया। देखा सड़क के पार से मेरी पत्नी बहुत उत्साह में हाथ हिलाते हुए मेरा नाम पुकार रही थी। इतने सारे दौड़ने वालों के बीच मुझे देख लेना उसे किसी उपलब्धि से कम नहीं लग रहा था, इसलिए वह उत्साह में चीखते हुए मेरी ओर हाथ हिला रही थी। पत्नी को यूँ देख एक क्षण को मुझे भी अच्छा लगा और मैंने उसे ऊँची आवाज़ में कहा–पैरों में बहुत दर्द हो रहा है, लेकिन मैं दौड़ पूरी करूँगा! असल में पत्नी से ज़्यादा मैं ख़ुद को आश्वासन दे रहा था।

अब तक घुटनों के आसपास का दर्द तो बढ़ ही गया था, कन्धों में भी दर्द उतर आया था और गर्दन अकड़ने लगी थी। 399 रुपये की एक दिन पहले ही ख़रीदी गयी नई टी–शर्ट मेरी दुर्दशा में इज़ाफ़ा कर रही थी। यह ही–शर्ट मोटे कपड़े की थी। वह पसीने से भीगकर और भारी होकर शरीर से चिपक गयी थी। उसका कपड़ा जगह–जगह मेरी त्वचा से रगड़ खाकर उसमें जलन पैदा कर रहा था। मेरे दोनों कुचाग्र रगड़ खाकर ज़ख़्मी हो गये थे और बुरी तरह जल रहे थे। अट्ठाइस कि.मी. का साइन बोर्ड आने से ठीक पहले पीछे से शोर आता सुनाई पड़ा और एक साइरन मारती गाड़ी आगे निकली। उसके पीछे देखते ही देखते दस–बारह इंटरनैशनल प्रफेशनल दौड़ाकों का दल मुझसे आगे निकला। वे इन्सान नहीं, घोड़े लग रहे थे। उनकी जाँघों और पिण्डलियों की मछलियाँ सबकी नज़रों पर बिजली गिरा रही थी। इतने सालों के बाद भी आज तक

उन मछलियों की चमक मेरी आँखों में ज़िन्दा है। उनमें ज़्यादातर अफ्रीकी देशों के अन्तर्राष्ट्रीय दौड़ाक थे, जो मैराथन का विश्व रेकॉर्ड तोड़ने की मंशा से दौड़ते थे। उन्हें हिरण की तरह कुलाँचे मारते देख उस पस्त हालत में भी मैंने सोचा—क्या मैं कभी इस तरह नहीं दौड़ सकता। क्या कभी नहीं। कभी भी नहीं?

बाकी बची दौड़ की संक्षेप में कहानी यह है कि मैं जब मैराथन पूरी करने के बाद ज़मीन पर बैठा, तो यह निश्चित जानता था कि अब मैं खुद से ऊपर उठकर खड़ा नहीं हो सकता था। नीचे भी स्थिर होकर बैठा नहीं जा रहा था, क्योंकि मांसपेशियाँ एक—दूसरे पर चढ़ने पर आमादा थी। मैं आह—ऊह करते हुए जाने कितनी देर तक बैठे—बैठे भी आर्तनाद करता रहा। घड़ी देखकर मुझे यह समझ आ गया था कि मैंने यह दौड़ चार घण्टे पचपन मिनट में पूरी की थी। समय को लेकर मेरे मन में कोई खलबली न थी। मैं दर्द से बिलबिला तो रहा था, पर बार—बार यह सोचकर कि अन्ततः मैंने पहली फुल मैराथन पूरी दौड़ ली है, मेरी चेतना में ख़ुशी की सिहरनें उठने लगी थीं। जैसा कि इन्सानी दिमाग़ में होता है, न जाने कितनी तरह के विचार वहाँ आ—जा रहे थे। एक यह विचार बार—बार आ रहा था कि अब जब मैं अपने जानने वालों को यह बताऊँगा कि मैंने बिना रुके लगातार 42 कि.मी. दौड़ते हुए मैराथन पूरी की, तो उन्हें कितनी हैरानी होगी। मैं सोच—सोचकर ख़ुद पर ही फख्र कर रहा था। दर्द को कम करने के लिए मैं 'अच्छे वक्त' की भी कल्पना करने लगा था, जिसमें अब से कुछ ही देर बाद बाहर मिलने वाली पहली ही दुकान से ख़रीदकर सिगरेट पीने के अलावा रात को सिगरेट की फूँकों के साथ किसी उम्दा व्हिस्की के कम से कम चार पैग पीना शामिल था। जिस तरह शाम ढलने के बाद रात होने से ठीक पहले दिन और रात दोनों का एक साथ अहसास होता है, मेरे साथ कुछ—कुछ ऐसा ही हो रहा था। जितना मैं दर्द में तड़प रहा था, उतना ही चन्द घण्टों बाद प्राप्त होने वाले सिगरेट और शराब के सुख की कल्पना में डूब भी रहा था।

पहली फुल मैराथन दौड़ने से और कुछ हुआ हो या न हुआ हो, मेरा अहं और पुष्ट हो गया। अब मैं अजनबी लोगों से भी बिना जिक्र आये, मैराथन की बातें शुरू कर देता। मक़सद उन तक यह सूचना पहुँचाना होता कि मैं मैराथन दौड़ा था। यह थोड़ा पेचीदा मसला इसलिए हो जाता था, क्योंकि मेरी कोशिश सामने वाले तक पूर्ण सूचना पहुँचाना होता था। क्योंकि मैराथन का मतलब तो हाफ़ मैराथन भी होता था। जो लोग हाफ़ मैराथन दौड़ते हैं, वे भी दूसरों को यही बताते हैं कि वे मैराथन दौड़े–बिना यह खुलासा किये कि वे हाफ़ दौड़े या फुल। एक दिक़्क़त यह भी थी कि लोगों को मैराथन तो पता होता है, उसके तहत दौड़ी जाने वाली दूरी का अन्दाज़ा नहीं होता। कुछ लोग अपनी शारीरिक क्षमता के हिसाब से मैराथन की दूरी की कल्पना कर लेते हैं। मसलन मुझे एक शख़्स मिला, जो डील–डौल में बहुत भारी–भरकम था। उसे देखकर ही लगता था कि एक–दो किलोमीटर पैदल चलने में भी उसकी हवा निकल जाती होगी। ऐसे शख़्स के लिए पाँच–सात किलोमीटर भी बहुत लम्बी दूरी थी। इस शख़्स से बातचीत करते हुए मुझे मालूम चला कि वह 12 किलोमीटर को फुल मैराथन समझता था। मुझे लोगों को दूरी सम्बन्धी ज्ञान भी देना पड़ता था कि हाफ़ मैराथन 21 किलोमीटर होता है और फुल मैराथन 42 किलोमीटर। दूरी मालूम चलने के बाद मैं जिसे भी अपने मैराथन दौड़ने के बारे में बताता, वह उतनी ही हैरानी से मेरी ओर देखता और मेरे अहं का गुब्बारा थोड़ा और फूल जाता। फिर एक बार हुआ यूँ कि मेरे एक बहुत ख़ास दोस्त हैं योग गुरु सुरक्षित गोस्वामी जी। गुरु बनने के शुरुआती दिनों से वह हमारे अच्छे मित्र बन गये थे। उन्हीं दिनों वह हमारी कम्पनी यानी टाइम्स ग्रुप के वी.सी. समीर जैन के साथ मुम्बई आये हुए थे। वह जब मुझसे ऑफ़िस में मिलने आये, तो मुझे मैराथन दौड़े महज 72 घण्टे हुए थे। पैर ज़मीन पर रखते हुए मुझे दौड़ ही याद आती थी, क्योंकि दर्द अब तक नहीं गया था। ज़ाहिर है, उन्होंने जब 'और क्या चल रहा है लाइफ़ में' जैसा उड़ता हुआ सवाल पूछा होगा,

तो मैंने उन्हें अपने मैराथन दौड़ने के बारे में बताने का मौक़ा हाथ से न जाने दिया होगा और उन्हें ख़ुलासा किया होगा कि जैसे कभी नील आर्मस्ट्रॉग के चाँद पर पहुँचने की क़ामयाबी थी, वैसे ही मुम्बई में तीन दिन पहले ही एक हिंदी अख़बार के संपादक के सफलतापूर्वक फुल मैराथन दौड़ने की घटना घटी थी। गोस्वामी जी जानकर प्रभावित हुए। हमने फिर, जैसा कि उनके सान्निध्य में पहले भी होता था, योग और अध्यात्म पर बातें की। फिर गोस्वामी जी चले गये। बात आयी गयी हो गयी। लेकिन कुछ दिनों बाद मेरा कम्पनी के एक वरिष्ठ पदाधिकारी से कहीं टकराना हुआ, जहाँ उन्होंने मेरे मैराथन दौड़ पूरी करने पर बधाई दी। मेरा सिर चकराया कि इन्हें कैसे मालूम। पता चला कि उन्हें कम्पनी के मालिक समीर जैन के ज़रिये ख़बर मिली। ओह! तो इतनी बड़ी कम्पनी के मालिक मेरे मैराथन दौड़ने की बात दूसरों को बता रहे हैं! आज तक किसी काम के सिलसिले में मालिक ने कभी मेरा नाम नहीं लिया था। मुझे अपने और अपने पद के महत्व को लेकर कोई मुगालता भी नहीं था। मैं जानता था कि यह काम ऐसा है कि मालिक को कभी सीधे मुझे याद करने की ज़रूरत नहीं पड़ने वाली। लेकिन देखो तो जरा इस मैराथन ने क्या करवा दिया! मालिक मेरा नाम दूसरों को बता रहे हैं। यह जानकर मेरे कॉलर फड़फड़ाकर खड़े हो गये। मैं हवा में उठ गया। ऐसी डोज़ पाने के बाद यह तय था कि मैं मैराथन के इस रोग से जल्दी मुक्त होने वाला नहीं था। इसका यह भी अर्थ था कि मैं आने वाले सालों में मुसलसल शारीरिक दर्द की गिरफ़्त में रहने वाला था, क्योंकि दौड़ने की सही तकनीक सीखने में और दौड़ को लेकर दूसरी कई अहम जानकारियाँ हासिल करने में मुझे अभी बहुत समय लगने वाला था। दौड़ पर कई किताबें पढ़ीं जाने वाली थीं, यू–ट्यूब के बेहिसाब विडियो देखे जाने वाले थे। अभी हज़ारों किलोमीटर दौड़ा जाना बाकी था और यह सब कर पाने के लिए निरन्तर समय के ख़िलाफ़ लड़ाई लड़ी जानी थी।

इस बात को आप भी मानेंगे कि दौड़ना ऐसा शौक है कि जिसमें आपके पास और भले ही कुछ हो न हो, लेकिन समय तो होना ही चाहिए। बयालीस की उम्र के आसपास पत्नी थोड़ी पुरानी हो चुकी होती है यानी आप उससे थोड़ी बहुत छूट लेने की चाल में माहिर हो चुके होते हो, बच्चे कुछ बड़े हो जाते हैं, आपकी न मिल पाने वाली असम्भव चीजों के पीछे पागलपन से भरी दौड़ ख़त्म हो चुकी होती है, सो आपको अपनी सेहत पर ध्यान देने का समय मिलने लगता है। भारत में दौड़ को अपना जुनून बनाने वालों में दो ख्याति प्राप्त सिलेब्रिटीज के नाम आप जानते होंगे– मिलिन्द सोमन और मुकेश अम्बानी के छोटे भाई व पूर्व फ़िल्म अभिनेत्री टीना मुनीम के पति और उद्योगपति अनिल अंबानी। दोनों की मौज़ूदा उम्र से अन्दाज़ लगाया जा सकता है कि इन्होंने भी मेरी उम्र के आसपास ही दौड़ना शुरू किया था। हालाँकि अनिल अंबानी का दौड़ना शुरू करने की वजह यह थी कि उनका वजन बढ़कर 104 किलो तक पहुँच गया था। इसे कम करने के लिए उन्हें कुछ तो करना ही था। एक कड़वा सच यह है कि स्वास्थ्य का ख़याल 40 की उम्र के बाद ही आता है। ख़याल आता है, तो लोग सँभाल भी लेते हैं। कई लोगों को 50 के बाद भी इसका ख़याल नहीं आता। नहीं आता, तो वे निबट भी जाते हैं।

बहरहाल, जब मैंने दौड़ना शुरू किया, तो मेरी आर्थिक स्थिति बहुत अच्छी न थी। इसका अन्दाज़ा आप पहली मैराथन के लिए ख़रीदी गयी टी–शर्ट की क़ीमत से लगा सकते हैं, जिसका विवरण मैं पहले दे ही चुका हूँ। मेरे पास तब कार भी नहीं थी। क्योंकि दिल्ली में जो सेंकंड हैंड ख़रीदी हुई मारुति 800 डीलक्स कार थी, वह चला–चलाकर ऐसी बना दी गयी थी कि उसे अगर मैं मुम्बई लाने की कोशिश करता, तो उसका अस्थिपंजर ही यहाँ पहुँच पाता। उसे कुछ समय तक मेरी पत्नी के भाई की पत्नी ने चलाया। चलाया क्या, उस पर अपना हाथ साफ़ किया। ताकि ठीक से चलाना न आने के कारण गाड़ी में जो डेंट–फेंट लगने हैं, वे इसी गाड़ी में लग जाये।

और भविष्य में जब वह अपनी नई कार ख़रीदें, तो वह लम्बे समय तक साफ़–सुथरी बनी रहे।

कार नहीं थी, लेकिन इन दिनों कार ख़रीदने की योजना बनाई जा रही थी। मेरे पास फ़ौज में कमिशन लेने के बाद ख़रीदी मोटरसाइकल ज़रूर थी, जिसे मैं अपने साथ ही मुम्बई ले आया था। उन दिनों यह बाइक ही परिवार के लिए कार का काम कर रही थी। गृहस्थी का ख़र्च चलाने के लिए पत्नी को नौकरी करनी पड़ रही थी। मैं जब तक मुम्बई में अकेला था – जिस दौरान मैंने ताबड़तोड़ सिगरेट और शराब पीते हुए अपना उपन्यास पूरा किया, वाशी में गुनिना नाम की इमारत में दो कमरे के मकान में रहा। सुबह एक कामवाली बाई आती थी। वही झाड़ू–पोंछा लगाने से लेकर खाना बनाने का काम करती थी। खाना एक ही बार बनता था। एक छोटा–सा फ़्रिज ख़रीद लिया गया था। मैं लंच करके दफ़्तर निकलते हुए बचा हुआ खाना फ़्रिज के सुपुर्द करके जाता था। रात को वही मेरा डिनर बनता था। सिर्फ़ रोटी मुझे बनानी पड़ती थी। मुझे याद नहीं पड़ता कि उन दिनों मैंने अपना या अपने जीवन का कभी निरीक्षण किया हो कि वह कैसा चल रहा है। एक बेहोशी भरी भाग–दौड़ का जीवन था तब। बहुत कुछ था जिसकी तलाश में भाग रहा था मैं – पैसा, रुतबा, प्रेम, अहं की तुष्टि, ऐन्द्रिक सुख और इन सबके बीच में आने वाली न जाने कितनी और चीजें, जिनका ठीक से नाम नहीं सोचा जा सकता। ऐसी बेहोशी का एक लक्षण यह है कि आप अतिरेक में जीते हो और अतिरेक पेंडुलम की तरह छोर बदलता रहता है। कभी आपके दिल में एक ही शख़्स के लिए बेतहाशा प्रेम जागता है, कभी नफ़रत। कभी आप इतने ख़ुश हो जाते हो कि आपके पैर ज़मीन पर नहीं रहते और कभी इतने दुखी कि अस्तित्व ही बोझिल लगने लगता है, अगला क़दम उठाना तक मुश्किल जान पड़ता है। ज़ाहिर है, ऐसी बेहोशी में पत्नी के साथ भी यदा–कदा टकराव होता रहता था। हालाँकि ज़्यादातर हिन्दी कवियों की तरह मैं भी अपनी पत्नी समेत तमाम स्त्रियों को बहुत संजीदा

नज़र से देखता था और शारीरिक व मानसिक स्तर पर उनके संघर्ष को देखते, समझते हुए उसका सम्मान करता था।

कुल मिलाकर यह कि उन दिनों, जबकि मैंने दौड़ना शुरू किया था, गृहस्थी अपने उरूज़ पर थी। बेटी पाँचवीं में पढ़ रही थी। घर में मेरे साथ सत्तर साल की माँ भी रहती थी। माँ एकदम गाँव में पली–बढ़ी हुई। उसने स्कूल की शक्ल भी नहीं देखी। उसने जब होश सँभाला तब से पहाड़ों की तीखी ढलानों पर घास काटी, जंगल से लकड़ी उठाई। पन्द्रह साल की उम्र में ब्याह दिये जाने के बाद उसने दो–दो, तीन–तीन सालों के अन्तर पर पाँच बच्चे पैदा किये, जिनमें से दो परिवार की ग़रीबी और जाहिली की भेंट चढ़ गये। बाकी तीनों की परवरिश में उसने कोई कमी न आने दी। सत्तर की होने के बावज़ूद माँ चलती–फिरती और काम करती थी। इस तथ्य को मैं यहाँ दर्ज़ कर देना चाहता हूँ कि मेरे मैराथन दौड़ने के लिए पौष्टिक खाने की ज़रूरत का माँ ने विशेष ख़याल रखा। वह साथ न होती, तो मैराथन की यह यात्रा सम्भव न थी।

42 कि.मी. की पहली फुल मैराथन 4.55 घण्टे में पूरी करने के बाद लेखक।

अध्याय 2

यूँ शुरू हुआ दौड़ का एक मुसलसल सिलसिला

पहली मैराथन दौड़ने के बाद मुझे नवी मुम्बई छोड़कर जाना पड़ा। इसकी तीन वजहें थीं। पहली, मेरी पत्नी को ऑफ़िस आने–जाने में बहुत वक़्त लगता था और यह उसकी सेहत पर कई तरह के दुष्प्रभाव छोड़ रहा था। दूसरी, हम बेटी को मौजूदा स्कूल से निकालकर आगे की पढ़ाई के लिए इंटरनैशनल स्कूल में डाल रहे थे, जो नवी मुम्बई से बहुत दूर था। तीसरी, बतौर सम्पादक मुझे लगता था कि अब मुझे कुछ सामाजिक– सांस्कृतिक कार्यक्रमों में शिरकत करने जाना शुरू करना चाहिए। ज़्यादातर कार्यक्रम वेस्टर्न लाइन के आसपास होते थे। नवी मुम्बई में घर होने की वजह से मेरे लिए इन कार्यक्रमों में जाना मुश्किल हो जाता था।

नया मकान ढूँढ़ने में ख़ासी मशक्कत करनी पड़ी। मेरी जिद थी कि ऐसी सोसायटी में मकान लेना है, जहाँ कम–से–कम जिम की सुविधा तो हो ही। मुम्बई में ज़्यादातर इमारतों का ज़मीन की बजाय हवा में ज़्यादा विस्तार है। बेटी का स्कूल साँताक्रुज में था। उसके आसपास की जिन इमारतों में हम मकान देखने गये, वहाँ पाया कि

बच्चों के खेलने के लिए जगह ही नहीं थी। चूँकि मेरा बचपन बहुत खुले इलाक़ों में गुज़रा था, जहाँ खेलने के लिए खुले मैदानों की कभी कोई कमी नहीं रही, मैं अपनी बेटी की परवरिश एक ऐसे घर में रहते हुए करना चाहता था, जहाँ उसे खेलने की जगह से महरूम न होना पड़े। लगभग महीने भर खोजने के बाद अन्ततः अँधेरी (पूर्व) में ओबरॉय स्प्लेंडर (ओ.एस.) नामक सोसायटी में घर लेना मुकर्रर हुआ। घर का किराया मेरी आमदनी के हिसाब से बहुत ज़्यादा था। उस घर को लेने का सीधा मतलब था कि घर के खर्चों को लेकर बीवी के साथ झगड़े होंगे, क्योंकि किराया देने के बाद महीने का ख़र्च चलाने के लिए हाथ बहुत तंग रहने वाला था। पर पूरा बचपन और बाद में कॉलेज के दिनों तक भी मैं आर्थिक तंगी में रहा था, जिसने मेरी मानसिक बनावट को बदल दिया। मुझे कोई भी मुसीबत बड़ी मुसीबत नहीं लगती थी। मैं जब भी किसी तरह की विकट स्थिति के समक्ष आता, तो फ़ैसला लेने में बहुत देर नहीं लगाता। अमूमन मैं 'जो भी होगा, देखा जायेगा' की सोच के साथ आगे क़दम बढ़ा लेता। यहाँ भी मैंने यही किया और एक सुबह एक बड़े ट्रक में पूरा घर उठाकर नवी मुम्बई से अँधेरी (पूर्व) चला आया।

ओएस एक बहुत बड़ी सोसायटी है, जिसमें सत्ताइस मन्ज़िल के छह टावर हैं और हर मन्ज़िल पर आठ फ़्लैट। एक और सातवाँ टावर भी है, जो बना तो स्वतन्त्र था, पर बाद में उसे भी बाकी छह के साथ ही गिना जाने लगा। सोसायटी के भीतर ही दौड़ने के लिए पर्याप्त जगह है। इमारतों का एक पूरा चक्कर लगभग एक कि.मी. लम्बा है। जिम में उपकरण बहुत आधुनिक नहीं हैं, पर आकार में वह बहुत बड़ा है। वहाँ लोग हमेशा भरे ही रहते हैं। इस सोसायटी में आने की एक बड़ी वजह यह जिम ही था, क्योंकि मैं बिना जिम वाली सोसायटी में रहने को तैयार न था।

ओएस में आने के बाद मैं पहले दिन जब बेटी को स्कूल बस में छोड़ने गया, तो उस वक़्त बाहर फैले हल्के अँधेरे में एक लड़की हिरण जैसे डग भरती हुई मेरे सामने से गुज़री।

उसके पीछे–पीछे एक आदमी भी दौड़ रहा था। मुझे यह देख अच्छा लगा कि इस सोसायटी में इतनी सुबह लोग दौड़ना शुरू कर देते हैं। उस लड़की के दौड़ने का ढंग देखकर ही लगता था कि वह कोई ज़बरदस्त रनर है। उसके दौड़ने की रफ़्तार को देखकर ही मैं जान गया था कि वह अनुभवी धावक है। सोसायटी में यूँ लोगों को सुबह–सवेरे रनिंग करते देखना अपनी खुद की रनिंग यात्रा को आगे बढ़ाने में बहुत प्रेरक साबित हुआ।

हालाँकि पहली मैराथन के बाद की पीड़ा को याद करने पर शरीर में अब भी भय सिहरन बनकर उठता था, पर जब लोग मेरा परिचय देते हुए दूसरों को बताते थे कि ये हिन्दी अख़बार के पहले ऐसे सम्पादक हैं, जो मैराथन दौड़ते हैं, तो मुझे सुनने वाले पर इसका साफ़ असर पड़ते दिखता था। जहाँ लोग पहले 'संपादक ही तो है, कोई तोप थोड़े ही' के भाव से देख–सुन रहे प्रतीत होते थे, अचानक मैराथन दौड़ने की बात सुनकर उनके चेहरे पर 'भाई बड़े कमाल का आदमी लगता है' का भाव आ जाता। इस मैराथन शब्द में जाने क्या जादू था। अपनी फ़िल्मों के प्रचार के सम्बन्ध में अमूमन फ़िल्मी सितारों का हमारे ऑफ़िस आना–जाना लगा रहता था। मेरे साथी कर्मचारी उनके सामने मेरी इज़्ज़त बढ़ाकर हालाँकि अपनी ही इज़्ज़त बढ़ाने की कोशिश कर रहे होते थे, परन्तु इसके लिए वे भी मेरे मैराथन दौड़ने को अस्त्र की तरह इस्तेमाल करते। एक बार अनिल कपूर साहब आये थे ऑफिस। वह ख़ुद अपने में फिटनेस की मिसाल हैं। उनके सामने भी मेरे साथी शुरू हो गये। इधर मैं उनसे हाथ मिलाकर अपनी कुर्सी पर बैठा नहीं कि तुरन्त उनके दिमाग़ में 'आप हमारे बॉस के बारे में नहीं जानते शायद' कहकर जिज्ञासा भर दी गयी। अनिल कपूर कौतूहल से मेरी ओर देखने लगे। उन्हें असहजता महसूस हो रही थी, क्योंकि जिस तरह से मेरे बारे में बताया गया था, उससे यह लग रहा था कि जैसे मेरे बारे में न जानना अनिल कपूर का अज्ञान दिखाता था।

'हमारे बॉस बहुत तगड़े फिटनेस फ्रीक हैं, मैराथन दौड़ते हैं, वो भी फुल मैराथन', एक बोलता।

'बॉस तो पुराने फ़ौजी हैं और लेखक भी', दूसरा बोलता।

मैं गौर करता कि पुराने फ़ौजी हैं, लेखक हैं, फिटनेस फ्रीक हैं– इन बातों का आगन्तुक मेहमान पर कोई ज़्यादा फ़र्क़ नहीं पड़ता, क्योंकि स्टार होने के नाते वे भी फिटनेस फ्रीक होते ही थे, पर मैराथन दौड़ने की बात पर सबकी भृकुटियाँ तन जाती थीं। मेरे लिए इतना ही बहुत था। मैं सच बताऊँ, तो पहली मैराथन को याद करते हुए दोबारा मैराथन दौड़ने का ख़याल ही मुझे नहीं आया। लेकिन मुझे जानने वाले लोग मुझसे हमेशा मैराथन के बारे में ही बातें करते। मैं किसी कार्यक्रम में जाता, तो मुझे भाषण देने बुलाते हुए उपस्थित जनसमुदाय को मेरे मैराथन धावक होने के बारे में बताया जाता। लोगों को जाने क्या हो गया था। मैराथन मैं दौड़ा था, नशा उन पर तारी था। एक बार दिव्यांगों के एक कार्यक्रम में, जहाँ मैं प्रभु से प्रार्थना कर रहा था कि मेरा परिचय देने वाला मैराथन के बारे में कुछ न कहे, क्योंकि उससे दिव्यांगों में हीन भावना आ सकती थी, मगर उसने जाते–जाते कह ही दिया– 'मैं आप लोगों को इनके बारे में एक ऐसी बात बताना चाहूँगा, जिसे सुनकर आप भी इन पर फख्र करेंगे। ये मैराथन दौड़ते हैं। वो भी छोटी नहीं, 42 किलोमीटर की बड़ी वाली मैराथन।' सोचिए, मुझे कैसा लगा होगा। दिव्यांगों के सामने इस तरह मैराथन की बात करना कितना ग़लत था। लेकिन अब होता यह था कि मैं कैसे भी कार्यक्रम में जाऊँ, स्त्रियों, बच्चों, बूढ़ों के सामने मेरा परिचय देते हुए अनिवार्य रूप से मेरे मैराथन दौड़ने की बात बताई जाती। ज़ाहिर है कि दिव्यांगों, स्त्रियों, बच्चों और बूढ़ों को मैराथन में दिलचस्पी नहीं होती थी, मगर वे फिर भी ख़ूब तालियाँ बजाते। हाल यह हो गया कि मेरी पत्नी जो मौक़ा आने पर मेरी कमियों, अवगुणों को गिनाने में पीछे नहीं रहती थी, वह भी बहुत फख्र से अपनी सहेलियों के बीच मेरे मैराथन दौड़ने की बातें करने लगी। अब आप स्वयं सोचिए, जब मैराथन के चलते मुझे

यत्र, तत्र, सर्वत्र ऐसा यशोगान मिलने लगा, तो बावज़ूद इस कटु सत्य के कि पहली मैराथन के आख़िरी दस किलोमीटर दौड़ते हुए मुझे दर्द के मारे अपने पुरख़े याद आ गये थे, मैं कैसे इस नशे की चपेट में न आता।

अगस्त का महीना आने तक मैं अपनी दूसरी फुल मैराथन दौड़ने की तैयारी शुरू कर चुका था।

मैंने दूसरे साल भी मैराथन दौड़ने का फ़ैसला ले तो लिया, पर मैं जानता था कि इसके लिए मुझे ही ख़ुद को बार–बार प्रेरित करना था। जब हम प्रेरित होकर कोई काम करते हैं, तो राह में आने वाली मुश्किलों की परवाह नहीं करते। बिना प्रेरित हुए मैराथन नहीं दौड़ी जा सकती। उसकी तैयारी करते हुए बहुत से त्याग करने पड़ते हैं, अपने कंफर्ट जोन से बाहर आना पड़ता है। कि मैराथन दौड़ते हुए भी कई बार ऐसे मौक़े आते हैं, जब अचानक दिल में थोड़ा–सा कसाव महसूस होने पर मन में वहम सिर उठाने लगता है कि कहीं दिल को कुछ हो तो नहीं रहा। कई बार यह दर्द बहुत तीखा भी होने लगता है सभवतः ज़्यादातर हिन्दुस्तानी ऐसे दर्द से गुज़र चुके हैं, क्योंकि वह हमारे अनाप–शनाप खाने से बनने वाली गैस से पैदा होता है। दिल को काटने वाला दर्द। लेकिन यह दर्द अगर तब हो, जबकि आप आराम से खाट पर आराम फरमा रहे हों, तो एक बात है और अगर यह आपके मैराथन दौड़ते हुए हो और अभी आधी से ज़्यादा दूरी दौड़ी जानी बाकी हो और आपकी वैसे ही हालत ख़स्ता हो रही हो, तो तब बिलकुल अलग बात होती है। दिल के दर्द के अलावा माँसपेशियों में खिंचाव भी ऐसी ही चुनौती पेश करता हैं। इस खिंचाव का मैं भुक्तभोगी रहा हूँ।

ये वे दिन थे, जब सिगरेट मेरी दिनचर्या का नहीं बल्कि मेरे व्यक्तित्व का अभिन्न हिस्सा हुआ करती थी। सिगरेट के बिना मैं अपनी कल्पना तक नहीं कर सकता था। जी हाँ, मैराथन दौड़ने

का यह मतलब न था कि फिटनेस के बाक़ी मानकों पर भी मैं खरा उतरता था। बाक़ायदा दौड़ना शुरू करने से पहले सिगरेट पी जाती थी और दौड़ना ख़त्म करने के बाद पुनः सिगरेट रगों में उठी तलब को शान्त कर रही होती थी। अलबत्ता, कई बार आख़िरी के कुछ किलोमीटर मैं इसलिए भी तेज़ दौड़ रहा होता था कि मुझे कुछ जल्दी सिगरेट पीने को मिल जायेगी। क्योंकि मैंने अपने फेफड़ों को धौंकनी की तरह इस्तेमाल करके ऐसा बना दिया था कि जब तक निकोटिन सनसनाता हुआ ख़ून में घुलकर कोशिकाओं में झनझनाहट न पैदा करे, अपने अस्तित्व का बोध ख़ूबसूरत न लगता था। मैंने भी सिगरेटबाज़ों की तरह घर पर ख़ूबसूरत ऐशट्रे रखे हुए थे– लकड़ी के बने, जिनकी दीवारों पर वैसी ही जालीदार नक्काशी थी, जैसी आपको ताजमहल के अहाते में बनी दीवारों में दिखायी देती है। सिगरेट पीना कब से शुरू किया, इसकी स्मृति इतनी साफ़ है कि हैरानी होती है कि जीवन में किसी लड़की से मिले पहले चुम्बन के विवरण गड़बड़ा चुके हैं, पर पहली सिगरेट का सब कुछ याद है। हालाँकि पहली सिगरेट से भी बहुत पहले मैं पहली बीड़ी पी चुका था, लेकिन वह पीना कोई पीना नहीं था। मैं तब तेरह साल का रहा हूँगा जब बीड़ी मुँह से लगाई और उसका धुँआ हलक में खींचकर उड़ाया भी। मेरे घर पर मेरे माता–पिता दोनों ही बीड़ी पीते थे। पिता के स्वर्ग सिधारने में शराब पीने के अलावा बीड़ी–सिगरेट की भूमिका भी ज़रूर रही होगी। माँ ने मगर पचपन साल की उम्र आते–आते बीड़ी छोड़ दी। उस पर दबाव इस बात का पड़ा कि बेटों ने पढ़–लिख लिया था और वे अब दिल्ली में एक संभ्रान्त सोसायटी में रहते थे। बेटों के मित्र वगैरह भी उनसे घर पर मिलने आते। उसे अपनी बीड़ी पीने की आदत के चलते कई बार बेटों से भी सुनने को मिला। बेटे बेचारे भी क्या करते। बीड़ी का धुँआ गन्ध ही इतनी मारता है। हालाँकि बेटों की बात करते हुए बता दूँ कि छोटे बेटे यानी मैंने माँ को फिर भी कभी नहीं टोका। यह काम बड़े भाई ने किया। एक दिन माँ की अन्तरात्मा जाग गयी और उसने हमेशा के लिए बीड़ी छोड़ दी।

इसमें अन्तरात्मा के जागने के अलावा इस तथ्य की भी भूमिका थी कि बीड़ी लाने के लिए उसे चौथे माले के घर से उतरकर क़रीब तीन सौ मीटर पैदल चलकर जाना पड़ता था, जो माँ को बढ़ती उम्र के साथ बहुत बड़ी चुनौती लगने लगा था। बीड़ी छोड़ने का उसे फ़ायदा यह हुआ कि अगले बीस सालों तक वह कभी बहुत गम्भीर बीमार नहीं पड़ी, जबकि इस बीच उसके भाई की पत्नी, जिसके साथ एक समय वह बेहिसाब बीड़ी फूँका करती थी, अन्ततः बीड़ी पीने से जुड़ी बीमारियों से ग्रस्त होकर दुनिया से कूच कर गयी। ऐसे बीड़ीमय माहौल वाले घर में पैदा होकर मैं बीड़ी का एक कश भी न मारता, यह माहौल से कुछ न सीखना जैसा हो जाता। इसीलिए एक बार जब मैं अपने ताऊजी के पर्याप्त बिगड़ चुके छोटे बेटे के साथ गाँव गया हुआ था और हम दोनों को ख़ाली जानकर ताई जी ने हमें क़रीब चार कि.मी. दूर चक्की से गेंहूँ और मक्का पिसवाने भेजा, तो रास्ते में सिर का बोझ उतारकर नदी किनारे सुस्ताते हुए जब हमें कुछ सूझ नहीं रहा था कि क्या करें, तब उस बिगड़ैल ताऊ–पुत्र ने जेब से दस पैसे निकालते हुए कहा – चल बीड़ी पीकर देखते हैं। वहीं पास में उस इलाक़े की एकमात्र दुकान थी। उसने दुकानदार से क्या कहा, मैंने नहीं सुना, क्योंकि दुकानदार आसपास के गाँव के हर परिवार को जानता था, उससे बीड़ी ख़रीदना ख़तरे से खाली न था। वह कुछ देर बाद दो बीड़ियाँ लेकर आ गया। मुझे बीड़ी जलाने में ही ख़ासी मशक्कत करनी पड़ी– पाँचवीं या छठी तीली से बीड़ी जली। और उसके बाद फूँक। पहले बाहर फिर अन्दर। खाँसी उठी। पर फिर फूँक मारी। इतनी जल्दी हार मानने वाला कहाँ था। बाहर। अन्दर। खाँसी।

पहली बार इस बीड़ी पीने के साथ मुझे सिर्फ़ खाँसी की स्मृति है, किसी तरह के नशे की नहीं। सिगरेट के साथ भी लगभग ऐसा ही दृश्य दोहराया गया था। सिगरेट का नशा महसूस करने के लिए मुझे तीन दिनों तक लगातार खाँसी झेलनी पड़ी थी। तीसरे दिन जाकर रक़्त में वह झनझनाहट महसूस हो सकी, जिसने अगले अट्ठाइस सालों

तक मुझे अपनी पकड़ में दबोचकर रखना था। मैं तब इक्कीस वर्षीय नौजवान था– उत्तराखण्ड के पिथौरागढ़ नामक जिले में एक सौ रुपया महीना किराये के कमरे में रहकर कॉलेज की पढ़ाई करता हुआ। मैं विज्ञान में स्नातक होने जा रहा था। दो साल हो चुके थे। तीसरे साल की आरामपरस्ती जवाँ थी। एक दिन दोपहर का भोजन लेने के बाद कमरे में ही समय नष्ट करने की कोशिश कर रहा था, जब अचानक ख़याल आया कि जीवन में कुछ नया और साहसी करना चाहिए। ऐसा ख़याल आया और मैं लगा सोचने कि क्या किया जा सकता है। बहुत ज़ोर लगाया और अन्त में यह सोच उछलकर खड़ा हो गया कि सिगरेट पीकर देखना बुरा नहीं है। हमारे कॉलेज में जितने भी दबंग लड़के थे, लगभग सभी सिगरेट पीते थे। उन दिनों सिनेमा हॉल में फ़िल्म देखने जाओ, तो रेड एंड व्हाइट सिगरेट का विज्ञापन देखने को मिलता था, जिसमें बेहद ही आकर्षक व्यक्तित्व का धनी नौजवान काले रंग के घोड़े पर सवार पोलो खेलता नज़र आता। जैसा कि विज्ञापनों का काम ही होता है, वे मनोवैज्ञानिक रूप से आपको प्रभावित करते हैं और आपके अवचेतन में किसी ख़ास ब्रैंड को स्थापित कर देते हैं। सिगरेट का ऐसा विज्ञापन देख कहीं न कहीं मुझे भी लगता रहा होगा कि सिर्फ़ अच्छी पढ़ाई करने से बात नहीं बनने वाली थी। कुछ अतिरिक्त बहुत ज़रूरी था। यह सिगरेट पीने का फ़ैसला उसी अतिरिक्त की ज़रूरत को पूरा करने वाला रहा होगा शायद।

मुफ़लिसी के उन दिनों में हमारे बीच पनामा फिल्टर सिगरेट पीने वाला भी बड़ा आदमी मान लिया जाता था, क्योंकि ज़्यादातर जान–पहचान वाले तो बिना फिल्टर की पनामा ही पीते थे। मेरी आमदनी कुछ ख़ास थी नहीं। कुछ मैं ट्यूशन पढ़ाकर कमा रहा था, कुछ बीच–बीच में बड़ा भाई पैसा भेज देता था। पर पहली सिगरेट को यादगार होना ही चाहिए, इसलिए मैंने पनामा की फिल्टर वाली सिगरेट ली। पांडे पान भण्डार चलानेवाला दुकानदार जानता तो नहीं था मुझे, पर फिर भी डर तो मन में था कि ज़्यादा देर उसके सामने

खड़ा नहीं रहना है। सिगरेट मैं पी तो रहा था, पर यह पिथौरागढ़ जैसी छोटी जगह में और मुझ जैसे भीरू लड़के के लिए पाप करने से कम न था। सिगरेट जलाकर मैं एक मकान की आड़ में आ गया। बहुत डर और घबराहट से भरकर पहली फूँक मारी। आधी–अधूरी सी। फिर ज़ोर की मारी। धुँआ ज़ोर का अन्दर गया। फिर ये खाँसी और वो खाँसी। आँखों से धुँआ निकलने लगा। चार–पाँच फूँक मारकर सिगरेट मुझे फेंक देनी पड़ी, क्योंकि खाँसी के साथ गले में बहुत जलन महसूस हो रही थी। पूरी सिगरेट पीना सजा जैसा लगा, जिसके लिए मैं तैयार नहीं था। कुछ ही देर में मैं उलटे बाँस बरेली को था। कमरे में वापस लौटकर मैंने अदरक वाली कड़क चाय बनाई। बिस्कुट का पैकेट मैं ख़रीद ही लाया था। आधा पैकेट बिस्कुट खाने और चाय पीने के बाद गले को थोड़ी राहत मिली, लेकिन मैंने महसूस किया कि मेरे मन में गहरी निराशा पैठ रही थी। बहुत ज़ोर देने के बाद समझ में आया कि यह निराशा सिगरेट पीने के प्रथम प्रयास में असफलता की वजह से जन्म ले रही थी। मैंने निराश मन को समझाया कि कोई बात नहीं। कल एक नयी सुबह आयेगी। कल सफलता पाने की फिर कोशिश की जायेगी। और अगले रोज़ मैं फिर पाण्डे पान भण्डार पहुँच गया। मैंने फिर पनामा फिल्टर ख़रीदी और मकान की ओट में जाकर फिर ये फूँक और वो फूँक। जवाब में फिर से ये खाँसी और वो खाँसी। फिर मैंने बहुत आहिस्ता से फूँक मारने की कोशिश की, मगर धुँआ जो आँखों से निकलना शुरू हुआ, तो उसने रुकने का नाम नहीं लिया।मुझे बीच में ही अपनी यह कसरत रोकनी पड़ी और एक बार पुनः मैं निराश भाव से सिर झुकाए घर की राह पर बढ़ रहा था।

वह निराशा अगले ही रोज़ ख़ुशी में बदल जाने वाली थी, क्योंकि अगले दिन मैंने फिर से पाण्डे पान भण्डार से पनामा फिल्टर ले, मकान की ओट में जाकर फूँक मारनी थी और इस मर्तबा खाँसी नहीं उठनी थी, बल्कि शिराओं में हल्की–सी झनझनाहट उतर जानी थी। इससे पहले इतनी सुखद अनुभूति अपने पुरुषत्व के पहले

परीक्षण में ही हो सकी थी। धुएँ की तीसरी घूँट भरते–भरते वह भीनी–सी ख़ुशबू सरीखी झनझनाहट पूरे बदन में फैल चुकी थी। मुझे मालूम ही न चला कि कब मैं पूरी की पूरी सिगरेट फूँक चुका था। मेरा सिर घूमने लगा था। गिरने से बचने को मैंने दीवार का सहारा लिया। ओट से निकलकर मैं घर जाने की बजाय फिर से पाण्डे पान भण्डार के आगे खड़ा था। मैंने पांडे जी को एक विजयी राजा के अन्दाज़ में देखते हुए एक और सिगरेट ख़रीदी और उसे जेब में रख घर की राह बढ़ चला। यह वही राह थी, जिस पर मैं कल सिर झुकाए निराश जा रहा था। आज मेरा सिर गर्व से उठा हुआ था। मैंने जीवन में एक नई खोज कर डाली थी। एक ऐसी खोज, जो महज़ दो रुपये में आपको गहरा सुख प्रदान करती थी। अपनी खोज को इस तरह जेब में डाले मैं जिस हल्केपन से भरा अपने किराये के कमरे की ओर बढ़ रहा था, वह मेरी स्मृति से कभी नहीं गया।

कायदे से कॉलेज में तीन साल गुजारने के बाद मुझे वहाँ से एक अदद प्रेमिका के साथ बाहर निकलना चाहिए था, पर मैं सिगरेट की लत लेकर निकला। संयोग ऐसा कि वहाँ से निकलकर मैं कुछ ही महीनों में सीधे ऑफिसर्स ट्रेनिंग अकेडमी, मद्रास पहुँच गया, जहाँ सेना में भावी अफ़सर बनने को आये नौजवान अपने भविष्य को लेकर इस कदर निश्चिंत हो गये थे और यह देखते हुए कि उन्हें ट्रेनिंग के दौरान शारीरिक व मानसिक प्रताड़नाओं से गुजरना था, सिगरेट से उनकी दोस्ती और गहरी होनी तय थी। और हुई भी। लेकिन अकेडमी में पहुँचते ही मैंने थोड़ी तरक्की कर ली। यहाँ पनामा फिल्टर की जगह अब मैं चार्म्स सिगरेट पीने लगा था। उन दिनों जमा पाँच रुपये में उसका एक पैकेट आता था। पाँच रुपये भी उन दिनों कम न थे, पर सिगरेटबाज और दारूबाज़ कभी पैसे नहीं देखता कि कितने की पी रहा है, न कभी वह गिनता ही है कि कितने की वह पी चुका है, क्योंकि अगर वह कमज़ोर दिल वाला हुआ और गिनती करने की ग़लती कर गया, तो आशँका ऐसी भी है कि उसका ख़र्च हमेशा के लिए भी बन्द हो सकता था। क्योंकि ख़र्च की गयी राशि के बारे में

जान लेने के बाद हार्ट अटैक भी आ सकता है। उसके बाद कोई बहुत बावला ही पीना जारी रख सकता है। ज़ाहिर है, मैंने कभी सिगरेट और दारू पर ख़र्चे का हिसाब–किताब करने की बेवकूफी नहीं की। लेकिन दुनिया में कोई काम किसी के लिए बेवकूफी भरा हो सकता है, तो दूसरे के लिए वही बुद्धिमत्तापूर्ण भी हो सकता है। सिगरेट शराब छोड़ चुकने के बाद एक बार अतीत को याद करने की प्रक्रिया में पत्नी ने मेरी पीने की आदत को याद किया और बैठे–ठाले उसे आइडिया आया कि गणना करके देखा जाये कि आखिर कितना पैसा ख़र्च हुआ मेरे व्यसनों पर। सुनते ही मैं घबरा गया, क्योंकि पिछले कई दिनों से घर में बर्तन आपस में टकराए न थे और ऐसी चिर शान्ति देख मुझे ख़ुदा की नीयत पर शक होने लगा था कि वह क्यों मुझ पर इतना मेहरबान हो रहा है। मुझे लगा उसकी मेहरबानी के दिन फिरने का दिन आ गया था। शराब की ज़्यादा चिन्ता न थी, क्योंकि मैंने वह हमेशा फ़ौज की कैंटीन से लाकर ही पी थी, जहाँ बाज़ार से आधी क़ीमत पर बोतलें मिलती थीं। मैंने यह भी भ्रम पाला हुआ था कि चूँकि मैंने सस्ती वाली ब्रैंड पीने की आदत डाली हुई थी, इसलिए ख़र्च कम ही हुआ होगा। हालाँकि हक़ीक़त यह थी कि मेरे पास इतने पैसे ही नहीं रहते थे कि महँगी ब्रैंड के बारे में सोच सकूँ। लेकिन कोई कितनी भी सस्ती क्यों न पिये, जब 25 साल का हिसाब होगा, तो रकम तो बड़ी लगेगी ही। बरख़ुरदार, 25 साल में 9125 दिन होते हैं। जब पत्नी ने हिसाब करके बताया, तो मेरा मुँह भी खुला–का–खुला रह गया। उसके हिसाब से मैं 18 लाख रुपये की सिगरेट–शराब पी चुका था। पत्नी को उसके माता–पिता ने पैसे की क़द्र करना कुछ ज़्यादा ही अच्छी तरह सिखाया हुआ था। वह थोड़ा बहुत पैसा हाथ में आते ही उसे फिक्स डिपोजिट के सुपुर्द कर देती। तो उसने 25 सालों में सिगरेट–शराब पर उड़ाए इन पैसों का इस तरह भी मूल्य निकाला कि अगर इन्हें हर साल फिक्स डिपोजिट में डाल दिया जाता, तो पच्चीस साल बाद सावधि ब्याज दर यानी कंपाउड इंटरेस्ट रेट के हिसाब से कितना पैसा मिलता।

हिसाब के बाद जो राशि निकली, उसे सुनकर आपके पैरों के नीचे से भी ज़मीन खिसक जायेगी। यह राशि एक करोड़ के पार चली गयी थी। मैंने पत्नी को इन दिनों कम हो गयी ब्याज़ दर का हवाला दिया, तो उसने पाँच–दस लाख कम कर दिये, तो भी आँकड़ा एक करोड़ के आसपास ही था। हमने जो दिल्ली में 2005 में दो कमरे का घर ख़रीदा था और जिसके लिए बैंक से 15 लाख का होमलोन लिया था, उसकी क़ीमत 26 लाख रुपये थी। यानी मैं दिल्ली के सबसे पॉश इलाक़े के दो कमरे वाले चार घरों के बराबर की क़ीमत की सिगरेट–शराब पी चुका था। मैं समझ गया था कि अगर ये आँकड़ा इस रूप में पत्नी के जेहन में बना रह गया, तो यह मेरे लिए बहुत ही ख़तरनाक हो सकता था, क्योंकि भविष्य में हमारे बीच होने वाले झगड़ों में वह इस आँकड़े को ब्रह्मास्त्र की तरह इस्तेमाल कर सकती थी। इसीलिए मैं तुरन्त अध्यात्म को बीच में लेकर आया और उसके सबसे प्रिय एवं श्रद्धेय श्रीकृष्ण का हवाला देते हुए मैंने अतीत और भविष्य के बारे में न सोचने की बात की। 15 साल के वैवाहिक जीवन के बाद मैं पत्नी की हर नब्ज़ से वाकिफ था। मैंने तुरन्त आने वाले दिनों में बेटी के स्कूल की फ़ीस के पैसों की व्यवस्था का चिन्ताजनक मसला उठा दिया। यह एक वास्तविक चिन्ता थी, क्योंकि मैंने अतिरिक्त जोश में अपनी बेटी का दाख़िला एक ऐसे स्कूल में कर दिया था, जहाँ की सालाना फ़ीस और मेरी सालाना तनख्वाह में ज़्यादा फ़ासला न था। इस तरह माहौल में जो दिल्ली के पॉश इलाक़े में दो कमरों के चार मकानों के खोने का काल्पनिक नुक़सान हो जाने का दुख और मातम घनीभूत होने लगा था और जिसे लेकर मैं आशंकित था कि यह पत्नी के मन में स्थायी क्षोभ और गुस्से में भी परिणित हो सकता है, अचानक उसे बेटी की फ़ीस के संकट की चिन्ता निगल गयी और अब हमारे सामने सिर्फ़ एक साफ़–सुथरी चिन्ता थी, जिसके बारे में मैं जानता था कि कुछ देर बाद दिमाग़ के किसी और चिन्ता की ओर चले जाने पर पत्नी के दिमाग़ से यह चिन्ता भी अपने आप ही काफ़ूर हो जाने वाली थी।

एयरटेल दिल्ली हाफ़ मैराथन दौड़ने के बाद लेखक।

पवई हीरानंदानी, मुम्बई में 2016 में हाफ़
मैराथन दौड़ते हुए लेखक।

अध्याय 3

मुश्किल था, पर सुट्टेबाज़ी को हर हाल में छोड़ना था

मुझे यह तो समझ आ रहा था कि अगर मैं वाकई मैराथन में अच्छा प्रदर्शन करना चाहता हूँ, तो मुझे सिगरेट छोड़नी ही पड़ेगी, पर मैं यह नहीं जान पा रहा था कि वह छूटेगी कैसे। चूँकि मैं कहीं न कहीं भीतर सिगरेट को लेकर निर्णायक फ़ैसला कर चुका था कि मुझे इसे छोड़ना ही है मैं ऐसे लोगों में ज़रूरत से ज़्यादा दिलचस्पी लेने लगा था, जो कभी मेरी तरह सिगरेटबाज़ रहे थे, पर अब पीना बिलकुल छोड़ चुके थे। मेरे ही दफ़्तर में एक साथी थे अवधेश व्यास, जिन्हें मैंने मुम्बई आने के बाद ख़ुद दबादब सिगरेट फूँकते देखा था। उन दिनों वह सिगरेट पीना वैसे छोड़ चुके थे, लेकिन जब भी उन्हें रचनात्मक काम करना होता, तो वह पीना शुरू कर देते। उन्हें दीवाली पर निकलने वाला साहित्य वार्षिकाँक का प्रभारी बनाया गया था। इस ज़िम्मेदारी को वह पूरी तन्मयता से निभाते थे। यह बहुत सिरदर्द वाला काम था। बहुत ही सीमित संसाधनों के साथ एक उम्दा क्वॉलिटी की पत्रिका निकालना, जिसमें आधे से ज़्यादा लेख ऑफ़िस के ही साथियों से लिखवाये जाने हों, अपने में बेहद तनाव

भरा काम ही माना जायेगा। इस तनाव को कम करने के लिए वह सिगरेट का सहारा लेते थे। मुझे यह देखकर बहुत दिलासा मिलती थी कि बाद के सालों में उन्होंने पत्रिका निकालते हुए भी सिगरेट पीना बन्द कर दिया। किसी सिगरेट पीने वाले का अगर यह जाँचने के लिए असली इम्तहान लेना हो कि उसने पीना छोड़ दिया है या नहीं, तो उसे चार पैग दारू पिलाने के बाद सिगरेट ऑफर करनी चाहिए। अवधेश जी पीना छोड़ चुके थे, लेकिन हमारे ऑफ़िस की सालाना पार्टी ऐसी होती है कि वहाँ बड़े–बड़े तीस मारख़ाँ ध्वस्त हो जाते हैं। लेकिन मैंने देखा कि अवधेश व्यास वहाँ भी पीने को तैयार नहीं थे – न सिगरेट, न शराब। मैं उनसे बार–बार निवेदन कर रहा था कि कुछ तो पी लो। चलो एक पैग ही पी लो। ऑफ़िस के नाम पर पी लो। जैसे–जैसे मेरे पैग बढ़ते जा रहे थे, मैं उनसे और आत्मीय ज़िद के साथ अनुनय कर रहा था। अपने सम्पादक को इस तरह अनुनय–विनय करता देख दूसरे साथियों से भी रहा नहीं जा रहा था। उनमें से कुछ को शायद यह एक अभूतपूर्व अवसर भी लगा होगा, जहाँ वे सीधे सम्पादक की इच्छा पूरी कर उसकी नज़र में चमक सकते थे। यह जानते हुए भी कि अवधेश जी लगातार पीने से मना कर रहे हैं, वे बार–काउंटर से उनके लिए बाक़ायदा पैग ही बनाकर ले आये और एक साथ उन पर टूट पड़े। मगर अवधेश जी टस–से–मस नहीं हुए। संभवतः यही दृश्य देखने के बाद मेरे अवचेतन मन में कहीं यह तथ्य दर्ज़ हो गया था कि अगर ठान ले, तो दुनिया का एक नम्बर का पियक्कड़ भी मौक़ा आने पर शराब से रोशन महफ़िल में पीने से इन्कार कर सकता है और इससे उसका पार्टी का आनन्द ज़रा भी कम नहीं होता।

अवधेश जी सरीखे लोगों के अलावा मुझे ऐसे लोग भी मिले, जो सिगरेट पीना छोड़ तो चुके थे, पर उन्हें कभी शराब की महफिल में जाना पड़ जाए, तो वहाँ वे बहुत बेतक़ल्लुफ़ होकर सिगरेट पी लेते थे। पार्टी में पीते थे और अगले दिन फिर बन्द कर देते थे। ऐसे लोग थोड़े तिलिस्मी लगे मुझे। बहरहाल, मैं आपको बताना चाहता हूँ

कि सिगरेट छोड़ने के लिए मैंने ख़ुद क्या–क्या किया, क्योंकि अवधेश जी और सिर्फ़ पार्टी में ही सिगरेट पीने वाले लोगों से मिलने के बाद मैं ख़ामोश नहीं बना रह सकता था। अगर ये लोग कर सकते थे, तो मैं क्यों नहीं कर सकता था। वैसे सिगरेट पीना शुरू करने के बाद उसे छोड़ने की पहली नाकाम कोशिश मैंने अपने सैनिक जीवन में की थी, जब मैं बीनागुड़ी पश्चिम बंगाल में तैनात था। मुझे ठीक से याद नहीं कि किस बात से प्रेरित होकर मैंने धूम्रपान छोड़ने का मन बनाया, पर मुझे याद है कि मैंने वाकई छह दिनों तक सिगरेट होंठ से नहीं लगाई थी। मगर सातवें दिन एक ऐसी वारदात हुई कि चीज़ें मेरे वश से बाहर चली गयीं। हुआ यह कि उन दिनों मैंने फ़ौज छोड़ने का मन बना लिया था और उससे पहले ही कुछ ऐसा कोर्स करना चाह रहा था, जो मुझे बाहर एक सम्मानजनक नौकरी दिलाने में मददगार होता। मैनेजमेंट कोर्स उन दिनों बहुत प्रचलन में था। मैंने एक इंस्टिट्यूट से मैनेजमेंट में पोस्ट ग्रेजुएट डिप्लोमा के लिए आवेदन किया हुआ था और उसके लिए मुझे बागडोगरा जाकर एक लिखित परीक्षा में बैठना था। मैं समय पर पूरी तैयारी के साथ बागडोगरा पहुँच भी गया, पर मुझे परीक्षा में नहीं बैठने दिया गया, क्योंकि मैं ग़लती से कोई ज़रूरी कागज लेकर आना भूल गया था। मैंने परीक्षा से जुड़े लोगों के सामने बहुत हाथ–पैर जोड़े, सैनिक होते हुए भी रोया–गिड़गिड़ाया, पर उन्होंने नियमों का हवाला देते हुए मुझे परीक्षा में बैठने की अनुमति नहीं दी। इस घटना से मेरा बेतरह दुखी हो जाना लाजमी था। जब मुझे इस दुख को भुलाने का कोई रास्ता नहीं सूझा, तो मैंने दुख को दुख से काटने का फ़ैसला किया और एक सप्ताह की मेहनत पर पानी फेरते हुए एक्जामिनेशन सेंटर के बाहर ही एक सिगरेट सुलगा ली। थोड़ी ही देर में परीक्षा में न बैठ पाने के दुख पर सिगरेट पी लेने का दुख सवार हो गया। मैं एक प्राइवेट बस में बैठ इस दुख में हिचकोले खाता हुआ वापस अपनी रेजीमेंट पहुँचा। वहाँ पहुँचने तक शाम ढल चुकी थी। मैं सीधे ऑफ़िसर्स मेस गया, जहाँ मेस हवलदार बलवन्त मेरा उतरा हुआ चेहरा देखते ही

बोला– साहब, गर्म पानी के साथ ओल्ड मोंक का पटियाला लाता हूँ और कुछ ही देर में एक ट्रे पर ड्रिंक लिए मेरे सामने लौट आया। ड्रिंक के गिलास के साथ विल्स सिगरेट का पैकेट और माचिस भी थी। उन कमज़ोर क्षणों में हवलदार बलवन्त सिंह के अतिरिक्त जोश के साथ किये गये एक युवा अफ़सर के प्रति प्रेम–प्रदर्शन ने सिगरेट छोड़ने की मेरी पहली कोशिश को पूरी तरह नाकाम कर दिया।

दूसरी बार का क़िस्सा भी थोड़ा दर्दनाक है, लेकिन चूँकि यह दर्द मुझसे ही सम्बन्धित है, इसलिए पढ़ते हुए आपको हँसी आयेगी। आप ख़ुद ही अलर्ट रहकर चैक करें कि आपको हँसी आती है या नहीं। इसके पीछे सिद्धान्त यही है कि जब तक कोई घटना सीधे हमसे नहीं जुड़ी हो, वह हमें कम प्रभावित करती है। हुआ यह कि एक बार मेरी जीभ पर एक ज़रा–सा घाव हो गया। मुझे पता ही नहीं चला कि ये कैसे हुआ। जीभ में छाले हो जाना या गर्म चाय से जलने के कारण उस पर जख्म पड़ जाना कोई बड़ी बात नहीं, दो–चार दिन में वे अपने आप ठीक भी हो जाते हैं। पर यह जख्म क्या हुआ, ठीक ही नहीं हो रहा था। तक़लीफ़ की बात यह थी कि इसका आकार बढ़ता जा रहा था। ठीक जीभ के बीचोंबीच क़रीब आधा सेमी लम्बा यह ज़ख़्म एक–दो सप्ताह में क़रीब डेढ़ से.मी. लम्बा हो गया। अब मैं जब देखो तब शीशे के सामने जीभ बाहर निकाल इस जख्म का मुआयना करता रहता। सुबह उठने के बाद सबसे पहले शीशे के सामने जीभ बाहर निकाल खड़ा हो जाता। उन दिनों मैं पैंतीस–छत्तीस साल का रहा हूँगा। यह उम्र ही क्या थी। जी हाँ, जो आप सोच रहे हो, वही डर मुझे भी सता रहा था कि यह ज़ख़्म किसी बड़ी बीमारी के होने का निशान तो नहीं। आप लोगों ने तस्वीरें देखी ही होंगी, कैंसर अगर हो जाए, तो जीभ कैसी–कैसी तो हो जाती है। मैं पत्नी को भी बार–बार जीभ दिखाता रहता। वह दिलासा देती कि नहीं–नहीं, इतना बड़ा ज़ख़्म नहीं, ठीक हो जायेगा। अन्ततः मैंने अपनी एक सहयोगी से बात कर उसके एक परिचित डॉक्टर का अपॉइंटमेंट लिया। डॉक्टर मुझसे भी युवा था और थोड़ा

शरारती भी, सो उसने मेरे साथ बहुत बड़ी बदमाशी की। सामान्यतया अख़बार के पत्रकारों के साथ कोई डॉक्टर ऐसी बदमाशी नहीं करता, पर उसे न जाने मुझमें क्या नज़र आया कि उसने टॉर्च की रोशनी में मेरी जीभ का ज़ख़्म देखने के बाद सीधे लेवल टू, लेवल थ्री की बात शुरू कर दी कि इस लेवल का कैंसर हो सकता है। मुझे काटो तो खून नहीं। इसी बात को तो नहीं सुनने के लिए मैं डॉक्टर के पास आने से कतरा रहा था। मैंने डॉक्टर से पूछा, तो इसका कोई इलाज़ नहीं क्या? वह बोला, तुरन्त सिगरेट छोड़ दो। अभी जेब में है क्या सिगरेट। मैंने कहा – हाँ है। उसने सिगरेट का पैकेट (उन दिनों मैं अपनी पत्नी के भाई की विदेश से लायी मार्लबोरो फूँक रहा था) अपनी दराज़ में रखवा लिया। दवा के नाम पर उसने कहा कि कुछ दिन इन्तज़ार करो। फ़िलहाल सिगरेट छोड़ दो। मैं उस डॉक्टर से मिलकर घर आया और मैंने जब यह पूरा वाक़या पत्नी को सुनाया, तो उसे बहुत ताज्जुब हुआ कि कैसा डॉक्टर है, जो कह रहा है कि कैंसर है और दवा भी नहीं दे रहा। सबसे पहले तो मैंने घर में बचे चार–पाँच सिगरेट के पैकेट उठाए और एक पहचान के पान वाले दुकानदार को दे आया। कैंसर का नाम सुनने के बाद भी सिगरेट पी लूँ, इतना मूर्ख, पाग़ल और बेहोश नहीं था मैं। लेकिन मुझे उस डॉक्टर की बातें पच नहीं रही थीं। उसका बर्ताव मुझे असामान्य लग रहा था। मेरा सबसे बड़ा सवाल था कि ऐसे कैसे कोई डॉक्टर बिना टेस्ट किये और यूँ हँसते हुए किसी को कैंसर होने की सूचना दे सकता है। मैंने अब एक दूसरे डॉक्टर को दिखाने का फ़ैसला किया। इस बार मैंने नोएडा के कैलाश हस्पताल का रुख किया। ऐसा संयोग हुआ कि वहाँ ई.एन.टी. स्पेशलिस्ट एक भूतपूर्व सैनिक था। उसे मिला तो लगा कि दो फ़ौजी मिल रहे हैं न कि डॉक्टर और रोगी। मैंने युवा डॉक्टर के निष्कर्ष के बारे में कुछ नहीं बताया। उसने जीभ की जाँच की और तुरन्त एक कागज पर कुछ दवाएँ लिख दीं। मैंने बहुत हिचकते हुए उससे पूछा कि आख़िर यह जख्म है क्या। मैं यहाँ साँस थामे हुआ था और वह किसी को फ़ोन लगाते

हुए बड़े लापरवाह लहज़े में बोला कि कुछ नहीं है, फंगल इंफेक्शन है, बरसात में हो जाता है। ये दवाइयाँ ले लेना ठीक हो जायेगा। मैंने बाहर निकलकर दवाइयाँ ख़रीदीं और पहली डोज़ वहीं ख़रीदी हुई बोतल के पानी के साथ गटक गया। मैंने राहत की साँस लेते हुए सोचा कि अब जितनी जल्दी हो सके,यह ज़ख़्म ठीक हो जाए बस। अचानक मुझे ख़याल आया कि सिगरेट न पिए मुझे बहत्तर घण्टे होने को आये थे। घर आकर मैंने फिर से शीशे के सामने खड़े हो खींचकर बाहर निकाली गयी जीभ पर उभरे जख्म का पूरी रोशनी में मुआयना किया। शायद यह डॉक्टर साहब की बातों की वजह से मुझमें समा गयी सकारात्मकता का असर था कि मुझे ज़ख़्म हल्का होता लगा। अगले दिन वह और हल्का हो गया। रात को और हल्का। अगली सुबह और हल्का। ऐसा करते–करते दस दिन में वह ज़ख़्म अपनी पहचान समेत जीभ की सतह से विलीन हो गया। मैंने जीभ पत्नी, माँ और कुछ अपने क़रीबी मित्रों को दिखायी और सुनिश्चित किया कि वाकई जीभ की सतह पर कोई जख्म नहीं। अब बल्कि मुझे जख्म की बजाय जीभ की सेहत से भरी बुरादे जैसी लाल खुरदरी सतह दिखने लगी थी। ज़ख़्म के यूँ गायब हो जाने के बाद दो दिन इस ऊहापोह में गुजरे कि अब इतने दिन छूट ही गयी है सिगरेट तो छोड़ ही दी जाए, लेकिन दो दिन बाद ही एक साहित्यिक कार्यक्रम में जाना हुआ। कार्यक्रम ख़त्म होने के बाद बाहर कवियों का कहीं जमावड़ा लगना था। वहाँ पहुँचा, तो अन्दर शराब, सिगरेट और साहित्य–चर्चा में डूबा हुआ माहौल अपने शबाब पर था। मैंने पहले तो दो पैग खींचे और फिर एक युवा कवि के सिगरेट लिए मुँह की ओर उठते हाथ को हवा में ही रोक उसके हाथ से सिगरेट ले ली। मैंने तबीयत से लम्बी–लम्बी तीन फूँक मारीं और इस तरह एक बदमाश शरारती डॉक्टर द्वारा मेरी सिगरेट पीने की आदत को छुड़वाने की ईमानदार कोशिश नाकाम हो गयी। इस तरह मैं दूसरी बार फेफड़ों को खोखला करने वाली इस लत से छुटकारा पाने से महरूम रह गया।

मैराथन दौड़ना शुरू करने के दूसरे साल तक मुझे यह तो समझ आ गया था कि सिगरेट पीने की आदत के रहते मैं अपने दौड़ने के साथ न्याय नहीं कर पाऊँगा, यह भी था कि मेरी बड़ी होती बेटी अब चीजों को समझने लगी थी। उसे यह मालूम चल गया था कि पापा उसके लिए बहुत ज़रूरी हैं, क्योंकि वह उसकी हर ज़रूरत का पूरा ख़याल रखते हैं। बच्चे जैसे अपने प्रिय खिलौनों को बचाकर रखने की कोशिश करते हैं, वैसे ही वह पापा को बचाकर रखना चाहती थी। सिगरेट को लेकर उसने सिनेमाघर में वे सरकारी विज्ञापन भी देख लिए थे, जो किसी को भी डरा दें।अब वह मुझे जब तब टोकने लगी थी। एक रोज़ दफ़्तर से घर लौटते हुए जबकि मेरे पास उस दिन के लिए एक आख़िरी सिगरेट बची थी, मैंने न जाने क्या बात सोची कि लोकल ट्रेन की खिड़की के पास बैठे हुए उस पर 'आख़िरी सिगरेट' लिखा और उसकी तस्वीर खींच उसे वाशी के पुल से खुले समुद्र में उछाल दिया। मैं जानता था एक न एक दिन मेरे सीने में सिगरेट छोड़ने को लेकर ऐसी छटपटाहट उठने ही वाली थी। सिगरेट समुद्र की ओर उछालते हुए मुझे लगा कि आज का दिन वही ऐतिहासिक दिन है, जिसे मैं पूरी उम्र याद रखूँगा। सचमुच मैंने अगले चार महीने तक सिगरेट नहीं पी। और मैं कभी पीता भी नहीं, अगर मुझे बंगलोर नहीं जाना पड़ता, जहाँ मैं अपने पुराने फ़ौजी दोस्तों से मिलने वाला था।

कभी इस बात पर गौर करना कि जीवन में सबसे क़रीबी और घनिष्ठ मित्र वे होते हैं, जिन्होंने आपके साथ सबसे मुश्किल वक़्त साझा किया होता है। बचपन के साथियों से भी गहरी दोस्ती होती है, ख़ासकर वे जो किशोर वय से आपके साथ रहे हों। कॉलेज में भी थोड़े अच्छे दोस्त बन जाते हैं, क्योंकि उनके साथ हम अपने अरमानों को साझा करते हैं। बाद में नौकरी करना शुरू करने के बाद दोस्त बनना कम हो जाते हैं। वे दफ़्तर के साथी ज़्यादा होते हैं।

इस लिहाज से मैं बहुत खुशक़िस्मत था, क्योंकि सेना में अफ़सर बनने के लिए वैन्ने यानी तत्कालीन मद्रास में प्रशिक्षण के उन दस बेहद मुश्किल महीनों में मेरे साथ दो सौ जेंटलमैन कैडेट (अकेडमी में प्रशिक्षण पाने वालों को इसी नाम से पुकारा जाता है) थे, जिनमें से लगभग तीस कैडेट मेरी ही प्लाटून में थे यानी उनके साथ मैंने सबसे मुश्किल समय गुज़ारा था। इस मुश्किल समय के बारे में जिसने जानना हो, वह मेरा उपन्यास 'पत्थर पर दूब' पढ़ सकता है। अपनी प्लाटून के लड़कों के साथ न सिर्फ़ पच्चीस–पच्चीस किलो का बोझ लेकर रात–रात भर कीचड़ भरे रास्तों पर पैदल चला और थकान से चूर होकर ज़मीन पर लेट आसमान में उगे चाँद को देखते हुए छिपायी हुई सिगरेटें निकालकर फूँकीं, उन्हीं के साथ निर्वस्त्र नहाने की मौज ली और तीन महीने के प्रशिक्षण के उपराँत रविवार के दिन अकेडमी से बाहर शहर में जाने की इजाज़त मिलने के बाद किसी रेस्टोरेंट एंड बार में सॉफ्ट ड्रिंक में शराब मिलाकर पीने का जोखिम भी उठाया। संयोग से जिन दिनों मैंने सिगरेट पीना छोड़ा हुआ था, उन्हीं दिनों मुझे किसी ट्रेनिंग के सिलसिले में बंगलोर जाना पड़ा और उन्हीं दिनों यहाँ मेरी ही प्लाटून के मेरे साथ ट्रेनिंग पाये पाँच–पाँच कोर्समेट्स मौजूद थे। बंगलोर पहुँचने के बाद मैंने उनसे फ़ोन पर संपर्क साधा और बताया कि मैं किस होटल में रुकने वाला हूँ। इन पाँच लोगों में तीन ऐसे थे, जो ट्रेनिंग पूरी कर अफ़सर बनने के बाद पच्चीस साल में पहली बार मुझसे मिल रहे थे। मैं होटल क्या पहुँचा, पीछे–पीछे ये लोग भी पहुँच गये। इनमें से एक अपने साथ ओल्ड मोंक रम की दो बोतलें भी ले आया था। वह थोड़ा भावुक क़िस्म का बन्दा था और चूँकि आज इतने सालों बाद मुझसे मिल रहा था, इसलिए बहुत उतावला हो रहा था। वह इस मुलाक़ात को यादगार बनाना चाहता था। इसके लिए उसे साथ बैठकर छककर ओल्ड मोंक के पैग लगाने से बेहतर कोई तरीका नहीं सूझा। कमरे में पहुँचने के बाद उसने बाकियों को फ़ोन लगाया और घण्टे भर में सबको होटल के उस कमरे में जमा कर लिया।

मैंने गौर किया कि हम सभी के शरीर देखकर ही कोई बता सकता था कि हम रोज़ पीने वाले लोग थे, क्योंकि सबके लगभग एक जैसे ही पेट निकले हुए थे। मैं कोई अपवाद नहीं था। सिगरेट भले ही मैंने चार महीने से नहीं पी थी, पर शराब गाहे–बगाहे यानी हफ़्ते में दो बार तक तो हो ही जाती थी। एक समय रोज़ दो पैग पीने की फ़ौज की लगाई हुई आदत ज़रूर अब नहीं रही थी।

कमरे में इन साथियों के घुसते ही पहले तो झप्पियों का दौर चला। कई बार 'और सुना भाई' दुहराया गया। झूठ बोलकर एक–दूसरे की तारीफ़ की गयी कि सब अपनी वास्तविक उम्र को मात देते दिख रहे हैं। एकदूसरे के बारे में बुनियादी जानकारियाँ बटोरी गयी– शादी कब की, बच्चे कितने हैं, कहाँ–कहाँ पोस्टिंग हुई। दस मिनट में ही सब इन तथाकथित ज़रूरी बातों से फारिग हो गये। और तब जैसा कि सब चाह ही रहे थे, ओल्ड मोंक की बोतल खोल ली गयी। वेटर से अतिरिक्त गिलासें मँगवाई गयी, पानी की बोतलें रखवायी गयीं, रूम सर्विस को बोलकर स्नैक्स का ऑर्डर दिया गया। कुछ ही देर में समाँ बन्ध गया। अपने पैग से पहली घूँट भरी नहीं कि बंगाली दादा पल्लव घोषाल ने विल्स का पैकेट निकाल पहली सिगरेट सुलगा ली। उसकी देखादेखी साजिथ ने बड़ी ही अदा में अपने ख़ास दिखते लाइटर से सिगरेट सुलगाकर क्लासिक का बड़ा पैकेट सामने रख दिया। साजिथ ने दो–तीन फूँक मारकर सिगरेट गिरीश की ओर बढ़ायी, तो उधर पल्लव ने चार फूँक मारकर सिगरेट मेरी ओर बढ़ा दी। मैंने कहा, भाई चार महीने पहले छोड़ दी। वह बोला– ऐसे कैसे छोड़ दी। तू क्या मेरे से परमिशन लिया? मैंने कहा – यार पल्लव समझने की कोशिश कर। बहुत मुश्किल से छोड़ी है। पल्लव ऐसे कहाँ हार मानने वाला था। अब जरा आप ख़ुद पढ़िये कि सिगरेट पीने, न पीने के लिए मेरा, साजिथ और गिरीश का संवाद कुछ यूँ चला। शिष्टाचार के तकाज़े से मैं यहाँ उन गालियों को नहीं लिख रहा, जो हर वाक्य के शुरुआत में हीरे–मोती जैसे नगीनों की तरह जड़ी जा रही थीं।

पल्लव – यार ठाकुर तू पच्चीस साल के बाद मिल रहा है आज और साथ में सिगरेट पीने को मना कर रहा है। अकेडमी में क्या कभी ऐसा हुआ कि तूने सिगरेट बढ़ाई हो और मैंने पीने से मना कर दिया हो।

मैं – अबे बंगाली बड़ी मुश्किल से छोड़ी है। तीन महीने बाद फुल मैराथन दौड़नी है।

गिरीश – मैराथन कौन–सी बड़ी चीज़ है भाई। अभी सिंगापुर में दौड़ा।

मैं – तू मैराथन दौड़ा? सिगरेट पीकर? छह घण्टे में पूरी की होगी।

गिरीश – अबे पागल है। पर्सनल बेस्ट रहा मेरा इस बार। 4 घण्टे 20 मिनट में। एक स्पीड पकड़कर भागा।

पल्लव– तू भूल गया क्या अकेडमी में अपुन सिगरेट पीने वाले ही सबसे आगे रहते थे। भाई पीछे से धुँआ निकलेगा, तो ही तो बन्दा आगे तेज़ दौड़ेगा।

साजिथ – ब्रो डोंट चैलेंज ठाकुर, ही इज मैड। यू नेवर नो ये पीछे से भी सिगरेट पीकर दिखा देगा। पीछे से पिएगा और मुँह से धुँआ निकालेगा।

समवेत ठहाका। हाहाहा।

मैं – यार चार महीने से नहीं पी। पिऊँगा तो पीने ही लग जाऊँगा।

पल्लव – पिएगा तो जिएगा। ये ले।

पल्लव ने एक बार फिर मेरी ओर सुलगती सिगरेट बढ़ाई। मैं समझ गया था कि यहाँ मेरी दाल गलने वाली है। लेकिन इससे भी ज़्यादा यह कि मेरी ख़ुद की पीने की ज़बरदस्त इच्छा होने लगी थी। मैंने मन ही मन में सोचा कि आज पिऊँगा, कल नहीं पिऊँगा। ऐसा सोचते हुए अवचेतन से पुकार उठी, न कर सुन्दर ऐसा न कर। फिर तू वही ग़लती कर रहा है। फिर तू दलदल में फँस रहा है। पर तब तक देर हो चुकी थी। मेरा हाथ सिगरेट की ओर आगे बढ़ चुका था।

बंगलोर में दो दिन रहने के बाद मुम्बई लौटा, तो एयरपोर्ट से बाहर आते ही मैंने सिगरेट सुलगाई। ऐसा करते हुए मुझे ख़ुद पर ही तरस आ रहा था। अभी दो दिन पहले मैं किसी राजा की तरह इसी एयरपोर्ट से बंगलोर रवाना हुआ था। चार महीने से सिगरेट नहीं पी थी। एयरपोर्ट पर मैंने कैपेचीनो कॉफी पी। शरीर और दिमाग़ दोनों कितने चुस्त महसूस हो रहे थे। और अब मैं दोबारा निकोटिन के अधीन हो रहा था। मेरी आज़ादी छिन रही थी। एक बार फिर बंगलोर में हवाई जहाज़ में बैठने के बाद मैं इसी बात का इन्तज़ार कर रहा था कि कब जहाज़ लैंड करे, कब मैं बाहर जाऊँ और कब निकोटिन मेरे फेफड़ों में जाकर मेरे रक्त में प्रवाहित हो। मुझे यही गुलामी रास नहीं आ रही थी। मैं स्वतन्त्र होकर जीना चाहता था। बंगलोर में एक बार पल्लव की बढ़ाई सिगरेट क्या थामी, उसके बाद मैंने सिगरेटें ऐसे फूँकीं, जैसे वे लज़ीज़ व्यंजन हों और मैं कोई भूखा भिखारी। दोस्तों के साथ पार्टी करते हुए मेरा कमरा सिगरेट के धुएँ से भरा रहा। इतना कि हमें खिड़कियों के साथ–साथ पाख़ाने का दरवाज़ा भी खोलना पड़ा। कमरे में लगा स्मोक डिटेक्टर हमने निकाल के अलग रख लिया था।

मैंने न सिर्फ़ इस बात को लेकर क़सम खायी थी कि मैं सिगरेट नहीं पिऊँगा, बल्कि साथ में एक शर्त यह भी जोड़ी थी कि अगर ख़ुदा न ख़ासता कभी पीनी ही पड़ गई, तो घर पर लाकर कभी नहीं पिऊँगा। पर आप लोगों में से जो शराब और सिगरेट के नशेड़ी रहे हैं, वे भली–भाँति जानते होंगे कि ऐसी कसमों का कोई मतलब नहीं होता। सिगरेट पीने वाले तो फिर भी निभा लेते हैं, पर शराबी तो रोज़ सूर्योदय पर क़सम खाते हैं और सूर्यास्त पर क़सम तोड़ देते हैं। बहरहाल, मैंने ख़ुद को यह सोचकर दिलासा दी कि मुझे सिगरेट पीना शुरू किये दो ही दिन हुए थे। और बंगलोर की बात और थी, वहाँ फ़ौज के पुराने साथी मिले थे बीस साल बाद। मुम्बई में तो मेरी रोजमर्रा की सामान्य दिनचर्या चलनी थी, सो यहाँ फिर से पीना छोड़ दूँगा। घर में घुसने से पहले मैंने विक्स की दो गोलियाँ चूस ली थीं।

मैं माँ और पत्नी को कोई आघात नहीं देना चाहता था कि इतनी मुश्किल से चार महीने की जद्दोजहद के बाद छोड़ी गयी सिगरेट पीने की आदत दो दिन की बंगलोर यात्रा में मेरे साथ चिपककर फिर घर लौट आयी थी। हालाँकि मैं जब हाथ–मुँह धोकर बिस्तर पर अपनी जगह बैठा, जहाँ से बाहर का पूरा परिदृश्य दिखता है और जैसे ही मैंने काली मिर्च, अदरक और तुलसी के पत्तों वाली चाय की दो घूँट भरी, मेरे भीतर सिगरेट सुलगा लेने की जबर इच्छा कुनमुनाई। मैंने बगल में बैठी पत्नी की ओर नज़र घुमाकर देखा और तुरन्त इस इच्छा का गला घोंट दिया। थोड़ी देर में शाम घिर आई। मैंने सोचा कि अब टंटा ख़त्म हुआ। कुछ देर में खाना खाकर सो जाऊँगा। सोने के साथ ही सिगरेट की तलब भी सो जायेगी। लेकिन सोने में अभी दो–तीन घण्टे का विलम्ब था और कहीं इस बीच दिमाग़ चल गया तो? खेल सारा इतना ही तो है कि कोई बात दिमाग़ में आ जाये। तलब उठती ही तब है, जब बात दिमाग़ में आये। और यही हुआ। मेरे दिमाग़ में आया कि क्यों न नीचे घूमने के बहाने बाहर निकला जाए और जल्दी से सिगरेट पीकर लौट आया जाये। ख़तरा यह था कि पत्नी को बाहर घूमने जाने की बात करूँगा, तो वह साथ चलने को कहेगी, जैसा कि वह अमूमन कहती रही है। मैंने बहुत कैजुअल अन्दाज़ में पत्नी से कहा कि जरा मैं बाहर घूमकर आता हूँ दस मिनट में। वह मोबाइल में घुसी हुई थी। उसने कौतुक नज़र से मुझे देखा। चोर की दाढ़ी में तिनका। उस निगाह में इतने सवाल थे कि मैं ख़ुद ही बोल पड़ा– नहीं नहीं सिगरेट वगैरह नहीं पीने जा रहा। बस थोड़ी घुटन–सी हो रही है अन्दर। मैं घबरा रहा था। मुझे राहत मिली जब उसने मुझे सब्ज़ी की दुकान चैक करने और उसके खुले होने पर आलू–प्याज लाने को कहा। मैं किसी बच्चे की तरह चहकता हुआ घर से बाहर निकला। सीधे सिगरेट की दुकान से सिगरेट ख़रीद पहली गहरी फूँक मारने के बाद ही राहत की साँस ली। तीसरी फूँक मारने तक मेरी शिराओं में नशा उतरने लगा था। अब मैं आँख बन्द करके उस नशे को पूरी तरह महसूस करने की कोशिश

करते हुए कश ले रहा था। सिगरेट पीते हुए मैं सामने सड़क पर चल रहे ट्रैफिक में से छाँट–छाँटकर बड़े गौर से लोगों के चेहरे भी देख रहा था और चेहरे देखकर एक अन्दाज़ लगाने की कोशिश कर रहा था कि कौन कितना ख़ुश है। मैं चमकती लम्बी कारों से लेकर ट्रक, ऑटो, स्कूटर, स्कूटी, बाइक, साइकिल या पैदल चल रहे हर व्यक्ति के चेहरे का मुआयना कर रहा था। आप यक़ीन नहीं करेंगे, अगर मैं साइकिल पर चलने वालों और मालिकों को लेकर गाड़ी चला रहे ड्राइवरों को छोड़ दूँ, तो नब्बे फ़ीसदी लोग मोबाइल पर व्यस्त दिखे। सिगरेट आदमी को दार्शनिक बना देती है, क्योंकि आदमी को रुक–रुक कर फूँक मारनी होती है, तो दो फूँकों के दरमियान वह सोचने के अलावा कुछ कर भी क्या सकता है।

बहरहाल, सड़क पर गुज़रते लोगों के चेहरे देखते हुए सिगरेट कब ख़त्म हो गई, पता ही नहीं चला। मैं छोटी गोल्ड फ्लैक पीता था, जो बित्ते भर की लम्बाई वाली सिगरेट है। ज़रा जोश में रहो, तो दो–चार लम्बी फूँकों में ही उसकी ठुड्डी मुँह पर आ लगती है। ये छोटी गोल्ड फ्लैक पीने की आदत मेरे प्रिय कवि मंगलेश डबराल की बदौलत है, जो दिल्ली में मेरे पड़ोसी थे, जिनकी सोहबत में मैंने कविताएँ लिखना और साहित्य को ठीक से जानना शुरू किया।

एक सिगरेट ख़त्म होने के बाद मैंने दूसरी सुलगा ली। सुलगाते हुए ही मैं सोच रहा था कि यह तो वाकई ज्यादती थी। कहाँ तो मैंने चार महीने में एक भी सिगरेट नहीं पी और कहाँ मैं घूमने का बहाना बनाकर बाहर आकर एक सिगरेट पीने के बाद अब दूसरी सिगरेट फूँक रहा था। कोई बात नहीं। बस आज भर। कल से नहीं पिऊँगा। आज ही जितना बर्बाद होना है, हो लेता हूँ। दूसरी सिगरेट ख़त्म होते–होते मैंने महसूस किया कि अब नशा जैसा कुछ नहीं हो रहा था, बल्कि गले में खराश होने लगी थी। मैंने दूसरी सिगरेट पूरी पिए बिना ही फेंक दी। मुझे ख़ुद ही अपने मुँह से सिगरेट की बास आ रही थी। मैंने विक्स की गोलियाँ ख़रीदी और दो–दो एक साथ मुँह में डाल लीं। अब मुझे मन ही मन उस क्षण पर अफ़सोस हो

रहा था, जब मैंने पल्लव के बढ़े हुए हाथ से जलती सिगरेट ली थी। पहले तीन–चार कश बहुत कसैले थे। लेकिन मैं जबरन पी गया और दूसरी–तीसरी सिगरेट के बाद से तो पुरानी आदत ज़िन्दा होकर मुझे संचालित करने लगी थी। पर एक फ़र्क़ यह था कि मैं जान रहा था कि मैं ग़लत कर रहा हूँ। मैं सिगरेट उस बेफिक्री से नहीं पी रहा था, जिससे पहले पीता रहा था। ठीक है कि अकेडमी में हम सिगरेट पीने वाले दौड़ में सबसे आगे रहते थे, ठीक है कि मेरे एक दूसरे फ़ौजी साथी गिरीश ने सिगरेटबाज़ होते हुए भी 4 घण्टे 20 मिनट में फुल मैराथन दौड़ी थी, पर मैं इतना मूर्ख नहीं था कि यह मान बैठूँ कि हमारा तेज़ दौड़ना सिगरेट के कारण होता था। तब हम जवानी और मूर्खता की जद में थे, जो ऐसी बातें करते थे। मेरा सिगरेट छोड़ना अब लगभग तय था, पर वह कैसे होगा, मैं ख़ुद नहीं जानता था।

वह जो चार महीने का सिगरेट छोड़ना था, उसे बंगलोर में दो दिनों की दोस्तों की सोहबत ने बराबर कर दिया। मैं ख़ुद को देख रहा था धीरे–धीरे फिसलते हुए, पर रोकने की कोशिश नहीं कर रहा था। जीवन में कई बार बहुत रहस्यमयी ढंग से घटनाएँ घटती हैं। हम कई–कई सालों तक बेहोशी भरा जीवन जीते हैं और कोई घटना अचानक हमें झकझोर कर जगा देती है। मैं ऐसी ही घटना का इन्तज़ार कर रहा था। हालाँकि मैं जान रहा था कि यह भी दिमाग़ की चाल है। बुरी आदतों को पकड़े रहने के लिए दिमाग़ हर तरह के तर्क–कुतर्क गढ़ने में माहिर होता है। मेरा दिमाग़ भी यही कर रहा था। लेकिन घर पर पत्नी और बेटी के हमले बढ़ते जा रहे थे। कुछ तो उन्हें ख़ुद भी सिगरेट के धुएँ की गन्ध पसन्द न थी और कुछ बेटी का दुनिया को लेकर ज्ञान तेज़ी से बढ़ रहा था। जैसा मैंने पहले बताया कि बच्चों के सफल जीवन के लिए पिता की भूमिका के महत्व को तो वह समझ ही रही थी, लेकिन इससे ज़्यादा उसका मेरे प्रति प्राकृतिक लगाव था। ज़्यादातर बेटियाँ पिताओं

के क़रीब होती हैं। इधर एक नई परेशानी यह थी कि सिगरेट के पैकेट पर बहुत गन्दी तस्वीरें छापी जाने लगी थीं। उन तस्वीरों को देखकर कोई समझदार, संवेदनशील आदमी, जिसे ज़िन्दगी से जरा भी प्यार हो सिगरेट पीने का जोखिम नहीं उठा सकता। डिब्बे पर ऐसी डरावनी तस्वीर के अलावा धूम्रपान पर सरकारी विज्ञापन जान लेने पर आमादा थे। इधर के नये विज्ञापन में भारतीय क्रिकेट टीम में दीवार का खिताब पाने वाले राहुल द्रविड़ अपनी लम्बी पारियों का हवाला देते हुए ऐसी घोषणा करते दिखते हैं कि लम्बी पारी खेलने के लिए जोखिम कम करना ज़रूरी है। विज्ञापन पैसिव स्मोकिंग के खतरे भी बताता। वह आगाह करता कि सिगरेट पीने वालों के आसपास रहने वाले लोग भी ख़तरे में पड़ सकते हैं। स्वाभाविक है कि मैं बेटी के लिए चिन्तित हो उठता था। उधर विज्ञापन शुरू होता और इधर मेरी पत्नी बेटी को धीरे से कुहनी चुभो देती। इसका अर्थ उसे बताना होता कि देख सिगरेट पीने के कितने नुक़सान हैं और तेरे पापा फिर भी पीना नहीं छोड़ रहे। एक बार ऐसा भी हुआ कि पत्नी के यूँ कोचे जाने के बाद भावुकता में आकर बेटी ने इंटरवल में बाहर जाकर मेरी कमीज़ की ऊपरी जेब में रखी सिगरेट हॉल में ही निकालकर तोड़ दी।

पर मैं इन दुर्घटनाओं के बीच भी सिगरेट पीना जारी किये हुए था। इतनी तब्दीली ज़रूर आयी कि मैंने घर में सबके सामने पीनी बन्द कर दी। बाथरूम में या बालकनी में जाकर पीता था छिपकर और उसकी गन्ध को परफ़्यूम से भगाने की कोशिश करता। ठुड्डियों को ठीक से डिस्पोज करना भी अपने में कम बड़ी चुनौती न थी। पर मैं हर चुनौती के बीच सिगरेट की अलख जलाए हुए था। मैराथन की तैयारी भी चल रही थी। कहीं न कहीं दिमाग़ के किसी कोने में बंगलोर में मेरे फ़ौजी साथी गिरीश की बात अटकी हुई थी कि उसने सिगरेट पीते हुए भी 4 घण्टा 20 मिनट में सिंगापुर की फुल मैराथन दौड़ी थी। मुझे यह नहीं पता था कि सिंगापुर में वह कैसे रास्ते पर दौड़ा और वहाँ मौसम कैसा था, ख़ासकर कि तापमान,

क्योंकि दोनों का दौड़ पर बहुत फर्क पड़ता है। सीधी–सपाट सड़क पर कम तापमान में आप तेज़ दौड़ते हैं और चढ़ाई और ढलान से भरी सड़क पर आर्द्र मौसम में आपकी रफ़्तार कम हो जाती है। मुम्बई मैराथन अब दो–तीन महीने के फासले पर थी। मैं नहीं जानता कि इसकी ठीक–ठीक वजह क्या थी, पर मैंने यह फ़ैसला किया कि इस बार मैं सिगरेट पीते हुए ही दौड़ूँगा यानी मैराथन से पहले भी पीना नहीं छोड़ूँगा। यह अजीब मूर्खतापूर्ण फ़ैसला था, पर मैं देख रहा था कि इस फैसले के ज़रिये भी मैं एक तरह से अपने अहं को तुष्ट करने का काम कर रहा था। अब जब किसी से भी मैराथन की बात होती, तो मैं बात–बात में सिगरेट पीने की बात ज़रूर ले आता और फिर यह बताते हुए कि मैं इस बार सिगरेट पीना छोड़े बगैर मैराथन दौड़ने वाला हूँ, अपने अहं को भीतर ही भीतर मिठास घोलते महसूस करता। मैं ऐसा संभवतः इसलिए भी बताता था, क्योंकि पिछले वर्ष मैंने सिगरेट पीना छोड़ने के बावज़ूद मैराथन चार घण्टे पैंतालिस मिनट में पूरी की थी और इस बार मैं जानता था कि मेरा समय पिछले साल से बेहतर रहने वाला है। एक मूर्ख की तरह मैं कम समय में दौड़ पूरी करने का श्रेय सिगरेट को देने पर आमादा था। क्या कर सकते थे। गधों के सींग थोड़े होते हैं। मेरी अक्ल उन दिनों सचमुच घास चरने गयी हुई थी।

मैराथन हुई और मैंने मैराथन शुरू होने से पहले घर पर सिगरेट पी। मैंने दौड़ शुरू होने से ठीक पहले भी सिगरेट पी और मैराथन ख़त्म होने के बाद लँगड़ाते पैरों पर खड़े होते ही फिर सिगरेट पी। और देखिए ईश्वर ने मुझे मेरी मूर्खता का कैसा सबक सिखाया। उसने सचमुच 4 घण्टा 19 मिनट में मेरी मैराथन पूरी करवा दी। मैं हैरान था। कभी अपने पैर देखता था, कभी हाथों में सुलगती सिगरेट। ईश्वर मेरे साथ साजिश कर रहा था, जैसा कि वह अक्सर हर नशेड़ी के साथ करता है। वह इतनी आसानी से नशा नहीं छोड़ने देता। नशा करने वाले गहरे अन्धकार में भी उम्मीद की रोशनी खोज लेते हैं और तब तक वे ऐसा करते हैं, जब तक कि एक दिन रोशनी

हमेशा के लिए गुल नहीं हो जाती। और 99 फ़ीसदी मामलों में रोशनी गुल होने में देर नहीं लगती। पिछले कुछ सालों में मुझे बहुत से ऐसे लोगों की बत्ती गुल होने की ख़बरें मिली हैं, जो इस बात पर लगभग फख्र करते थे कि वे कितना भी पी लें, मजाल है कि उनके पैर डगमगा जायें। उनके पैर भले ही न डगमगायें हों, मगर उनकी जिंदगी डगामगा गयी। ज़ाहिर है ईश्वर ऐसे लोगों के प्रति ज़्यादा मोह नहीं रखता, जो अपने शरीर के प्रति मोह नहीं रखते। औरों की छोड़ो, उसने मेरे पिता को भी नहीं बख़्शा। मैंने अपने पिता को हमेशा बीड़ी, सिगरेट और शराब ही पीते हुए देखा। वे कई बार तो रात–रात भर पीकर बाहर पड़े रहते थे, घर ही नहीं आते थे। तब मैं छोटा था। और उन दिनों रात देर तक जगे रहने के लिए मोबाइल जैसी 'असुविधा' नहीं थी। सूरज डूबा नहीं कि मैं घर होता था और चूल्हे में माँ की बनायी रोटी–सब्ज़ी और दूध पीने के बाद कहने को तो पिता के डर से किताब खोलकर बैठता था, पर मुझे याद नहीं पड़ता कि उस खुली किताब से मैंने कभी कुछ पढ़ा भी। अक्सर मुझे जबरन पालथी मारकर बैठाया जाता था और किताब मेरी जाँघ से दायें–बायें फिसलती रहती थी। मेरे पिता 52 साल की कम उम्र में ही ब्रेन हेमरेज की वजह से स्वर्ग सिधार गये। मृत्यु के वक़्त वह अकेले थे। फौज़ियों के बैरक में जहाँ उन्होंने लगभग अपनी पूरी उम्र इसी तरह पी–पीकर गुज़ारी थी। उस रात भी उन्होंने शराब पी थी। शरीर आख़िर कितना झेलेगा। रोज़–रोज़ की शराब से वह भी तो तंग आ जाता होगा। अरे भई कुछ तो नया हो। कभी अच्छा भोजन भी मिले। कभी शरीर में गहरी शान्ति भी बनी रहे। दिमाग़ से उठता तनाव रगों में न घुले। अभी जबकि मैं यह सब लिख रहा हूँ, अपने पचासवें जन्मदिन से कुछ ही दिन दूर हूँ। मेरे साथ मैराथन दौड़ने वाले चार दोस्तों ने मेरे पचासवें जन्मदिन को मनाने के लिए पंचगनी में एक होटल बुक कर दिया है। हम शुक्रवार यानी नौ अगस्त को वहाँ जायेंगे। चार लोगों के परिवार। हमारा एक साथी चाहकर भी नहीं आ पा रहा, क्योंकि उसे ऑफ़िस की एक ज़रूरी मीटिंग में भाग लेना है।

मेरे परिवार से पत्नी और बेटी के अलावा माँ और हमारी नौ साल की जर्मन स्पिट्ज जूनी भी साथ जायेगी। पिछले चार सालों से हम चारों दोस्त साथ ही मैराथन दौड़ते हैं और हमारा उठना–बैठना घूमना आदि भी साथ ही होता है।

मुझे यह सोचकर बहुत अज़ीब लगता है कि पिता 52 की उम्र में चले गये, सिर्फ़ इसलिए कि उन्हें कोई यह बताने वाला नहीं था कि जब तक वह बीड़ी–सिगरेट, शराब पी रहे थे, तब तक ठीक था। लेकिन जब बीड़ी–सिगरेट और शराब उनके जीवन को पीने लगे, तो उन्हें उनकी गिरफ्त से बाहर निकल आना चाहिए था, जैसा कि मैंने किया। लम्बा जीवन जीना न मेरा मकसद है, न कामना, क्योंकि जीवन की लम्बाई पर किसी का कोई वश नहीं। हाँ, उसकी गहराई ज़रूर तुम तय कर सकते हो। यह तुम पर निर्भर है कि तुम कितना गहरा जीवन जी पाते हो। इसकी कोई गारण्टी नहीं कि बीड़ी–सिगरेट, शराब नहीं पीने वाला और मैराथन दौड़ने वाला कोई शख़्स जल्दी नहीं मरेगा। इस दुनिया में मृत्यु एक संयोग है। वह बहुत तर्कहीन ढंग से भी आप तक पहुँच सकती है। जिस दुनिया में रोज़ डेढ़ लाख से ज़्यादा लोग मर रहे हैं, उनमें से एक आप भी हो सकते हो। अगर अब तक ऐसा नहीं हुआ, तो इसे भी एक संयोग ही मानिए और शुक्र मनाइये।

मैं कई दिनों तक जो भी मिलता, उसके सामने सिगरेट पीकर भी 4 घण्टा 19 मिनट में मैराथन पूरी करने की बात ऐसे बताता, जैसे कि यह मेरे जीवन की उपलब्धि हो। यह सच था कि इस बार मैराथन दौड़ते हुए जाने ऐसा क्या जादू हुआ कि 15 किलोमीटर दौड़ चुकने के बाद मेरे भीतर अचानक बेहिसाब जोश भर गया और पैरों में गज़ब की ताक़त उतर आयी। 15 किलोमीटर के मार्क से लगभग 33 किलोमीटर के मार्क तक मैं ऐसे दौड़ा जैसे मेरे पैरों में पहिये लगे हुए हों। हवा से बात कर रहा था। दौड़ते हुए मुझे ख़ुद यक़ीन नहीं हो रहा था कि मैं इतनी तेज़ दौड़ रहा था। 35–36 किलोमीटर दौड़ लेने के बाद ही मेरे पैरों में ठीक से दर्द और थकान उतरकर आयी

और जैसा कि हर मैराथन में अनिवार्य रूप से होता ही है, आख़िरी के 6–7 किलोमीटर दौड़ने में मुझे नानी याद आ गयी। पर फिर भी मैंने 4 घण्टा 19 मिनट में मैराथन पूरी की, जो अगले दो सालों तक मेरा बेस्ट समय रहा।

पिछली मैराथन सिगरेट पीते हुए भी 4 घण्टे 19 मिनट में करने के बावज़ूद मैं जानता था कि इस लत से मुझे हर क़ीमत पर निजात पानी है। अब तक मैं कई–कई बार उसे कई–कई महीने के लिए छोड़ता आया था, पर वह महीनों के अन्तराल के बावजूद किसी–न–किसी बहाने शुरू हो जाती थी और जल्द ही मेरी दिनचर्या का स्थायी हिस्सा बन जाती। इन्हीं दिनों मुझे ख़याल आया कि क्यों न एक बार फिर मैं निकोटिन वाले च्युइंग गम आजमाऊँ। इस च्युइंग गम को मैं पहले भी आजमा चुका था। बड़ी–बड़ी दवाओं की कम्पनियाँ ऐसी निकोटिन वाली च्युइंग गम बनाती हैं और दावा करती हैं कि कैसे वे आपकी धूम्रपान की लत छुड़वा सकती हैं। दवा कम्पनियाँ बाज़ार में कई तरह के फ्लेवर वाली और निकोटिन की अलग–अलग मात्राओं (2 मिलीग्राम और 4 मिलीग्राम) वाली च्युइंग गम सप्लाई करती हैं। पिछली मर्तबा जब मैंने सिगरेट छोड़ने के लिए इस च्युइंग गम का इस्तेमाल करना शुरू किया था, तो सिगरेट पीना छोड़ने की बजाय कुछ ही महीनों में मैं बराबर से दोनों चीज़ें लेने लगा था। सिगरेट नहीं पीता था जब, तो मुँह में च्युइंग गम रहती और च्युइंग गम ख़त्म हो जाती, तो मैं सिगरेट जला लेता। जैसा कि अक्सर हमारे साथ होता है कि हम एक लत को छोड़ने के लिए दूसरी लत का शिकार हो जाते हैं, च्युइंग गम लगभग यही काम करती है। मुझे पूरा यक़ीन है कि दवा कम्पनियाँ अपने प्रयोगों में इस तथ्य को जान चुकी हैं कि निकोटिन वाली ये च्युइंग गम सिगरेट की तरह ही आप में अपनी लत डाल देती हैं और तब उस लत को छोड़ने के लिए आपको फिर से सिगरेट पीना शुरू करना पड़ता है।

बहरहाल, मैं मैराथन में अच्छा दौड़ पाने के लिए यह सुनिश्चित करना चाहता था कि कुछ भी करना पड़े, पर सिगरेट की लत सिरे से छूटे। ऐसी छूटे कि सिगरेट को कभी सूँघने का भी मन न करे, पीना तो बहुत दूर की बात। यही सोचते हुए मैंने 2 मिलीग्राम की पान फ्लेवर वाली च्युइंग गम लेनी शुरू की। शुरू में मैंने चार च्युइंग गम का पत्ता लिया, पर जल्दी ही यह पूरे दस के पत्ते में बदल गया। जिस तरह सिगरेट की लत लगने पर आप उसे पीने का वक़्त मुकर्रर कर लेते हैं, उसी तरह मेरे लिए निकोटिन वाली च्युइंग गम खाने का भी वक़्त मुकर्रर हो गया। मैं इस बात को लेकर खुश हो रहा था कि अब ऑफिस में मुझे सिगरेट पीने के लिए बिल्डिंग के नीचे नहीं उतरना पड़ता था। इससे समय बचता था। कई बार जब दफ्तर में मेहमान के रूप में बड़े फ़िल्मी सितारे आकर सामने बैठे होते या कोई पसन्दीदा डायरेक्टर आता, तब भी मैं मुँह में ये च्युइंग गम डाल लेता और निकोटिन के नशे के आनन्द में डूबा समाज, सिनेमा पर बात करता। ऐसी कई जगहों पर जहाँ सिगरेट पीने पर पाबन्दी होती है, जैसे पत्नी की किसी सहेली के घर या अपने ही किसी नॉन स्मोकर दोस्त के घर, जहाँ पहले मैं जाने से कतराता था, अब वहाँ भी सहर्ष चला जाता, क्योंकि इससे कोई फ़र्क़ नहीं पड़ता था कि मैं वहाँ सिगरेट नहीं पी सकता था। उसे तो मैं छोड़ चुका था। मैं उनके घरों में घुसने से ठीक पहले होंठों पर तिरछी मुस्कान छिपा पत्नी की आँख से बचाते हुए चुपचाप एक फ्रेश पान फ्लेवर वाली च्युइंग गम मुँह में डाल लेता। अब अगले आधे घण्टे तक मैं बेरोक–टोक आनन्द के समंदर में गोते लगाता रह सकता था। एक ही तकलीफ़ थी कि इस दौरान मैं कुछ खा नहीं सकता था। ये च्युइंग गम खाने का सबसे ज़्यादा लुत्फ मैंने हवाई यात्राओं में उठाया। पहले यह होता था कि एयरपोर्ट के भीतर घुसते ही कदम स्मोकिंग रूम की तलाश में भटकते थे और जहाज़ के लैंड होने के बाद बाहर की खुली हवा में आते ही साँस लेने से पहले सिगरेट जलायी जाती थी। च्युइंग गम ने मुझे इस पागलपन से मुक्ति दिलवा दी, क्योंकि अब तो न सिर्फ

एयरपोर्ट के लॉज में घूमते हुए बल्कि जहाज़ के भीतर बैठकर मैं अपनी मर्जी से कभी भी निकोटिन का आनन्द ले सकता था।

यह उन दिनों की बात है, जब मेरे भीतर का कवि, कहानीकार, उपन्यासकार और लेखक अपने लेखन के प्रति उदासीन नहीं हुआ था और जब–तब कुछ बेहतर, नाम कमाने वाली चीज़ लिखने की खातिर एकाग्रचित्त होने की कोशिश करता रहता था। इस पान फ्लेवर वाली च्युइंग गम ने इस काम में भी मेरी मदद करनी शुरू की और जल्दी ही मेरे सोचने की प्रक्रिया भी इसी च्युइंग गम से जुड़ गई यानी सोचने का काम हो, तो च्युइंग गम मुँह में डालो। यह बहुत ठाठ का जीवन था। शहंशाही क़िस्म का। क्योंकि दिन का कोई समय ऐसा नहीं रहता था, जब आप 'हाई' नहीं महसूस कर रहे होते हो। मगर मैं शरीर के स्तर पर 'हाई' महसूस करते हुए आत्मा के स्तर पर बहुत 'लो' महसूस करने लगा था, क्योंकि मैं जानता था कि मैं इस च्युइंग गम का गुलाम बन रहा हूँ। इसमें जो पैसा ख़र्च हो रहा था, वह मुझे अलग सालता था, क्योंकि एक च्युइंग गम की क़ीमत एक सिगरेट के बराबर ही थी और मैं दिन में जितनी सिगरेट पिया करता था, अब उससे ज़्यादा च्युइंग गम खाने लगा था। दूसरी ओर मैराथन दौड़ने को लेकर मेरे उत्साह में कोई कमी नहीं आ रही थी। जितना मैं दौड़ की ओर झुक रहा था, उतना मुझमें अपने शरीर को साफ़–सुथरा, हेल्दी रखने की इच्छा बलवती हो रही थी।

च्युइंग गम का ठाठ भोगते हुए मुझे बमुश्किल एक महीना हुआ होगा, जब एक दिन मुझे अपनी छाती की त्वचा पर लाल रंग के कुछ चकत्ते दिखायी पड़े। मुझे याद पड़ा कि सुबह मैंने वहाँ त्वचा पर फ़ौजी कैंटीन से ख़रीद कर लाया गया डियोड्रेंट लगाया था। यह सोचकर कि वह कोई पुराना पड़ गया डियो होगा, मैं बाज़ार से एक नया ले आया। लेकिन मैंने गौर किया कि नया डियो लगाने के बाद भी त्वचा पर लाल रंग के चकत्ते निकल आये। इस आशंका के साथ कि कहीं यह निकोटिन वाली च्युइंग गम खाने का साइड इफेक्ट तो नहीं, मैं तुरन्त गूगल बाबा की शरण गया।

वहाँ निकोटिन वाली च्युइंग गम खाने के दुष्प्रभावों के बारे में होश उड़ाने वाली जानकारियाँ मिलीं। मैं पढ़ने के बाद अपनी जगह से उछल कर खड़ा हो गया, क्योंकि दुष्प्रभावों की लिस्ट बहुत लम्बी थी। इस च्युइंग गम के सेवन से सामान्य तौर पर सिरदर्द, बीमारी, दस्त और पेट दर्द जैसी समस्याएँ तो हो ही जाती हैं, इनके अलावा मुँह में दर्द, अपच और जबड़े का दर्द भी हो सकता है। लगातार सेवन से आंत्र गैस, एसिडिटी, ओरल जलन, खट्टी डकार, खाँसी, गले में ख़राश, जी मिचलाना, दाँत का दर्द, रक्तचाप में वृद्धि और हृदय गति बढ़ना जैसी समस्याएँ सामान्य हो जाती हैं। ज़्यादा लम्बे समय तक सेवन करने से और गम्भीर नुक़सान पहुँच सकता है और आप गंजे हो सकते हैं, त्वचा की जलन बढ़ सकती है, आप ब्लड प्रेशर के स्थायी मरीज़ बन सकते हैं, आपके दिल की धड़कनें भी अनियमित हो सकती हैं। जाहिर है, इन सब बीमारियों के साथ दौड़ना तो बहुत दूर की बात, मैं एक सामान्य सम्मानजनक जीवन भी नहीं जी सकता था, क्योंकि हमेशा बालों से भरा सिर लिए जीने का आदी होने के बाद अगर मैं गंजा हो जाता, तो सम्मान जैसा क्या बचा रह जाता जीवन में? ऐसा कहते हुए मैं गंजों के प्रति अनादर नहीं दिखाना चाहता, पर अचानक किसी बीमारी की चपेट में गंजा होने से इन्सान के आत्मसम्मान को थोड़ी ठेस तो पहुँचेगी ही। ऐसी ही डरावनी कल्पनाएँ करते हुए और इस वजह से भय से आक्रान्त होकर मैंने तुरन्त घर पर पड़ी च्युइंग गम को कूड़े के सुपर्द किया और मन ही मन कसम खाई कि अब इस जीवन के रहते मैं भूल से भी कभी मुँह में ऐसी च्युइंग गम न जाने दूँगा।

2015 में मुम्बई में फुल मैराथन दौड़ने के बाद बेटी सम्राज्ञी और पत्नी डॉ. शशिकला के साथ लेखक।

2015 में इंग्लैंड यात्रा के दौरान अपने क्रिकेटर भतीजे उन्मुक्त चन्द के साथ लेखक।

अध्याय 4

दौड़ने वाले दोस्त मिलते गये, कारवाँ बनता गया

ओबरॉय स्प्लेंडर सोसायटी (जिसे हम अब उसके शॉर्टफॉर्म ओ.एस. नाम से पुकारेंगे) में जहाँ कि मैंने अपनी चादर से थोड़ा बाहर पैर फैलाकर किराए का घर लिया था, धीरे–धीरे मेरी आस–पड़ोस के लोगों से पहचान बढ़ने लगी थी। आगे बढ़ने से पहले मैं यह साफ़ करना चाहता हूँ कि मेरी अपनी पगार के बूते पर इतने महँगे किराए के घर में रहना सम्भव न था, लेकिन चूँकि मुझे जिम की आदत पड़ी हुई थी और मैं दिल्ली जैसी जगह में रहने का आदी था, जहाँ खुली ज़मीन की वैसी कमी न थी, जैसी कि मुम्बई में है और यह देखते हुए भी कि मैंने अपना पूरा बचपन खुली जगहों में खेलते हुए ही गुज़ारा था और इसलिए भी कि मैं अपनी छठी में पढ़ रही बेटी को खेलने–कूदने के लिए पर्याप्त खुली जगह उपलब्ध करवाना पिता के रूप में अपना कर्तव्य समझता था, मैंने यह महँगा घर किराए पर लिया। मेरे साथ सहूलियत यह थी कि मेरा ख़ूब प्यार करने वाला बड़ा भाई था, मेरा भतीजा उन्मुक्त था, जो दो साल पहले ही बतौर कप्तान भारत को अंडर–19 वर्ल्ड कप जितवा के लाया था।

उसकी इस उपलब्धि ने बड़े भाई को आर्थिक रूप से थोड़ा मज़बूत किया था। बड़ा भाई और मैं बचपन से ही साथ रहे थे। हमने एक साथ रहते हुए बहुत बुरे समय का भी सामना किया था, एक साथ भविष्य के सपने देखे थे और बराबर मुश्किलों का सामना किया था। हम रोए भी साथ थे और हँसे भी साथ। आज भी हम दोनों के बीच गहरा प्रेम और आपसी समझ है और हम एक दूसरे का उतना ही ख़याल रखने की कोशिश करते हैं, जितना संघर्ष भरे विद्यार्थी जीवन में किया करते थे। मेरा मुश्किल समय जब आया, तो भाई ने आगे बढ़कर मदद की। मुझे कभी पैसों के बारे में ज़्यादा सोचने की ज़हमत नहीं उठानी पड़ी। उसने मुझे दिल्ली में लोन लेकर ख़रीदे गये मकान के कर्ज से मुक्त करवाया, मेरी बेटी की स्कूल फ़ीस का बड़ा हिस्सा भी वही देता रहा।

ओएस में जिम तो था ही, सोसायटी की चारदीवारी के भीतर ही दौड़ने की ख़ूब जगह थी। सोसायटी परिसर का एक पूरा चक्कर एक किलोमीटर के बराबर था। मैं ज़्यादातर सोसायटी के अन्दर ही दौड़ने का अभ्यास करता था। सुबह माएँ अपने बच्चों को स्कूल–बसों में छोड़ रही होतीं, पिता दफ़्तरों की ओर निकल रहे होते और मैं तीस–तीस किलोमीटर दौड़ लगा रहा होता। ओ.एस. में मेरे अलावा और भी लोग थे, जिन्हें दौड़ने का शौक था। वे मुम्बई मैराथन में हाफ़ मैराथन दौड़ते भी थे।

ये वे दिन थे, जब लोगों को व्हाट्सऐप पर धाड़–धाड़ ग्रुप बनाने का नया शौक लगा था। यहाँ भी दौड़ने वाले लोगों ने मिलकर एक ग्रुप बना रखा था। अब चूँकि अक्सर मुझे लगभग हर दिन धूप निकलने तक दौड़ते हुए देखा जाता था, जल्दी ही मैं भी इस ग्रुप में शामिल कर लिया गया। इन्हीं दौड़ने वाले लोगों में से तीन बन्दे मेरे ख़ास मित्र बने। उनके साथ मित्रता घनिष्ठ होती चली गयी। इस मित्रता में परिवार के दूसरे सदस्य भी शामिल हो गये। हम लोग दो साल के भीतर ही सपरिवार श्रीलंका घूमने जाने वाले थे। लेकिन मित्रता की बुनियादी वजह हमारा मैराथन–प्रेम था।

हम पिछले पाँच साल से मुम्बई की फुल मैराथन साथ ही दौड़ रहे हैं। यही नहीं, हमने दो साल पहले ऑक्सफेम का 100 किलोमीटर का ट्रेलवॉक भी साथ किया। अपनी पहली अल्ट्रा मैराथन भी हम साथ दौड़े और दक्षिण अफ्रीका में 90 किलोमीटर दौड़ने का दुस्सा. हस भी हमने एक साथ मिलकर ही किया। इन सभी कारनामों का ब्योरा मैं आगे देने वाला हूँ। यहाँ पहले यह ज़रूरी है कि आप भी मेरे इन तीनों मित्रों को बेहतर जान लें, क्योंकि इनका कहानी में बार–बार जिक्र आना तय है।

गौतम दास – गौतम दास मुझसे उम्र में चार–पाँच साल छोटा है। कुछ साल पहले ही उसने एक बड़े बैंक के शीर्ष पद से इस्तीफ़ा दे अपना ही एक स्टार्टअप शुरू किया है। उसकी कम्पनी ऊर्जन सौर ऊर्जा के क्षेत्र में काम कर रही है। तीन चार ही साल में व उसने अपनी मेहनत और दूरदर्शिता के बूते पर कम्पनी को उस मुक़ाम पर लाकर खड़ा कर दिया है, जहाँ से वह कभी भी बड़ी कूद लगा सकता है। गौतम दास की परवरिश मेरी ही तरह बहुत ग़रीबी और संघर्ष में हुई थी। वह साथ दौड़ते हुए कई बार बता चुका है कि कैसे वह नंगे पैर स्कूल जाकर फर्श में बैठकर पढ़ाई करता था और खेतों से बीस–बीस किलो आलू के बोरे अपने कन्धों पर ढोया करता था। कॉर्पोरेट लाइफ़ की चुनौतियों के बीच गौतम फिटनेस को नज़रअन्दाज़ करता रहा। कुछ साल पहले अचानक उसने पाया कि उसका वजन सौ के पार चला गया है। तभी से उसकी फिटनेस की यात्रा में मैराथन की दौड़ शामिल हुई। यह उसकी प्रकृति का हिस्सा है कि वह जो ठान लेता है, करके दिखाता है। आज उसका वजन अस्सी किलो के आसपास स्थिर हो चुका है। वजन जितना भी हो, शरीर के लचीलेपन के मामले में उसका कोई सानी नहीं। फिटनेस के मामले में वह हम चार दोस्तों में सर्वश्रेष्ठ है। वह खड़े होकर हाथ पीछे ले जाते हुए चक्रासन कर लेता है, जो मुझे फ़िलहाल इस जन्म में असम्भव लगता है, क्योंकि मेरा अपर बैक बेतरह टाइट हो चुका है। वह ज़मीन पर पेट के बल लेटकर अपनी दोनों कुहनियाँ पेट में फँसाकर पूरे शरीर

को उन पर सन्तुलित कर देता है। योग में इसे मयूरासन कहा जाता है। गौतम ने बचपन की ग़रीबी में संघर्ष करते हुए पढ़ाई को अपना तारणहार बनाया और अन्ततः उसने आईआईटी, दिल्ली से इंजीनियरिंग की। उसके बाद उसने आई.एस.बी. से मैनेजमेंट की पढ़ाई भी की। उसकी प्रतिभा के कुछ और पहलू मुझे हम सभी दोस्तों के सपरिवार श्रीलंका टूर के दौरान दिखायी दिये। वह बिच्छू और केकड़े समेत किसी भी तरह के कीड़े को हाथ में उठा सकता है। खाना खाते हुए उससे चिकन की हड्डियाँ और मछलियों के काँटे छोड़ देने की अपेक्षा करना बेमानी हो जाता है। वह उन्हें दूसरों को दिखा–दिखाकर खाता है। हालाँकि उसकी ये आदतें उसकी पत्नी मालाबी के गले नहीं उतरती। मालाबी ख़ुद भी फिटनेस को लेकर बहुत सतर्क रहती है, लेकिन रनिंग के लिए वैसी पागल नहीं जैसा कि गौतम है। अलबत्ता वह स्विमिंग बहुत अच्छा करती है। रनिंग में भी वह कई हाफ़ मैराथनों के अलावा एक फुल मैराथन भी दौड़ चुकी है। वह ख़ुद भी एक बड़ी कम्पनी में बड़े पद पर नौकरी करती है। गौतम और मालाबी के दो बेटे हैं। अहान और आरोहण। आरोहण का जन्म पाँच साल पहले हमारे ही सामने हुआ। वह इतना मीठा है कि हम सभी दोस्तों के बीच सबकी आँखों का दुलारा बन गया है। चूँकि गौतम और मालाबी दोनों ही काम पर जाते हैं, इसलिए उनके बीच अपनी–अपनी फिटनेस के लिए समय निकालने को लेकर तकरार चलती रहती है। गौतम दास मेरे साथ पाँच फुल मैराथन दौड़ चुका है। पिछली मैराथन में वह मेरे बहुत क़रीब आ गया था। हमारे बीच सिर्फ़ चार मिनट का ही फ़ासला रह गया था। इसी वजह से उसने मुझे कॉमरेड मैराथन में पराजित करने की शर्त लगाई थी, लेकिन उस शर्त का क्या हुआ, यह कहानी बाद में।

अमित डालमिया – अमित को सामने से या पीछे से कहीं से भी देखने पर कोई ऐसा मानने को तैयार नहीं होगा कि वह मैराथन दौड़ता होगा। जो उसे रनिंग करते हुए देख ले, वह तो और भी नहीं मानेगा कि वह मैराथन दौड़ता होगा। वह इतनी लचक के साथ

दौड़ता है कि देखकर लगता है, जैसे वह जल्दी ही थक कर रुक जायेगा। लेकिन अमित है कि रनिंग में एक से बढ़कर एक नये कीर्तिमान स्थापित कर रहा है। अगर कोई बन्दा पहले ही प्रयास में 87 कि.मी. की चढ़ाई वाली कॉमरेड्स मैराथन पूरी कर ले जाए, तो कोई भी सहर्ष उसे उस्ताद रनर की उपाधि देगा। मैंने जब पहली बार अमित को ओ.एस. में दौड़ते हुए देखा था, तो मुझे लगा था कि एक–दो राउंड लगाकर वह बैठ जायेगा। उन दिनों मेरा उससे परिचय नहीं हुआ था। मैं उस दिन पन्द्रह कि.मी. दौड़ने वाला था। उन दिनों इतना लम्बा दौड़ना मेरे लिए बड़ी चुनौती हुआ करती थी। मैंने देखा कि एक बहुत पतली टाँगों वाला बन्दा मेरे सामने टेढ़ा–मेढ़ा दौड़ रहा है और दौड़ता ही जा रहा है। न उसकी गति कम हो रही है और न वह रुकने का नाम ले रहा है। उस दिन अमित ने भी बारह कि.मी. की दौड़ लगाई। अमित से दोस्ती बढ़ी, तो मालूम चला कि वह बहुत सफल कम्पनी ब्लैक स्टोन में बड़े ओहदे पर है। वह अपनी कम्पनी के हेड के साथ मुकेश अम्बानी के घर और प्रधानमन्त्री निवास में भी पर ख़ास मेहमान बनकर जा चुका हैं।

अमित मूलतः बिहार का रहने वाला है और उसकी पढ़ाई भी वहीं हुई। हम बाकी दोस्तों की तुलना में उसकी परवरिश ज़्यादा अनुशासन में हुई। उसके पिता का कपड़ों का छोटा बिजनेस था। बिहार में प्रारम्भिक स्कूली शिक्षा के बाद वह कॉमर्स की पढ़ाई के लिए कोलकाता चला गया और वहीं से वह गोल्ड मैडल के साथ सीए बना। उसकी पत्नी निधि उसकी तरह दौड़ने में यक़ीन नहीं करती, क्योंकि ज़्यादा दौड़ने से उसके घुटनों में दर्द उठता है। मगर वह फिटनेस के प्रति बहुत अलर्ट है और योग का निरन्तर अभ्यास करती है। वह सुबह–शाम वॉकिंग करती है। अमित को धावक बनाने में उसका बहुत योगदान है। वह सुनिश्चित करती है कि अमित को हमेशा स्वादिष्ट और हेल्दी भोजन मिले। पति के अलावा वह अपने दोस्तों, परिचितों का भी हर सम्भव ख़याल रखने को आतुर रहती है। संडे के दिन हमारे लॉन्ग रन से आने के बाद न जाने कितनी बार

उसने हम सभी दोस्तों को घर पर बुलाकर काले चने की सब्ज़ी के साथ सत्तू के पराँठे खिलाए हैं। अमित की दो बेटियाँ हैं। बड़ी बेटी अनन्या, जो बारहवीं के बाद अमेरिका पढ़ने जा रही है और छोटी बेटी लिली, जो नौवीं में पढ़ती है। अमित दोनों बेटियों की पढ़ाई में गहरी रुचि लेता है और समय निकालकर उन्हें पढ़ाता भी है। अमित को ऑफ़िस के काम के सिलसिले में आये दिन यात्राओं पर निकलना पड़ता है। मुम्बई रहते हुए भी अक्सर वह आधी रात के बाद घर लौट पाता है। रात दो बजे सोने के बावज़ूद सुबह पाँच बजे उठकर दौड़ने के लिए उसमें कहाँ से जज़्बा पैदा होता है, यह हमारे लिए हमेशा कौतुहल का विषय रहा है।

अमित प्रतिहारी – अमित हम चारों में उम्र में सबसे छोटा है और सबसे भावुक भी। पहले वह मेरा पड़ोसी हुआ करता था। हमारे घर आपस में सटे हुए थे। लेकिन मेरी उससे बातचीत होना बहुत बाद में शुरू हुई, जब उसने दौड़ना शुरू किया। यह पाँच साल पहले की बात है। उसने बहुत धीरे–धीरे दौड़ना शुरू किया। पहली हाफ़ मैराथन दौड़ने में उसे एक साल लगा। जब उसने दौड़ना शुरू किया, तब तक मुझे मैराथन दौड़ते हुए पाँच साल हो चुके थे। ज़ाहिर है, मैं उसकी तुलना में कहीं बेहतर रनर था। यह देखते हुए कि मैं दौड़ के हर पहलू में उससे कहीं बेहतर हूँ, उसने मुझे अपना गुरु बना लिया। गुरु तो वह गौतम दास को भी मानता था, क्योंकि गौतम में यह आदत है कि वह सबको अपने साथ लेकर दौड़ता है। किसी को तक़लीफ़ होने पर वह अपनी स्पीड कम कर उसके साथ ही दौड़ पूरी करता है, जबकि मैं अपनी गति से समझौता कम ही करता हूँ। अमित प्रतिहारी क्योंकि अपनी गति को बेहतर करना चाहता था, इसलिए वह मेरे साथ दौड़ने के मौक़ों की तलाश में रहता। जल्दी गति बढ़ाने के चक्कर में वह बार–बार चोटिल हो रहा था, लेकिन चार साल में वह अन्ततः अपनी गति बढ़ाकर ख़ुद को इलीट रनर्स की कतार में ले आया। अमित के जीवन में सिर्फ़ दो ही चीजें हैं– पहला ऑफ़िस का काम, जिसके लिए उसे सप्ताह में पाँच दिन दूसरे शहरों की

यात्राएँ करनी पड़ती है और दूसरा रनिंग। उसकी पत्नी रूपा उसे दुनिया का सबसे लापरवाह पति मानती है, हालाँकि पिता के रूप में वह फिर भी बेहतर है और आठ साल की बेटी आर्शी पर जान छिड़कता है। तेज़ दौड़ पाने की क्षमता के बावजूद पिछले दो सालों से वह फुल मैराथन में मुझे पीछे नहीं कर पाया है। हालाँकि अब ऐसा करना उसके लिए एक औपचारिकता भर है। अमित की सबसे बड़ी ख़ासियत यह है कि वह अच्छा दौड़ने के लिए कुछ भी करने को तैयार रहता है। जिस दिन हमें लम्बी दौड़ पर निकलना होता है, वह रात को सात बजे ही डिनर करके सो जाता है और सुबह तीन बजे उठ जाता है। ज़्यादा तेज़ दौड़ने के कारण उसकी मांसपेशियाँ कड़क हो जाती हैं, इसलिए वह जब–तब मालिश भी ख़ूब करवाता है। यहाँ यह जानना वाक़ई दिलचस्प होगा कि इतनी तैयारियों के बाद फुल मैराथन में वह मुझसे आगे निकल पाया या नहीं और साउथ अफ्रीका वाली कॉमरेड मैराथन का क्या नतीजा रहा।

यह बात मेरी समझ आ गयी थी कि मैराथन में अप्रत्याशित परिणाम के लिए मुझे कुछ अलग करना होगा। इस कुछ अलग करने में ख़ुद के भीतर लगातार दौड़ के प्रति जुनून भरना भी शामिल था, क्योंकि मैं जानता था कि मन की गति हमेशा समुद्र की लहरों जैसी होती है– कभी किसी कार्य के प्रति उसमें बेपनाह उत्साह भरा होता है और कभी उसी काम में उसे जरा भी आनन्द नहीं मिलता। ख़ुद को उत्साहित बनाये रखने के लिए ज़रूरी था कि मैं हमेशा किसी–न–किसी दौड़ की तैयारी में व्यस्त रहूँ। इसीलिए मैंने ज़्यादा से ज़्यादा मैराथनों में भाग लेना शुरू किया। हालाँकि मैंने इस बात का ख़याल रखा कि मैं दौड़ने के ज़ुनून में इतना अन्धा न हो जाऊँ कि ख़ुद को चोटिल कर बैठूँ, इसलिए मैं एहतियातन हाफ़ मैराथन ही ज़्यादा दौड़ रहा था। यह वह दौर था, जब मैंने हाफ़ मैराथन दो घण्टे से कम समय में पूरा करना शुरू कर दिया था।

हाफ़ मैराथन के समय को कम करने की भी कहानी है। मैराथन दौड़ने वाले ज़्यादातर लोग हाफ़ मैराथन से शुरुआत करते हैं और कम से कम चार–पाँच हाफ़ मैराथन कर लेने के बाद जब दौड़ने की अपनी क़ाबिलियत पर उन्हें यक़ीन हो जाता है, तभी फुल मैराथन करने के बारे में सोचते हैं। लेकिन जैसा कि मैं बता चुका हूँ मैंने शुरुआत ही फुल मैराथन से की। मैं अपनी पहली हाफ़ मैराथन दिसम्बर 2013 में दौड़ा। वह थी वी.वी.एम.एम. वसई–विरार मुम्बई मैराथन। एक बार फुल मैराथन दौड़ने के बाद दूरी के लिहाज़ से हाफ़ मैराथन बच्चों का खेल लगता है। इसीलिए फुल मैराथन दौड़ चुके लोग जब हाफ़ मैराथन दौड़ते हैं, तो उनका सारा ध्यान टाइम पर होता है कि वे दौड़ कितने कम समय में पूरी कर सकते हैं। जितने कम समय में दौड़ पूरी होती, उतना ही ईगो सन्तुष्ट होता। एक–दो साल के अनुभव वाले मैराथन धावकों के लिए हाफ़ मैराथन में पहली चुनौती दो घण्टे से कम समय में उसे पूरा करने की होती है। मेरे लिए भी यही चुनौती थी। ये वे दिन थे, जब दौड़ना तो मैं शुरू कर चुका था, लेकिन अच्छा दौड़ने के लिए ज़रूरी नियमों को ताक पर रख कर दौड़ता था। जाने क्या साबित करना चाहता था। अपनी मूर्खताओं को याद करता हूँ। तो अब शर्म भी आती है और हँसी भी। वसई–विरार चूँकि शहर की चकाचौंध से बाहर है और रेस बहुत तड़के शुरू हो जाती है, नवीं मुम्बई से इतनी सुबह गाड़ी चलाकर ले जाना मुझे भारी काम लगा, इसलिए मैंने वहाँ एक होटल में रुकने की व्यवस्था की और एक दिन पहले ही पत्नी और बेटी को लेकर अपनी कार से ड्राइव करके वसई पहुँच गया। वहाँ पहुँचने तक रात घिर चुकी थी। अगले रोज़ मुझे साढ़े चार बजे अँधेरे में ही रेस के लिए निकलना था। वसई में मेरे दफ़्तर के कुछ साथी भी रहते थे। कुछ और चाहने वाले भी वहाँ थे। उनमें से एक को ख़बर लगी कि मैं होटल में रुका हुआ हूँ, तो वह मिलने आ गये। उन्होंने मेरे साहित्यिक मित्रों से मेरे सुरापान की बहुत कीर्ति गाथाएँ सुनी हुई थी। शायद, क्योंकि वह अपने साथ एक ओल्ड मोंक की

बोतल भी लाए थे। मेरा सारा ध्यान अगले दिन की दौड़ पर टिका था। मैं इस हाफ़ मैराथन को दो घण्टे से कम समय में दौड़कर अपना दम दिखाना चाहता था। मेरा मन था कि बेटी और वाइफ को अच्छा खाना खिला कर जल्दी ही सो जाऊँ, ताकि सुबह कुछ गड़बड़ न हो। लेकिन अब इन भाईसाहब ने मेरी सारी योजना ही चौपट कर डाली। आज का समय होता, तो ओल्ड मोंक क्या, वह दुनिया की कोई भी ब्रैंड ले आते, मैं ख़ुद को उसे सूंघने तक की इजाज़त नहीं देता। लेकिन वे अजब बेहोशी भरे दिन थे। दिमाग़ किन तर्कों पर चलता था, सोचकर भी ताज्जुब होता है। अब जब ले ही आये हैं, तो मुझे इन्हें निराश नहीं करना चाहिए, इस तर्क के साथ मैंने उनके सान्निध्य में ओल्ड मोंक के दो पैग पिए और होटल के अहाते की ठण्ड में शराब के मीठे सुरूर में एक सिगरेट पीने का भी दिव्य आनन्द प्राप्त किया।

सुबह अफरातफरी में मैं होटल से निकला, क्योंकि पन्द्रह मिनट लेट हो गया था। गयी रात जिन भाई साहब ने मेरे सान्निध्य का सुख लिया था, उन्होंने वादा किया था कि वह साढ़े चार बजे तक गाड़ी लेकर होटल आ जायेंगे। लेकिन वह पाँच बजे तक ही पहुँचे। मैराथन के होल्डिंग एरिया तक पहुँचते–पहुँचते साढ़े पाँच हो गया यानी मेरे पास वॉर्मअप करने के लिए दस मिनट ही थे। मैं यह मैराथन हर हाल में दो घण्टे से कम समय में पूरी करना चाहता था। अपने आत्मविश्वास को बढ़ाने के लिए मैंने सुबह उठने के बाद से सिगरेट नहीं पी थी और इससे मुझे अच्छा महसूस हो रहा था। दौड़ जब शुरू हुई, तो सुबह की ठण्ड और आसपास दौड़ने वालों के जोश के बीच मैं अनुमान से ज़्यादा तेज़ गति से भागा। पाँच किलोमीटर की दूरी तय करने तक तो ऐसा लग रहा था कि आज मैं कोई करिश्मा करने वाला हूँ। सड़क के दोनों ओर स्कूली बच्चों की ख़त्म न होने वाली क़तार दौड़ने वालों का हौसला बढ़ा रही थी। लेकिन जल्दी ही मौसम की उमस असर दिखाने वाली थी और क़रीब नौ कि.मी. की दूरी पर आने वाले फ्लाईओवर की चढ़ाई लाँघते–लाँघते मेरी सारी

हवा निकल जाने वाली थी। उस फ्लाईओवर पर मुझे लगभग पैदल चढ़ना पड़ा, क्योंकि घुटनों पर बेहिसाब लैक्टिक एसिड जमा हो जाने से वहाँ रह–रहकर दर्दभरी टीसें उठ रही थीं। जब नौ कि.मी. में यह हाल था, तो सोचिए अभी तो बारह कि.मी. और बाकी था। दौड़ के ख़त्म होते–होते मेरी सारी जद्दोजहद किसी तरह मैराथन पूरी करने तक सीमित हो गयी थी, क्योंकि दो घण्टे से कम समय में उसे पूरा करने की मेरी ख़्वाहिश फ्लाईओवर की चढ़ाई से आगे नहीं टिक सकी। मैंने अन्ततः यह दौड़ दो घण्टे पंद्रह मिनट में पूरी की।

दो घण्टे से कम समय में हाफ़ मैराथन पूरी करने के अपने सपने को पूरा करने में मुझे दो साल लगे। वसई–विरार की मैराथन दौड़ने के एक साल बाद मैं फिर आया और इस बार मैंने पिछली बार जैसी ग़लती नहीं की। न शराब पी, न सिगरेट पी। मगर इसके बावज़ूद मैं दो घण्टे सात मिनट में दौड़ पूरी कर पाया। वसई–विरार की दौड़ में नौ कि.मी. की दूरी पर आने वाला वह फ्लाईओवर बुरी तरह पस्त कर देता था। मैं इस बीच दिल्ली की एयरटेल हाफ़ मैराथन में भी दौड़कर आया था। वहाँ मैंने दो घण्टे तीन मिनट में दौड़ पूरी की थी। दिल्ली में ऐसा कोई फ्लाईओवर नहीं आता था और वहाँ मौसम थोड़ा ठण्डा भी रहता था। यह उसके अगले साल की दिल्ली हाफ़ मैराथन में था कि मैं दो घण्टे के मनोवैज्ञानिक बैरियर को अन्ततः पार कर पाया। एक घण्टा सत्तावन मिनट। जी हाँ, यह था मेरा समय। यह वह समय था, जब मैं दौड़ को ही जीवन बना चुका था। उठते, बैठते, चलते मैं दौड़ के बारे में ही सोच रहा होता था। कैसे तेज़ दौड़ूँ, कैसे अपने समय को कम करूँ। और ज़्यादा ट्रेनिंग। और ज़्यादा नॉलेज। और किताबें। और अनुशासन। नतीज़तन अगले ही साल मैंने दिल्ली हाफ़ मैराथन में हैरतअंगेज कारनामा दिखाते हुए एक घण्टे सैंतालीस मिनट में रेस पूरी कर सबको चौंका दिया। तब तक सोसायटी से इतनी तेज़ दौड़ने वाला सिर्फ़ एक ही शख़्स था–प्रशान्त। हालाँकि प्रशान्त उम्र में मुझसे चौदह–पन्द्रह साल छोटा है। न सिर्फ़ उम्र में छोटा है, बल्कि आप

अगर उसे देखेंगे, तो आपको नज़रें आसमान की ओर उठाकर देखना होगा। वह छह फुट से ज़्यादा लम्बा है। ज़मीन पर उसका एक डग मेरे दो के बराबर तो होगा ही। उसने दिल्ली की हाफ़ मैराथन 1.45 में की हुई थी।

दिल्ली में 1.47 का समय निकालने से पहले मैं साल में पाँच–छह हाफ़ मैराथन दौड़ने लगा था। मैं इतना कुछ नया सीखने की कोशिश कर रहा था कि हर सीखे हुए को आज़माने के लिए मुझे जब–तब मैराथन दौड़ने की ज़रूरत पड़ जाती थी। मैं अपनी गति बढ़ाने के लिए किसी भी हद तक जाने को तैयार था। मैंने उन दिनों दो–ढाई हज़ार रुपया महीने की फ़ीस देकर छह महीने के लिए स्ट्राइडर्स नामक रनिंग ग्रुप ज्वाइन किया था। स्ट्राइडर्स के मालिक प्रफुल्ल उछिल को मैं जानने लगा था। पूरी मुम्बई में उसके कई ट्रेनिंग सेंटर चलते थे। अलग–अलग तय जगहों पर ये सेंटर थे, जहाँ सुबह–सुबह स्ट्राइडर्स के एक्सपर्ट ट्रेनर नये–पुराने लोगों को रनिंग की ट्रेनिंग देते थे। हमारी सोसायटी चूँकि बड़ी थी, इसलिए यहाँ परिसर में ही ट्रेनिंग की व्यवस्था की गयी थी। सुबह 5.40 से 7 बजे तक ट्रेनिंग चलती। आर्थिक स्थिति बहुत अच्छी नहीं होने के बावजूद मैंने इस इरादे से स्ट्राइडर्स से छह महीने ट्रेनिंग ली कि इसकी वजह से मेरी सुबह जल्दी उठने की आदत पड़े और मैं रनिंग के लिए ज़रूरी माँसपेशियों की अच्छी स्ट्रेचिंग करने के तरीके सीख लूँ। स्ट्राइडर्स वाले हर संडे मरीन ड्राइव पर लॉन्ग रनिंग करवाते थे। नरीमन पॉइंट के पास एन.सी.पी.ए. की इमारत के ठीक सामने समुद्र किनारे से दौड़ शुरू होती थी और अलग–अलग दूरी के मुताबिक़ हमें अलग–अलग जगहों तक दौड़कर वापस आना होता था। स्ट्राइडर्स का सदस्य होने की सुविधा यह थी कि रास्ते में इनके हर तीन–चार किलोमीटर के बाद छह–सात वाटर पॉइंट्स थे, जहाँ सामान्य पानी के अलावा इलेक्ट्रॉल और गुड़ की भी व्यवस्था रहती है। फुल मैराथन की तैयारी करते हुए चार–पाँच बार बत्तीस किलोमीटर लम्बी दौड़ का अभ्यास करना ही पड़ता था, जो बिना स्ट्राइडर्स के सपोर्ट के मुमकिन

न था, क्योंकि इतनी लम्बी दौड़ के लिए साथ में पानी की बोतल लेकर नहीं दौड़ा जा सकता था। लेकिन मैं स्ट्राइडर्स के साथ छह महीने से ज़्यादा नहीं रहा, हालाँकि लम्बी दौड़ के अभ्यास के लिए मैं उनकी पानी की सुविधा का ज़रूर उपभोग करता रहा, आज भी करता हूँ। पर मैंने महसूस किया कि दौड़ना मेरे लिए एक तरह का मेडिटेशन बनता जा रहा है। मैं दौड़ते हुए ध्यान में उतरने लगता था, इसलिए ग्रुप में दौड़ने से ज़्यादा मुझे अकेले दौड़ना ज़्यादा रास आने लगा था। यह भी था कि मैं अपने लिए जो चुनौतियाँ निर्धारित कर रहा था, वैसी चुनौतियों के लिए मेरे वर्कआउट का ज़्यादा सख़्त स्तर चाहिए था, जबकि स्ट्राइडर्स में बेसिक ट्रेनिंग पर ज़्यादा ध्यान रहता था। यह सब और इसके साथ अपनी आर्थिक स्थिति को सन्तुलित रखने के लिए मैंने स्ट्राइडर्स के साथ ट्रेनिंग करना छह महीने बाद ही छोड़ दिया। मैंने यह गौर किया कि हमारी सोसायटी में अब दौड़ने वालों का ग्रुप बहुत बड़ा हो गया था, लेकिन जहाँ बाकी लोगों को दूसरों के साथ दौड़ना अच्छा लगता था, मेरी ख़ुद की तय की गयी सख़्त चुनौतियाँ मुझे अकेले दौड़ने को उकसाती थी। ख़ुद पर ऐसी सख़्ती के नतीज़तन ही मैं आने वाले समय में मुम्बई में 1 घण्टे 45 मिनट में हाफ़ मैराथन दौड़ने वाला था।

मौसम के हिसाब से देखा जाए तो मुम्बई में दौड़ने का मौसम नवम्बर के बाद शुरू होता है, क्योंकि तभी सुबह की हवा में थोड़ी ठण्ड महसूस होती है। अन्यथा पूरे साल मुम्बई में उमस भरा मौसम रहता है, जो दौड़ने के लिए सबसे बुरा होता है। इसीलिए नवम्बर से पहले यहाँ हर मैराथन बहुत चुनौती भरी होती है। दिल्ली में मैंने भले ही हाफ़ मैराथन के लिए 1.47 का समय निकाला था, पर मुम्बई में उमस भरे मौसम के चलते दो घण्टे से कम समय में दौड़ पूरी करना ही अपने में बहुत बड़ी बात थी। मुझे याद है मुम्बई में मैंने पवई–हीरानन्दानी में हुई एक मैराथन में पहली बार 1.59 का समय निकाला था। ये वे दिन थे, जब मेरे दोनों पैरों की एड़ियाँ बेहिसाब दर्द से भरी रहती थीं। सुबह उठने के बाद पैर ज़मीन पर रखा

नहीं कि मैं दर्द से बिलबिला उठता था। मैंने कई–कई मालिश वाले बुलवाए, फीजियोथेरेपिस्ट के पास भी गया, पैसा ख़र्च किया, मगर दर्द ठीक होने का नाम ही नहीं लेता था। मैं दर्द सहन करते हुए दौड़ता रहा, क्योंकि मुझे ज़िन्दगी ने यही सिखाया था कि काम करते रहो, सब अपने आप ठीक होता है। होता यह था कि कुछ देर दौड़ने के बाद शरीर थोड़ा गर्म हो जाता था और ख़ून का प्रवाह बढ़ने से दर्द कम हो जाता था। तब मुझे लगता कि एड़ियाँ ठीक हो गयी। लेकिन शरीर ठण्डा पड़ता, तो दर्द फिर शुरू हो जाता, ख़ासकर सुबह उठने के बाद पैर ज़मीन पर रखते ही दर्द भरी सुइयाँ चुभती थीं। इस दर्द से निजात पाने के लिए मैंने ख़ुद ही रनिंग से होने वाली चोटों के बारे में पढ़ना शुरू किया और तब मुझे पता चला कि मैं प्लांटर फेसिआटिस नामक चोट का शिकार हो गया हूँ। मैं समझ गया कि ऐसे गँवारों की तरह दौड़ने से काम नहीं चलने वाला। मुझे दौड़ने को लेकर गम्भीर होना पड़ेगा। मुझे इंटरनैशनल स्तर पर मैराथन दौड़ों में कारनामा दिखाने वाले रनर्स की किताबें पढ़नी होंगी, नये ढंग से ट्रेनिंग करनी होगी। मैं हर हाल पर रनिंग में अपने प्रदर्शन को सुधारते हुए चार घण्टे से कम समय में फुल मैराथन पूरी करना चाहता था। सब–फोर क्लब में शामिल हुए बिना मुझे चैन नहीं आने वाला था।

मैं मैराथन दौड़ों को लेकर हर नये दिन के साथ और गम्भीर होता जा रहा था। इधर मेरे साथ अच्छी बात यह हुई कि हमारा जो नया रनिंग गैंग बन रहा था, जिसमें मेरे साथ गौतम दास, अमित डालमिया और अमित प्रतिहारी शामिल थे। उन तीनों ने ही सिगरेट की ओर कभी देखा तक नहीं था। वे ख़्वाब में भी सिगरेट नहीं पी सकते थे। गौतम और अमित तो कभी–कभार पार्टी में बियर या व्हिस्की का आनन्द ले भी लेते, पर मज़ाल है अमित प्रतिहारी को कोई सुँघा भी ले। हमने जाने कितनी बार कोशिश की और कई

बार तो ऐसी जगह और ऐसे माहौल में की, जहाँ कोई भी पीने से इन्कार न कर सकता था, पर ईश्वर से डरने वाले प्रतिहारी ने ख़ुद को कभी कमज़ोर न पड़ने दिया। ऐसे लोगों के सान्निध्य का मुझ पर फ़र्क़ पड़ना ही था। उन्हें जब मालूम चला कि मैं सिगरेट पीता हूँ, तो दोस्ती बढ़ने के साथ–साथ उन्होंने मुझे इस आदत के चलते बुरा–भला कहना शुरू कर दिया। कई बार हम जब एक साथ किसी दूसरे रनर के घर पार्टी में शामिल होते, तो दो पैग पी लेने के बाद सारे सिगरेटबाज़ घर से बाहर लॉबी में सिगरेट–सुख लेने चले जाते। बीस–पच्चीस लोगों की पार्टी में ऐसे पाँच–छह लोग तो होते ही थे। मैं भी उनमें शामिल हो जाता। लेकिन मुझे बहुत सावधान रहना पड़ता था, क्योंकि इन दोस्तों की मुझ पर बाज नज़र रहती थी। वे न सिर्फ़ मुझे इस सुख से वंचित करने की कोशिश करते, बाद में भी मुझे खरी–खोटी सुनाते। अमित प्रतिहारी जो कि मेरा पड़ोसी था, ने कुछ ही महीनों पहले दौड़ना शुरू किया था। छरहरे शरीर वाला अमित कॉलेज के दिनों में क्रिकेट खेला करता था। अगर खेल के प्रति गम्भीर बना रहता, तो वह उड़ीसा की रणजी टीम में आ सकता था। वह स्प्रिंट अच्छे मारता था। वह कॉलेज में छोटी दूरी की हर रेस में चैंपियन बनता था। उसकी लम्बी–लम्बी टाँगों को देखकर भी वह नैसर्गिक धावक लगता था। पर लम्बी दूरी की मैराथन वह कभी नहीं दौड़ा था। शुरू में उसने मेरे साथ ही तीन किलोमीटर तक दौड़ना शुरू किया। तीन से वह पाँच पर पहुँचा और पाँच से दस। उन दिनों मेरा सारा ध्यान अपनी स्पीड बढ़ाने पर था। कुछ ही दिनों में उसने पाया कि उसे मेरी पेस के साथ दौड़ने में संघर्ष करना पड़ रहा है। तब उसने गौतम दास के साथ दौड़ना शुरू किया। गौतम पूरी सोसायटी में बहुत लोकप्रिय था। उसकी लोकप्रियता की सबसे बड़ी वजह थी कि वह हमेशा दूसरों की मदद करने को तत्पर रहता था। सुबह दौड़ते हुए वह धीरे दौड़ने वाले कमज़ोर रनर्स को अपने ग्रुप में शामिल कर उनके साथ दौड़ने के लिए ख़ुद भी धीरे दौड़ने लगता। अमित प्रतिहारी को

अभी धीरे–धीरे ही तेज़ दौड़ने की आदत डालनी थी। कुछ महीने मेरे साथ दौड़ने के बाद उसने गौतम का गैंग ज्वॉइन कर लिया। गौतम उसका नया गुरु बन गया।

हम चारों की दोस्ती गहरी होने की एक वजह यह भी थी कि हम फुल मैराथन दौड़ते थे। हमें हर संडे लम्बी दौड़ का अभ्यास करने के लिए मरीन ड्राइव जाना पड़ता। हम चारों एक साथ एक ही गाड़ी में जाते। ज़्यादातर गौतम अपनी गाड़ी ले जाता था। पर कभी–कभी मैं भी गाड़ी निकाल लेता। हम चारों अक्सर सोसायटी के क़रीब ही आरे के जंगल में भी प्रैक्टिस के लिए जाते। गौतम की मिलनसार प्रवृत्ति की वजह से सोसायटी में दौड़ने वालों का गैंग बढ़ रहा था। हमारे साथ अक्सर अर्चना उर्फ आर्ची भी दौड़ने आ जाती थी। आर्ची छोटे कद की महिला है, जो देखने में लड़की ज़्यादा लगती है। वास्तविकता यह थी कि वह दो बहुत ही प्यारी बेटियों की माँ है। उसकी बडी बेटी तो दसवीं में आ चुकी थी। फिटनेस को लेकर वह अकल्पनीय ढंग से उत्साहित रहती और अपनी बिन्दास प्रकृति के कारण सोसायटी में पॉपुलर भी थी। महिलाओं की तुलना में वह पुरुषों के बीच ज़्यादा समय गुजारती थी। सम्भवतः इसलिए कि उनके बीच रहते हुए उसे ज़्यादा बड़ी चुनौतियाँ मिलती थीं। पुरुषों से ज़्यादा मित्रता के कारण महिलाएँ उसे थोड़ा कम पसन्द करती थीं। वह पारम्परिक महिलाओं से भिन्न थोड़ा बिन्दास प्रकृति की थी। पार्टियों में जमकर पीती थी। उन दिनों तो उसे सिगरेट पीने में भी गुरेज़ न था। लेकिन वह बाहर से जितनी बिन्दास थी, भीतर से उतनी ही आध्यात्मिक भी थी। उसकी इस आध्यात्मिकता ने ही उसे ध्यान और योग की ओर खींचा था। कुछ ही सालों में वह सभी रनर्स की योगा टीचर बनने वाली थी।

मैराथन दौड़ते हुए तीन साल गुज़र जाने के बावज़ूद मैं दौड़ की ट्रेनिंग के बहुत से पहलुओं को लेकर अनभिज्ञ था और इस सत्य को मैं बख़ूबी जानता भी था। मैं जानता था, क्योंकि मुझे अपनी मेहनत के मुताबिक़ रिजल्ट नहीं मिल रहे थे। इन्हीं दिनों मैंने यू–ट्यूब की

शरण ली और रनिंग के हर पहलू पर विडियो देखने शुरू किये। दौड़ते हुए साँस कैसे लेनी है, पैर कैसे ज़मीन पर गिरना चाहिए, हाथ कैसे हिलने चाहिए, कोर कितना टाइट रहना चाहिए, कितना पानी पीना चाहिए, रेस के दौरान क्या और कितना खाना चाहिए, रेस शुरू होने से पहले और ख़त्म करने के बाद क्या करना चाहिए, किन मसल्स की स्ट्रेचिंग ज़रूरी है, बॉडी की कौन–सी मसल्स दौड़ने में सहायक होती हैं, उन्हें कैसे ट्रेन करना चाहिए। मेरे पास अनगिनत सवाल थे, जिनके जवाब जानने को मैंने अनगिनत विडियो देखे। मैं अपने साथ दौड़ने वालों से भी उनका जाना हुआ सीखने की कोशिश करता। गौतम दास ने फिटनेस पर एक सर्टिफिकेट कोर्स किया हुआ था। जब हम उसके साथ दौड़ते, तो दौड़ के शुरू में और अन्त में स्ट्रेचिंग करवाने की ज़िम्मेदारी उसी की होती। उसके साथ स्ट्रेचिंग करते हुए एक दिन मुझे यह बात समझ आयी कि नवी मुम्बई में एक बार मुझे स्ट्रेचिंग करते हुए चक्कर क्यों आया।

वे मेरी रनिंग की ट्रेनिंग के बहुत शुरुआती दिन थे। एक दिन मैं जब दस किलोमीटर दौड़ने का लक्ष्य बनाकर दौड़ शुरू करने से पहले स्ट्रेचिंग कर रहा था – मैंने अपना पैर उठाकर रेलिंग पर रखा था और कमर से झुककर अपनी नाक घुटने से लगाने की कोशिश कर रहा था कि अचानक मेरी आँखों के आगे अंधेरा छा गया। मैंने दोनों हाथों से रेलिंग को पकड़कर ख़ुद को नीचे गिरने से रोका। अगर रेलिंग नहीं होती, तो मैं नीचे गिर जाता। बेहोशी में बिना नियन्त्रण के गिरता, तो सिर भी ज़मीन पर लग सकता था। ख़ैर, ऐसा न हुआ। कुछ क्षणों तक आँखों के आगे अँधेरा छाया रहा। अंधेरा छँटने तक मैंने रेलिंग को कसकर पकड़कर रखा। जब कुछ नहीं हुआ, तो यक़ीन जागा कि मैं नॉर्मल था। लेकिन मैं बेतरह घबरा गया था। इस तरह आँख के आगे अँधेरा छाने की दो–तीन वारदातें जीवन में पहले भी घटित हो चुकी थीं। मुझे वे आज तक भी बहुत रहस्यमयी लगती थीं। मैं उस रोज़ घबराहट में दस किलोमीटर की बजाय पाँच किलोमीटर ही दौड़ा। गौतम दास के साथ स्ट्रेचिंग के

दौरान मुझे मालूम चला कि आँखों में अँधेरा छाने और चक्कर आने की क्या वजह होती है। होता यह है कि हम जब पैरों की बड़ी मसल्स को स्ट्रेच करते हैं, तो ख़ून उस ओर भागता है। शरीर में कमज़ोरी हो, मसल्स थकी हुई हों, तो ऐसे में चक्कर आना स्वाभाविक होता है, क्योंकि दिमाग़ से यक़–ब–यक़ खून उतरकर स्ट्रेच की जा रही बड़ी मसल की ओर भागता है।

एक दिन गौतम, दोनों अमित, मैं और अर्चना संडे के दिन बोरिवली नैशनल पार्क दौड़ने गये हुए थे। दौड़ने के लिए यह बहुत ही सुन्दर जगह है। पार्क के अन्दर प्रवेश करने के बाद एक मुख्य सड़क क़रीब छह किलोमीटर अन्दर जाती है और हमें कन्हेरी गुफ़ाओं वाले पहाड़ के बेस तक पहुँचा देती है। सड़क के दोनों ओर घना जंगल है। दौड़ते हुए जंगल की ख़ुशबू ली जा सकती है। सड़क के अन्त में क़रीब आधे किलोमीटर की सीधी चढ़ाई है। यह चढ़ाई कमर तोड़ देती है। एक दिन जब हमने क़रीब पच्चीस किलोमीटर दौड़ लगाई थी और गौतम ने हमें दौड़ के तुरन्त बाद स्ट्रेचिंग करवानी शुरू की और मैंने जैसे ही अपने पैरों को आगे–पीछे फैलाकर उन पर शरीर का वज़न डाला, मेरी आँखों के सामने अन्धेरा छा गया। लेकिन मैं घबराया नहीं, क्योंकि स्ट्रेचिंग शुरू करवाने से पहले ही गौतम बोल चुका था – भाई सबकी लगी हुई है। बड़ी मसल्स की स्ट्रेचिंग होगी, तो और लगेगी। चक्कर आयेगा, इसलिए इस रेलिंग के साथ चिपक कर करो। मैंने रेलिंग को पकड़कर ही ख़ुद को गिरने से रोका। तीसरी बार स्ट्रेच करने तक चक्कर आना बन्द हो गया। गौतम ने बताया कि ख़ून बड़ी मसल्स तक पहुँच गया है, इसलिए अब चक्कर नहीं आयेगा।

मरीन ड्राइव, मुम्बई में 32 कि.मी. रनिंग के अभ्यास के बाद अपने साथी रनर्स के साथ लेखक (बायें से)–अमित डालमिया, प्रशान्त, लेखक एवं अमित प्रतिहारी।

लम्बी रनिंग के अभ्यास के बाद मरीन ड्राइव, मुम्बई में अपने साथी रनर्स के साथ लेखक (बायें से)–अमित डालमिया, लेखक, अमित प्रतिहारी।

अध्याय 5

मैं किताब-ए-दौड़ के सफ़े खोलता चला गया

ये वे दिन थे, जब हमारे ग्रुप में सभी लोग दौड़ने को लेकर इतना उत्साहित थे कि दौड़ से सम्बन्धित नई बातें पता करते रहते थे। क्या खाना चाहिए, क्या नहीं। कैसे जूते पहनने चाहिए। किस मसल की कैसे स्ट्रेचिंग करनी चाहिए। कोई भी बन्दा जो नई बात सीखता, वह ग्रुप के दूसरे सदस्यों को उसके बारे में ज़रूर बताता। मैंने रनिंग को लेकर यू–ट्यूब पर ज़्यादा विडियो देखने शुरू कर दिये थे। विडियो देखने के अलावा मैंने रनिंग पर खोज–खोजकर किताबें पढ़ना शुरू किया। रनिंग पर एक किताब ऐसी है, जिसे रनिंग की रामायण कहा जा सकता है। टिम नोक्स की द लोर ऑफ रनिंग (The Lore of running) इस किताब में रनिंग के हर पहलू पर की गयी वैज्ञानिक रिसर्च है। रनिंग का कोई पहलू न होगा, जो इस किताब में आने से छूट गया हो। इसकी मोटाई वैसी ही है, जैसी एक ज़माने में सिविल सर्विसेज की प्रिलिमिनरी परीक्षाओं के लिए बनी गाइड की होती थी। इतनी भारी कि आप एक मिनट तक भी उठाकर रखो, तो हाथ वजन से ख़ुद ही नीचे होने लगे।

मैं अब तक उस किताब का सिर्फ़ पाँच फ़ीसदी ही पढ़ पाया हूँ। इस किताब से जो मुझे सबसे अहम जानकारी मिली, वह अपने वीओ2 मैक्स यानी मैक्सिमम वॉल्यूम ऑफ ऑक्सीजन को लेकर थी। आपका जितना वीओ2 मैक्स होता है, उसके मुताबिक़ ही तय हो पाता है कि आप कितने समय में फुल मैराथन दौड़ पाओगे। मेरी गारमिन घड़ी के मुताबिक़ मेरा वीओ2 मैक्स क़रीब 50 के आसपास है। इस किताब में दिये चार्ट के मुताबिक़ इस हिसाब से मैं फुल मैराथन साढ़े तीन घण्टे में दौड़ सकता हूँ। यह आँकड़ा मैं कभी भूल नहीं सकता। सच कहूँ, तो मन ही मन मैं इसी गहरे भरोसे के साथ साल दर साल रनिंग का अभ्यास कर रहा हूँ कि एक दिन मैं साढ़े तीन घण्टे में फुल मैराथन दौड़कर दिखाऊँगा। मैं तो तीन घण्टे का जादुई आँकड़ा भी छू लेना चाहूँगा, क्योंकि इस किताब के मुताबिक़ कड़े अभ्यास से हम अपना वीओ2 मैक्स सुधार सकते हैं। वीओ2 का अर्थ है वॉल्यूम ऑफ ऑक्सीजन यानी तेज़ गति से दौड़ते हुए आप शरीर में कितनी ऑक्सीजन ले पाते हो। रनिंग पर किताबों की बात करें, तो 'लोर ऑफ रनिंग' से बहुत पहले मैंने रनिंग पर सबसे पहली किताब के रूप में हारुकी मुराकामी की किताब पढ़ी– *व्हट आई टॉक वेन आई टॉक अबाउट रनिंग*। यह किताब मुझे बहुमुखी प्रतिभा की धनी गौतम दास की पत्नी मालाबी से मिली, जो पढ़ने की बहुत शौक़ीन है, चित्रकारी भी करती है। वाइन पीने में भी उसका कोई सानी नहीं और वाइन पीने के दौरान अगर कोई उससे किसी बात पर बहस करे, तो वह उसे मिनटों में ही नाकों चने चबवा देती है। मुराकामी का मैंने नाम तो बहुत सुना था, लेकिन तब तक उनकी कोई किताब न पढ़ पाया था। उनकी रनिंग पर किताब को लेकर सहज ही मेरे मन में आकर्षण था, क्योंकि मैं जानना चाहता था कि एक लेखक रनिंग का किस तरह वर्णन करता है। चूँकि मैं ख़ुद भी एक लेखक था और मुराकामी की तरह ही लम्बी दूरी की रनिंग करता था, मेरे मन में भी रनिंग को लेकर कभी किताब लिखने की इच्छा थी। मुराकामी की रनिंग पर किताब के अलावा मैं

चाहकर भी कोई दूसरी किताब नहीं पढ़ पाया। पता नहीं क्यों, मुझे अब ऐसा लगने लगा है कि किसी भी किताब में क्या लिखा होगा, मैं उसे पहले से जानता हूँ।

मुराकामी की किताब *व्हट आई टॉक वेन आई टॉक अबाउट रनिंग* पढ़ते हुए सबसे पहले मुझे यह मालूम चला कि उन्होंने न्यूयॉर्क की फुल मैराथन साढ़े तीन घण्टे में पूरी की थी। यह सत्य उद्घाटित होने के बाद मेरे लिए यह ज़रूरी था कि मैं उनकी किताब को बहुत गौर से पढ़ूं, ताकि मुझसे कोई भी ऐसी चीज़ न छूटे जिससे मैं अपनी रनिंग के परफॉर्मेंस को सुधार सकता था। उन दिनों मैं पूरा ज़ोर लगाकर भी चार घण्टे बीस मिनट में ही फुल मैराथन दौड़ पाता था। साढ़े तीन घण्टे में मैराथन दौड़ना मेरे लिए ख्वाब से भी परे की बात थी। सच कहूँ तो हारुकी मुराकामी ने किताबों से ज़्यादा अपनी दौड़ने की क़ाबिलियत के चलते मेरे दिल में जगह बनाई। मैंने कुछ ही दिनों में उनकी पूरी किताब पढ़ डाली। उनकी लेखन कला की तारीफ़ करनी होगी कि बहुत सहज और शान्त रहते हुए वह जीवन की चीर–फाड़ करते हुए आगे बढ़ते हैं। यह किताब उनकी आत्मकथा ही है, जिसमें वह इस सत्य का खुलासा करते हैं कि रनिंग ने कैसे उनके लेखन को सपोर्ट किया। वह रनिंग और राइटिंग के अनुशासन की बहुत ख़ूबसूरत तुलना करते हैं। मुराकामी लिखते हैं– 'रोज़–रोज़ दौड़ते हुए, दौड़ों की संख्या बढ़ाते हुए, थोड़ा–थोड़ा करके मैं अपनी चुनौतियाँ बढ़ाते जाता हूँ और हर स्तर को पास करते हुए मैं ख़ुद को ऊपर उठाता हूँ।' यह बहुत ही मार्के का वाक्य लिखा मुराकामी ने। इस वाक्य में असल में जीवन की फ़िलॉसफ़ी है। यह जो थोड़ा–थोड़ा करके चुनौतियों को बढ़ाना और ख़ुद को ऊपर उठाना है, यही जीवन जीने का आदर्श ढंग है। मैं इसे रोज़ अपने गुजरे कल के परफॉर्मेंस से बेहतर करना कहता हूँ यानी कल जो हम थे, आज उससे बेहतर होना। अगर हम जीवन को इस तरह जीने लगे, तो हमें आगे बढ़ने के लिए दूसरे लोगों से प्रतिस्पर्धा करने की ज़रूरत ही नहीं पड़ेगी, क्योंकि हमारी प्रतिस्पर्धा ख़ुद से रहेगी।

कल जैसा परफॉर्म किया, आज उससे बेहतर करो। नहीं के बराबर ही हो, लेकिन ज़रा–सा तो सुधार हो। रोज़ का यह ज़रा–ज़रा सा सुधार आपस में मिलकर इतना बड़ा हो जायेगा कि दूसरों को असम्भव जान पड़ेगा। मुराकामी कहते हैं – मैं गल्प–लेखन के बारे में जो भी जानता हूँ, वह मैंने दौड़ते हुए ही सीखा है। मुझसे ज़्यादा उनकी इस बात से कोई और सहमत नहीं हो सकता। हालाँकि मैंने उनकी तुलना में बहुत कम लिखा है, पर मुझे अब ऐसा लग रहा है कि रनिंग की वजह से जीवन में आये अनुशासन के चलते मैं पहले की तुलना में अब बहुत ज़्यादा लिखने वाला हूँ। हालाँकि ऐसा होता है, तो मैं रनिंग के अलावा दो और बातों को इसका श्रेय देना चाहूँगा। पहला, रोज़ कम से कम 20 मिनट के ध्यान का अभ्यास और दूसरा कम से कम 7 मिनट के त्राटक का अभ्यास। त्राटक के अभ्यास में हम किसी आकृति या मोमबत्ती की लौ को बिना पलकें झपकाये, बिना आँख की पुतलियाँ हिलाये एकटक देखते हैं। इससे हमारे दिमाग़ की फोकस पावर बढ़ती है और एक लेखक के लिए इस पावर से ज़रूरी और मूल्यवान कुछ नहीं। मुराकामी रनिंग के बारे में निष्कर्ष देते हैं – 'अपनी वैयक्तिक सीमा के भीतर पूरी ताक़त लगा देना, यही रनिंग का सार है और जीवन का रूपक भी।' कितनी शानदार बात कही मुराकामी ने। ज़ाहिर है उनकी किताब पढ़कर मुझे बतौर लेखक और बतौर रनर, दोनों ही रूपों में बहुत फ़ायदा पहुँचा। यह समझ आया कि आप चालीस के उत्तरार्द्ध में आ चुके लेखक होते हुए भी साढ़े तीन घण्टे में फुल मैराथन दौड़कर दिखाने का कारनामा कर सकते हो और ख़ुद को जीवन और आत्ममुग्धता से लबालब भरा हुआ रख सकते हो।

रनिंग पर मैंने जो दूसरी किताब पढ़ी, वह थी अमेरिकी लेखक और पत्रकार क्रिस्टोफर मैक्डोगल की *बॉर्न टु रन*। यह किताब चार महीने तक न्यूयॉर्क टाइम्स की बेस्ट सेलर लिस्ट में बनी रही। इस किताब में मैक्डोगल ने मैक्सिको की लुप्त होती जाति ताराहुमारा के लोगों में लम्बी दूरी दौड़ने की महारत के बारे में बताते हुए उन

वजहों को तलाशने की कोशिश की है, जो इन्हें ऐसा बनाते हैं। पाता। मैक्डोगल ने एक सौ मील लम्बी अल्ट्रा मैराथन प्रतिस्पर्धा की तैयारी और रेस का पूरा ब्यौरा दिया है, जिसमें ताराहुमारा जनजाति के दो धावक भी दौड़े थे। 1993 में हुई इस रेस में 57 साल का एक ताराहुमारा जनजाति का धावक रेस में पहला आया था। इस रेस में भाग लेने वाले एक से बढ़कर एक तुर्रम ख़ाँ धावकों के बारे में बहुत ही दिलचस्प ढंग से बातें बतायी गयी हैं। मज़े की बात यह है कि किताब तकनीकी जानकारियों के अलावा, कैसा भोजन करना चाहिए, जूते कैसे पहनने चाहिए जैसे रनिंग से जुड़े दूसरे अहम पहलुओं को लेकर भी हमारा ज्ञान बढ़ाती है। लेकिन ज्ञान बढ़ाने से ज़्यादा ज़रूरी वह हम में चुपचाप लम्बी दूरी की दौड़ों को लेकर सम्मोहन भरने का काम करती है। इस किताब को पढ़ने के बाद ही मेरे मन में पहली अल्ट्रा–मैराथन दौड़ने का ख़याल आया था। मैं तब जानता नहीं था कि 2019 में मैं सफलतापूर्वक वह क़ारनामा करके दिखाने वाला हूँ। इस किताब को पढ़ने के बाद मैं क्रिस्ट्रोफर मैक्डोगल से इतना प्रभावित हुआ कि मैंने न सिर्फ़ ट्विटर पर खोज उन्हें फॉलो करना शुरू किया, उन्हें कई सन्देश भी भेज डाले। इतना ही नहीं मैंने नंगे पैर दौड़ने का अभ्यास करना भी शुरू कर दिया और जल्दी ही छह किलोमीटर तक नंगे पैर दौड़ने भी लगा। मेरी देखादेखी बाकी तीनों गौतम, अमित डालमिया और अमित प्रतिहारी भी नंगे पैर दौड़ने का अभ्यास करने लगे। मिलिन्द सोमन को नंगे पैर दौड़ते देखने के बाद मैंने नंगे पैर दौड़ने के फ़ायदों के बारे में पढ़ा और ऐसे दौड़ने वाले कई रनर्स से दोस्ती भी बढ़ाई। मुझे लगता था कि जल्दी ही मैं उनके क्लब में शामिल हो जाऊँगा। मुझे जो सबसे बड़ा फ़ायदा दिख रहा था, वह जूते की क़ीमत को लेकर था। एक अच्छा रनिंग शू 10–15 हज़ार से कम का नहीं मिलता था और मैं जितना दौड़ रहा था, उसके लिए मुझे साल में दो–तीन जोड़े जूते तो चाहिए ही थे। एक तरह से जूतों पर ही तीन–चार हज़ार रुपये प्रति माह का ख़र्च था, जो मेरे लिए बहुत ज़्यादा था। पर मेरा नंगे पैर दौड़ने का

अभ्यास ज़्यादा नहीं चल पाया। सोसायटी के भीतर जिस सड़क पर हम रोज़ दौड़ने का अभ्यास करते थे वह पूरी तरह कँक्रीट की बनी थी और जगह–जगह कँक्रीट का बुरादा बिखरा हुआ था जो पैरों में गड़ता था। नंगे पैर दौड़ने के लिए पैरों के तलवों को अभ्यस्त होने में कम से कम एक साल का समय जाता है और मेरे पास इतना समय नहीं था। मैं सबसे पहले अपने चार घण्टे से कम समय में फुल मैराथन दौड़ने का सपना पूरा करना चाहता था।

रनिंग पर तीसरी किताब के रूप में मैंने तिब्बत के लामा साक्योंग मिफाम की *रनिंग विद द माठन्ड ऑफ मेडिटेशन* पढ़ी। मैं बताना चाहूँगा कि ध्यान का अभ्यास इस किताब को पढ़ने से पहले ही मेरे जीवन का अभिन्न हिस्सा बन चुका था और मैं धीरे–धीरे ध्यान की भीतरी पर्तों में उतर रहा था, इसलिए मैं ऑनलाइन इस किताब का ऑर्डर देने के बाद से ही इसे पढ़ने को लेकर बहुत उत्सुक और जिज्ञासा से भरा हुआ था। कोई हैरानी नहीं कि किताब हाथ में आने के दो–तीन दिन में ही मैं उसे चाट गया। मैं *डिफिकल्टी इन द बिगिनिंग* नामक इस किताब के सातवें अध्याय का पहला पैरा यहाँ उद्धृत कर रहा हूँ, क्योंकि मुझे वह ध्यान और दौड़ सीखना शुरू करने वालों के लिए ज़रूरी लगता है– 'रनिंग और ध्यान में शुरू का समय बहुत चुनौतियों से भरा होता है। वह मुश्किल हो सकता है, क्योंकि हम अपनी आदतों को बदलने की कोशिश कर रहे होते हैं। रनिंग में हम अपनी शारीरिक आदत को बदल रहे होते हैं, जबकि ध्यान में मानसिक आदत को। दोनों ही मामलों में हमें यह मालूम रहना ज़रूरी है कि हम क्या करना चाहते हैं।'

मुझे याद है कि इस किताब को पढ़ने के दौरान जब भी हम दोस्त लोग आरे के जंगल में जाकर रनिंग करते थे, मैं बहुत कम बातें करता था और सबका ध्यान बार–बार पेड़ों से आ रही चिड़ियों की आवाज़ की ओर ले जाता था। मैं उन्हें बार–बार आसपास फैले खेतों की हरियाली और पेड़ों के पीछे से झाँकते आसमान को देखने को कहता। असल में दौड़ने से दिमाग़ में रिलीज़ होने वाले ख़ुशी

के हॉर्मोंस और दौड़ने के दौरान ध्यान में गहरे उतरने के कारण मन में छलकने वाले आनन्द को मैं संभाल नहीं पाता था। मैं इस आनन्द के बारे में इतनी बातें करता था कि मेरे दोस्त मेरी बातों से उकताने लगे थे।

'देखना अब कैप्टन को चिड़ियाँ दिखना शुरू हो जायेंगी।' आरे जंगल में दौड़ना शुरू करते ही मेरा कोई न कोई न कोई दोस्त बोल पड़ता और सभी हँसते। मैं दौड़ना शुरू करने के कुछ ही देर बाद जीवन के बारे में प्रवचन भी देने लगता। हाल यह हो गया कि ओएस में सभी रनर्स मेरे साथ दौड़ते हुए मुझसे प्रवचन की उम्मीद करने लगे। कुछ ही समय में वे मुझे मोंक यानी साधु की उपाधि देने वाले थे। अब मुझे लगता है कि वे बहुत शुरू में पड़ गये बीज थे, जिन्हें बाद में वृक्ष बनना था। मेरे दोस्तों को मज़ाक में दिये जाने वाले ये प्रवचन कुछ ही सालों में मुझे एक मोटिवेशनल स्पीकर बनाने वाले थे। वे प्रवचन न होते, तो शायद मैं कभी यू–ट्यूब पर अपने चैनल 'माठन्डफिट' की संकल्पना ही नहीं कर पाता और इस चैनल के यूँ हज़ारों सब्सक्राइबर्स भी नहीं बन पाते।

रनिंग पर जो चौथी किताब मेरे हाथ आयी वह आज भी मेरे सिरहाने के पास रहती है, क्योंकि इसी किताब के मुताबिक़ मैं अपनी रनिंग की ट्रेनिंग तय करता हूँ कि किस दिन किस गति से और कितना लम्बा दौड़ना है। यह किताब मुझे ओएस के स्टार रनर प्रशान्त की वजह से ही मिली। उसका मैं पहले जिक्र कर चुका हूँ। वह घोषित तौर पर ओएस का सबसे फास्ट रनर है। छह फुट से दो–चार इंच ऊँचा और डीलडौल में भी वैसा ही हृष्ट–पुष्ट। उसने न्यूयॉर्क फुल मैराथन चार घण्टे से कम में पूरी की है और मुम्बई की हाफ़ मैराथन वह एक घण्टे चालीस मिनट में कर चुका है। एक दिन वह सोसायटी के अहाते में ही जब रनिंग शुरू करने वाला था, संयोग से मैं भी वहाँ पहुँच गया। उसने कहा–कैप्टन, आज मेरे साथ दौड़ो। मैं जानता था कि वह तेज़ दौड़ता है, क्योंकि उसे दौड़ते हुए देखता ही था। उतना तेज़ दौड़ना मेरे वश की बात नहीं। मैंने ऐसा सोचकर

उसे मना करने के लिए मुँह खोला, पर बात मुँह तक आते–आते बदल गयी क्योंकि तब तक मेरे दिमाग़ में आया कि भाई एक बार कोशिश तो करके देखा जाये। ज़्यादा थकूँगा, तो रुक जाऊँगा।

'चल भई, आज तेरे साथ ही दौड़कर देखते हैं' मैंने कहा और उसके साथ ही वॉर्म जय करने लगा। सामान्यतः प्रशान्त के साथ कोई नहीं दौड़ता था, क्योंकि उसकी सामान्य गति हमारे लिए असामान्य थी। हमने दौड़ना शुरू किया, तो प्रशान्त ने बताया कि वह *रन लैस रन फास्टर* किताब का रनिंग शेड्यूल फॉलो कर रहा है और इसके मुताबिक़ उसे आज पाँच मिनट प्रति किलोमीटर के हिसाब से आठ किलोमीटर दौड़ना है। मैं उन दिनों इतनी तेज़ दौड़ने का बिलकुल आदी नहीं था। हालाँकि मैं बाद में इसी प्रशान्त के साथ एक बार ओएस में लगभग इतनी ही स्पीड में बिना रुके 24 किलोमीटर भी दौड़ा था। लेकिन उस दिन दौड़ना शुरू करने के पाँच मिनट में ही मुझे अपनी साँस उखड़ती जान पड़ी। प्रशान्त समझदार था। उसने जब देखा कि मुझे दौड़ने में थोड़ी दिक़्क़त हो रही है, तो उसने बातचीत करना बन्द कर दिया। दौड़ते हुए बात करने से भी बहुत एनर्जी बर्बाद होती है। बात करनी तो बन्द कर दी, पर उसने स्पीड से कोई समझौता नहीं किया। तीसरे राउंड तक आते–आते मेरी साँस ज़्यादा उखड़ने लगी थी। मैं प्रशान्त के साथ पाँचवें राउंड तक ही दौड़ सका, क्योंकि उसके बाद मैं थोड़ा भी और दौड़ता, तो दिल के फटने की आशँका थी। उन दिनों मैं हार्ट रेट मापने वाली घड़ी पहनकर नहीं दौड़ता था, क्योंकि उतनी महँगी घड़ी अफोर्ड नहीं कर सकता था। लेकिन अगर उसे पहनकर दौड़ रहा होता, तो मैं शायद तीसरे राउंउ तक भी नहीं भाग पाता, क्योंकि तब तक मेरा हार्ट रेट रेड जोन की ऊपरी सीमा के भी पार जा चुका होता।

उस दिन प्रशान्त ने दौड़ते हुए इस किताब का जिक्र किया था। उसने मुझे अपना ट्रेनिंग शेड्यूल भी भेजा। उसे देखकर मेरी आँख खुली और मालूम चला कि मेरी तरह रोज़–रोज़ एक ही स्पीड से दौड़ने से कुछ नहीं होने वाला था। क्योंकि बड़े रनर अपने ट्रेनिंग

शेड्यूल में इंटरवल ट्रेनिंग, टेंपो रन जैसी चीजों को अनिवार्य रूप से शामिल करते हैं। प्रशान्त के ट्रेनिंग शेड्यूल को देख मुझे लगा कि अगर मैं अपनी रनिंग में सुधार करना चाहता हूँ, तो मुझे वह किताब ज़रूर ख़रीद लेनी चाहिए। किताब महँगी थी, पर मैंने ख़रीद ली। इस किताब में आप कितने समय में फुल मैराथन पूरी करना चाहते हो, उसके मुताबिक़ 16 सप्ताह का ट्रेनिंग शेड्यूल दिया हुआ है। हर पाँच मिनट के अंतर के लिए अलग शेड्यूल। अगर आप चार घण्टे में मैराथन दौड़ना चाहते हैं, तो उसके लिए एक शेड्यूल और अगर आप तीन घण्टा पचपन मिनट या चार घण्टा पाँच मिनट में दौड़ना चाहते हैं, तो उसके लिए अलग शेड्यूल। तीन घण्टे पाँच मिनट से लेकर पाँच घण्टे पच्चीस मिनट तक की समयावधि में फुल मैराथन पूरी करने वालों के लिए किताब में ट्रेनिंग शेड्यूल हैं। इसके मुताबिक़ सप्ताह में तीन दिन ही ट्रेनिंग करनी है। एक दिन इंटरवल ट्रेनिंग यानी बीच–बीच में ब्रेक लेते हुए चार सौ मीटर से लेकर सोलह सौ मीटर तक की दूरी तेज़ स्पीड में दौड़ना। टेंपो रन यानी 5 से 16 किलोमीटर तक मैराथन स्पीड की गति से दौड़ना। और तीसरा लॉन्ग रन, जिसमें चौबीस किलोमीटर से 32 किलोमीटर तक की दौड़ शामिल रहती है। मैं पिछले चार साल से इसी किताब के ट्रेनिंग शेड्यूल के मुताबिक़ ही ट्रेनिंग कर रहा हूँ।

पाँचवीं किताब के रूप में मैंने रिच रॉल नामक अमेरिकी अल्ट्रा रनर की किताब *फाइंडिंग अल्ट्रा* पढ़ी। इस किताब ने मेरे होश उड़ा दिये क्योंकि मेरे लिए ऐसा यक़ीन कर पाना सम्भव न था कि कोई एक सप्ताह में पाँच बार आयरनमैन बनने के लिए ज़रूरी 3.8 किलोमीटर की स्विमिंग, 180 किलोमीटर की साइक्लिंग और 42.195 किलोमीटर की दौड़ पूरी कर सकता है। रिच रॉल ने यही हैरतअंगेज कारनामा करके दिखाया। रिच ने किताब में अपने कायान्तरण का वर्णन किया है। चालीस की उम्र तक पहुँचते–पहुँचते और एक सुखी, आरामदायक वैवाहिक जीवन जीते हुए जैसा कि अमूमन सबके साथ होता है, रिच को भी यह अहसास न हो सका कि उसकी आन्तरिक फिटनेस कितनी बुरी

तरह प्रभावित हो चुकी है। उसे यह अहसास हुआ, जब एक बार अपनी बेटी का जन्मदिन मनाते हुए वह घर के भीतर ही बेटी के पीछे सीढ़ियाँ चढ़ते हुए बुरी तरह हाँफ गया। उसे लगा कि वह किसी भी क्षण हमेशा के लिए दुनिया से विदा हो सकता है। आलू, कोक, चीज, पिज्जा, प्रोसेस्ड व पैकेज्ड फूड और जब–तब बियर पीकर पार्टी करने के आदी बन चुके रिच ने उस दिन मौत को इतने क़रीब से देखा कि घबरा गया। और तब उसने अपनी जीवन–शैली बदलने का प्रण किया। अगले दो साल के अन्दर ही वह 320 मील यानी 500 किलोमीटर से ज़्यादा दूरी की अल्ट्रामैन प्रतिस्पर्धा में भाग ले रहा था। जल्दी ही वह पूरी दुनिया को हैरान करने वाला कारनामा करके दिखाने वाला था। उसने हवाई द्वीपों के अलग–अलग द्वीप में एक हफ़्ते के अन्दर पाँच आयरनमैन पूरे किये। ऐसा करने वाला वह दुनिया का पहला इंसान बना। यानी उसने एक हफ़्ते में 19 कि.मी. स्विमिंग, 900 कि.मी. साइक्लिंग और 211 कि.मी. रनिंग करने का अजूबा करके दिखाया। उसने अपनी फूड हैबिट्स पूरी तरह बदल प्लांट–बेस्ड फूड लेना शुरू किया और आज वह दुनिया में प्लांट–बेस्ड फूड का सबसे बड़ा प्रमोटर है।

इस किताब ने भोजन के प्रति मेरा नज़रिया ही बदल दिया। मैंने कई चीज़ों का नाम जीवन में पहली बार सुना और उन चीजों को देखा भी पहली बार। जैसे मैंने इस किताब को पढ़ने से पहले एवोकेडो का नाम ही नहीं सुना था। खाना तो बहुत दूर की बात थी। किताब में नाम सुनने के बाद मैं मॉल से एक एवोकेडो लेकर आया। एक इसलिए क्योंकि बहुत महँगा मिल रहा था। 400 रुपये का। इतने में तो अच्छी क्वॉलिटी की बियर के तीन केन आ जाते। रिच रॉल ने उसे खाने के कई तरीके बताए थे। उसका स्मूदी यानी उसे मिक्सर में डालकर तरल रूप में बदलकर पिया जा सकता था, उसे सलाद की तरह लिया जा सकता था, उसकी चटनी भी बनाई जा सकती थी। बाद में तो मुझे एवोकेडों की पहचान हो गयी और उसकी मैं बहुत स्वादिष्ट स्मूदी भी बनाने लगा। मुझे यह भी एहसास

हुआ कि मैं हाइकू मॉल से वह बहुत ही महँगा एवोकेडो ले आया था। मेरे ऑफ़िस के बगल में क्रॉफर्ड मार्केट में वे 400 रुपये किलो के भाव से मिल जाते थे। रिच रॉल ने अपनी किताब में एवोकेडो के इतने फ़ायदे बताए थे और मैंने गूगल बाबा की शरण जाकर भी इस दिव्य फल से शरीर को मिलने वाले फायदों के बारे में इतना कुछ पढ़ लिया था कि मेरा वश चलता तो उस पहले एवोकेडो को चीरने के बाद बाहर आयी उसकी बहुत ही ख़ूबसूरत गोल्फ बॉल के आकार की गोलाकार गुठली को भी पीसकर उसका बुरादा पानी में घोल पी जाता। फ़िलहाल सच यह है कि क्योंकि मैं उसका छिलका भी ठीक से निकाल नहीं पाया था, उसका स्मूदी बहुत ही कड़वा क़िस्म का बना, जिसे मैंने किसी तरह वैसे ही हलक से अन्दर उतारा, जैसे बचपन में कड़वी दवा उतारता था। इस किताब ने मगर मुझे उन लाल–पीले रंग की शिमला मिर्चों, ब्रोकेली, केल और तरह–तरह की दूसरी पौष्टिक फूल–पत्तियों से परिचित करवाया। सबसे बड़ी बात यह कि इसने मुझे स्मूदी बनाकर पीने का ढंग सिखाया। अब कोई ऐसा दिन नहीं होता, जबकि मैं स्मूदी नहीं बनाता। वर्कआउट के बाद स्मूदी मेरे सुबह के नाश्ते का अनिवार्य हिस्सा बन चुका है। अलबत्ता कुछ महीने पहले उन्मुक्त ने मुझे सत्तू और ड्राई फ्रूट्स की स्मूदी बनाना सिखाया। तब से मैं अक्सर नाश्ते में सिर्फ़ यही ले रहा हूँ।

रनिंग पर मैंने किताबें और भी पढ़ीं। रनर्स वर्ल्ड वेबसाइट में जाने कितने लेख पढ़ डाले। रनिंग को लेकर मेरा ज्ञान बहुत तेज़ी से बढ़ रहा था। मुझे बहुत बुनियादी बातें मालूम चल रही थीं। मुझे यह बताने में संकोच नहीं कि मैं तब तक ग्लूट्स के बारे में नहीं जानता था। मुझे नहीं पता था कि आईटी बैंड कौन–सी मसल होती है। मुझे काफ मसल्स को मज़बूत करने के लिए ज़रूरी स्ट्रेच और वर्कआउट करना नहीं आता था। मेरे कंधों में हमेशा दर्द रहा और जाने कितने सालों तक मैं दर्द में ही दौड़ता रहा। मैंने इन्हीं दिनों कन्धों की तरह–तरह की एक्सरसाइज करना सीखा। मुझे अपने भतीजे उन्मुक्त की फिटनेस ट्रेनिंग का बहुत फ़ायदा हुआ। कहने को वह मेरा भतीजा था,

पर फिटनेस के मामले में वह उस्तादों का उस्ताद है। उसने कन्धों को मज़बूत करने के ऐसे स्ट्रेच और वर्कआउट बताये कि जिस दर्द से मैं सालों पीड़ित रहा, वह धीरे–धीरे कम होने लगा। मुझे याद है कि यह बचपन में उसे घण्टों बोलिंग करने के दौरान ही था कि मेरे दायें कन्धे में दर्द होना शुरू हुआ था। लेकिन तब मुझे यही नहीं मालूम था कि फीजियोथेरेपिस्ट नाम के भी प्राणी दुनिया में होते हैं, जो मामूली पैसा लेकर ऐसे दर्द दूर करते हैं। मैं उस दर्द को बर्दाश्त करते हुए भी उसे बोलिंग करता था, क्योंकि उसे क्रिकेटर बनाने का जुनून था। अगर जुनून हो, तो किसी ज्ञान की ज़रूरत नहीं। लेकिन सोचो कि जुनून भी हो और ज्ञान भी, तो कैसे हैरान करने वाले नतीज़े मिल सकते हैं। मैं कई सालों तक तो इसी में उलझा रहा कि दौड़ते हुए मुँह से साँस लूँ या नाक से। शुरू के कुछ साल मैं नाक से ही साँस लेता रहा। ऐसा करने के पीछे मेरा यह मानना था कि नाक से आप फोर्स के साथ साँस ले सकते हो, जो पेट तक उसे ले जा सकता है। लेकिन बाद में मुझे मालूम चला कि ज़्यादा ज़रूरी ऑक्सीजन की मात्रा है। दौड़ते हुए शरीर को ज़्यादा ऑक्सीजन चाहिए होती है, जो मुँह के रास्ते साँस लेने पर ही मिल सकती है। इस ज्ञान के बाद मैंने मुँह से साँस लेना शुरू किया। लेकिन कुछ समय बाद साँस के विज्ञान पर मैंने एक और किताब पढ़ी – *ऑक्सीजन एडवांटेज*। इस किताब को अगर पढेंगे, तो आप भी ज़िन्दगी में कभी मुँह से साँस नहीं लेंगे, जब तक कि आपको पानी के अंदर तैरना न हो, क्योंकि पानी में तैरते हुए मुँह से साँस लेनी ही पड़ती है। किताब में नाक से साँस लेने के फायदे गिनाए गये हैं। असीमित फ़ायदे। यह किताब पढ़ने के बाद से मैं अब स्थायी तौर पर दौड़ते हुए नाक से ही साँस लेता हूँ। यह भी रनर्स वर्ल्ड की वेबसाइट के लेख से मुझे मालूम चला कि ट्रेड मिल पर दौड़ना सड़क पर दौड़ने से थोड़ा आसान होता है। अगर आप चाहते हैं कि आप ट्रेड मिल पर दौड़ते हुए भी सड़क पर दौड़ने जितना ही ज़ोर लगायें, तो आपको ट्रेड मिल को एक के इनक्लाइन पर रखना होगा। यह सब मैं इसलिए जानने

की कोशिश करता था, क्योंकि मैं अपनी ट्रेनिंग में कोई कसर नहीं छोड़ना चाहता था। मैं जल्दी से जल्दी हर हाल में चार घण्टे से कम समय में मैराथन दौड़ पूरी करने के कर सब–फोर क्लब में शामिल दोने के अपने ख्वाब को पूरा करना चाहता था।

2016 की मुम्बई मैराथन की तैयारियाँ पूरे ज़ोर–शोर से चल रही थीं। पिछले साल मैंने अपनी सिगरेट पीने की आदत के साथ 4 घण्टे 20 मिनट में मैराथन पूरी कर बहुत बड़ा कारनामा कर दिखाया था। मैं बता नहीं सकता कि इस एक क़ामयाबी की वजह से पूरे साल मेरा सीना कितना फूला रहा। मैं आज तक इस रहस्य को नहीं जान पाया कि ऐसा कैसे हुआ। कुछ बातें अब थोड़ा बहुत समझ आती हैं, जिनके बारे में मुझे लगता है कि वे ही मेरे इस परफॉर्मेंस की मुख्य वजह रही होंगी। सबसे पहली बात तो यह कि मैं क़रीब तेरह किलोमीटर तक आराम से दौड़ा था, क्योंकि इस दौरान मेरा शरीर आलसी महसूस कर रहा था। बाँद्रा सी–लिंक पर आने के बाद ही मैंने थोड़ी गति बढ़ानी शुरू की थी। पन्द्रहवें किलोमीटर तक पहुँचते–पहुँचते जाने शरीर में कैसे कहाँ से ताक़त और स्फूर्ति का संचार हुआ कि अगले दस किलोमीटर तक मैंने किसी को ख़ुद से आगे नहीं निकलने दिया। यह इसी दौरान था कि एक हल्का–सा स्थूलकाय बन्दा, जिसकी उम्र तीस साल के आसपास रही होगी, मेरे बगल से आगे जाने को हुआ। मैं स्पीड बढ़ाकर उसके साथ हो लिया। बातचीत से मालूम चला कि वह चार घण्टे में मैराथन पूरी करने का लक्ष्य रख दौड़ रहा है। इससे पहले वह चार घण्टे दस मिनट में मैराथन पूरी कर चुका है। उसके साथ एक–दो किलोमीटर दौड़ने पर ही मुझे लग गया कि उसकी स्थूल काया एक धोखा है, असल में तो वह एक ज़बरदस्त धावक है। उसके दौड़ने के तरीके को देखकर ही लग रहा था कि उसने अच्छी ट्रेनिंग की है। लेकिन मुझे हैरानी ख़ुद को दौड़ता देखकर हो रही थी।

मैंने तो ऐसी धाकड़ ट्रेनिंग भी नहीं की थी। सिगरेट और शराब अलग पीता रहा था। पर मेरे पैरों में गति ऐसे उतर रही थी, मानो उन्में बिजली भरी हुई हो। इक्कीसवें किलोमीटर के क़रीब मैं उस बन्दे को पीछे छोड़ आगे निकल गया। मुझे अपनी गति पर सचमुच भरोसा नहीं हो रहा था। मैं सोच रहा था कि आज परमात्मा मेरे ज़रिये दुनिया को कोई सन्देश देना चाह रहा होगा। मैं गति बढ़ाते जा रहा था और हैरान हो रहा था कि थकान तो लग ही नहीं रही। उस गति से दौड़ने पर मैं मैराथन चार घण्टे में ही पूरी कर सकता था। मुझे याद है कि अट्ठाइसवें किलोमीटर तक तो मैं हवा में बात करते हुए उड़ा। पर उसके बाद यह सोचते हुए कि कहीं मैं जल्दी थक न जाऊँ और मेरे लिए रेस पूरी करना ही न भारी पड़ जाए, मैंने अपनी गति कम कर दी। पर तैंतीस किलोमीटर पूरे होते–होते स्थितियाँ उलट गयी।। सबसे पहले तो मैंने उस स्थूलकाय बन्दे को, जिसे मैंने इक्कीसवें किलोमीटर पर पीछे छोड़ा था, ख़ुद से आगे निकलते हुए देखा। मैंने महसूस किया कि पैरों में भरी हुई गति की बिजली ने दम तोड़ दिया था। छत्तीसवें किलोमीटर के आसपास पेडर रोड की चढ़ाई आते ही मेरी हालत पहली मैराथन जैसी हो गयी थी। फिर भी मैंने ख़ुद को बहुत धकेला और आख़िरकार जो मैराथन चार घण्टे में पूरी हो सकती थी, वह चार घण्टे बीस मिनट में पूरी हुई। लेकिन मैं इससे भी बहुत ख़ुश था। वह मेरा पर्सनल बेस्ट टाइम था। ऐसा करके मैंने अपने फ़ौजी साथी गिरीश की सिंगापुर में दौड़ी मैराथन के समय की भी बराबरी कर ली थी।

मैं इस साल पिछले साल वाली ग़लतियों को नहीं दुहराना चाहता था। इस साल मैं पिछले साल की तुलना में ज़्यादा अच्छे उपकरण इस्तेमाल कर रहा था। उन्मुक्त का एडिडास से कॉन्ट्रेक्ट था, तो उसने बहुत सारे कपड़े, जूते और एक घड़ी भी मुझे दिलवा दी थी। बारह हज़ार रुपये के इन जूतों को पहनकर मुझे लगा कि मैं हवा में उड़ रहा हूँ। घड़ी हाथ आने के बाद तो मेरे पैर ज़मीन पर न थे। क्योंकि अब तक मैं नॉर्मल घड़ी पहनकर अपने टाइम का

हिसाब–किताब रख रहा था। पर उसमें कई बार समय का हिसाब गड़बड़ा जाता था। मैंने सीजन की शुरुआत होते ही गज़ब के जोश के साथ दौड़ना शुरू किया। मैंने यह फ़ैसला कर लिया था कि *रन लैस रन फास्टर* नामक किताब में दिये गये 4 घण्टे में फुल मैराथन दौड़ने के ट्रेनिंग शेड्यूल से भी तेज़ गति से दौड़ने का अभ्यास करूँगा। घड़ी आने के बाद मैं अब ज़्यादा स्वतन्त्र हो गया था और जब–तब अकेले ही दौड़ने लगता। मैं ग्रुप में भी दौड़ता, तो अपनी गति से कोई समझौता नहीं करता था। मेरे साथियों ने स्पीड को लेकर यूँ पागल होते देख मुझे क्रेजी कैप्टन पुकारना शुरू कर दिया था। पर संडे की लम्बी दौड़ अब भी मैं अपने ख़ास ग्रुप के साथ ही दौड़ता था। मैं, गौतम दास, अमित डालमिया और अमित प्रतिहारी। मैंने साल भर पहले रनिंग की ट्रेनिंग देने वाले स्ट्राइडर्स के साथ छह महीने ट्रेनिंग की थी। तब 30–35 लोग आते थे ट्रेनिंग करने। ट्रेनिंग सेशन हँसी और ठहाकों से भरा रहता था। ख़ासकर जब भी स्ट्राइडर्स का इंस्ट्रक्टर हमें स्ट्रैचिंग करवाता, मेरे मुँह से तरह–तरह की आवाजें निकलती थीं। दौड़ते हुए इतनी ज़्यादा हँसी–मज़ाक चलता कि कई बार पेट में दर्द हो जाता। उन्हीं दिनों इस ग्रुप में दो जिगरी दोस्त एक साथ आये थे – रंजन बन्द्योपाध्याय और संदीप काकसान। जिस वक़्त इन्होंने स्ट्राइडर्स में हमारे साथ ट्रेनिंग शुरू की थी, दोनों शारीरिक रूप से बुरे हाल में थे। थोड़ा ही दौड़ने में थक जाते थे। उनकी अक्सर पार्टियाँ चलती थी। काकसान ने विवाह नहीं किया था। रंजन, जो बहुत जल्दी हमारे बीच रंजन दा के नाम से लोकप्रिय हो गया, एक बेटी का पिता था। बंगाली था, तो उसमें कला–साहित्य के प्रति गहरा लगाव था। रंजन दा ने एक ख़ुद की लिखी फ़िल्म बाँग्ला में प्रोड्यूस भी की हुई थी। उन दिनों मैं अक्सर पार्टियों में सिगरेट पीने के लिए रंजन दा का ही सान्निध्य खोजता था। पार्टी के हज़ार बहाने निकल आते। इतने रनर्स थे। कभी किसी का जन्मदिन, तो कभी किसी की सालगिरह। हालाँकि आने वाले दिनों में दोनों ही रनिंग के प्रति बहुत गम्भीर होने वाले थे और भारत

में ही नहीं, विदेशों में जाकर भी फुल मैराथन दौड़ने वाले थे। रंजन दा डीलडौल में भारी–भरकम दिखते थे। अर्चना उर्फ आर्ची जब भी हमारे साथ दौड़ रही होती, उसकी पिंडलियों के साइज़ को लेकर बहुत मजे लेती। पर दो–तीन साल में ही रंजन दा अपना कायाकल्प करने वाले थे। स्ट्राइडर्स के साथ ट्रेनिंग करने वालों की संख्या साल दर साल बढ़नी थी। 2016 तक इसमें क़रीब 45 रनर्स जुड़ चुके थे। इनमें से ज़्यादातर को मैं जानने लगा था। कई बार इस ग्रुप में से दो–तीन नये लोग भी हमारे ग्रुप के साथ आ जाते, पर कमोवेश हम चारों ही साथ रहते। संडे के दिन अमूमन हम सुबह साढ़े चार बजे घर से निकल जाते, क्योंकि साढ़े पाँच बजे से नरीमन हाउस के पास एन.सी.पी.ए. की इमारत के ठीक सामने से दौड़ शुरू होती थी। स्ट्राइडर्स के साथ मुम्बई के अलग–अलग सेंटर्स में ट्रेनिंग करने वाले क़रीब दो सौ से ज़्यादा रनर्स यहाँ आते थे। ये हम चारों की दोस्ती के चरम का दौर था। आने वाली सर्दियों में हम अपने परिवारों के साथ श्रीलंका भी घूमने जाने वाले थे।

लम्बी दौड़ की प्रैक्टिस करते हुए मैं हमेशा अपने पास एक पानी की बोतल ज़रूर रखता। प्लास्टिक की यह बोतल कमर में बाँधे पाउच में आ जाती थी। मेरा बड़ा भाई अमेरिका से मेरे लिए वजन में बहुत हल्का पाउच लेकर आया था। साथ में बॉटल भी थी, जिसमें क़रीब आधा लीटर पानी आ जाता। मैं शुरुआती दिनों में इसमें थोड़ी चीनी और हल्का सा नमक डाल देता था, पर बाद में मैंने बीसीएए लेना शुरू कर दिया, इस मकसद से कि दौड़ते हुए मेरी मसल्स बहुत ज़्यादा बर्बाद न हों।

उस साल हमने पाँच बार से ज़्यादा 32 किलोमीटर दौड़ने का अभ्यास किया। मैं आपको याद दिला देना चाहता हूँ कि मैंने अपनी पहली मैराथन की तैयारी करते हुए सिर्फ़ एक बार 30 किलोमीटर लम्बी दूरी दौड़ने का अभ्यास किया था। ज़ाहिर है, पाँच बार 32 किलोमीटर दौड़ने का अभ्यास शरीर की मसल्स को लम्बी दूरी की दौड़ के अनुरूप ढालने वाला था और हम चारों ही बेहतर प्रदर्शन

करने वाले थे। हमने एक बार 36 किलोमीटर दौड़ने का भी अभ्यास किया। हालाँकि आज मुझे समझ आता है कि मैराथन से पहले इतनी लम्बी दूरी दौड़कर माँसपेशियों को थकाना समझदारी की बात नहीं। उस साल अमित प्रतिहारी भी हमारे साथ फुल मैराथन दौड़ रहा था। पिछले साल उसने हाफ़ मैराथन से शुरुआत की थी। हालाँकि हाफ़ मैराथन उसने 2 घण्टे 15 मिनट में पूरी की थी, लेकिन बहुत तेज़ी से उसके प्रदर्शन में सुधार आया था। इस सुधार की वजह दौड़ को लेकर उसमें भरा जुनून था। उसके जीवन में प्राथमिकताएँ तय थीं। पहले नम्बर पर उसकी सात साल की बेटी आर्शी थी, दूसरे नम्बर पर उसकी नौकरी, जिसके लिए उसे लगभग रोज़ ही देश–विदेश की यात्राओं पर निकलना पड़ता था और तीसरे नम्बर पर दौड़ना था। जब से मैंने उसे यह बताया कि उसके घुटने का दर्द पैरों की क्वाड, आई.टी. बैंड, हैमस्ट्रिंग आदि मसल्स के टाइट होने से होता है और अच्छी मालिश से इन मसल्स को मुलायम बनाया जा सकता है, जिसका सीधा असर दौड़ के प्रदर्शन पर पड़ता है, उसने आये दिन स्पेशल मालिश डीप टिश्यू लेना शुरू कर दिया। यह एक महँगा सौदा था, क्योंकि अच्छी मालिश के लिए एक बार में ही डेढ़ हज़ार रुपये ख़र्च हो जाते थे, पर रनिंग के लिए वह कुछ भी करने को तैयार था।

हम चारों ही मन ही मन यह मानकर चल रहे थे कि इस बार हमें अच्छा परिणाम मिलना चाहिए, क्योंकि इस साल हमने अभ्यास में कोई कोताही नहीं बरती थी। सभी को उम्मीद थी कि वे अपना पर्सनल बेस्ट समय निकाल लेंगे। रेस के दिन हमने एक गाड़ी किराए पर ले ली थी। जिस तरह युद्ध के मैदान में दुश्मन पर हमले से पहले एक–एक बारीक़ ब्योरे के साथ बहुत ही सूक्ष्म स्तर पर जाकर योजना बनाई जाती है, हमने गाड़ी में चालीस मिनट की यात्रा के दौरान अपनी दौड़ की बहुत सूक्ष्म स्तर पर योजना बनाई। तय हुआ कि हमने किसी तरह आधी दूरी दो घण्टे से कम समय में करनी है। इसके लिए हमें क़रीब 5.4 मिनट प्रति कि.मी. की पेस से दौड़ना होगा।

गौतम दास ने हर पाँच किलोमीटर के लिए स्पीड तय कर दी थी और तय यह हुआ कि हमें गौतम दास के साथ बने रहना है। उस रोज़ अमित डालमिया कोई एनर्जी ड्रिंक बनाकर ले आया था। दौड़ के लिए जाते हुए कार में मैंने उस ड्रिंक के बड़े–बड़े घूँट भर लिए थे, ताकि दौड़ से पहले मेरे शरीर में एनर्जी बनी रहे। गाड़ी से उतरते हुए मैंने पानी की बोतल ख़त्म करने के लिए उसमें बचा पानी भी एक घूँट में पी लिया। मैराथन में आपके पिछले प्रदर्शन के मुताबिक़ आपको अलग–अलग जोन मिलते हैं दौड़ शुरू करने के लिए। लेकिन हम चारों हेरफेर करके एक ही जोन में आ गये थे। योजना के मुताबिक़ यही तय किया गया था और यही हुआ भी। लेकिन योजना में हमने रेस शुरू होने के एक किलोमीटर बाद ही लघुशंका समाधान को शामिल नहीं किया था। यह मनुष्य का मनोविज्ञान है कि रेस के दिन दौड़ शुरू होने से पहले वह हर क़िस्म के अतिरिक्त बोझ और चिन्ता से मुक्त होकर दौड़ना पसन्द करता है। इसीलिए अगर मूत्राशय में एक बूंद भी फ़ालतू जमा हुआ महसूस होगा, तो वह उस एक बूंद से निवृत होने के लिए भी सौ मीटर लम्बी लाइन में लगेगा। हम चारों ने दो–दो बार लाइन में लगकर ऐसा किया। मैं मन ही मन सोच रहा था कि इस बार मैं ओ.एस. का स्टार रनर बनूँगा, सबसे तेज़ दौड़ने वाला। इसीलिए मैं कोई कसर नहीं छोड़ना चाहता था।

मैराथन शुरू होते ही योजना के मुताबिक़ मैं, गौतम दास और अमित प्रतिहारी साथ आ गये। लेकिन अभी सौ मीटर ही दौड़े थे कि अमित भीड़ में गुम हो गया। अब मैं और गौतम साथ रह गये। पर मेरे साथ दिक़्क़त यह हो रही थी कि दौड़ शुरू होते ही ऐसा लगना शुरू हो गया कि जैसे मुझे एक बार और निवृत्त होने जाना चाहिए, क्योंकि गाड़ी में पी गयी एनर्जी ड्रिंक और पानी की वे बड़ी–बड़ी घूँटें किडनी में पहुँचकर कयामत पर उतारू हो गयी थीं। एक किलोमीटर तक पहुँचते–पहुँचते मेरी नज़र सड़क किनारे रखे टेलीफ़ोन बूथ जैसे टॉयलेट्स को खोज रही थी। मुझे वह तीन किलोमीटर लम्बी दौड़ लगाने के बाद मिला। मैं वहाँ निवृत होने के लिए रुका, तो पाया कि

वहाँ लाइन लगी हुई थी। तीन–चार लोग मुझसे आगे खड़े थे। गौतम दास को चिल्लाकर मैंने बता दिया कि मैं लघुशंका समाधान के लिए रुक रहा हूँ। मैं यह मानकर चल रहा था कि वह अपनी गति कम करके मेरा इन्तज़ार करेगा और साथ मिलने पर हम फिर योजनाबद्ध तरीके से दौड़ना शुरू करेंगे। वहाँ से निवृत्त होने में तीन–चार मिनट लग गये। यह बहुत ही ज़्यादा क़ीमती समय था। गोल्ड से भी ज़्यादा। क्योंकि तीन–चार मिनट का अंतर यह तय कर सकता था कि मैं चार घण्टे से पहले मैराथन पूरी करता हूँ या नहीं। समय की यह बर्बादी मेरा हौसला पस्त करने को पर्याप्त थी। मैं फिर भी ख़ुद से जादुई क़रामात की उम्मीद कर रहा था। मैंने धीरे–धीरे अपनी गति बढ़ानी शुरू की। मेरी नज़र गौतम दास को खोज रही थी। लेकिन जब अगले दो–तीन किलोमीटर तक वह नहीं मिला, तो मैंने अपने हिसाब से दौड़ पूरी करने का मन बना एक नियन्त्रण के साथ दौड़ना शुरू किया। यह बाँद्रा सी लिंक पर था कि मैंने अमित डालमिया को खरामा–खरामा दौड़ते देखा। डालमिया हम चारों में सबसे धीमे दौड़ता था। उसकी ताक़त बिना अभ्यास के भी लम्बी दूरी दौड़ना था, गति को न उसने कभी तवज़्ज़ो दी और न गति ने उसे कभी अपने पास फटकने दिया। डालमिया का उन्नीस किलोमीटर के पास मुझे मिलने का मतलब था कि रेस को लेकर मेरी समय की प्लानिंग पटरी से उतर चुकी थी। मैंने तुरन्त लचीलापन दिखाते हुए दिमाग़ ही दिमाग़ में आज की रेस का लक्ष्य बदल दिया। अब मैं चार घण्टे में दौड़ पूरी करने की बजाय पिछले साल के अपने टाइम में सुधार लाना चाह रहा था। यानी मेरा लक्ष्य रेस को 4 घण्टे 20 मिनट से कम समय में पूरा करना था। यह क़रीब 21 किलोमीटर के आसपास था कि मुझे गौतम दास दिखायी दिया। पीछे से देखकर ही लग गया था कि उसकी भी हवा टाइट थी। मैं जब उसके बगल में पहुँचा तो मुझे देखते ही बोला– 'अरे कहाँ रह गया था कैप्टन। तेरे चक्कर में एक बन्दे ने मेरा पैर दबा दिया। पता नहीं मेरे से रेस पूरी होगी भी या नहीं।' ऐसा कहते हुए उसने अपने पैर की ओर इशारा किया।

फिर उसने कहानी सुनाई कि कैसे मरीन ड्राइव पर पहुँच वह एक जगह रुककर मेरा इन्तज़ार कर रहा था, जब एक बन्दा उससे टकरा गया। टक्कर से कैसे उसका पैर मुड़ गया और अब वह दर्द में भी दौड़ रहा था। मैंने अफ़सोस ज़ाहिर किया और बताया कि लघुशंका के चक्कर में मेरे भी चार मिनट बर्बाद हो गये थे।

हम लोग बस कुछ मिनट ही साथ दौड़े, क्योंकि मेरे लिए अब भी समय बहुत क़ीमती था। अब भी मैं किसी लक्ष्य का पीछा कर रहा था, जबकि गौतम की बातों से ही लग रहा था कि वह किसी तरह बस रेस पूरी करना चाहता था। हाफ़ मैराथन की दूरी पूरी हुई तो मैंने समय देखा। 2 घण्टे 5 मिनट। यानी मेरे पास बाकी की हाफ़ मैराथन पूरी रने के लिए अब भी 2 घण्टे 15 मिनट का समय था। मैंने मन ही मन सोचा कि इतने में तो मैं रेस पूरी कर ही सकता हूँ और इस तरह लघुशंका के चक्कर में शुरू में ही बिगड़ गयी मैराथन को भी यादगार बना सकता हूँ। जल्दी ही मैं गौतम को पीछे छोड़ हवा से बातें करता हुआ आगे निकल गया। यहाँ से अगले कुछ किलोमीटर तक सड़क पर थोड़ी ढलान थी। पिछले साल मैं इसी ढलान पर बहुत तेज़ भागा था। मैंने पिछले साल के भागने को याद करते हुए भागना शुरू किया। लेकिन इस बार पिछले साल जैसी बात नहीं दिख रही थी। घुटनों के आसपास बेहिसाब लैक्टिक एसिड जमा होने से दर्द बहुत बढ़ गया था। यह दर्द मुझे रुकने को कह रहा था। यह तीस किलोमीटर के आसपास था, जब मुझे पीछे से आवाजें सुनाई पड़ीं और मैंने अपने बगल से इंटरनैशनल धावकों को पैरों में बिजलियाँ भरे सरपट आगे निकलते देखा। पिछले साल वे लोग मुझे पेडर रोड की चढ़ाई पर मिले थे यानी पाँच किलोमीटर आगे। साफ़ था कि इस बार मैं एक बार फिर बहुत धीरे भाग रहा था। उन इंटरनैशनल धावकों को पीछे से देखते हुए हर बार की तरह इस बार भी मन में बात आयी – क्या मैं इनकी तरह नहीं दौड़ सकता कभी। ऐसा सोचने के साथ–साथ पैरों में जैसे अपने आप जान आ गयी हो। अचानक मैं फिर से असामान्य गति से दौड़ने लगा।

लेकिन गति के इस बुलबुले को चार–पाँच सौ मीटर बाद ही फूट जाना था। पेडर रोड की चढ़ाई तक पहुँचते–पहुँचते मैं पिछले साल के मुक़ाबले ज़्यादा बदतर तरीक़े से हाँफ रहा था। और दर्द ऐसा कि ऑफ़िस के फ़ोटोग्राफ़र को सामने से हाथ हिलाकर फ़ोटो खींचते देखते हुए भी चेहरे पर मुस्कान न उतर पायी। होंठ जरा–सा फैलते नहीं कि उन पर कराह उतरकर उन्हें सिकोड़ देती। इसके आगे की दास्ताँ पुरानी है, क्योंकि वह हर साल दुहराती है। मैराथन के आख़िरी छह किलोमीटर मैं ऐसे दौड़ता था, जैसे ये मेरी ज़िन्दगी के आख़िरी छह किलोमीटर हैं – अपने प्राण दाँव पर लगाकर। मगर इस बार हाल इतना ख़राब हुआ कि मुझे पेडर रोड से ही पैदल चलने को मज़बूर होना पड़ा। कुछ चलते, कुछ रुकते, कुछ दौड़ते अन्ततः जब मैंने दौड़ पूरी की, तो फिनिशिंग टाइम देखने का भी मन नहीं किया। मैं जानता था कि मैं पिछले साल से भी ख़राब दौड़ा था। टाइम भी आपसे क्या छिपाना। मैंने 4 घण्टे 35 मिनट में मैराथन पूरी की थी। पूरे साल इतनी तैयारी करने के बावज़ूद। हाथ में रनिंग वॉच और पैरों में शानदार जूतों के बावजूद। मैं बहुत निराश था। मुझे इससे भी कोई फर्क नहीं पड़ रहा था कि गौतम और अमित प्रतिहारी दोनों ने ही मेरे बाद दौड़ पूरी की थी। तो क्या मैं कभी उस चार घण्टे के जादुई समय को नहीं छू पाऊँगा? जितना मैं अपने लक्ष्य के बारे में सोचता, ख़ुद से सवाल करता जाता था, उतना ही मेरा दिल बैठता जाता था। इस मैराथन में अपने प्रदर्शन को लेकर मेरे जेहन में सवाल ही सवाल भरे थे और मेरे पास किसी सवाल का जवाब न था।

इंडियन नेवी की हाफ़ मैराथन में
बीकेसी, मुम्बई में दौड़ते लेखक।

टाटा मुम्बई मैराथन में फिनिश लाइन के क़रीब
गति बढ़ाते हुए प्रसन्न भाव में लेखक।

अध्याय 6

एक चुनौती जिसने मुझे चैन से सोने न दिया

2017 की मुम्बई मैराथन में मेरा प्रदर्शन मेरी अपनी बेवकूफ़ी के कारण इतना ख़राब हुआ था। उस वक़्त तो मुझे इसका एहसास नहीं हुआ, लेकिन बाद में मुझे लगा कि उस प्रदर्शन के कारण ओएस में बतौर रनर मेरी साख पर बट्टा लगा था। जिस बन्दे को आप पूरे साल धूप में भी दौड़ते हुए देखते रहो, उससे आप सहज ही बेहतर परिणाम की अपेक्षा करोगे। मैं किसी को यह तो बता नहीं सकता था कि शुरू में ही मेरे तीन–चार मिनट लघुशंका समाधान में बर्बाद हो गये और फिर रनिंग का टेंपो ही नहीं बन पाया। इस साल तो मैंने सिगरेट से भी कमोवेश दूरी बनाई हुई थी। अब मैं सामान्य रूटीन के रहते कभी सिगरेट नहीं पीता था। सामान्य रूटीन यानी दोपहर दफ़्तर जाना और रात को घर आना। लेकिन जब भी यह रूटीन टूटता, मुझे किसी पार्टी में जाना होता, तो मैं वहाँ दो–तीन ड्रिंक्स लेने के बाद सिगरेट जलाने से ख़ुद को रोक नहीं पाता था। सिगरेट के कश लेने पर उसकी ख़ून में सनसनाहट की याद उसकी तलब को बहुत बढ़ा देती। लेकिन मैं अब अपनी फिटनेस

और रनिंग के प्रति इतना जागरूक हो गया था कि इस तरह पार्टियों में भी पीना मुझे अच्छा नहीं लगता था। ऐसी पार्टियाँ होने पर मैं घर से तो यही मन बनाकर जाता कि दो–तीन ड्रिंक ले लूँगा, लेकिन सिगरेट नहीं पिऊँगा। पर अमूमन होता यह था कि वहाँ कोई न कोई परिचित दो पैग के बाद सुट्टा ऑफर कर ही देता। उसे जब मालूम चलता कि मैंने पीना छोड़ा हुआ है, तो उसका आग्रह और बढ़ जाता। मानो कि मुझे सिगरेट पिलाना उसके लिए सबसे बड़ी चुनौती है, उसकी साख का सवाल है।

'भाई हमारे साथ भी नहीं पियेगा क्या?'

'कौन जानता था कि ज़िन्दगी में ऐसा दिन भी देखने को मिलेगा, जब अपना कैप्टन ही हमारे बढ़े हाथ को ठुकरा देगा'

'यार दोस्तों के साथ एक सिगरेट तो बनती है'

'भाई पार्टी में पी ले, सुबह फिर छोड़ दियो'

'यार तेरे साथ पिऊँगा, यही सोचकर सिगरेट ख़रीदी। अब तू ही मना कर रहा'

सुट्टेबाजों से ऐसे एक–एक लाइन के भावनाओं से लदे हुए कैसे–कैसे उद्‌गार सुनने को मिलते। मैं जानता था कि यह सब उदरस्थ हो चुरी शराब का प्रभाव था, जो ये सुट्टेबाज ऐसे लोडेड डायलॉग मार रहे थे। पर बावज़ूद इसके मैं कई मर्तबा अपनी ओर बढ़े हुए हाथ से जलती हुई सिगरेट ले लेता था। कुछ पुराने दोस्त ऐसे थे, जिनके साथ बैठकर इतनी बार शराब और सिगरेट पी थी कि उनके सान्निध्य में बैठकर बिना शराब, सिगरेट के रहना अपने होने से ही बेईमानी करना लगता था। जैसे दिल्ली में जिन दिनों था, तो अक्सर मंगलेश डबराल से कविताओं और साहित्य पर चर्चा होती थी, कई बार हम संगीत की गहराई में भी गोते लगाते। लेकिन यह सुख लेते हुए शराब और सिगरेट इस तरह हमारे साथ होते थे, जैसे हमारी साँसें होती हैं। उन्हें हम साँस जितना ही ग्रांटेड मानकर चलते थे। हमने शायद कभी इस बाबत सोचा भी नहीं होगा कि हम सूर्यास्त के बाद साथ में कहीं बैठे हों और सिगरेट के साथ शराब नहीं पी रहे हों।

हम कई बार दूसरे शहरों में भी मिले। हमने एक बार उत्तरकाशी की यात्रा भी साथ की। हमारे साथ कवि वीरेन डंगवाल और लीलाधर जगूड़ी भी थे। जगूड़ी जी सिर्फ़ सुरापान में यक़ीन करते थे। उन्हें धुम्रपान की आदत नहीं थी। लेकिन वीरेन डंगवाल, मंगलेश डबराल और मैं, दोनों ही मामलों में हमख्याल थे। हममें न सिर्फ़ पहाड़ी ख़ून दौड़ता था, संवेदना के स्तर पर घोषित रूप से हमने ख़ुद को कवि साबित कर दिखाया था, इसलिए मैं तीनों में पाई जाने वाली आदतों में समानता को अपने पहाड़ी और कवि होने के कॉम्प्लीमेंट के रूप में लेता था। उत्तरकाशी में तो हम सूर्यास्त का भी इन्तज़ार नहीं कर पाते थे। आबोहवा ही ऐसी थी। अलकनन्दा के बदन को छूती हुई हमारी ओर आती हवा में जैसे ही जरा–सी ठण्डक उतरती और वह ठण्डक हमारे बदन को छूकर गुजरती, हम में स्वतःस्फूर्त पीने की जबर इच्छा भर जाती और जल्दी ही हम शराब और धुम्रपान का कॉकटेल कर रहे होते थे।

एक बार मैंने चार महीने तक सिगरेट नहीं छुयी थी। मैं दिल्ली हाफ़ मैराथन दौड़ने गया हुआ था। दिल्ली जाने पर मंगलेश डबराल से मिलना तय होता था, क्योंकि हम एक ही सोसायटी में रहते थे। लेकिन बाद में उनके गाज़ियाबाद के पास वसुंधरा में अपने जनसत्ता अपार्टमेंट चले जाने पर हमारा मिलना कुछ कम हो गया। सण्डे को मैराथन थी और मैं दो दिन पहले चला आया था। मेरे पास एक दिन का समय था, सो मंगलेश जी से मिलने का कार्यक्रम बना। हम अगर घरों में नहीं मिल पाते, तो प्रेस क्लब में मिलते थे। मैं यह मानकर चल रहा था कि उनका साथ देने के लिए मैं एक–दो पैग मार लूँगा, लेकिन सिगरेट नहीं पिऊँगा। प्रेस क्लब में उनसे मिलते ही मैंने अभिवादन करने के बाद उन्हें सबसे पहले किसी बड़ी ख़बर की तरह अपने चार महीने से सिगरेट नहीं पीने की बात बताई।

अच्छा? सही में छोड़ दी? उन्होंने हैरान होकर मुझसे पूछा था।

हाँ सर, कल ही पूरे चार महीने हुए हैं।

बहुत कमाल के आदमी हो सुन्दर तुम। लेकिन मैंने सुना है कि जो लोग वाकई छोड़ देते हैं, वे दिन नहीं गिनते।

मैं भी जल्दी ही दिन गिनना छोड़ दूँगा।

तुम्हारी तरह ही योगेन्द्र (आहूजा) ने भी छोड़ दी। भई, मुझसे तो नहीं छूटती।

उस दिन चूँकि हम बहुत लम्बे समय के बाद मिल रहे थे, हमारे पास पूछने–बताने को बहुत कुछ था। मुझे पता ही नहीं चला कि कब मैं तीन पैग गटक गया। और फिर जाने किसने इच्छा ज़ाहिर की हम दोनों अन्दर से बाहर की खुली हवा में आकर बैठ गये। बाहर आते ही अक्टूबर की ठण्ड ने जैसे मेरे शरीर को नहीं, मेरी रूह को छू लिया। मेरा मन तो दूसरे पैग के बाद से ही बहुत कर रहा था कि मंगलेश जी से एक सिगरेट माँग लूँ। लेकिन मैं बार–बार यही सोचकर झिझक रहा था कि अभी कुछ देर पहले ही तो मैंने किसी पहलवान की तरह फैलकर उनके सामने चार महीने से सिगरेट छोड़ने की ख़बर ब्रेक की थी। अब किस मुँह से उनसे सिगरेट माँगने वाला था मैं।

बाहर नई टेबल पर बैठते ही हमने एक–एक पैग का ऑर्डर किया, खाने के लिए तन्दूरी चिकन मँगवा लिया। बाहर का माहौल ऐसा था कि बहुत तेज़ी से सिगरेट न पीने की जिद मेरे नियन्त्रण से छूट रही थी। और जैसे ही मंगलेश जी ने अपने पैकेट से सिगरेट निकाल उसे अपनी ही अदा में खुले हुए छोर से थोड़ा मसोड़ना शुरू किया, मेरे सब्र का बाँध भी टूट गया।

सर, जरा एक मुझे भी देना, मैंने उनकी ओर झिझकते हुए हाथ बढ़ाया। उन्होंने बिना कोई सवाल पूछे पैकेट मेरी ओर बढ़ा दिया। मैंने सिगरेट जलाकर उसके धुएँ की जो पहली फूँक खींची थी, उसकी सनसनाहट मेरी स्मृति से शायद ही कभी जाये।

अब होने यह लगा था कि मुम्बई रहते हुए मैं सिगरेट से दूर ही बना रहता। छोटी–मोटी पार्टियों में भी मैं अब बिना ज़्यादा प्रयास के सिगरेट पीने की इच्छा को नियन्त्रण में रख लेता था।

अलबत्ता अब ऐसी इच्छा ही नहीं पैदा होती थी। लेकिन जहाँ मैं मुम्बई छोड़कर गया नहीं कि जैसे जीवन का भरपूर लुत्फ़ उठाने की कोई जिद मेरे दिमाग़ पर हावी हो जाती और मैं दो–तीन दिनों के संघर्ष के बाद उसके सामने घुटने टेक देता। 2017 में ऐसा समय आया था, जब मैंने पाँच महीने से सिगरेट नहीं पी थी। मेरा भतीजा उन्मुक्त इंग्लैंड गया हुआ था। गर्मियों में इंग्लैंड में जमकर क्रिकेट खेला जाता है। उसने लंकाशायर में कॉन क्रिकेट क्लब से कॉन्ट्रैक्ट किया था और दो–तीन महीने वहीं रहकर प्रैक्टिस करने वाला था। अकेले रहते हुए बोर हुआ, तो उसने मुझे आने को कहा। मैं इंग्लैंड कभी गया न था। मेरा भी बड़ा मन था घूमने का, सो तुरन्त तैयार हो गया। उन्मुक्त मेरी सिगरेट पीने की आदत से भली–भाँति वाक़िफ़ था। उसने मुझे वहीं से आगाह कर दिया था – चाचा सिगरेट पीनी है, तो वहीं से ख़रीदकर ले आना, यहाँ बहुत महँगी मिलती है। मैं सिगरेट की पकड़ से इतनी बाहर आ चुका था कि ऑफ़िस आते–जाते सिगरेट पीने वाले लोगों को देखकर उन पर हँसने लगा था। पहले इन्हीं लोगों को देखकर मन में पीने की इच्छा जागती थी, अब देखते ही वितृष्णा होती थी। लेकिन क्या मालूम नई जगह की आबोहवा में पीने का मन कर जाये। यह सोच मैंने छोटी गोल्ड फ्लैक के चार पैकेट रख लिए। एक–दो सिगरेट से ज़्यादा क्या पी लूँगा एक दिन में। मैं वहाँ क़रीब दो सप्ताह रहने वाला था। मेरी फ्लाइट मुम्बई से मैनचेस्टर जा रही थी। यहाँ उन्मुक्त मुझे एयरपोर्ट से पिक करने आने वाला था। फ्लाइट का यूरोप के किसी शहर में हॉल्ट था। वहाँ मैंने आसमान की ओर नज़र उठायी, तो उसका झक्क नीला रंग मेंरे दिल में उतर गया। इतना साफ़ आसमान था कि वहाँ उड़ने वाले हवाई जहाज़ आसमान के नीले के बरक्स धुएँ की बेहद सफेद लाइन छोड़ते हुए उड़ते दिख रहे थे। पता नहीं क्यों उस नीले आसमान को देख मेरे मन में सिगरेट पीने की एक हल्की–सी तलब उठी, जिसे मैंने तुरन्त निरस्त कर दिया। पागल है क्या, ऐसी बेवकूफ़ी मत कर देना। पाँच महीने से नहीं पी। शरीर में अब जरा–भी निकोटिन नहीं बची।

इतनी मुश्किल से और इतने लम्बे समय के संघर्ष के बाद तुझे यह सुख मिला है, अब इसे ऐसे ही मत खो देना। मैंने ख़ुद को समझाया। मैनचेस्टर एयरपोर्ट से बाहर निकला, तो आसमान से नीला तो बरस ही रहा था, हवा के ठण्डे झोंके भी मेरा इम्तहान लेने पर उतर आये। मैं एयरपोर्ट के बाहर वेटिंग एरिया में पहुँचा, तो वहाँ का नजारा ही कुछ और था। मुम्बई में तो हम साल भर एक जैसे मौसम में बने रहते हैं, इसलिए कभी मौसम के जीवन पर पड़ने वाले असर को जान ही नहीं पाते। लेकिन यहाँ बर्मिंघम में ठण्ड थी और लोग सिगरेट पीते हुए ठण्ड का मजा ले रहे थे। वहाँ पहुँचते ही मेरे हथियार एक–एक कर गिरते चले गये। तेज़ ठण्डी हवा में थोड़ी निस्तेज़ मगर चमकती हुई धूप पसरी हुई थी। जिसे देखो, वही सिगरेट मुँह से लगाए हुए था। एक से बढ़कर एक सुन्दर पुरुष, महिलाएँ। मैं पहली बार इंग्लैंड की यात्रा पर था। इतिहास की किताबों में जिन अंग्रेज़ों के बारे में पढ़ा था कि कैसे उन्होंने भारत को दो सौ सालों तक गुलाम बनाकर रखा, मैं उनके देश में उनके बीच ही खड़ा था। ऐसा सोचते ही उनसे बराबरी का एक भाव मन में आया। उस वक़्त इस बराबरी को महसूस करने और उसका खुला प्रदर्शन करने का सबसे कारगर तरीका यही था कि मैं भी उनकी तरह रेलिंग पर टेक लगाकर सिगरेट के भरपूर कश लूँ। फिर क्या था। मन में आये भाव को साक्षात रूप देने के लिए मैंने अपने सूटकेस से गोल्डफ्लैक का पैकेट निकाला और 'कैन आयी हैव अ लाइट प्लीज़' कहते हुए एक बेहद ख़ूबसूरत फिरंग से मुख़ातिब हुआ। उन्मुक्त का मैसेज आया कि उसकी गाड़ी में कुछ प्रॉब्लम आ गयी थी, इसलिए वह घण्टे भर बाद पहुँचेगा। अब आप कल्पना कीजिए कि कैसा तो मौसम रहा होगा मैनचेस्टर का और एयरपोर्ट के बाहर उस वेटिंग एरिया का कैसा माहौल कि जिस बन्दे ने पाँच महीने से सिगरेट सूँघी तक न थी, वह डेढ़ घण्टे में ही तीन सिगरेट फूँक गया।

कॉन नामक कस्बा मैनचेस्टर से क़रीब घण्टे भर की यात्रा के बाद आता था। वहाँ उन्मुक्त को रहने के लिए दो कमरे का घर मिला हुआ था।

ये साल के वे दिन थे, जब इंग्लैंड वालों को सेंकने को धूप मिलती थी। उनके लिए धूप से बड़ी कोई चीज़ न थी। इसीलिए गर्मियों के दिन शुरू होते ही इंग्लैंड में एक ओर जहाँ क्रिकेट का सीजन चालू होता था, उसके साथ ही जीवन में उत्सव के रंग भी भरने लगते। धूप खिली हुई हो और क्रिकेट का मैच चल रहा हो, भले ही वह लोकल टीमों के बीच क्यों न हो, तो मैदान में पचास से सौ लोग जमा हो ही जाते और उनमें से लगभग हर बन्दा बियर ज़रूर पीता था। सिगरेट पीने वालों की तादाद भी कम न थी। वहाँ उन दिनों रात के ग्यारह बजे तक रोशनी रहती थी। बीच–बीच में रिमझिम–रिमझिम बरसात होती रहती थी। वैसी बारिश भी मैंने कहीं नहीं देखी। उसे बारिश नहीं बूँदाबाँदी कहना चाहिए। लेकिन वे बहुत बारीक बूंदें होती थीं, जो पूरे दृश्य को एक ऐसा स्लेटी रंग दे देती थीं कि लगता था जैसे आप कोई ब्लैक एंड व्हाइट फ़िल्म देख रहे हो। इस मौसम में मेरी रूह भी भीग रही थी। यहाँ जब एयरपोर्ट पर उतरते ही सिगरेट की शुरुआत हो गयी थी, तो वह आने वाले दिनों में और बढ़ने ही वाली थी, क्योंकि मौसम अपने नए–नए रंग दिखाकर मुझे मोह लेने वाला था। मैंभारत से यह सोचकर कि रोज़ एक–दो से ज़्यादा सिगरेट क्या ही पी लूँगा, पन्द्रह दिनों के लिए सिगरेट के महज़ चार पैकेट लाया था, वे सभी चौथे दिन की ख़त्म हो गये। वहाँ दुकानों में भारत की तरह खुली सिगरेट नहीं मिलती। पैकेट का पता किया, तो एक पैकेट दस पौंड का मिल रहा था। दस पौंड को रुपये में बदलो, तो क़रीब नौ सौ रुपये!

चाचा, तभी तुझे कह दिया था कि अपने लिए सिगरेट वहीं से लेकर आ, पर तू बावला है, सुनेगा थोड़े किसी की– हर बार जब मैं उसे सिगरेट का पैकेट ख़त्म होने पर नया पैकेट लेने को कहता, भतीजे उन्मुक्त के मुँह से ऐसे ही वाक्य निकलते। मैं उसकी तकलीफ़ को समझता था। जो पैकेट भारत में अस्सी रुपये में मिलता हो, उसके यहाँ नौ सौ रुपये देना तकलीफ़ का सौदा तो था ही। लेकिन वह भी जान रहा था कि मेरे मिज़ाज के बन्दे के लिए ऐसे

मौसम में थोड़ा बहुत बहकना लाज़िम ही था। उसे ख़ुद प्रकृति से बेइन्तहाँ प्यार था। कॉन में रहते हुए मैं जब भी मौसम सही रहता, उसे प्रैक्टिस करवाता। वहाँ क्रिकेट ग्राउण्ड में हम ख़ुद ही जाकर सारा काम करते। बोलिंग मशीन ग्राउंड में लेकर आते। विकेट सेट करते, नेट लगाते। यहाँ सुबह के समय सड़कें पूरी तरह खाली रहती थीं। ऐसा कैसे हो सकता था कि मुम्बई की तंग सड़कों के बीच रहने वाला कोई बन्दा उन साफ़–सुथरी खाली सड़कों को देखकर उन पर दौड़ने को बावला न हो जाये। मैं लगभग रोज़ ही दस किलोमीटर दौड़ लगाता। उन्मुक्त ने वहाँ एक जिम में भी मुझे टंपरेरी सदस्यता दिलवा दी थी। यानी सुबह जमकर वर्कआउट चलता, फिर शानदार ब्रेकफास्ट और बियर के साथ खिली धूप में क्रिकेट के मैच। मैं सचमुच वहाँ जाकर बावला हो गया था। पन्द्रहवें दिन तक मैं फिर से एक कमाल का चेन स्मोकर बन चुका था, जो एक दिन मैं दस–बारह सिगरेट पी जाया करता था। उन्मुक्त मुझे दो दिनों के लिए लंदन भी ले गया। यहीं से मुझे भारत वापसी की फ़्लाइट लेनी थी। मैं देख रहा था कि कैसे मैं रोबोट की तरह सिगरेट फूँक रहा हूँ। हालाँकि ऐसे फूँकने में रत्ती भर का भी आनन्द नहीं रह गया था, न उससे नशा जैसा ही कुछ होता था। क्योंकि नशा दिन में एक सिगरेट पीने पर होता है, दस पीने में नहीं। पर मैं यूँ आदतन फूँके जा रहा था। लेकिन मैंने मन ही मन यह फ़ैसला कर लिया था कि अंग्रेज़ों के इस देश को छोड़ते ही मैं फिर से सिगरेट छोड़ दूँगा। और यही हुआ भी। मैंने हीथ्रो एयरपोर्ट पर आख़िरी सिगरेट पी। मुम्बई पहुँचने के बाद एक–दो दिनों तक तलब बनी रही, लेकिन मैंने इस तलब के आगे समर्पण नहीं किया। मैं इस आदत से स्थायी छुटकारा चाहता था। थोड़ी सख़्ती के बिना ऐसा कैसा हो पाता।

2016 की मैराथन ख़राब करने के बाद मेरा ध्यान अब 2017 की मैराथन पर था। इस साल मैं कारनामा करके दिखाना चाहता था।

मैं यह तो समझ रहा था कि मेरी रनिंग की ट्रेनिंग में कुछ न कुछ ग़लत था, लेकिन उसकी शिनाख़्त नहीं कर पा रहा था कि वह ठीक–ठीक था क्या। इन्हीं दिनों एक बार उन्मुक्त मुम्बई आया हुआ था।। एक दिन जिम में वर्कआउट करते हुए उसने मुझसे ग्लूट्स की कुछ बेसिक वर्कआउट बताए और जबरन उसके कई सेट करवा भी दिये। अगले दिन जब सोकर उठा, तो पिछवाड़ा दर्द से बेतरह भरा हुआ था। वैसे भी उन्मुक्त जब–तब मुझे टोकता रहता था– चाचू आपके हिप्स कहाँ हैं? थोड़ा ढंग की डाइट लो और हफ़्ते में दो–तीन बार अलग से ग्लूट्स की एक्सरसाइज करो। मैक्सिमस, मीडियस और मिनिमस नाम से ग्लूट्स की तीन मसल्स हैं, जिनसे हमारे पुट्ठे बनते हैं। पैरों की सारी ताक़त इन्हीं मसल्स से जन्म लेती है, इसलिए लम्बा और तेज़ दौड़ने में इनकी निर्णायक भूमिका रहती है। ज़ाहिर है मेरी ये मसल्स कमज़ोर थीं, क्योंकि मैंने इन पर कभी काम ही नहीं किया था। मैंने अपने जिम के वर्कआउट का एक नया शेड्यूल बनाया, जिसमें शुक्रवार के दिन सिर्फ़ लेग वर्कआउट रखा, जिसमें ग्लूट्स का अलग वर्कआउट था। जैसे मैंने रनिंग के लिए स्ट्राइडर्स से सिर्फ़ छह महीने की ट्रेनिंग ली थी, वैसे ही जिम के वर्कआउट के लिए मैंने साल भर पहले सिर्फ़ छह महीने के लिए ट्रेनर रखा था। उसका नाम राजेश था और वह आज भी दूसरों को ट्रेनिंग देने जिम आता है। उसने मुझे वॉर्म अप की बेसिक ड्रिल्स बतायीं, जिनका मैं आज भी इस्तेमाल करता हूँ। उसने मेरे पैरों को ताक़तवर बनाने पर काम किया। उसके साथ कुछ समय मैंने अपर बॉडी पर भी काम किया। हालाँकि मेरे दाहिने कन्धे में जो दर्द था, उसे वह भी ठीक नहीं कर पाया। असल में उसे कोई भी ठीक नहीं कर पाया। मैं कई फीजियोथेरेपिस्ट्स के पास गया। अंततः मैंने ही उसके पीछे पड़ और रोज़ पूरे मनोयोग से योग और कन्धे को मज़बूत करने वाले दूसरे वर्कआउट कर उसे ठीक किया। 2017 में मेरी सबसे बड़ी तकलीफ़ मेरे बायें पैर के ग्लूट्स के क्षेत्र में आया खिंचाव था। मुझे लगता था कि हैमस्ट्रिंग के टाइट होने के कारण

यह दर्द है, लेकिन फिजियोथेरेपिस्ट इसे भी ठीक नहीं कर पाए। इसकी वजह से होता यह था कि बीस–पच्चीस किलोमीटर के बाद अचानक बाईं तरफ के लोअर बैक में बिजली के झटके लगने जैसा आभास होता और रह–रहकर रोई नस में चसकने लगती। ये बातें जब मैंने उन्मुक्त को बताईं, तो उसने इन सबके लिए मेरे फ़्लैट हिप्स को ज़िम्मेदार ठहराते हुए उन पर काम करने कहाँ यही वजह थी कि 2017 में मैंने ज़्यादा ध्यान ग्लूट्स और पैरों की स्ट्रेंथनिंग पर दिया।

2017 में ही मेरी मुलाकात समीर सिंह से भी हुई। समीर सिंह ने सौ दिन का रोज़ सौ किलोमीटर दौड़ने का रेकॉर्ड बनाने का प्रयास किया था, पर सौवें दिन 30–32 किलोमीटर पहले ही डॉक्टरों ने उसे दौड़ने से रोक दिया। हालाँकि बाद में मीडिया में उसके इस प्रयास की प्रामाणिकता पर सवाल उठे थे। लेकिन मेरे लिए सौ दिनों तक रोज़ सौ किलोमीटर दौड़ने की कोशिश करने की बात दिमाग़ में आना भी बहुत बड़ी बात थी, उसे वस्तुतः हकीक़त में बदलने की कोशिश करना तो स्तुति के लायक था। मैं समीर से इतना प्रभावित था कि जल्दी ही मैंने उसे खोज निकाला। उससे मिलकर ख़ुद मैंने उस पर *नवभारत टाइम्स* के लिए एक फीचर स्टोरी की। उसकी कहानी ही इतनी प्रेरित करने वाली थी। समीर मध्यप्रदेश के मालवा के ग़रीब परिवार का रहने वाला था। वह दसवीं से आगे नहीं पढ़ा। कुछ करने का ख्वाब लेकर वह मुम्बई आया। उसने यहाँ मछली बेचने से लेकर मार्केट रिसर्च तक कई तरह के छोटे–मोटे काम किये, जिनसे उसकी तीन–चार हज़ार रुपये प्रतिमाह की आमदनी होती थी और किसी तरह गुज़ारा चलता था। मार्केट रिसर्च का काम करते हुए उसका उन दिनों स्टैंडर्ड चार्टड मुम्बई मैराथन कहलाने वाली रेस में भाग लेने वाले लोगों से मिलना हुआ। उसने उन अफ्रीकी धावकों को भी देखा, जो हर साल यहाँ आकर इनाम जीतकर जाते थे। उसे आइडिया आया कि अगर वह भी मैराथन में पहला, दूसरा या तीसरा स्थान पाता है, तो उसे इनाम में पैसा मिलेगा। यह पैसा कमाने के

लिए ही था कि उसने दौड़ने का अभ्यास शुरू किया। पर वह इनाम की राशि पाने के लिए दौड़ता था। वह सीधे अफ्रीकी धावकों के पीछे हो जाता और उन्हें पकड़कर रखने की कोशिश करता। दो–तीन बार वह दस–बारह किलोमीटर तक लगभग उनके साथ ही दौड़ा। पर उसे जब लगता कि वह पॉडियम फ़िनिश नहीं कर पाएगा, तो वह रेस बीच में ही छोड़ देता। ऐसा उसने तीन मैराथन में किया, जिसमें एक दिल्ली वाली हाफ़ मैराथन भी शामिल थी, जहाँ उसे लगा कि पॉडियम फिनिश कर लेगा, पर आख़िरी पाँच किलोमीटर भारी पड़ गये। समीर बहुत बड़ा कृष्ण भक्त है और सारे आदेश सीधे कन्हैया से लेता था। मैराथन से पैसा कमाना उसे मुश्किल लगा, तो उसने अल्ट्रा मैराथन दौड़ना शुरू किया। मुम्बई में शिवाजी पार्क में होने वाली 12 घण्टे तक दौड़ने वाली अपनी तरह की एक अलग मैराथन में वह 106 किलोमीटर दौड़कर फर्स्ट आया और इस तरह दौड़ना ख़ून बनकर उसके मुँह में लगा। जल्दी ही उसने मुम्बई मैराथन में भाग लेने वाले महत्वाकाँक्षी रनर्स को ट्रेनिंग देनी शुरू की। इससे उसे दो फ़ायदे हुए। पहला उसकी आमदनी का स्रोत बना और दूसरा उसके शुभचिन्तक बने। इन्हीं शुभचिन्तकों ने समीर को 100 दिनों तक रोज़ 100 किलोमीटर दौड़ने का चैलेंज लेने में मदद की। जैसा कि मैं बता चुका हूँ कि समीर मन से बहुत बड़ा कृष्ण भक्त है और वह कृष्ण की रजामन्दी से ही सारी चुनौतियाँ लेता है। 100 दिनों तक रोज़ 100 किलोमीटर की चुनौती को पूरा करने से वह भले ही चूक गया, पर उसके मन ने हार नहीं मानी थी। उसका मानना था कि उसकी मदद कोई और नहीं, स्वयं उसके आराध्य कृष्ण कर रहे थे। उसने अगली चुनौती ली कि वह देश के सैनिकों के लिए भारत की पूरी सीमा पर दौड़ लगायेगा। भारत सरकार की पहल 'भारत के वीर' के लिए उसने यह दौड़ शुरू की, जिसके लिए फ़िल्म स्टार अक्षय कुमार ने ख़ुद सारी फंडिंग की। समीर सिंह ने 12 दिसम्बर 2017 के दिन वाघा बॉर्डर से यह दौड़ शुरू की और राजस्थान, गुजरात, महाराष्ट्र, आन्ध्र प्रदेश, उड़ीसा, बंगाल, नॉर्थ–ईस्ट के राज्य,

ज्मू–कश्मीर व लद्दाख होते हुए 14, 195 किलोमीटर की दौड़ लगा 6 जुलाई, 2018 को वापिस वाघा बॉर्डर पर इस दौड़ को ख़त्म किया।

जिन दिनों समीर सिंह से मेरी मुलाकात हुई, मैं अपनी स्पीड बढ़ाने पर काम कर रहा था। समीर सिंह ने एक दिन हम चारों दोस्तों को पेडर रोड बुलाकर हमारा एक विशेष ट्रेनिंग सेशन लिया। उसने सबसे बड़ा काम यह किया कि हम सभी के रनिंग फॉर्म को चैक कर उसे ठीक करवाया। उसने मुझे बताया कि दौड़ते हुए मेरे पैर ज़्यादा ऊपर उठते थे, जबकि उन्हें सामने की ओर ज़्यादा जाना चाहिए। इससे मैं अपनी ऊर्जा का समुचित इस्तेमाल नहीं कर पा रहा था। उसने मुझे स्पीड बढ़ाने के लिए रेस से पहले कॉफी पीने की सलाह दी। उसने बताया कि बड़े–बड़े इंटरनैशनल रनर्स ऐसा ही करते हैं। फिर क्या था। मैंने अपने लिए दौड़ने से पहले कॉफ़ी पीना अनिवार्य कर दिया। उन्हीं दिनों एक हाफ़ मैराथन होने वाली थी– इंडियन नेवी हाफ़ मैराथन। मेरे लिए यह समीर के बताए हुए नुस्खे को आजमाने का अच्छा मौक़ा था। यह मैराथन बीकेसी में हो रही थी, जहाँ चारों ओर बड़ी इमारतें होने के कारण बहुत घुटन रहती है। रेस के लिए साढ़े दस कि.मी. के दो लूप पूरे करने होते थे। मैं घर से कॉंच की एक बोतल में कॉफी बनाकर ले गया था। उसमें कॉफी ज़्यादा और दूध कम था। मेरे दिमाग़ में सिर्फ़ एक बात थी कि यह कॉफी आज क़ारनामा दिखाने वाली है। मैराथन शुरू होने के साथ ही मैंने कॉफी के असर को महसूस करने के लिए तेज़ गति से दौड़ना शुरू किया। इस मैराथन में नेवी के बहुत से जवान और अफ़सर भी दौड़ते हैं। उनके बालों की कटिंग देखकर मुझे पता चल रहा था कि वे नेवी के लोग हैं। मैं नेवी के पाँच–छह लड़कों के ग्रुप के साथ दौड़ रहा था। हालाँकि मुझे उनकी गति ज़्यादा लग रही थी, पर मन में यह भरोसा था कि आज मैं कॉफी पीकर दौड़ रहा था। यह सिर्फ़ सोलहवें कि.मी. के आसपास था कि मेरी गति थोड़ी लड़खड़ायी, वरना मैं क़रीब–क़रीब एक ही गति से यह मैराथन दौड़ा और ख़ुद को व ओएस के तमाम रनर्स को हैरान करते हुए मैंने इस

रेस में हाफ़ मैराथन का सर्वश्रेष्ठ प्रदर्शन किया। मैंने 1 घण्टे 45 मिनट में यह रेस पूरी की, जो कि मेरे लिए आज तक अविश्वसनीय है, क्योंकि नवम्बर के महीने में बीकेसी में बहुत उमस रहती है। वहाँ हाफ़ मैराथन दो घण्टे से कम समय में पूरा करना ही अपने में बड़ी उपलब्धि मानी जाती है, पर मैंने तो उससे कहीं कम समय लिया था।

ऐसा नहीं कि उस रेस के बाद मैंने मुम्बई में और हाफ़ मैराथन नहीं दौड़ी। कई दौड़ीं। और हर मैराथन से पहले मैंने कॉफी भी पी। पर मैं उस गति से अब तक फिर कभी न दौड़ पाया। असल में बात कॉफी की नहीं थी, बात आस्था और भरोसे की थी। मैं उस मैराथन में अपने मन में इस गहरे भरोसे के साथ दौड़ा था कि कॉफ़ी पीकर दौड़ रहा हूँ, तो इसका बहुत फ़र्क़ पड़ने वाला है। इसी भरोसे ने कमाल किया, अन्यथा चार घूँट कॉफी पी लेने से क्या फर्क पड़ने वाला था।

इस परफॉर्मेंस ने मेरा हौसला बहुत बढ़ा दिया। मुझे महसूस हो रहा था कि इस परफॉर्मेंस ने सोसायटी में 'कैप्टन' की लोकप्रियता और सम्मान में और इज़ाफ़ा करने का काम किया। कैप्टन जिसे अब लोग मोंक यानी साधु जैसे व्यक्तित्व में ढलता देख रहे थे, क्योंकि वह उन्हें अब पहले की तरह न सिगरेट पीते दिखता था, न ड्रिंक्स। इन्हीं दिनों सोसायटी में दो नये धावकों का प्रादुर्भाव हुआ। अनुपम गुहा और प्रसून सिकदर। ये दोनों ही आने वाले दिनों में हमारे रनिंग गैंग का आन्तरिक हिस्सा बन पूरे ग्रुप को दो साल बाद ही साउथ अफ्रीका में कॉमरेड मैराथन करवाने में निर्णायक भूमिका अदा करने वाले थे। इन दोनों की ख़ास बात यह थी कि ये प्रतिस्पर्धा में यक़ीन करते थे और ऐसा खुलकर कहते थे। मुझे इसका एहसास तक हुआ, जब नेवी की हाफ़ मैराथन के बाद प्रसून ने बातों ही बातों में मुझे बताया कि उसने और अनुपम ने उस रेस में मुझे हराने की पूरी योजना बनाई हुई थी। मगर उन्हें न पता था कि उस दिन मेरा रंग कुछ और ही होने वाला था। हराना तो दूर, वे मेरे आसपास भी नहीं फटक पाए। अनुपम गुहा आई.सी.आई.सी.आई. प्रूडेंशियल में सीनियर पद पर आसीन था। उसके पिताजी फ़ौज से रिटायर्ड थे।

बड़े भाई अब भी फ़ौज में ही नौकरी कर रहे हैं। फ़ौजियों के बीच रहकर वह ख़ुद भी आधा फ़ौजी बन चुका था। तिरंगे को देखते ही वह बावला हो जाता है। उम्र में वह मुझसे छह–सात साल छोटा था। उसकी पत्नी पियाली गज़ब की पेंटर है और उतनी ही अच्छी सिंगर भी। प्रसून सिकदर सिग्ना टीटी के नाम की कम्पनी का एमडी और सी.ई.ओ. है। इस कम्पनी को अब मनिपाल ने ख़रीद लिया है, इसलिए इसका नाम मनिपालसिग्ना टी.टी.के. हो गया है। प्रसून उम्र में मुझसे महज़ तीन साल छोटा है, मगर उसके चेहरे पर झक्क काली दाढ़ी–मूँछ और उसका छरहरा शरीर देख वह ज़्यादा युवा दिखता है। प्रसून ने अभी एक–डेढ़ साल पहले ही दौड़ना शुरू किया था। इस लिहाज़ से उसने बहुत तेज़ी से अपनी दौड़ने की क्षमता को सुधारा था और अब वह पुराने रनर्स को टक्कर देना शुरू कर चुका था। प्रसून की दूसरी ख़ासियत यह थी कि वह मेरे पुराने दिनों की तरह सिगरेट पीता था। चूँकि मैं सिगरेट छोड़ने के सकारात्मक परिणामों को जी रहा था, इसलिए जब मुझे यह मालूम चला कि वह सिगरेट पीता है, तो मैंने उसे यह आदत छोड़ने के लिए प्रोत्साहित करना शुरू किया। कोई भी स्मोकर इस बात को खुलेआम स्वीकार भले ही न करे, मगर सच यह है कि जब वह छोड़ने का ख़ुद से मन बना ले, तो उसे वे सभी लोग अच्छे लगते हैं, जो उसे इस लत से बाहर निकालने में मदद करते हैं।

2017 की मैराथन में बहुत कुछ दाँव पर लगा था। मैंने सितम्बर से ही इसकी तैयारी शुरू कर दी थी। शायद यही वजह है कि मैं नवम्बर में होने वाली इस नेवी हाफ़ मैराथन में इतना अच्छा परफॉर्म कर सका। लेकिन असली मुक़ाम तो जनवरी में आने वाला था। मैं इस बार भी रनर्स वर्ल्ड की किताब 'रन लैस रन फास्टर' में दिये गये चार घण्टे के ट्रेनिंग शेड्यूल के मुताबिक़ प्रैक्टिस कर रहा था। इस बार मुझे लग रहा था कि मैं बहुत आराम से चार घण्टे से कम समय में मैराथन पूरी कर लूँगा, क्योंकि लम्बी दूरी की प्रैक्टिस रन में मेरा टाइमिंग बहुत अच्छा आ रहा था।

मैं 2 घण्टे 50 मिनट में 32 किलोमीटर दौड़ पा रहा था। इस हिसाब से मेरे पास आख़िरी दस किलोमीटर दौड़ने के लिए एक घण्टा दस मिनट का समय बाकी रहता था, जो कि बहुत आसान था। मैं ही **नहीं**, बल्कि मेरे साथ के सभी रनर्स यही मानकर चल रहे थे कि कैप्टन सब–फोर में मैराथन पूरी करके सबको हैरान करने वाला है। मेरा मैराथन सब–फोर करना उतना ही निश्चित था, जितना कि कभी यूसेन बोल्ट का सौ मीटर रेस में गोल्ड जीतना निश्चित होता था। लेकिन कहानी में अगर ट्विस्ट न हो, तो वह भी क्या कहानी। मैंने ट्रेनिंग शेड्यूल के हिसाब से ही आख़िरी दिनों में दौड़ना कम कर दिया था। आख़िरी कुछ दिनों में दौड़ना कम करके अपने पैरों को ज़्यादा आराम देना होता है। लेकिन पैरों को आराम देने के बावज़ूद वे फ्रेश महसूस नहीं हो रहे थे। मैंने मैराथन से एक सप्ताह पहले एक डीप टिश्यू मसाज वाले को बुलाकर डेढ़ घण्टे का मसाज भी लिया। उसी दिन से मुझे हल्की सर्दी लगने का एहसास हुआ, जो उत्तरोत्तर बढ़ता गया। दो दिन बाद सर्दी के साथ बुख़ार भी शुरू हो गया। मैंने एंटीबायटिक्स लेना शुरू किया। मैं मैराथन की पूर्वसन्ध्या पर बिस्तर में पड़ा बुखार से जूझ रहा था। मैराथन के रोज़ सुबह ही मैंने कॉम्बीफ्लेम की गोली गटक ली। मैं ख़ुद से तो अब भी सब–फोर के लक्ष्य के साथ दौड़ने को तैयार था, पर मेरे सभी दोस्त मुझे हिदायत दे रहे थे – *कैप्टन टेक इट ईजी, जस्ट रीलेक्स,* आराम से दौड़ो, डोंट टॉर्चर योर बॉडी। जितने मुँह उतनी बात। कई दोस्तों ने तो घुमा–फिराकर यह भी कहना चाहा कि ऐसे बुखार के साथ तेज़ दौड़ने की कोशिश करूँगा, तोबड़ी दुर्घटना भी घट सकती है यानी मैं मर भी सकता हूँ। मेरे दौड़ने को लेकर की गयी इन सभी बातों, हिदायतों और चिन्ताओं का मुझ पर फ़र्क़ पड़ना ही था। मन में कहीं गहरे मेरा उत्साह थोड़ा कम हो गया था, लेकिन मैंने सबकुछ शरीर की अनुभूति पर छोड़ दिया था।

मैराथन के दिन सुबह आँख खुलने के बाद मैंने शरीर को महसूस करते हुए पाया कि मुझे बुखार नहीं था। फिर भी मैंने घर

से निकलने से पहले कॉम्बीफ़्लेम की गोली खायी। पहले दस कि.मी. तक मैं थोड़ा धीरे दौड़ा, पर इतना धीरे भी नहीं कि सब–फोर का टार्गेट हाथ से निकल ही जाये। लेकिन आधी मैराथन पूरी होते–होते टार्गेट हाथों से फिसलता लगा। और तभी मैंने वह काम कर दिया कि मेरे लिए रेस पूरा करना ही मुश्किल हो गया। मुझे संघर्ष करते देख साथ में दौड़ रहे एक रनर ने मेरी ओर नींबू और नमक बढ़ाया। मैंने बिना सोचे उस आधे कटे नींबू को नमक में डुबोया और मुँह में डाल कर दाँतों में कस कर दबा दिया। मैंने किसी जादुई परिणाम की आशा से ऐसा किया था कि नींबू का रस मुझे ताज़गी देगा और उस ताजगी में मैं तेज़ दौड़ पाऊँगा। पर परिणाम तो उलटा साबित हुआ, क्योंकि कुछ देर में ही मेरे पेट में मरोड़ें उठने लगीं। उधर गर्दन में भी एक ओर नस चढ़ रही थी, जिसे रोकने के लिए मुझे गर्दन को एक ख़ास कोण पर रखकर दौड़ना पड़ रहा था। मेरे लिए अट्ठाइसवें किलोमीटर के बाद एक–एक क़दम उठाना मुश्किल जान पड़ रहा था। मैंने लगभग–लगभग अपनी पहली मैराथन जैसी तकलीफ़ के साथ यह मैराथन 4 घण्टे 23 मिनट में पूरी की। यह माना कि मुझे बुख़ार था, यह माना कि रास्ते में बिना सोचे नींबू गटक लेने से मेरा पेट दर्द भरे मरोड़ों से भर गया था और गर्दन की चढ़ी हुई नस ने यह सुनिश्चित किया कि मैं पूरे रास्ते दर्द में कराहते हुए दौड़ लगाऊँ, लेकिन जो बन्दा ख़ुद पूरे साल सबको बार–बार सब–फोर में मैराथन करने का दावा करता रहा हो, उसका 4 घण्टे 23 मिनट में मैराथन करना बहुत ही लज्जास्पद बात थी। नवम्बर में नेवी हाफ़ मैराथन 1 घण्टे 45 मिनट में करने से कैप्टन का ओ.एस. में जो रुतबा बना था, वह इस फुल मैराथन के परिणाम से यकायक ज़मींदोज़ हो गया था। इस मैराथन के बाद मैंने 15 जनवरी, 2017 को दोपहर 1 बजकर 11 मिनट पर फेसबुक पर मेडल के साथ तस्वीर डालते हुए हुए पोस्ट लिखी – 'क्रोसीन अम्मा, काढ़े बाबा और कॉम्बिफलेम अँकल की कृपा से सर्दी–बुखार के बावज़ूद स्टैंडर्ड चार्टर्ड मुम्बई मैराथन 4 घण्टे 23 मिनट में पूरी की। आख़िरी पाँच किलोमीटर में बेहिसाब क्रेम्प्स

का मुकाबला किया। समय को 4 घण्टे से कम करना है, चाहे कुछ भी हो जाये। मित्रों की शुभकामनाओं के लिए उनका शुक्रिया।' इस पोस्ट में मैंने अपने भीतर मॉनसून के बादलों की तरह घुमड़ आयी वेदना को नहीं दिखने दिया, जो मुझे उसी पल से एक बार फिर पूरे दम से साल भर मैराथन की ट्रेनिंग के लिए तैयार करने लगी थी।

मुझे लगता है कि मैंने रनिंग की शुरुआत कहीं न कहीं किसी न किसी रूप में अपने ईगो को सन्तुष्ट करने के लिए की थी, जैसा कि ज़्यादातर लोग करते हैं। लेकिन धीरे–धीरे जीवन में ऐसे बदलाव आये कि दोड़ना मेरे लिए ध्यान में उतरने का जरिया हो गया, ईगो से मुक्त होने का रास्ता बना। मैंने 2013 में एक्हार्ट टोल की किताब *द पावर ऑफ नाउ* पढ़ी थी और उस किताब के साथ जैसे मेरी तीसरी आँख खुल गयी। मैंने शारीरिक स्तर पर मौजूदा क्षण में रहने के जादू को उसी किताब को पढ़ने के दौरान महसूस किया था। उन दिनों मैं लगभग नियम की तरह दफ़्तर से लौटकर व्हिस्की के दो पैग पिया करता था। मैं क़रीब साढ़े नौ बजे रात को घर में प्रवेश करता और ऑफ़िस का बैग रखने के बाद सीधे उस अलमारी का रुख करता, जिसमें मेरा दारू का स्टॉक रहता था। अमूमन मैं हल्के गुनगुने पानी के साथ व्हिस्की लेता था, क्योंकि मुझे सर्दी की शिकायत हो जाया करती थी और मेरे जहन मे सर्दी होने पर शराबियों के बीच प्रचलित 'गरम पानी के साथ दो पैग रम खींचों और सर्दी गायब' नुस्खा अपनी पुरज़ोर ताक़त और यक़ीन के साथ चला आता था, जिसे मैं अविलम्ब अमल में भी ले आता। पहले तो अक्सर मैं अपने इस रोज़ दो पैग पीने को यह कहकर जायज ठहराता कि मैं इस दौरान समय बर्बाद करने की बजाय उसका ज़्यादा बेहतर उपयोग करता हूँ, इसलिए मेरे पीने में किसी को आपत्ति नहीं होनी चाहिए। मेरा आशय अपने लेखन से होता था, क्योंकि मैं पीते हुए रोज़ ही कुछ न कुछ लिखता था।

मैंने अपना उपन्यास 'पत्थर पर दूब' इसी तरह पूरा किया। लेकिन बाद–बाद में मैंने देखा कि मेरी लिखने की आदत कम हो गयी है और मैं लगभग नहीं के बराबर लिख रहा हूँ, लेकिन ऑफ़िस से लौटकर रोज़ दो पैग पीना बदस्तूर क़ायम है। यह इसी पीने के दौरान था जब मैं पहली बार मौजूदा क्षण में उतरने के जादुई एहसास से गुज़रा। मैं पीने के साथ लिखता तो नहीं था, लेकिन पढ़ना मैंने नहीं छोड़ा था। उस रोज़ मैं एक्हार्ट टोल की यही किताब 'पावर ऑफ नाउ' पढ़ रहा था, जिसके लिए मैं अपने ऑफ़िस की सहकर्मी सुधा श्रीमाली का बहुत शुक्रगुज़ार रहूँगा, क्योंकि किताब उन्होंने ही मुझे उपहार में दी थी। किताब में मैंने इतनी तरह से वर्तमान क्षण में रहने की बातें पढ़ ली थीं कि अचानक मेरे मन में आया कि एक बार कोशिश करके देखा जाए कि वर्तमान क्षण में रहने से कैसा महसूस होता है। मैंने फ़ैसला किया कि मैं एक–एक काम पूरी सजगता से भरकर करूँगा। ऐसा सोचते हुए मैंने पूरी सजगता के साथ व्हिस्की की एक घूँट ली– गिलास के अपने होंठों तक जाने से लेकर घूँट के गले को तर करते हुए उदरस्थ होने तक महसूस करते हुए। अचानक मैंने महसूस किया कि मैं लगातार अपने अस्तित्व, अपने होने के बोध से भरता जा रहा हूँ और यह मुझमें एक विलक्षण क़िस्म का आनन्द पैदा कर रहा है। मुझे इस बात का भी पूरा ख्याल था कि यह आनन्द जिसे मैं अपने वर्तमान क्षण में सचेत होकर उतरने का नतीजा मान रहा था, यह व्हिस्की के पहले पैग के ख़त्म होने के आसपास से जन्म लेने वाला सुरूर भी हो सकता है, जिसके प्रभाव में हर शै से आनन्द ही मिलता है। पर मैं पुराना पियक्कड़ था और फर्क को महसूस कर रहा था। वह इतना जादुई अनुभव था कि मैंने तुरन्त अपने भतीजे उन्मुक्त को फ़ोन करके उससे अपना अनुभव साझा करते हुए उसे भी यह किताब पढ़ने को कहा मुझे अपने इस जादुई अनुभव पर भरोसा तब हुआ, जब अगले दिन जागने के बाद भी मेरे भीतर वर्तमान पल में रहने से जन्मे आनन्द की उस अनुभूति का एहसास जीवित था।

वह अब भी इतना ताज़ा था कि सुबह उठने के बाद मैं अब बिना पिए हुए अपने वर्तमान क्षण में सजग होकर रहने की कोशिश करने लगा और ऐसा करते हुए मुझे फिर से उसी तरह के आनन्द की अनुभूति होने लगी। धीरे–धीरे इस आनन्द को और गहरा होते जाना था और मैं व्हिस्की से जन्म लेने वाले आनन्द के सम्मोहन से बाहर निकलने वाला था। अभी जबकि मैं सुबह के चार बजे उठकर यह सब लिख रहा हूँ, मुझे याद भी नहीं कि पिछली मर्तबा मैंने कब पी थी।

एक्हार्ट टोल की *द पावर ऑफ नाउ* ख़त्म करते–करते मैं उस मानसिक बुनावट को भी थोड़ा समझने लगा था, जो हमारे भीतर ईगो को पालती–पोसती रहती है और ऐसा करते हुए हमें ख़ुशी और तकलीफ़ के दो ध्रुवों के बीच झुलाती रहती है। व्हिस्की की घूँट लेते हुए मेरे वर्तमान क्षण में सजग होकर उतरने की वजह से जो आनन्द मुझे मिला था, अब वह दूसरी गतिविधियों के दौरान भी मिलने लगा था। मुझे बस सजग होकर वर्तमान क्षण में उतरना होता था। यह एक तरह का ध्यान में उतरना ही था। लेकिन वर्तमान क्षण में उतरने के लिए मैं शरीर का बहुत उपयोग करता था। टोल ने किताब में आन्तरिक शरीर से जुड़ने, उसे महसूस करने की बात लिखी थी, मैं अब जब देखो, यही करने लगा। लोकल ट्रेन में बैठकर ऑफ़िस जाते हुए, दफ़्तर में कम्प्यूटर के आगे काम करते हुए या किसी से बात करते हुए, कहीं पैदल चलते हुए, खाते हुए, नहाते हुए। दौड़ते हुए भी अब मैं शरीर को भीतर से महसूस करते हुए हर साँस के साथ भीतर–बाहर आता–जाता था। सम्भवतः यही वजह थी कि दूरी का मुझे धीरे–धीरे भय लगना कम हो गया। पहले कई बार ऐसे मौक़े आये थे, जब ट्रेनिंग शेड्यूल के मुताबिक़ मुझे 32 किलोमीटर दौड़ना होता था और शरीर में जगह–जगह दर्द भरा रहता था, मैं दौड़ना शुरू करने से पहले ही घबरा रहा होता था कि इतनी लम्बी दौड़ कैसे पूरी कर पाऊँगा। लेकिन अगर हम इतनी लम्बी दूरी के बारे में सोचना छोड़ सिर्फ़ अगले क़दम के बारे में ही चिन्ता करें, तो लम्बी दूरी का डर पास ही नहीं फटक पाता। मैराथन रनिंग के कई

प्रफेशनल ट्रेनर यही सिखाते हैं कि फुल मैराथन दौड़ने वालों को अपनी दूरी को पाँच–पाँच किलोमीटर में बाँटकर दौड़ना चाहिए। हर पाँच किलोमीटर को पूरा करने का लक्ष्य लेकर दौड़ना मनोवैज्ञानिक रूप से हमारे दिमाग़ से दूरी का खौफ निकाल देता है।

एक्हार्ट टोल की किताब एक यात्रा की शुरुआत साबित हुई, क्योंकि उसके बाद मुझे ऐसी किताबों का जैसे चस्का ही चढ़ गया। मैंने खोज–खोजकर मन और दिमाग़ को सही रास्ते पर ले जाने वाली किताबों को पढ़ना शुरू किया। इस क्रम में सबसे पहला नम्बर जे. कृष्णामूर्ति का है। अब तक मैं उनकी चार–पाँच किताबें पढ़ चुका हूँ और उनके अनगिनत विडियो देख चुका हूँ। उन्हें पढ़ते हुए मैं अपनी बेहोशी के प्रति होश में आने लगा। मुझे लगा कि मेरा तो जैसे पूरा जीवन बेहोशी में ही निकल गया। मेरा एक ग़रीब परिवार में जन्म लेने का मतलब था कि बुनियादी सुविधाओं के लिए संघर्ष करते रहना। उसके बाद फिर आदमी पैसा, सामाजिक रुतबा और पावर के पीछे भागता है। मैं भी भागा। फ़ौज छोड़कर आया, तो सिक्योरिटी अफ़सर की नौकरी की। लेकिन मन में तो लेखक बनने की इच्छा थी। लिखने के लिए ही मैंने फ़ौज छोड़ी भी थी। लिखना शुरू किया, तो पाग़लों की तरह लिखता ही गया। 1999 के आसपास हिंदी की शायद ही कोई साहित्यिक पत्रिका रही होगी, जिसमें मेरी कविताएँ न प्रकाशित हुई हों। उन दिनों साहित्य मेरे लिए सिर्फ़ अपने विचारों और भावनाओं की अभिव्यक्ति न था, बल्कि वह मेरी उस मुहिम का हिस्सा था, जिसके तहत मैं जल्दी–से–जल्दी नाम कमाना चाहता था, अपने ईगो को सन्तुष्ट करना चाहता था। मन ही मन में मुझे जीवन में कुछ भी पाना असम्भव नहीं लगता था। अपनी इसी धारणा के चलते मैंने अपने भतीजे उन्मुक्त को क्रिकेट का अभ्यास करवाना शुरू किया। उसमें तो खेल के प्रति जुनून था ही, मुझमें उसे भारतीय टीम की ओर से खेलते देखने का जुनून था। आज जब पलटकर बहुत–सी घटनाओं का विश्लेषण करता हूँ, तो समझ आता है कि मेरे जीवन में सफलताओं के लिए अवचेतन मन की

शक्तियों की बहुत भूमिका रही। क्योंकि अन्यथा जीवन में चमत्कार जैसी इतनी घटनाएँ नहीं घट पातीं। वह चाहे सेना में जाते ही मेरा संयुक्त राष्ट्र के शान्ति अभियान का हिस्सा बन सोमालिया जाना हो, जहाँ से मिले पैसे ने मुझे ग़रीबी के दलदल से थोड़ा बाहर निकाला, चाहे वह फ़ौज छोड़कर बाहर आने के एक महीने के भीतर टाइम्स ग्रुप में सिक्योरिटी ऑफिसर की नौकरी मिलना हो, चाहे वह मंगलेश डबराल और पंकज बिष्ट से दोस्ती और उस दोस्ती के प्रभाव में हिन्दी कविता और गद्य के प्रति मुझमें बढ़ा रुझान हो, चाहे वह छह साल सिक्योरिटी ऑफिसर का काम करने के बाद *नवभारत टाइम्स* के संपादकीय विभाग में तत्कालीन संपादक मधुसूदन आनन्द द्वारा मेरा चयन किया जाना और अगले सात वर्षों में तीन–तीन प्रमोशन देकर मुझे *नवभारत टाइम्स* के मुम्बई एडिशन का संपादक बनाया जाना हो या 2012 में उन्मुक्त का भारत की अंडर–19 टीम के कप्तान के रूप में ऑस्ट्रेलिया में फ़ाइनल मैच में ऑस्ट्रेलिया के ख़िलाफ़ 111 रनों की ऐतिहासिक पारी खेलकर वर्ल्ड कप जिताना हो– कितनी ही घटनाएँ हैं, जो चमत्कार की तरह जीवन में आईं। इन दिनों जबकि मैं अपने यू–ट्यूब चौनल 'माइंडफिट' के ज़रिये युवाओं में शारीरिक, मानसिक और आध्यात्मिक जागरूकता फैलाने की मुहिम के तहत कई तरह के विडियो बनाकर उनसे साझा करता हूँ, मैंने अवचेतन मन की शक्तियों और लॉ ऑफ अट्रैक्शन को गहराई से और वैज्ञानिक तल पर जाकर समझा, तब मुझे यक़ीन हुआ कि इन तमाम घटनाओं के लिए दो बातें ज़िम्मेदार थीं – ख़ुद पर गहरा भरोसा और अवचेतन की शक्तियों का सतत इस्तेमाल।

यह जो ख़ुद पर भरोसे और अवचेतन मन की शक्तियों के सतत इस्तेमाल की वजह से जीवन में घटनाएँ घटी थीं, इनके प्रति मैं होशपूर्ण नहीं रहा कि ये क्यों घटित हुईं, क्योंकि ईगो ने मुझे बुरी तरह जकड़ रखा था। मुझे दिमाग़ की शक्तियों का कोई अन्दाज़ा ही न था। मैं पूरी तरह एक स्वांतः सुखाय, आत्मकेन्द्रित जीवन जी रहा था। यह कृष्णामूर्ति की किताबों को पढ़ते हुए अपने विचारों के प्रति

सचेत रहने की मेरी कोशिश और उसमें मिली क़ामयाबी के कारण था कि मैंने दूसरी आध्यात्मिक किताबें पढ़ना शुरू किया और ध्यान व त्राटक के अभ्यास को भी अपनी नियमित दिनचर्या का हिस्सा बनाया। यह सब करने से धीरे–धीरे मेरे लिए भीतरी जीवन और बाहरी दुनिया की घटनाएँ पारदर्शी होना शुरू हो गयी।। मुझे गहरे ध्यान की अनुभूतियाँ होने लगीं। एक बार दिल्ली में भतीजे उन्मुक्त के कमरे में ध्यान करते हुए मुझे विलक्षण अनुभूति हुई, वैसी ही जैसी एक्हार्ट टोल की किताब पढ़ने के दौरान व्हिस्की की घूँट भरते हुए वर्तमान क्षण में उतरने के मेरे पहले प्रयास के दौरान हुई थी। वहाँ भी मैं किताब पढ़ रहा था, जबकि घर पर कोई नहीं था। किताब पढ़ते हुए अचानक मुझे लगा कि मेरी चेतना में एक गहरी शान्ति उतर रही है। मैं सूर्यास्त के बाद चेतना में शान्ति की ऐसी अनुभूति के बीच ही कुछ देर ध्यान करने बैठ गया। मैंने महसूस किया कि मैं त्वरित गति से ध्यान में गहरे उतरता जा रहा हूँ। ध्यान से उठने के बाद भी मुझे ऐसा प्रतीत होता रहा जैसे कि मेरे आज्ञा चक्र यानी जहाँ हमारी तीसरी आँख अवस्थित होती है, दोनों भृकुटियों के ठीक बीच में एक चुम्बकीय शक्ति भीतर उतर रही है। उस वक़्त ऐसा लग रहा था कि कोई भी मुझसे दुनिया में जीवन की समस्याओं के बारे में कुछ भी सवाल पूछे, मैं उसका एकदम सटीक उत्तर दे सकता हूँ, क्योंकि संसार में करण–कारण का सारा संजाल मेरे सम्मुख खुल गया था। मैं कई घण्टों तक ऐसी अनुभूति में रहा। क्योंकि मुझे खुद समझ नहीं आ रहा था, ऐसा क्यों हुआ। मैंने उन्मुक्त और उसकी माँ को भी यह बात बताई। भाभी ने इसकी वजह उन्मुक्त के कमरे में स्थित अपने मन्दिर को बताया, जहाँ वे नित्य पूजा करती हैं। निस्सन्देह उस कमरे में अलग ऊर्जा थी, क्योंकि ख़ुद उन्मुक्त भी वहीं बैठकर ध्यान–साधना करता था। लेकिन ध्यान में तो मैं उस कमरे में पहले भी कई बार बैठा हूँ, ऐसी अनुभूति पहले कभी क्यों नहीं हुई। ऐसे सवाल भी मेरे जेहन में उठ रहे थे। मैं इसकी कोई स्पष्ट वजह समझ न सका। पर मैंने यह ज़रूर नोट किया कि ऐसी अनुभूतियों

की बारम्बारता और अंतराल धीरे–धीरे बढ़ते जा रहे थे। इसकी एक वजह मुझे यह भी लगती है कि मेरा ईगो जो हमेशा फ़न उठाये खड़ा रहता था, अब शान्त हो चला था। उसकी सक्रियता निरन्तर कम होती जा रही थी। जितना ईगो अपनी जगह छोड़ रहा था, भीतर उतनी ही शान्ति प्रवेश कर रही थी।

मैं अब लगातार कोई न कोई आध्यात्मिक क़िस्म की किताब पढ़ रहा था। इसी क्रम में मुझे मार्कस ऑरिलियस की किताब 'मेडिटेशंस' पढ़ने को मिली। यह किताब भी संयोग से मेरी सहकर्मी सुधा श्रीमाली के बेटे ईश्वर ने मुझे उपहार में दी थी। इस किताब को पढ़ने के बाद मेरे सोचने के ढंग में बहुत क्रान्तिकारी बदलाव हुआ। किताब को पढ़ने हुए ही मैं गहरे ध्यान में चला जा रहा था। क़रीब आधी किताब मैंने साउथ अफ्रीका में कॉमरेड मैराथन से लौटते हुए हवाई जहाज़ में ही पढ़ डाली। मार्कस ऑरिलियस (121 ई.–180 ई.) 161 ईसवी से 180 ईसवी तक रोम के सम्राट थे। उन्हें रोम के शान्तिकालीन साम्राज्य का अंतिम सम्राट भी माना जाता है। वे *स्टॉइसिज्म* (Stoicism) यानी तितिक्षावाद, जिसे आप आत्म–संयम और वैराग्य से जोड़ सकते हैं, के दार्शनिक भी थे। तितिक्षावाद में दुनिया के प्राकृतिक स्वरूप को लेकर अपने सहज विचारों और तर्कों के तहत आदमी के आचार–व्यवहार की बातें की जाती हैं। इसकी शिक्षाओं के मुताबिक़ सामाजिक प्राणी के रूप में हमारा आनन्द और सुख हमारे सामने खुलने वाले क्षण को, जैसा वह है, उसी रूप में स्वीकार करने में है। ऐसा कर पाने के लिए यह ज़रूरी है कि हम ख़ुद को आनन्द की इच्छाओं या पीड़ाओं के डर से नियन्त्रित नहीं होने दें। मार्कस ऑरिलियस हमें यही समझाने की कोशिश करता है कि जिस रूप में समय हमारे सामने खुल रहा है, उसे वैसा ही स्वीकार करो। क्योंकि इस दौरान जबकि वह खुल रहा है, सिवाय उसे स्वीकार करने के कुछ और नहीं किया जा सकता। मैं जैसे–जैसे अध्यात्म और दर्शन के भीतर प्रवेश कर रहा था, मेरे मन से हर क़िस्म के भय ख़त्म होते जा रहे थे। इसी दौरान मैंने पतंजलि की

योगसूत्र की अलग–अलग व्याख्याएँ भी पढ़ीं और योग ने मुझे अपनी ओर आकृष्ट किया। यहीं से मुझे शरीर में लचीलापन आने के साथ उसके दर्द से मुक्त होने की अनुभूति होना भी शुरू हुई। मुझे समझ आया कि मेरी मांसपेशियाँ बहुत ज़्यादा कड़क थीं, इसलिए हमेशा दर्द से भरी रहती थीं। एक तरफ यह अनुभूति और दूसरी ओर मैंने अब जीवन में किसी भी बात के लिए जल्दबाज़ी करना छोड़ दिया। मैं जीवन को उसी रूप में पूरी तरह स्वीकार करने लगा, जिस रूप में कि वह मेरे सामने खुल के आ रहा था। सिर्फ़ रनिंग की स्पीड को लेकर मैं किसी तरह का समझौता नहीं कर पा रहा था। मुम्बई फुल मैराथन चार घण्टे से कम समय में करने की मेरी ख़ब्त ख़त्म होने को नहीं आती थी।

एयरटेल दिल्ली हाफ़ मैराथन में फिनिश लाइन के क़रीब पहुँचते लेखक।

टाटा मुम्बई मैराथन (2018) में दौड़ते लेखक।

अध्याय 7

लोनावला में 100 किलोमीटर का वह यादगार ट्रेलवॉक

हर साल की तरह 2018 के सीजन की शुरुआत भी बहुत अच्छी हुई थी। मैं एक बार फिर नये जोश से नये सीजन की तैयारी कर रहा था। मैंने इस बार एक बदलाव यह किया कि रनर्स वर्ल्ड की किताब *रन लैस रन फास्टर* में चार घण्टे की बजाय तीन घण्टा पचपन मिनट में मैराथन पूरी करने का ट्रेनिंग शेड्यूल फॉलो करना शुरू किया। इस बीच हम चार दोस्त एक–दूसरे के और क़रीब आ गये थे। जबसे हम अपने परिवारों के साथ एक साथ श्रीलंका घूमकर आये थे, जो अपनी तरह की उपलब्धि थी, क्योंकि इतने लोगों का एक ही समय में दफ़्तरों, स्कूलों से छुट्टी मिलना छोटा संयोग नहीं था, हमारा आपस में मिलना बढ़ गया था। हमारे ग्रुप में किसी का भी जन्मदिन होता या कोई त्योहार होता, तो हम आपस में किसी न किसी के घर मिल जाते। कई बार हम किसी एक के घर अपने–अपने घरों से थोड़ा खाना बनाकर ले जाते और साथ खाने का लुत्फ लेते। अब तक अमित प्रतिहारी में क्रान्तिकारी बदलाव आ चुका था। वह हम सब में सबसे युवा था।

रनिंग को लेकर उसमें अलग ही क़िस्म का ज़ुनून था। उसने बताया था कि कभी कॉलेज के दिनों में वह छोटी दूरी की दौड़ का बेताज बादशाह हुआ करता था। पहले दो साल उसे दौड़ता देखकर वैसा कुछ लगा नहीं, क्योंकि उसने कई सालों के ब्रेक के बाद दौड़ना शुरू किया था। तेज़ दौड़ने की कोशिश में उसने कई बार ख़ुद को चोटिल भी कर लिया था। लेकिन धीरे–धीरे उसकी मांसपेशियाँ दौड़ की अभ्यस्त होती गयीं। और अब ये आलम था कि पाँच–दस किलोमीटर की दौड़ में उसके साथ बने रहना अपने में चुनौती बनने लगा। ओ.एस. में नये रनर्स भी सामने आ रहे थे। अनुपम और प्रसून के बारे में बता ही चुका हूँ। उनके साथ अर्चना भी कमाल दिखा रही थी। उस लड़की जैसी दिखती महिला ने कब हाफ़ मैराथन से फुल मैराथन में शिफ़्ट किया, किसी को अहसास ही नहीं हुआ। हम उसकी उपलब्धियों पर हैरान नहीं होते थे, क्योंकि वह बिना हायतौबा किये उन्हें हासिल कर लेती थी। रनिंग का कोई मौक़ा वह अपने हाथ से न जाने देती। दो साल पहले जब उसे मालूम चला कि ओएस के लोग एयरटेल हाफ़ मैराथन में भाग लेने दिल्ली जा रहे हैं, तो वह भी साथ आ गयी। हम जब भी आरे के जंगलों में दौड़ने जाते, वह साथ ज़रूर आती। योग आसनों को लेकर भी वह बहुत उतावली रहती थी। आध्यात्मिक किताबें पढ़ने में भी वह पीछे न थी। सीनियर पोजिशन में सेल्स एंड मार्केटिंग की नौकरी की सख़्तियों के साथ दो बेटियों को पालते हुए ये सब करना अपने में बहुत हैरान करने वाला था। आखिर इतना जोश और उत्साह वह कहाँ से लेकर आती है। आने वाले समय में अनुपम और प्रसून की तरह वह भी सबको अपने परफॉर्मेंस से सकते में डालने वाली थी। इधर अमित प्रतिहारी अब गौतम दास को छोड़कर फिर से मेरे साथ ज़्यादा दौड़ने लगा था, क्योंकि अब उसे भी अपनी स्पीड पर काम करना था। पहले साल उसके घुटनों में जो दर्द शुरू हुआ, उसकी वजह माँसपेशियों में आया कड़कपन था। घुटने के ऊपर जाँघ की

मसल्स टाइट होने पर घुटने में भी दर्द पैदा करती हैं। यह समझ आने पर अमित प्रतिहारी आये दिन डीप टिश्यू मसाज लेने लगा।

प्रतिहारी और मैं अपनी–अपनी गति बढ़ाने को कृत–संकल्प थे। इसके लिए हम तरह–तरह के प्रयोग भी कर रहे थे। एक बार हमें यह सूझा कि हम अगर अभ्यास के दौरान पानी कम पियें, तो हमारी बॉडी बिना पानी के दौड़ने की अभ्यस्त हो जायेगी और इस तरह हम पानी पीने और फिर पेशाब करने में बर्बाद होने वाला वक़्त बचा पायेंगे। पहले हम दो–तीन किलोमीटर दौड़ने के बाद ही पानी पीना शुरू कर देते थे। लेकिन हमें समीर सिंह ने बताया था कि पानी कम पीना है, उसे सिर्फ़ अपना गला गीला करने के लिए इस्तेमाल करना है। हमने बिना पानी पिए दौड़ने का अभ्यास शुरू किया। पहली बार आठ किलोमीटर के बाद जरा–सी घूँट भरी। दूसरी बार तेरह किलोमीटर के बाद। ऐसा करते–करते हमने एक दिन पानी की एक घूँट भरे बिना हाफ़ मैराथन दौड़ ली। हम बिना पानी के दौड़े तो सही पर इससे हमारी स्पीड में बहुत इज़ाफ़ा हुआ हो, हमें ऐसा कोई प्रमाण नहीं मिला। जल्दी ही हमें अपनी मूर्खता का एहसास हुआ, क्योंकि एक–दो बार पैरों की मसल्स में मरोड़ उठना शुरू हो गयी। हमें यह बात समझ आयी कि रेस के दौरान पानी पीते रहना चाहिए, लेकिन कम–कम मात्रा में।

दौड़ते हुए खाने को लेकर भी हम इसी तरह प्रयोग करते हुए ही सीखे। शुरुआती सालों में हम जहाँ घर से एक केला खाकर चलते थे और जेब में चार–पाँच खजूर और कभी–कभी देसी गुड़ भी रख लेते थे, बाद में हमने इस पर विचार करना शुरू किया कि हमें सोच–समझकर ऐसी चीज़ें खानी चाहिए, जो शरीर को ऊर्जा भी दे और हल्का भी बनाये रखे। इस बारे में भी मुझे और अमित प्रतिहारी को ही ज़्यादा चिन्ता थी। मैंने इस बीच इंटरनेट के ज़रिये ख़ासी रिसर्च करने के बाद एनर्जी जैल के साथ प्रयोग शुरू किया था। एनर्जी जैल ने हमें वैसे ही हिट किया, जैसे पटियाला पैग करता है। क्योंकि अब तक तो होता यह था कि हम दस किलोमीटर के

बाद पाँच–छह किलोमीटर के अन्तराल से एक–एक खजूर मुँह में डाल लेते थे और लगभग पूरी दौड़ ही पर्याप्त ऊर्जा से वंचित रहते हुए दौड़ते थे। एनर्जी जैल के साथ प्रयोग शुरू किया, तो दौड़ की शुरुआत ही जैल से होती थी। शुरू में ही इतनी एनर्जी मिल जाती कि स्पीड पर नियन्त्रण मुश्किल हो जाता। मेरी जिद पर जब पहली बार अमित प्रतिहारी ने एनर्जी जैल का सेवन किया, तो उस दिन वह हवा से बातें करते हुए दौड़ा। उसने 2 घण्टे 25 मिनट में बत्तीस किलोमीटर दौड़कर सबको हैरान कर दिया। इस गति से दौड़ने पर तो वह साढ़े तीन घण्टे में मैराथन पूरी कर सकता था।

अगली कुछ लम्बी दौड़ों में एनर्जी जैल के चक्कर में ऐसे ही कुछ कारनामे दिखे, लेकिन बहुत जल्दी शरीर ने एनर्जी जैल को जज्ब कर लिया। इस जैल के साथ एक दिक़्क़त यह थी कि इसे लेने के बाद पानी भी पीना पड़ता था क्योंकि यह डिहाइड्रेट करता था। महीने भर में ही एनर्जी जैल की वजह से जीवन में आया उत्साह और दौड़ में आयी अतिरिक्त गति सामान्य हो गयी। इन्हीं दिनों प्रतिहारी जाने कहाँ से स्पीड बढ़ाने का एक नया अज़ीबोग़रीब नुस्ख़ा लेकर आया। इस नुस्ख़े के तहत करना यह होता था कि दौड़ना शुरू करते ही ऐसी कल्पना करनी होती कि हमारे माथे के ऊपर से एक पतली तार निकलकर अन्तरिक्ष में जा रही है। अन्तरिक्ष इस तार को अपनी ओर खींच रहा है। इसके साथ ही हमें अपने हाथ के अँगूठे को मुट्ठी के भीतर लेकर दौड़ना होता था ताकि शरीर में ऊर्जा का प्रवाह बढ़े। यानी एक ओर अंतरिक्ष से जुड़ा अदृश्य तार हमें खींचने वाला था और दूसरी ओर मुट्ठी के भीतर कैद अँगूठा हमारी ऊर्जा को बढ़ाने वाला था। हम सोच तो यह रहे थे कि इन दोनों गतिविधियों के परिणामस्वरूप हमने तेज़ गति से दौड़ते हुए ओ.एस. के रनर्स को फुल मैराथन साढ़े तीन घण्टे में पूरा कर हैरान कर देना था। पर ऐसा हो न सका, क्योंकि न तो हमारे माथे से अन्तरिक्ष को जोड़ने वाला अदृश्य तार दिमाग़ में तना रह पाता था और न अँगूठा मुट्ठी के अन्दर बना रहता था। पर अमित प्रतिहारी और मैंने कई छोटी दौड़ों

में अपनी तेज़ गति के लिए इसी नुस्खे को ज़िम्मेदार माना। तेज़ गति से दौड़ने की हमारी इच्छा हमसे क्या नहीं करवाने वाली थी।

अमित प्रतिहारी और मुझसे सर्वथा अलग गौतम दास और अमित डालमिया को स्पीड से बहुत लेना–देना नहीं था। दौड़ते हुए पानी पीने या कुछ खाने को लेकर उन्होंने कभी कोई अतिरिक्त उत्साह नहीं दिखाया। मेरे लिए गौतम दास कई मायनों में किसी अजूबे से कम नहीं था। बाहर से देखने पर उसका शरीर बहुत कड़क दिखता था, माँसपेशियों से भरा हुआ, पर उसमें उतना ही लचीलापन भी था। गौतम न सिर्फ़ मयूरासन जैसा कठिन आसन कर लेता था, वह खड़े होकर चक्रासन की पोजिशन में भी चला जाता। उससे कहीं भी, कैसी भी सतह पर शीर्षासन करवाया जा सकता था। दौड़ने के मामले में भी वह जल्दी ही मुझे गम्भीर चुनौती देने वाला था। इस सबके बीच मज़ाल है कि उसने कभी जूतों को लेकर या मालिश करवाने को लेकर कोई ड्रामा किया हो। अच्छा दौड़ने के लिए मैं अच्छे जूते और नियमित मालिश ज़रूरी मानता था, लेकिन मुझे याद नहीं पड़ता कि गौतम ने पिछले सात साल में एक भी बार मालिश करवाई हो। जूते भी वह चार–पाँच हज़ार से ज़्यादा महँगे नहीं लेता था और वह दो–दो साल तक एक ही जोड़े जूते से काम चला लेता था। गौतम की एक ख़ासियत यह थी कि वह हमेशा कुछ न कुछ नया करने की फ़िराक़ में रहता। उसने सालाना दो करोड़ की सैलरी वाली अपनी बैंक की नौकरी छोड़ दी, क्योंकि वह कोई समाजोपयोगी काम करना चाहता था। इसके लिए उसने अपना एक स्टार्टअप *ऊर्जन* चालू किया और सोलर एनर्जी बनाने लगा। पिछले साल उसने लोनावला में आयोजित होने वाले 100 किलोमीटर के ऑक्सफेम ट्रेलवॉक में भाग लिया था। पिछले साल ही उसकी पत्नी मालाबी ने भी यह वॉक किया था। इस वॉक में चार सदस्यों की एक टीम बनानी पड़ती है। लोनावला के पहाड़ों में जंगल के रास्तों पर सौ किलोमीटर चलना पड़ता है। गौतम चाहता था कि इस बार हम चारों दोस्त चलें इस वॉक पर।

इसमें भाग लेने के लिए हर टीम को एक लाख रुपये देने होते थे, जिसे वह स्पॉसरों के ज़रिये भी ला सकती थी। हमारे ग्रुप में जब पैसे देने की बात आती थी, तो बाकी तीनों खुद समझ जाते थे कि मुझसे कुछ अपेक्षा करना बेकार है। श्रीलंका के पाँच दिनों के टूर में वे मेरी ज़्यादा काम न करने की निहायत ही प्राइवेट आदतों से भी ख़ूब वाकिफ हो चुके थे। उस टूर के दौरान हम तीन अलग–अलग जगहों में एयर बी.एन.बी. के ज़रिये लिए गये स्वतन्त्र घरों में रहे थे। टूर को लेकर टिकट लेने, हर जगह गाड़ी बुक करने, कहाँ–कहाँ घूमने जाना है, किन होटलों में खाना है आदि जैसी तमाम बातें सुनिश्चित करनी ज़रूरी थी, पर मैंने किसी में चवन्नी का योगदान तक नहीं दिया। उस अनुभव से सीख लेकर तीनों ने अब मुझे कुछ भी कहना छोड़ दिया था। उन्हें मुझे अपनी दोस्ती की जिम्मेदारी के रूप में स्वीकार करना पड़ा था। ऑक्सफेम 100 कि.मी. ट्रेलवॉक में शामिल होने के लिए भी मैंने हामी भरने से ज़्यादा कुछ नहीं किया। अमित डालमिया ने हमारी टीम की ओर से एक लाख रुपये दिये। ये उसने अपनी जेब से दिये या कहीं से स्पॉसर करवाये, मुझे आज तक नहीं पता। वॉक करने के लिए ख़ास लोअर अमित प्रतिहारी ने दिया। मेरे लिए लाठी, टॉर्च वगैरह भी ये ही लोग लेकर आये। मैंने सिर्फ़ इस ट्रेलवॉक को यादगार बनाने की जिम्मेदारी ली, जिसके लिए मुझे कुछ नहीं, बस वॉक के दौरान बातें करनी थीं और विडियो बनाने थे।

इस ट्रेलवॉक में सौ से ज़्यादा ग्रुप भाग ले रहे थे। हम चारों ही बहुत उत्साह में थे और कुछ करके दिखाना चाहते थे। हमें लगता था कि चूँकि हम फुल मैराथन दौड़ते हैं, इसलिए हमें उसका फ़ायदा मिलेगा और हम दूसरों से बेहतर प्रदर्शन कर पायेंगे। लेकिन यह ट्रेलवॉक कई मायनों में आँख खोलने वाली साबित होने वाली थी। मुझे यह मालूम चलने वाला था कि मैं पैदल चलने के मामले में कितना गया गुज़रा हूँ। ट्रेलवॉक सुबह मुँह अन्धेरे ही चालू हो गयी। दूसरों की बातें सुनकर लगता था कि ज़्यादातर लोग पहले भी यह वॉक कर चुके थे। मेरे लिए यह समझना मुश्किल था कि एक बार

ऐसे किसी वॉक को कर लेने के बाद कोई उसे दोबारा क्यों करेगा। मैंने अपने दिमाग़ में एक मोटी–मोटी गणना यह की थी कि अगर हम पैदल चलते हुए दस मिनट में भी एक किलोमीटर चलते हैं, तो एक घण्टे में 6 किलोमीटर चल सकते हैं और आराम से बीस घण्टे में सौ किलोमीटर पूरा कर सकते हैं। अपना यह अनुमान मैंने गौतम को बताया, तो वह हँसा। उसे पिछले साल का अनुभव था। उसका यह मानना था कि हम अगर चौबीस घण्टे में भी यह वॉक पूरा कर लें, तो एक बड़ी उपलब्धि होगी।

आयोजकों ने स्टार्ट पॉइंट पर चाय–कॉफी और संगीत की व्यवस्था की हुई थी। फ़ोटो खींचने के लिए भी मंच बनाया हुआ था। हम सबने कॉफी पी। सबने एक–एक बैग पीठ में लिया हुआ था, जिसमें खाने की चीज़ें, तौलिया और छिटपुट दूसरे सामान थे। यह मेरा सौभाग्य था कि मैंने एक अतिरिक्त जूता भी रखा हुआ था, क्योंकि वह मेरे बहुत काम आने वाला था। रेस के नियमों के मुताबिक़ टीम के चारों सदस्यों को एक साथ आख़िरी चैकपोस्ट पर पहुँचना था। बीच में सात या आठ चैकपोस्ट थे। हर चैकपोस्ट पर टीम के सभी सदस्यों को अपनी उपस्थिति दर्ज़ करनी थी। हर दूसरी टीम की तरह हमारी भी शुरुआत बहुत जोशोख़रोश से भरी हुई थी। हम शुरू में ही दूसरों को मात देकर आगे निकल जाना चाहते थे। हमारे पास अनुभव के रूप में गौतम दास का अनुभव था। टीम में एक आम सहमति बन गयी थी कि वही हमें लीड करेगा। चूँकि यह मेरा पहला अनुभव था और लोनावला का इलाक़ा मेरा देखा हुआ नहीं था, इसलिए मेरे लिए हर क़दम नया अनुभव देने वाला था। मैं चारों ओर उपस्थित प्रकृति को देखकर ही कम आह्लादित न था और ऊपर से साथ चलने वालों का ऐसा विकल उत्साह। ट्रेलवॉक शुरू करने के एक घण्टे में ही दायीं ओर पर्वत श्रेणी के पार से सूरज झाँकता दिखायी दिया। हम एक सपाट मैदान पार कर अचानक एक खड़ी पहाड़ी के सामने पहुँच गये थे। इस पहाड़ी पर चढ़ते हुए पहली बार मुझे यह अहसास हुआ कि जिस मिशन पर हम निकले थे,

वह आसान न होकर बेहद चुनौतीपूर्ण साबित होने वाला था। इस पहाड़ की चढ़ाई पूरी करने के बाद समय और दूरी का हिसाब लगाया, तो पता चला कि हम एक घण्टे में सिर्फ़ चार किलोमीटर ही चल पाये हैं। इस ट्रेलवॉक में ज़मीन पर जगह–जगह तीर के निशान बनाये हुए थे, ताकि कोई रास्ता न भटके। जगह–जगह पेड़ों पर लाइट रिफलेक्ट करने वाला कपड़ा बाँधा गया था, उनके तनों पर भी तीर के निशान बनाये हुए थे। ऐसे ट्रेलवॉक में रास्ता भटकने से ज़्यादा दर्दनाक कुछ नहीं हो सकता, क्योंकि तब न सिर्फ़ ज़्यादा लम्बी दूरी तय करनी पड़ती है, समय भी अलग ख़र्च होता है। दुर्भाग्य से अगर कोई टीम पाँच–छह किलोमीटर जैसी लम्बी दूरी तक रास्ता भटक जाये, तो फिर उसका हौसला ऐसा पस्त हो जाता है कि वह रेस से ही बाहर हो जाती हे। इसीलिए ट्रेल के निशान को पकड़कर चलना बहुत ज़रूरी होता है। भटकने के पूरे अवसर इसलिए भी थे, क्योंकि जगह–जगह घास के मैदान थे और उनके बीच बने तीर के निशान छिप जाते थे। ऐसा भी नहीं कि तीर के निशान हर पाँच क़दम पर बने हों। कई जगह दो निशानों के बीच सौ–दो सौ मीटर का फ़ासला होता था और चूँकि घास के मैदान में कोई पक्का रास्ता दिखता नहीं था, कई बार निशान न पाकर आगे से पीछे लौटना पड़ता था।

पहला चैक पॉइंट दस किलोमीटर के आसपास था। आयोजकों ने चैक पॉइंट पर खाने–पीने के बन्दोबस्त के अलावा मालिश की विशेष व्यवस्था की हुई थी। इसके लिए शहर के अस्पतालों से ट्रेनी फिजियोथेरेपिस्ट आये हुए थे, जिनमें लड़कियों की तादाद लड़कों से कहीं ज़्यादा थी। पहले चैक पॉइंट में हमसे पहले सिर्फ़ तीन टीमें पहुँची थीं। यह इतना बुरा प्रदर्शन भी न था। पर यह तो शुरुआत थी। अभी सूरज ऊर्ध्व दिशा में गतिमान था। हमारी हवा बहुत जल्दी ही बेतरह टाइट होने वाली थी।

लोनावला के पहाड़ों में प्रकृति चारों ओर से बरसती हुई गिरती है। यहाँ के पहाड़ सह्याद्रि पर्वत श्रृंखला का हिस्सा हैं। ये पहाड़ बहुत ऊँचे न थे, लेकिन जैसा कि हिमालय की पर्वत श्रृंखलाओं में

देखने को मिलता है, यहाँ भी नदी, नाले, जंगल, सब मिल रहे थे। नालों में बड़े–छोटे बोल्डर पड़े थे, जिन पर पैर रखकर चलना अपने में चुनौती था। हालाँकि निजी तौर पर मेरे लिए पहले चैकपॉइंट के बाद एक–एक क़दम उठाना ही मुश्किल साबित होने लगा था। मैंने एसिक्स के पुराने जूते पहने थे, जिनका कभी दौड़ने के लिए इस्तेमाल नहीं किया था। ये जूते मुझे जरा भी रास नहीं आ रहे थे। मेरे तलवों में दर्द होना शुरू हो चुका था। पर फ़िलहाल मैं इस दर्द को नज़रअन्दाज़ कर रहा था, क्योंकि टीम का हौसला बढ़ाना मेरी जिम्मेदारी में शामिल था। अब तक न सिर्फ़ मेरे इन तीनों दोस्तों बल्कि ओएस के सभी रनर्स को मेरे आध्यात्मिक झुकाव का अन्दाज़ हो गया था, जिसे सभी किंचित मज़ाक में लेते हुए मुझे अंग्रेज़ी के मोंक की संज्ञा देने लगे थे। अपने मित्रों का मन बहलाने के लिए मैं उन्हें थोड़ा मज़ाक के लहज़े में ज़ोर–ज़ोर से बोलते हुए जीवन की फिलॉस्फी समझाता जा रहा था। चूँकि इलाक़ा पूरी तरह सुनसान था, मेरी आवाज़ गूँजती हुई दूर तक पहुँच रही थी। उन दिनों मेरी जुबान पर चेंटिंग करने वाली दो लाइनें चढ़ी हुई थीं– I am happy, I am healthy, I am whole, I take my love whereever I go. मैं तीनों को बहुत मज़ाक के लहजे और वैसी ही सामग्री के साथ जीवन का ज्ञान दे रहा था। पहले पॉइंट तक पहुँचने से पहले ही विदेशी लड़कियों का एक ग्रुप हमसे आगे निकला। चूँकि मैं ज्ञान देने के आनन्द भरे मूड में था, मेरा थोड़ा ज्ञान इन लड़कियों की ओर भी छलक गया। ये लड़कियाँ अलग–अलग मुल्कों की थी। एक रूस से आयी थी, एक कनाडा से और दो ब्राजील से। वे एक ही संगठन में काम करती थीं। रूस वाली लड़की को मैंने रूसी कवि येव्गिनी येव्तोशेंको के बारे में बताया जिसकी आत्मकथा का मैंने अनुवाद किया था। ज़ाहिर है, ये सभी लड़कियाँ बहुत फिट थीं, इसीलिए हमें पीछे छोड़ आगे बढ़ गयी।। इन लड़कियों के अलावा एक पुरुषों का ग्रुप भी हमसे आगे निकला। दो ग्रुप पहले से ही आगे चल रहे थे। यानी हम पहले पॉइंट से निकलते समय पाँचवें स्थान पर बने हुए थे।

गौतम दास बार–बार हमें समझा रहा था कि इस ट्रेल में असली संघर्ष अन्त में करना होता है। अन्त के लिए हम जितनी एनर्जी बचाकर रख पायें, उतना अच्छा।

ग्रुप में चलते हुए मैंने नोट किया कि मैं बार–बार पीछे छूट जा रहा था। शुरू में तो ऐसा इसलिए हो रहा था क्योंकि मैं रुक–रुककर मोबाइल से तस्वीरें ले रहा था, विडियो बना रहा था, लेकिन बाद में मैंने देखा कि बाकी के तीनों जन मुझसे तेज़ चल रहे थे। मैंने कई जगह सचेत होकर तेज़ चलने की कोशिश की, ताकि उनसे आगे निकल सकूँ, पर मैंने पाया कि मेरी गति अपने आप कम हो जाती थी और हर बार वे तीनों मुझसे आगे निकल जाते थे। मेरी हैरानी पर गौतम दास ने अपने ज्ञान का पिटारा खोला – 'कैप्टन, तुम हमसे तेज़ दौड़ते हो, तो इसका ये मतलब नहीं कि हमसे तेज़ भी चलोगे। चलने में अलग मसल्स का इस्तेमाल होता है और दौड़ने में अलग। उम्र में हमसे पाँच–छह साल बड़े हो, कहीं न कहीं तो दिखायी देगा न?' उम्र की बात पर जैसा कि उसे भी अंदेशा रहा होगा, मैंने तुरन्त प्रतिक्रिया की – भाई गौतम, *प्रैक्टिस मेक्स अ मैन परफेक्ट नॉट द ऐज*। मैं कुछ समय पैदल चलने की प्रैक्टिस कर लूँ, तो तीनों को पीछे छोड़ सकता हूँ।

'हाँ हाँ, कैप्टन, सवाल प्रेक्टिस का ही तो है। किस–किस की प्रैक्टिस करोगे। मान जाओ कि हम तुमसे यंग हैं और कई जगह तुमसे ज़्यादा बेहतर परफॉर्म कर सकते हैं। क्यों डालमिया?' गौतम ने बहुत चालाकी से बात को दूसरा रंग दे दिया। हम चारों बेसिर–पैर की बातें करते हुए आगे बढ़ रहे थे। पन्द्रह किलोमीटर की दूरी तय करते–करते हमारी सारी ऊर्जा वाष्पीभूत हो चुकी थी। मैं बहुत बेसब्री से दूसरे पॉइंट का इन्तज़ार कर रहा था। यहाँ से आगे अब यह ट्रेंड बनने वाला था कि हम हर पॉइंट के बाद जितने जोश से अगले पॉइंट की ओर बढ़ना शुरू होते, उस तक पहुँचते–पहुँचते हम लगभग मरणासन्न हो चुके होते। एक नियम यह भी बन गया कि हम हर पॉइंट पर रिकवरी एरिया में जाकर ट्रेनी फीजियोथेरेपिस्ट लड़कियों

से स्ट्रेचिंग ज़रूर करवाते। दूसरों के बारे में मैं नहीं कह सकता, पर मुझे इन्तज़ार भी करना पड़ता तो मैं कर लेता, लेकिन यह सुनिश्चित करता कि मैं किसी लड़की से ही स्ट्रेचिंग करवा रहा हूँ। लड़कियों से मैं इसलिए स्ट्रेचिंग करवा रहा था, क्योंकि वे बहुत ताक़त लगाकर स्ट्रेच नहीं करतीं, इसलिए दर्द कम होता था। लड़के ज़्यादा ताक़त लगा देते हैं। इतनी कि मुँह से दर्द के मारे कराह निकल जाती है।

अब मेरे पैर बहुत ज़्यादा अकड़ना शुरू हो गये थे और उनमें दर्द भी बढ़ गया था। मैंने अभी अपना जूता नहीं बदला था, क्योंकि फ़ासला बहुत था। मैं क़रीब तीस किलोमीटर चल लेने के बाद जूता बदलना चाहता था, ताकि दूसरे जूतों पर भी बहुत लोड न पड़े। हमें अपनी इस ग़लती का भी एहसास हो रहा था कि ट्रेल वॉक के लिए हमने नये जूते लेने चाहिए थे, जो वॉक के लिए ही होते हैं। हम रनिंग शूज में वॉक कर रहे थे। हम चारों लगभग हर पॉइंट तक पहुँचने से पहले तय करते कि यहाँ पन्द्रह मिनट या ज़्यादा से ज़्यादा बीस मिनट ही रुकेंगे, क्योंकि 24 घण्टे में वॉक पूरी करने के लिए ज़रूरी था कि हम कम से कम 70 किलोमीटर तक अधिक से अधिक समय बचायें, क्योंकि उसके बाद तो हालात ऐसी होने वाली थी कि समय लगना तय था। कहते तो हम चारों ही थे कि बीस मिनट से ज़्यादा नहीं रुकना, लेकिन रिकवरी पॉइंट में जब बेतरह थके हुए और दर्द से भरे हुए धूल–धूसरित पैर लड़कियों के नाजुक हाथों में आते और वे उतनी ही नाजुकता से उन्हें स्ट्रेच करतीं, तो मन तो यही करता कि बस घण्टे भर तक के लिए वक़्त यहीं थम जाये। लगभग हर रिकवरी पॉइंट पर हालात ऐसे होते कि हम चारों को एक–दूसरे को खींच–खींचकर बाहर निकालना पड़ता।

मुझे बीच–बीच में विडियो बनाने का ये फ़ायदा हो रहा था कि मेरा ध्यान आसपास प्रकृति की सुन्दरता पर चला जा रहा था और मैं उसके प्रति ज़्यादा सचेत होकर, उसे जज्ब करते हुए चल रहा था। मैंने क़रीब तीस किलोमीटर के आसपास यानी तीसरे रिकवरी पॉइंट में पहुँचकर अपने जूते बदले। एसिक्स के जो जूते मैं पहनकर

आया था, जिन्हें मैं दौड़ने के लिए भी इस्तेमाल नहीं करता था, मुझे बेहिसाब तकलीफ़ दे रहे थे। जूते मैंने बदले और कुछ देर नये जूतों में थोड़ा आराम भी मिला, लेकिन पाँच–सात किलोमीटर चल लेने के बाद पैरों में फिर पहले जैसा दर्द होने लगा। दर्द सिर्फ़ मुझे नहीं था। बाकी तीनों भी किसी न किसी बात का रोना रो रहे थे। गौतम दास पैरों की त्वचा से टाइट चिपका हुआ लोअर पहने हुए था। उसे लग रहा था कि उसने ऐसा स्किन–टाइट लोअर नहीं पहनना चाहिए था, क्योंकि उसमें हवा न जाने की वजह से उसे पसीना ज़्यादा आ रहा था। जहाँ भी हम रुकते, वह हमारे ट्रैकिंग वाले लोअर को बेहद ललचाई निगाह से देखता, मानो कि उसे पहने होने के कारण हमें चलने में ज़्यादा मजा आ रहा था। अमित प्रतिहारी बार–बार अपने दायें घुटने को पकड़ रहा था। यार, हमेशा यहीं दर्द होता है। जिस दिन यह ठीक हो जाए, देखना मैं कैसा दौड़ता हूँ – पूरे वॉक में उसने दस–बारह बार ठीक यही या इससे मिलता–जुलता वाक्य बोला। अमित डालमिया के लोअर बैक में दर्द हो रहा था। इस दर्द के चलते उसे थोड़ा तन के चलना पड़ रहा था। तीसरे पॉइंट से बाहर निकलते हुए हम सातवें नम्बर पर पहुँच चुके थे यानी हमसे आगे छह टीमें जा चुकी थीं। अपनी ख़राब होती हालत और हमसे आगे इतनी टीमों को निकलते देख हमारा हौसला पस्त हो रहा था और हम धीरे–धीरे किसी पॉजिशन में आने की बजाय इस वॉक को महज किसी तरह पूरा करने को अपना मकसद मानने की ओर झुकने लगे थे। पर इस नकारात्मकता को हर पॉइंट पर ट्रेनी फिजियोथेरेपिस्ट लड़कियों के कोमल हाथों से सख़्त मांसपेशियों की स्ट्रेचिंग कराने और कुछ खाने व कॉफी पी लेने के बाद शरीर और दिमाग़ दोनों में एक साथ उतरकर आने वाली सकारात्मकता सन्तुलित कर रही थी। हमने जब पचास किलोमीटर यानी आधी दूरी पूरी की, तो सूरज डूब चला था। चारों ओर घनी प्रकृति के बीच डूबते सूरज का यह दृश्य कितना मनोरम था, इसके बारे में मेरे लिए लिखना भी सम्भव नहीं, क्योंकि शब्दों की भी एक सीमा होती है।

हम देख रहे थे कि हमसे आगे गयी टीमों के लोग अब हमें रास्ते में कराहते हुए मिल रहे थे। हमारा पूरा शरीर पसीने से चिपचिप कर रहा था। कपड़ों के भीतर कई जगह त्वचा पर रगड़ लगने से बने जख्म अब दर्द करने लगे थे। सूरज डूबने के बाद हमारे भीतर भी जैसे कुछ डूब गया हो। हम अचानक खुद को बहुत निस्तेज़ महसूस करने लगे थे। यह इसी निस्तेज़ भाव में एक सड़क पर चलते हुए था कि मुझसे चार क़दम आगे चल रहे अमित प्रतिहारी ने अचानक हवा में छलाँग लगाई। मेरी समझ में न आया कि इसे अचानक ये हुआ क्या और इतना ऊपर उछलने की इतनी ताक़त कहाँ से आयी। लेकिन इससे पहले कि मैं कुछ समझ पाता अचानक मैंने ख़ुद को भी ऊपर छलाँग मारते पाया। यह शरीर की अचानक आये ख़तरे से बचने की स्वतःस्फूर्त क्रिया थी। एक पर्याप्त लम्बाई का साँप क़रीब–क़रीब प्रतिहारी के पैरों को छूता हुआ निकल गया। हम सबने हैड लाइट जलाई हुई थी। साँप मुझसे तीन फुट दूर था, पर शरीर फिर भी उछल पड़ा। हमने गोधूलि में यूँ साँप के मिलने की कल्पना तक नहीं की थी। उसके बाद हम कुछ देर तक अपने यकायक यूँ उछलने पर हँसते रहे। एक बार हँसने का यह सिलसिला क्या शुरू हुआ, तो ट्रेलवॉक ख़त्म होने तक वह हँसी नहीं रुकी। हालाँकि हँसने के मुद्दे अलग–अलग थे, पर एक बात ऐसी थी कि जिसने हमें हँसा–हँसाकर मार ही डाला। इसकी शुरुआत अमित प्रतिहारी ने की। हम जबकि एक खुले रास्ते पर चल रहे थे, अचानक प्रतिहारी ने सबको रोक लिया और आवाज़ लगाकर अपने क़रीब बुलाया। हमें लगा कि कोई गम्भीर मसला है, जिस पर वह सबकी राय लेना चाहता है या सबसे विमर्श करना चाहता है। हम उसके पास आकर पूरी गम्भीरता से खड़े हो गये।

सुनो भाइयो! वह बोला। और उसने अपने दाहिने हाथ की मध्यमा आगे बढ़ाई।

कैप्टन जरा इसे छूना– वह चेहरे पर पूरी गम्भीरता बरकरार रखे हुए बोला। मुझे मसला कुछ समझ नहीं आया। मैंने सहज जिज्ञासावश उसकी बढ़ी हुई उँगली को हाथ बढ़ाकर छू लिया।

मेरा उसकी उँगली को छूना था कि उसने दो किस्तों में एक बहुत ही लम्बी पाद मारी और ख़ुद ही इतनी ज़ोर से हँसने लगा कि पेट में बल पड़ गये। वह तीन लोगों को एक साथ मूर्ख बनाने की अपनी क़ामयाबी पर लोटपोट हुआ जा रहा था। उसकी करतूत देख हम लोगों को भी वैसी ही पेट में बल ले आने वाली हँसी आ गयी। उसके बाद तो जैसे चारों के बीच एक प्रतिस्पर्धा शुरू हो गयी कि कौन दूसरों को उल्लू बनाकर सबसे क्रिएटिव ढंग से, एक भिन्न आवाज़ पैदा करती हुई पाद मारता है। असल में हुआ यह था कि अब तक हम लगभग हर पॉइंट पर पहुँच कुछ न कुछ खा रहे थे– पोहा, हलवा, उपमा, इडली, सांभर, दाल चावल, बिस्कुट, केक आदि इत्यादि। साथ में चाय–कॉफी अलग चल रही थी, तो सबकुछ पेट में पहुँच अब आपस में मिक्स हो ज़बरदस्त गैस पैदा कर रहा था। इतनी ज़्यादा कि जब जिसका मन होता, वह उँगली छूने की फरमाइश करता और लम्बी तान छोड़ता पाद मार देता। यह पाद बाक़ायदा कई किस्तों में मारी जाती और यह बताना बहुत मुश्किल होता कि किसकी कौन–सी आख़िरी किस्त है। लेकिन अगर यह पूछा जाए कि इस प्रतिस्पर्धा में विजयी किसे माना जाए, तो अमित प्रतिहारी को निर्विरोध विजेता चुना जायेगा।

इस ट्रेलवॉक पर आने से पहले मैंने ऐसी कल्पना नहीं की थी कि हमें सुनसान रात में जंगल, नालों और कीचड़ भरे रास्तों पर चलना होगा। ऐसा तो मैंने फ़ौज की ट्रेनिंग में भी नहीं किया था। वहाँ भी हम सिर्फ़ चालीस किलोमीटर तक ही चले थे। रात घिरने के बाद तो बहुत सारी बातों को लेकर जोख़िम और बढ़ गया था। साँप के रास्ता काटने के बाद हम यह सुनिश्चित कर रहे थे कि हमारी नज़र हर हाल पर कदमों के सामने बनी रहे। रात को ज़मीन पर बने तीर के निशानों को लेकर भी ज़्यादा सतर्क रहने की ज़रूरत थी। हम कई बार इतने अकेले रास्तों से गुजरे कि रात की आवाज़ हमारे कानों में बरस रही थी। रात धीरे–धीरे बहुत घनी हो गयी थी। शहर की रोशनियों का अनन्त तक कहीं अता–पता नहीं था।

बस हमारी हेडलाइट की रोशनी का छोटा–सा घेरा ज़मीन पर आगे चलता रहता और पीछे–पीछे अपने ही पैरों की आवाज़ सुनते हम। रात की नीरवता हमारे कानों पर बज रही थी। अमित प्रतिहारी ने हमें एक बार फिर अचानक रोक लिया। हम उस वक़्त एक मैदान को लाँघ रहे थे। कुछ दूरी पर ही खेत थे और उसके आगे हमें एक बड़े बरसाती नाले में उतरना था। प्रतिहारी ने पास बुलाकर सबको अपनी–अपनी हैडलाइट बन्द करने को कहा हमने एक–दूसरे के कंधों पर हाथ डालकर एक घेरा बनाया और अपनी लाइट्स बन्द कर दी। लाइट बन्द करते ही ऐसा लगा जैसे हम अँधेरे के समुद्र में उतरने लगे हों। इतना घना काला अंधकार मैंने जीवन में पहले कभी नहीं देखा था। जहाँ तक नज़र जाती थी, वहाँ तक रोशनी का कोई सुराग न था। हम कुछ देर तक निःशब्द रहे, अपने चारों ओर फैले घुप अँधेरे को महसूस करते हुए। वह अन्धेरा इतना गाढ़ा था कि हमें लगा जैसे वह हमारी त्वचा को छू रहा है। अन्धेरा प्रकृति का ही एक रूप है। लेकिन शहरों में रहने वाले लोग इस रूप से हमेशा के लिए वंचित हैं। वहाँ ऐसा अंधेरा अपने घरों के भीतर भी नहीं मिलता, चाहे हम कमरा बन्द करके सारी रोशनी भी बन्द कर लें। ऐसे घने अँधेरे के लिए उतना ही घना सन्नाटा भी ज़रूरी है। सन्नाटा भी प्रकृति का ही रूप है और शहर उससे भी अन्धेरे की तरह ही वंचित रहते हैं। हमने एक साथ उस सन्नाटे, उस नीरवता और उनके अँधेरे आवरण को देखा। हम बीच–बीच में ऊपर नज़र उठा आकाश की ओर भी देख रहे थे, जहाँ तारों की रुपहली दुनिया झिलमिला रही थी। हम पाँच मिनट तक चुपचाप रात की उस नीरवता, उस अन्धेरे और तारों से भरे आकाश की जगमगाहट को जज्ब करते रहे। हम पर उनका ऐसा सम्मोहन था कि हम बहुत देर तक चुप बने रहे। मैं ही नहीं बाकी तीनों से भी अगर पूछा जाए, तो हरेक निस्संकोच कहेगा कि अकेले उस पाँच मिनट की अनुभूति के लिए 100 किलोमीटर के उस ट्रेलवॉक को कितनी ही बार किया जा सकता है।

यह रात के ढाई बजे के आसपास पाँचवें पॉइंट से निकलते हुए था कि हमें वह रूसी महिला दिखी, जिससे मेरी शुरू में बात हुई थी। उसे देखकर ही लग रहा था कि उसकी हालत ख़राब हो चुकी थी। वह थोड़ी घबरायी हुई थी। हमने ख़ैरियत पूछी तो मालूम चला कि उसकी टीम की एक सदस्य को चोट लग गयी है और वे इसी पॉइंट पर अपना वॉक ख़त्म कर रहे थे।

सो यू वोंट कंप्लीट दिस ट्रेलवॉक – मैंने उससे पूछा।

मे बी नेक्स्ट ईयर इफ ऑल गोज वेल – महिला कन्धे उचकाती हुई बोली। पर मैं उसके चेहरे से झाँक रही हताशा को देख–समझ रहा था। सब कुछ हमारे सोचने के मुताबिक़ जीवन में कहाँ हो पाता है। अगर सब वैसा ही हो, तो जीवन में रोमाँच भी तो नहीं रह जायेगा। मैंने आगे बढ़कर उस महिला से हाथ मिलाया, उसके कन्धे थपथपाये, मुँह से कुछ न बोला पर आँखों से ही मैंने उसे सान्त्वना दी, उसका दुख साझा किया और उससे जीवन में फिर कभी न मिलने के लिए विदा ली।

इन महिलाओं के रेस से हटने का यह भी मतलब था कि हम लोग अब पाँचवें नम्बर पर आ चुके थे। पाँचवें रिकवरी पॉइंट के रेकॉर्ड के मुताबिक़ सबसे पहली टीम तो हमसे बहुत आगे थी, मगर बाकी टीमों और हमारे बीच बहुत ज़्यादा फ़ासला न था। कोई भी टीम जरा–सा रास्ता भटक जाए या किसी पॉइंट पर कुछ ज़्यादा देर तक आराम कर ले, तो इतने से ही पॉजिशन आगे–पीछे हो सकती थी। हमारी टीम में अब आपस में बहुत कम बातें हो रही थीं। बीच–बीच में कोई अतिरिक्त ताक़त समेटकर दूसरों का जोश बढ़ाने के बहाने अपना जोश बढ़ाते हुए कुछ–कुछ बोल पड़ता था। ऐसे बोलने में ज़्यादातर दूसरे की तारीफ करना शामिल होता था। जैसे मैंने अमित डालमिया के बारे में बार–बार बोला–

भाई लोगो सुन लो, आज की इस ट्रेल वॉक का अगर मेरी नज़र में कोई असली हीरो है, तो वह डालमिया है। जिस गति से वह पैदल चला है और न सिर्फ़ ख़ुद चला है, पूरी टीम को साथ

लेकर चला है, यह किसी और के बूते की बात नहीं। सिर्फ़ और सिर्फ़ डालमिया ही ऐसा कर सकता था।

मेरी बात का तुरन्त ही बाकी बचे दोनों लोगों द्वारा अनुमोदन किया गया।

अब हम इसी तरह एक–दूसरे की तारीफ करते हुए आगे बढ़ रहे थे। हम उस वक़्फ़े से गुज़र रहे थे, जो सौ किलोमीटर के ट्रेलवॉक का सबसे उबाऊ वक़्फ़ा होता है, जब थकान के मारे हम निढाल हुए जा रहे होते हैं और मन्ज़िल बहुत दूर नज़र आ रही होती है। हम क़रीब नब्बे किलोमीटर की दूरी पर अंतिम रिकवरी पॉइंट से निकले, तो सुबह के साढ़े चार बजे हुए थे। यह मालूम चला कि हम अब चौथे नम्बर पर आ गये हैं और हमसे आगे निकली टीम बहुत कम फ़ासले पर है। यह सोचकर कि हम वाक़ई इतनी सारी टीमों के बीच, हर सदस्य के इतने उम्रदार होते हुए भी तीसरा स्थान पाने का गौरव पा सकते हैं, हमारे कदमों में अपने आप ही ताक़त आ गयी। सबके सूख रहे कण्ठ खुल गये, सबने गति बढ़ाकर चलना शुरू कर दिया। जल्दी ही हमें एक जंगल जैसे इलाक़े से गुजरना था, जहाँ ज़मीन भी बहुत पथरीली थी। हमें एक पहाड़ की ऊँचाई से ही हमसे आगे चल रही टीम के सदस्य दिखे, जो ढलान पर उतर रहे थे। उन्हें देखते ही हमारा उत्साह और बढ़ गया और अगले आधे घण्टे में ही अमित प्रतिहारी के नेतृत्व में हमने सफलतापूर्वक उस टीम के सदस्यों को पीछे छोड़ दिया।

भाई बाई एनी चाँस, क्या अगली टीम को भी हम पीछे कर सकते हैं। वे दो–चार किलोमीटर ही आगे होंगे। अगर ऐसा कर दिया, तो मेरी कम्पनी वाले पागल हो जायेंगे– अमित प्रतिहारी को देखकर और उसकी बातें सुनकर लगता था कि उसे लेश मात्र थकान नहीं लगी है।

जितना मिल रहा है, उतने से सन्तुष्ट रहो। अब कोई चाँस नहीं है किसी को पीछे करने का और है भी तो मैं अब इसी स्पीड से चलूँगा– मैंने प्रतिहारी की बात का प्रतिकार किया। गौतम ने मेरा समर्थन किया,

पर डालमिया ऐसी कोशिश करने को तैयार था। हम लोग अब एक मुख्य सड़क पर आ चुके थे, पर अभी भी अन्धेरा था। हालाँकि दूर क्षितिज के पास ज़रा–सी उजास दिखायी देने लगी थी। दो–तीन किलोमीटर चलने के बाद हमें मुख्य सड़क छोड़कर एक खुले मैदान पर आ जाना था और यहीं हमें अपने बिलकुल सामने सूरज की रक्तिम आभा देखने को मिली। पेड़ों पर पक्षी चहकने लगे। आसपास की चीज़ें रोशन होने लगीं। यह रोशनी हमारी आँखों के रास्ते हमारे भीतर भी पहुँच रही थी। हमारी निस्तेज़ आत्मा भी जैसे सुबह के उस सुरोमल उजास में में नहा उठी। किसी ने जैसे अचानक हमारे चेहरों से थकान पोंछ दी हो। आँखों में, कदमों में, दिमाग़ में, सोच में – हर जगह एक ताजगी उतर आई। हमें लग रहा था कि जैसे हम एक दुःस्वप्न से जाग रहे हों। कम से कम मुझे तो यक़ीन नहीं हो पा रहा था कि हम 98 किलोमीटर की इतनी कष्टदायक यात्रा पूरी कर चुके हैं। अब सिर्फ़ दो किलोमीटर की दूरी बची थी, जो कि स्वाभाविक था कि हमें नगण्य ही लग रही थी। मैंने फिर मोबाइल बाहर निकाल लिया। रोशनी आ चुकी थी, इसलिए मैं विडियो शूट कर सकता था। मैंने सबसे बातें करते हुए, इस ट्रेलवॉक को लेकर सबके अनुभव लिए। सबके चेहरों पर ख़ुशी और उत्साह की चमक थी। फिनिशिंग पॉइंट पर बहुत शोर–शराबा था। बहुत सारे लोग थे वहाँ। हम पहुँचे तो हमारा विशेष स्वागत किया गया। हमने 100 किलोमीटर की यह ट्रेलवॉक 24 घण्टे 12 मिनट में पूरी की थी और लगभग 100 टीमों में हम तीसरे स्थान पर रहे थे। हम चारों ही जानते थे कि यह हमारे लिए कितनी बड़ी उपलब्धि थी। घण्टे भर इन्तज़ार के बाद मंच पर बुलाकर हमारे फिनिश टाइम और तीसरी पॉजिशन की घोषणा के साथ हमें सटिर्फिकेट दिये गये। तस्वीर खिंचाते हुए हम चारों कसकर एक–दूसरे का हाथ थामे हुए थे। यह हम ही जानते थे कि 24 घण्टे की वह दर्दनाक यात्रा हमें एक–दूसरे के कितना क़रीब ले आयी थी।

100 कि.मी. की ऑक्सफेम ट्रेलवॉक में लोनावला के जंगल से गुजरते हुए, (आगे से)–लेखक, अमित डालमिया, अमित प्रतिहारी और गौतम दास।

100 कि.मी. ऑक्सफेम ट्रेलवॉक में 100 टीमों में तीसरा स्थान पाने के बाद सर्टिफिकेट लेते हुए (बायें से)–लेखक, अमित प्रतिहारी, गौतम दास और अमित डालमिया।

अध्याय 8

एक नयी प्रतिस्पर्धा का जन्म, कुछ नये प्रतिस्पर्धी

यह 2018 की मैराथन की तैयारी के बीच में था, जब हम 100 किलोमीटर का ऑक्सफेम ट्रेलवॉक करके आये। यानी मैराथन की तैयारियों के बीच ही हम चले गये। तैयारी मेरी अच्छी चल रही थी और जैसा मैंने बताया कि इस बार मैं 3 घण्टा 55 मिनट में दौड़ पूरी करने के लक्ष्य से बनाया गया ट्रेनिंग शेड्यूल फॉलो कर रहा था। इस ट्रेलवॉक से मुझे यह मालूम चला कि मेरी वॉक करने वाली मांसपेशियाँ बहुत कमज़ोर थीं। मैं चारों दोस्तों में सबसे धीमे वॉक कर रहा था। हर बार मैं मन ही मन यह ठानता कि मैं अगले दो किलोमीटर तक सबसे आगे चलता रहूँगा और हर बार एक–एक करके बाकी लोग मुझसे आगे निकल जाते। उन्हें पकड़ने के लिए मुझे कई बार दौड़ लगानी पड़ती थी। गौतम दास ने इस बात को नोट करते हुए मुझे वॉकिंग की अलग से प्रैक्टिस करने को कहा उसके मुताबिक़ मेरे बट्स, ग्लूट्स और आईटी बैंड – सारी मसल्स कमज़ोर थीं। मैंने लौटने के बाद पहला ही काम यह किया कि अपना वीकली ट्रेनिंग का शेड्यूल बनाया और उसमें तीन दिन जिम में मसल्स स्ट्रेंथनिंग

के लिए आरक्षित रखं दिये। यानी तीन दिनों की रनिंग की ट्रेनिंग और तीन दिन मसल्स की ट्रेनिंग। एक दिन का रेस्ट। यह एक आदर्श शेड्यूल था। रनिंग की ट्रेनिंग ऐसी थी कि मैं मंगलवार को इंटरवल ट्रेनिंग करता था, गुरुवार को टेंपो रन और संडे को लॉन्ग रन। बुधवार को मैं अपर बॉडी की मसल्स मज़बूत बनाता था, शुक्रवार को लोअर बॉडी की और शनिवार कोर, एब्स, ग्लूट्स आदि के लिए रहता था, जबकि सोमवार मेरा आराम का दिन होता था। हालाँकि मैं उस दिन भी चीटिंग कर थोड़ी स्ट्रैचिंग और कोर व एब्स वर्कआउट कर लेता था।

2018 की मैराथन की तैयारी करते हुए मैं इसलिए भी अतिरिक्त जोश में था, क्योंकि उन्मुक्त ने मुझे गारमिन की घड़ी दी थी। उसकी ही दी हुई एडिडास की घड़ी ने मुझे बहुत परेशान किया था। अगर सच कहूँ, मुझे लगता था कि मेरे परफॉर्मेंस को नीचे करने में कहीं न कहीं उस घड़ी की निर्णायक भूमिका रही थी, क्योंकि ट्रेनिंग के दौरान उसने कभी दूरी और समय का सही हिसाब नहीं रखा। नब्बे पर्सेंट रनर्स के पास गारमिन घड़ी होती थी, क्योंकि वह सही हिसाब रखती थी। उसे पहन लिया, तो आपको हर क़दम पर अपने पेस के बारे में मालूम रहता था कि कितनी गति से दौड़ रहे हैं। आप अपने दिल की धड़कनों का भी हिसाब रख सकते कि वह कितनी तेज़ चल रही हैं। इससे आत्मविश्वास बना रहता है, क्योंकि आप अपनी टारगेट स्पीड के हिसाब से दौड़ पाते हो। गारमिन हाथ में आने के बाद मुझे इस बात का अहसास हो गया था कि चीजें अब सौ फ़ीसदी बदलने वाली हैं, क्योंकि गारमिन पहनकर प्रैक्टिस करते हुए मैंने पाया कि मैं चार घण्टे में मैराथन दौड़ने के लिए ज़रूरी गति से तेज़ दौड़ पा रहा हूँ। मैं नवम्बर के महीने में दो हाफ़ मैराथन दौड़ा। मैं दोनों में अपनी टारगेट पेस में दौड़ पाया। मैं बहुत आराम से 1 घण्टा 54 मिनट में हाफ़ मैराथन कर रहा था। नवम्बर के महीने में उमस ज़्यादा होती है। तब 1 घण्टा 54 मिनट में दौड़ी गयी हाफ़ मैराथन जनवरी में आराम से 1 घण्टा 50 मिनट से कम में दौड़ी जा सकती है।

इस साल मैंने ट्रेडमिल पर भी बहुत दौड़ लगाई थी और मैं स्विमिंग भी सीखना शुरू कर चुका था।

हम चारों दोस्त 100 किलोमीटर का वॉक करके अब हर संडे लॉन्ग रन के लिए एक साथ एन.सी.पी.ए. जाते। लेकिन पिछले साल की तरह अब हम साथ नहीं दौड़ते थे। हमारे ग्रुप में यह साफ़ हो गया था कि मैं अपने सब–फोर के लक्ष्य को पाने के लिए कुछ भी करने को तैयार था। अमित प्रतिहारी भी अब मेरे साथ ही दौड़ता था। गारमिन बड़ी आने से हमारे समय का हिसाब बहुत दुरुस्त रहने लगा। मैं देख रहा था कि 5 मिनट 20 सेकंड प्रति किलोमीटर की पेस से दौड़ लगा ले रहा था। मैंने 32 किलोमीटर तक भी इस पेस से दौड़ लगाई। पूरी सोसायटी के रनर्स प्रैक्टिस के दौरान मेरे ऐसे परफॉर्मेंस को देख रहे थे, नोट कर रहे थे। वे जब निजी तौर पर मुझसे मिलते, तो ख़ुद ही कह उठते – कैप्टन, इस बार सब–फोर बहुत पीछे रह जायेगा। तुम 3:40 का टाइम निकाल लोगे। मैं मन ही मन सोचता– हाँ हाँ, ऐसा हो सकता है। क्यों नहीं हो सकता, अगर मौसम सही रहा और बॉडी ने अच्छा महसूस किया तो 3.40 भी सम्भव है। मन में ऐसा सोचता पर मुँह से कुछ और बोलता – अरे कहाँ यार, चार साल से सब–फोर नहीं हो रहा। पर कोशिश ज़रूर करेंगे।

जैसे–जैसे मैराथन का दिन नज़दीक आ रहा था, वैसे–वैसे सब–फोर में मैराथन पूरी करने के दिमाग़ में अलग–अलग समीकरण बन–बिगड़ रहे थे। हरेक समीकरण पर अच्छे से मंथन करने के बाद और अपने ख़ास रनर्स से डिस्कस करने के बाद मैंने यही फ़ैसला किया कि मैं पहला हाफ़ जितनी जल्दी हो सके ख़त्म करूँगा। अगर पहला हाफ़ मैं 1 घण्टा 52 मिनट में कर देता हूँ, तो दूसरा हाफ़ पूरा करने के लिए मेरे पास 2 घण्टा 8 मिनट रहेगा। इतने में तो आराम से हो जायेगा। मैराथन का दिन आने में क़रीब पच्चीस दिन बचे थे कि अचानक मुझे लगा कि मेरा जूता पुराना हो गया है और यह मुझे दिक़्क़त पेश कर सकता है। मेरे लिए एक–एक मिनट बहुत क़ीमती था। अगर जूता बदलने से मेरा एक मिनट बचता था, तो मैं किसी

भी क़ीमत पर ऐसा करने को तैयार था। मैंने भतीजे उन्मुक्त को फ़ोन लगाया और जूते की फरमाइश की। उसने मुम्बई में एसिक्स के डीलर से बात की। संयोग से वह उसकी पहचान का था और तीस पर्सेंट डिस्काउंट पर मैं एक नया जूता ले आया। एसिक्स जैल। नये जूते पहनकर दौड़ने का अभ्यास करने के लिए मेरे पास महज दो सप्ताह बाकी था। मैं इस बात को भली–भाँति जानता था कि इतने कम समय के रहते नये जूते ट्राई करना बहुत जोख़िम भरा है, लेकिन मैं एक–दो मिनट बचाने के लिए ऐसा जोखिम लेने को तैयार था। हालाँकि दो सप्ताह तक उस नये जूते के साथ अभ्यास करते हुए मुझे उसमें जोखिम नहीं दिखायी दिया, क्योंकि जूता एकदम परफेक्ट पाँव में बैठ रहा था और मुझे दौड़ते हुए दिव्य अनुभूति हो रही थी।

इस साल मैं यह देख रहा था कि हमारी सोसायटी के भीतर से ही मुझे ज़्यादा प्रतिस्पर्धा का सामना करना पड़ रहा था। न सिर्फ़ अमित प्रतिहारी अब लगभग मेरे बराबर आ चुका था और धीरे–धीरे मुझसे आगे निकलने की तैयारी कर रहा था अनुपम गुहा ने भी गदर मचाया हुआ था। वह थोड़े नाटे कद का है-- डियागो मैराडोना जैसा, पर उसमें बेहिसाब ऊर्जा भरी हुई थी। प्रशान्त से तो कोई मुक़ाबला करने की सोचता भी नहीं था, क्योंकि वह पहले ही सब–फोर करके बहुत आगे निकल चुका था। वह अब अपने समय को 3.30 करने के पीछे था। यह एक ऐसा कारनामा था, जो अभी हमारे ख़्वाब में आना तक शुरू नहीं हुआ था। इधर मैं यह न जान पाया था कि गौतम दास के मन में भी एक बार कैप्टन को हराने का सुख लेने का लोभ जन्म ले चुका था। अभी वह बीज रूप में ही था, मगर जल्दी ही वह वृक्ष बनने वाला था। प्रसून सिकदर अलग अपनी तलवार भाँज रहा था। हालाँकि अमित डालमिया की पत्नी निधि जो कि पिछली दो मैराथनों से हम सभी में से किसी न किसी घोड़े पर अपना दाँव लगा रही थी, इस बार भी मुझ पर ही दाँव लगाया था कि मैं ही सबसे आगे रहूँगा। लगाती भी क्यों ना। पिछले साल इस घोड़े ने बीमार पड़ने के बावज़ूद उसे जीत दिलवाई थी। हमारे साथ दौड़ने वाली

अर्चना भी अकेले में मुझे कह चुकी थी– कैप्टन इस बार सबकी बजा दो अच्छी तरह। ऐसा जलवा दिखाओ कि सब देखते ही रह जायें। *इट्स हाई टाइम कैप्टन*। अर्चना हमारे साथ इतने साल से दौड़ रही थी कि आपस में बातें करते–करते सबको अच्छी तरह समझ चुकी थी कि कौन कैसा है और किस में दौड़ने की कितनी क़ाबिलियत है।

इस बार मुझे लग रहा था कि सब कुछ मेरे अनुकूल चल रहा था। पिछले साल की तरह इस बार मैं बीमार नहीं पड़ा था। मैंने दो साल पहले की तरह इस बात का पूरा ध्यान रखा कि मैं रेस की शुरुआत में ही ज़्यादा पानी न पी लूँ। एनर्जी जैल का उपयोग मैं अगले साल से करने वाला था। इस बार मैंने रास्ते में एनर्जी के लिए खजूर रखे थे और साथ में गुड़ भी था। अगले साल कॉमरेड मैराथन दौड़ने के बाद हालाँकि यह सब बदलने वाला था और मैं उबले हुए आलू साथ रखने वाला था। मैं मानसिक रूप से पूरी तरह दुरुस्त था। सिगरेट–शराब का तो सवाल ही नहीं था। आख़िरी बार सिगरेट की फूँक मारे हुए मुझे पाँच–छह महीने हो गये थे। शराब का आकर्षण जीवन में अब बचा ही न था। मुझे लगता था कि कोई अनहोनी ही मुझे इस बार सब–फोर में आने से रोक सकती है। पर मैंने पहले हाफ़ में दौड़ने की गति को लेकर दिमाग़ में सहेजे अपने समीकरण को अन्तिम मिनट में निरस्त कर दिया, क्योंकि स्टार्ट लाइन पर मुझे दिव्य ज्ञान प्राप्त हुआ कि अपने शरीर की फीलिंग के साथ दौड़ना ही सबसे अच्छी बात है। मैं इस बार प्रतिहारी के साथ अभ्यास में आजमाये गये दो नुस्खों का भी प्रयोग करने वाला था। मैं अपने अँगूठों को मुट्ठी में बन्द करके दौड़ने वाला था और दूसरा मैं दौड़ते हुए अपने माथे से निकलकर अन्तरिक्ष से जुड़े एक अदृश्य तार की कल्पना करने वाला था, जो मुझे आगे की दिशा में खींचने वाला था, जिससे दौड़ते हुए मेरी गति अपने आप बढ़ने वाली थी।

मैराथन शुरू हुई, तो मैंने बॉडी को फील करना शुरू किया। चूँकि पिछले साल मेरा फ़िनिश टाइम बहुत ख़राब था, इसलिए इस बार मुझे बी ज़ोन से स्टार्ट लेना था, जहाँ भीड़ बहुत ज़्यादा थी।

स्टार्ट लाइन पर पहुँचने में बहुत समय चला गया। मैंने अपनी कुछ महीने पहले ही मिली गारमिन घड़ी ऑन कर ली थी। स्टार्ट लाइन क्रॉस करते हुए मैंने नोट किया कि मैं क़रीब पाँच मिनट पीछे था। यानी जो रेस 5 बजकर 40 मिनट पर शुरू हुई थी, मेरे लिए वह 5 बजकर 45 मिनट पर शुरू हो रही थी। इसका यह मतलब था कि मुझे फिनिश टाइम में भी पाँच मिनट एक्स्ट्रा मिलने थे। मैंने पहला किलोमीटर 5.40 की पेस में दौड़ा। मैं शुरू में ही तेज़ दौड़ने की ग़लती नहीं करना चाहता था, जैसा कि मैं कई बार कर चुका था। दूसरा किलोमीटर मैं 5.35 की पेस पर दौड़ा। तीसरे किलोमीटर पर पेस 5.28 पर आ गयी। मैं 5.20 पर भी दौड़ सकता था, पर आज में चाँस नहीं लेना चाहता था। बस एक बार मैं सब–फोर कर लूँ, उसके बाद तो मैं कुछ भी प्रयोग कर सकता था। मरीन ड्राइव पर पहुँचा, तो समुद्र की ओर से चेहरे पर हवा टकरायी। यहाँ पहुँचकर हमेशा ताजगी मिलती थी, क्योंकि न सिर्फ़ समुद्र की ओर से आती हुई हवा मिलती थी, ये सड़क अपनी बहुत जानी–पहचानी भी थी, क्योंकि इसी पर तो हर संडे रनिंग की प्रैक्टिस करते थे। यह भी था कि यहाँ आयोजक बड़े–बड़े मंच लगाकर रखते थे, जिन पर बैंड और डी.जे. तैनात रहते, जो बहुत ऊँची आवाज़ में म्यूजिक चलाते। उस म्यूजिक की गूँज में दौड़ते हुए शरीर में एक झुरझुरी–सी उठती। पैडर रोड पर आकर मेरा पेस थोड़ा कम हुआ, लेकिन यह स्वाभाविक था क्योंकि वहाँ एक लम्बी चढ़ाई आती थी। मैं औसतन 5.30 के पेस पर दौड़ रहा था, जो मेरी योजना से 5 सेकंड धीमी थी। पर जैसा कि मैंने बताया, मैं इस बार कोई गड़बड़ नहीं करना चाहता था। मुझे थोड़ी–सी कम पेस पर कोई ऐतराज न था। वर्ली सी फेस तक बहुत ही आराम से मैं दौड़ रहा था। लेकिन सी–लिंक की चढ़ाई पार करते हुए मुझे पैर थोड़े टाइट होते महसूस हुए। मैंने अपनी स्पीड थोड़ी कम की। लेकिन उससे फ़र्क़ नहीं पड़ा। मुझे घुटने और टखनों में कमज़ोरी और थकान उतरती महसूस हो रही थी। मैंने इस तक़लीफ़ की ओर ज़्यादा ध्यान नहीं दिया और थोड़ा दम लगाकर दौड़ने लगा।

मैंने 1 घण्टा 57 मिनट में आधी दूरी पार की। चूँकि में पाँच मिनट देर से दौड़ना शुरू हुआ था, इसलिए मैंने इसमें से पाँच मिनट माइनस कर दिये। यानी मेरी गणना के मुताबिक़ मैंने 1 घण्टा 52 मिनट में आधी दूरी पूरी कर ली थी। बाक़ी की आधी दूरी के लिए मेरे पास 2 घण्टे से ज़्यादा समय था। यह पर्याप्त होना चाहिए, मैंने सोचा और योजना के मुताबिक़ अपनी गति बढ़ाने की कोशिश की, क्योंकि अगले चार–पाँच किलोमीटर तक थोड़ी ढलान रहती है। लेकिन मैंने गौर किया कि कोशिश के बाद भी मेरी स्पीड बहुत बढ़ नहीं रही थी। मेरे दाहिनी पैर की छोटी उँगली हल्की–सी चसकने लगी थी। ऐसा मेरे साथ आज तक कभी नहीं हुआ था। कुछ देर बाद मैंने महसूस किया कि दायें पैर के अँगूठे के थोड़ा नीचे एक जगह से दर्द उठने लगा था। ऐसा लगता था कि पैर के तलुवे पर एक जगह से त्वचा ऊपर आ रही है। वहाँ छाला बन रहा था। ये खतरे का संकेत था। क्योंकि अभी लगभग आधी दूरी बाकी थी। अगर यह छाला बढ़ा, तो रुलाएगा बहुत। मैंने उस छाले से अपना ध्यान हटाने की कोशिश की, मगर उसका दर्द बढ़ता जा रहा था।

बहुत धीमे–धीमे मेरी रफ़्तार कम होना शुरू हो गयी थी। क़रीब तीस किलोमीटर के आसपास मुझे समझ आया कि मेरे दोनों पैर जूतों के भीतर दबने से दर्द करने लगे थे। अब मुझे बात समझ आयी कि हुआ क्या था। मेरा नया जूता पहनकर दौड़ने का जोख़िम मुझ पर भारी पड़ रहा था। मैं अब तक इस नये जूते में अधिकतम 18 किलोमीटर ही दौड़ा था। वहाँ तक तो ठीक था। पर चूँकि जूता नया था इसलिए पूरी तरह से खुला नहीं था। वह अब पैर दबाते हुए उनमें ब्लड सर्कुलेशन को रोक रहा था। पेडर रोड की चढ़ाई के आते–आते तो वह मेरी जान लेने पर उतारू हो गया। मैंने अपनी गारमिन घड़ी में समय चैक किया। अभी भी मैं सब–फोर में फिनिश करने के हिसाब से ठीक चल रहा था। लेकिन यह मैं साफ़ देख रहा था कि मेरी गति धीरे–धीरे कम होती जा रही है। मैंने प्रतिहारी के साथ दौड़ते हुए अभ्यास में लाए गये सभी नुस्ख़े आज आजमाये थे।

पर उन्हें आजमाया भी तभी तक जा सका जब तक कि शरीर में दम था। पेडर रोड तक आते–आते सारे नुस्ख़े हवा हो चुके थे। आज इंटरनैशनल रनर्स ने मुझे पेडर रोड पर ही पीछे छोड़ा था। पिछले साल तक वे मुझे वरली सी फेस से पहले ही पीछे छोड़ देते थे। ज़ाहिर था कि इस साल मैंने अच्छा परफॉर्म किया था। मरीन ड्राइव पर आने के बाद जबकि सिर्फ़ चार किलोमीटर की दूरी बची थी मेरे दिमाग़ में समय और दूरी को लेकर गणना तेज़ी से चल रही थी। और तभी अचानक मुझे अपनी एक बड़ी ग़लती का आभास हुआ। मैं जो कुल समय में से पाँच मिनट घटाकर चल रहा था, वह ग़लत कर रहा था, क्योंकि गारमिन में तो वास्तविक दूरी आ रही थी। मुझे उसी के मुताबिक़ चार घण्टे से कम समय में 42 किलोमीटर दौड़ना था, पर मैं यह सोचकर कि चूँकि मैंने पाँच मिनट देरी से दौड़ शुरू की थी, मुझे पाँच मिनट एक्स्ट्रा मिलने चाहिए, अपने कुल समय से पाँच मिनट घटाते हुए चल रहा था। यानी जिस दौड़ को मैं अपनी घड़ी के हिसाब से 3 घण्टा 58 मिनट में ख़त्म करने वाला था, वह असल में 4 घण्टा 3 मिनट में ख़त्म हो रही थी। बावज़ूद इसके कि मैंने अपनी दम तोड़ रही टाँगों और नये जूतों में चूसे जा चुके पैरों के साथ तेज़ दौड़ने की भरपूर कोशिश की, मैं होनी को टाल नहीं सका। वजह कुछ भी रही हो, मैं इस बार भी अपना सब–फोर का लक्ष्य हासिल न कर सका। जनवरी 2018 की टाटा मुम्बई मैराथन में कैप्टन सुन्दर ठाकुर के नाम के आगे रेकॉर्ड में 4 घण्टे 3 मिनट का ऑफिशल समय दर्ज़ हुआ।

यह बात मेरे गले नहीं उतर रही थी कि कहाँ लोग मेरी प्रैक्टिस को देखते हुए भले ही मज़ाक में सही, मुझसे 3 घण्टा 40 मिनट में मैराथन पूरी करने की बात कर रहे थे और कहाँ मैं सब–फोर भी नहीं कर पाया। मैं लोगों को अपने जूते के बारे में नहीं बता सकता था, क्योंकि यह खिसियानी बिल्ली खम्भा नोचे वाली बात हो जाती।

लेकिन मैं अपने मन में जानता था कि अगर पाँच मिनट के समय को लेकर मेरे दिमाग़ में ग़फ़लत नहीं होती और मैंने नये जूते वाला जोख़िम नहीं लिया होता, तो कोई वजह न थी कि यह मैराथन 3 घण्टा 58 मिनट में पूरी नहीं कर पाता। हालाँकि अमित डालमिया की पत्नी निधि बहुत ख़ुश थी, क्योंकि इस बार भी उसका घोड़ा रेस जीत गया था। अमित प्रतिहारी, गौतम दास और अमित डालमिया तीनों ने इसी क्रम में मैराथन पूरी की थी। वैसे एक लिहाज से देखा जाए तो यह मेरा पर्सनल बेस्ट समय था, क्योंकि इससे पहले मेरा बेस्ट टाइम 4 घण्टा 20 मिनट था। मेरे दिमाग़ में सब–फोर का फ़ितूर न होता, तो मैं अपने परफॉर्मेंस को सेलीब्रेट कर रहा होता। आख़िर अपने बेस्ट टाइम से 17 मिनट कम कर देना कोई छोटी उपलब्धि न थी। लेकिन मैं तो शर्म से गड़ा जा रहा था कि 4 घण्टे से कम में न कर सका। मैं सोच ही रहा था कि इस शर्म से उबरने के लिए क्या करूँ कि तभी मुझे मालूम चला कि आई.डी.बी.आई. दिल्ली में एक फुल मैराथन करवा रहा था। उसने हाफ़ मैराथन तो दो साल पहले शुरू कर दी थी, लेकिन इस बार से वह उसमें फुल मैराथन भी जोड़ रहा था। मैंने बिना सोचे इस मैराथन के लिए रजिस्ट्रेशन करवा लिया। यह मैराथन फ़रवरी के आख़िरी सप्ताह में थी। मेरे पास अभी तीन सप्ताह का वक़्त था तैयारी करने के लिए। तैयारी क्या करनी थी। एक–दो बार मैं पंद्रह–बीस किलोमीटर दौड़ा और दिल्ली चल पड़ा।

दिल्ली में ठण्ड अब भी बची हुई थी। वहाँ मैराथन एकदम अँधेरे में सुबह साढ़े चार बजे के आसपास शुरू हो रही थी। यहाँ पेडर रोड जैसी चढ़ाई नहीं आने वाली थी, इसलिए मैं आश्वस्त था कि सब–फोर तो मैं खींच ही लूँगा। पहला हाफ़ मैंने यहाँ भी 1 घण्टा 57 मिनट में पूरा किया था। लेकिन दूसरे हाफ़ में शुरू से ही मेरी गति कम होने लगी। मैंने महसूस किया कि मेरे पैर बहुत टाइट हो गये थे और घुटनों व टखनों में बेहिसाब लैक्टिक एसिड जमा हो गया था। मेरे पैर कूल्हे से लेकर टखने तक जाम होना शुरू हो गये थे। मुझे लगने लगा था कि एक महीने में दो–दो फुल मैराथन करना मज़ाक नहीं था।

लेकिन मैं अपनी गणना के मुताबिक़ अब भी सब–फोर में मैराथन पूरी कर रहा था। मुझे बस आख़िरी कुछ किलोमीटर में अपनी गति को बनाकर रखना था। मैं तब 28 किलोमीटर के आसपास पहुँचा रहा हूँगा, जब अचानक पीछे से कोई कान के पास आकर चिल्लाया– जय बद्री विशाल! और दोनो हाथ साइड में फैला जैसे श्रीलंका का फास्ट बोलर लसिथ मलिंगा विकेट लेने के बाद करता है, मेरे सामने से लहराते हुए आगे निकल गया। अच्छा बेटे ये बात! मैं उसे पहचान कर पीछे से चिल्लाया। वह हमारी सोसायटी का अनुपम गुहा था, कैप्टन को पीछे छोड़ने का भरपूर सुख लेता हुआ। वह मुम्बई में हाफ़ मैराथन ही दौड़ा था और यह उसकी पहली फुल मैराथन थी। वह आगे निकला, तो मैं उसके पीछे एक निश्चित दूरी बनाकर दौड़ने लगा। ऐसा खेल मैं कई लोगों के साथ खेल चुका था। कोई आगे निकल जाए, तो उसके पीछे–पीछे उसकी ही गति में दौड़ते रहो और फिर किसी पॉइंट पर अचानक स्पीड बढ़ाकर उससे आगे निकल जाओ। जब कोई आपके बगल से तेज़ स्पीड में आगे निकलता है, ख़ासकर तब जबकि आप थक चुके होते हो, तो आप उसे पकड़ने की कोशिश नहीं करते। उसकी स्पीड देखकर ही समर्पण कर देते हो। लेकिन मैं देख रहा था कि मेरे तेज़ दौड़ने के प्रयत्न के बावज़ूद अनुपम और मेरे बीच की दूरी कम होने की बजाय बढ़ती जा रही थी। इसका मतलब यह था कि उसमें अभी बहुत ताक़त बची थी और वह मुझसे तेज़ दौड़ रहा था। कुछ ही देर में वह नज़र से ओझल हो गया।

मैंने वही जूते पहने हुए थे, जिन्हें मुम्बई मैराथन में इस्तेमाल किया था। मैं यह मानकर चल रहा था कि अब तक वे पूरी तरह खुल चुके होंगे। वे खुल भी चुके थे। लेकिन फिर भी उनमें कुछ था, जो मुझे परेशान कर रहा था। यह बात मुझे अगले साल उसी जूते में 50 किलोमीटर की अपनी पहली टाटा अल्ट्रा मैराथन दौड़ते हुए समझ आई। दिल्ली की इस आई.डी.बी.आई. फुल मैराथन में बावज़ूद अपने बेस्ट परफॉर्मेंस के मैं एक बार फिर 3 मिनट से अपना सब–फोर का

लक्ष्य हासिल करने से चूक गया था। अनुपम ने मुझसे दो मिनट पहले दौड़ पूरी की यानी वह भी मात्र एक मिनट से सब–फोर नहीं कर पाया था। मैराथन पूरी करते हुए मुझे समझ आ रहा था कि पिछली मैराथन की थकान अभी तक बाकी थी। मैं निराश था। इतना समय और पैसा ख़र्च करने के बावज़ूद सब–फोर के उस जादुई परफॉर्मेंस से वंचित रह रहा था। मैं उस चक्कर में यह नहीं देख पा रहा था कि उम्र बढ़ने के साथ मैं और तेज़ गति से दौड़ रहा था। मैंने एक महीने में दो फुल मैराथन कर दी थीं और दोनों में अपना पर्सनल बेस्ट समय निकाला था। मेरी आँखों पर तो दिल में दबी हुई चार घण्टे से कम समय में मैराथन पूरी करने के लक्ष्य को हासिल करने की पट्टी बँधी हुई थी। मुझे और कुछ दिखता ही नहीं था। कई बार लगता था कि यह मेरा ईगो है, जो ऐसी ज़िद कर रहा है, और फिर मैं सोचता था कि ईगो है तो ईगो सही, मैं उसे एक बार तो सन्तुष्ट करने की कोशिश कर ही सकता हूँ।

अनुपम के लिए निश्चित ही यह बड़ी उपलब्धि थी। अपनी पहली ही फुल मैराथन में सब–फोर के इतने क़रीब आ जाना कोई खेल न था। पर इससे भी बड़ी बात यह थी कि उसने कैप्टन को पीछे कर दिया था। वह कैप्टन, जिसमें कूट–कूट कर प्रतिस्पर्धा भरी हुई है और जो जाने कितने सालों से अपने रनिंग परफॉर्मेंस को सुधारने के लिए जी–जान से लगा हुआ था, उसे मात देकर आगे निकल जाना कोई छोटा कारनामा न था। इससे अनुपम का न सिर्फ़ ख़ुद पर भरोसा बढ़ना था, सोसायटी में भी उसका हीरो बनना तय था। लेकिन मैं गहरे अवसाद की ओर बढ़ रहा था। इतनी कोशिश करने के बावज़ूद रिजल्ट नहीं मिल रहा था। मैं जान रहा था कि एक बार सब कुछ क्लिक होने की ज़रूरत थी। तीन मिनट से सब–फोर चूकने का मतलब था कि कहीं बीच में मैं जादुई फीलिंग्स के साथ पाँच–सात किलोमीटर का कोई हिस्सा नहीं दौड़ा था, क्योंकि इतने से ही चार–पाँच मिनट कवर हो जाते। मैं जानता था कि मैं सब–फोर दौड़ सकता था, लेकिन शायद उसे लेकर इतना ज़्यादा सचेत हो

रहा था कि कुछ न कुछ गड़बड़ हो जा रही थी। यूँ लगातार दो मैराथन दौड़ने से अब मेरे बायें ग्लूट्स में एक खिंचाव आ जाना था और अगला डेढ़ साल मेरी रनिंग को दर्द और आनन्द के बीच गोते लगाते हुए आगे बढ़ना था। यही वह समय था, जब मैंने 1200 रुपये ख़र्च करके रनिंग पर वैज्ञानिक शोधों और निष्पत्तियों वाली टिम नोक्स की किताब Lore of Running मँगाई और रनिंग से जुड़े हुए हर छोटे–बड़े तथ्य पर गौर करना शुरू किया।

मुम्बई लौटकर मैंने सीधे जिम की शरण ली। अब मैं कम से कम दो महीने तक दौड़ना छोड़कर अपनी मसल्स पर काम करना चाहता था। टाँगे मज़बूत करना चाहता था। कोर, एब्स, ग्लूट्स दौड़ने में काम आने वाली हर मसल पर ध्यान देना चाहता था। यह सब मैं ठेस पहुँचे हुए दिल की भावुकता के साथ करना चाहता था। पूरी गम्भीरता और फ़ोकस के साथ। इस सबके साथ–साथ मैंने स्विमिंग सीखना भी शुरू कर दिया।ऐसा नहीं था कि मुझे स्विमिंग नहीं आती थी। फ़ौज में ट्रेनिंग के दौरान स्विमिंग का टेस्ट पास करना अनिवार्य होता था। लेकिन वह स्विमिंग किसी काम की नहीं थी। मैं सिर बाहर निकालकर तैरता था। नदी–नालों में ख़ुद ही सीखने वाले तैराकों के साथ दिक़्क़त यही होती है कि वे तकनीक के मामले में बहुत ख़राब होते हैं। नदी कितनी भी गहरी हो, उसकी तलहट तक पहुँचकर सिक्का खोजकर ले आयेंगे, लेकिन फ्री स्टाइल स्विमिंग नहीं कर पायेंगे। मैं आने वाले सालों में आयरन मैन भी बनना चाहता था। मुझे पता नहीं था कि मैं कैसे बनूँगा, पर चाहता था। मैं कुछ समय पहले ही आयरन मैन करके आये मिलिंद सोमन से मिला था। उससे मैंने दो घण्टे बातचीत की थी। रनिंग को लेकर भारत में जागरूकता फैलाने में उसकी ख़ास भूमिका रही थी। वह न सिर्फ़ पिछले कुछ सालों से हर साल मुम्बई की फुल मैराथन दौड़ रहा था, उसने दिल्ली से मुम्बई और मुम्बई से अहमदाबाद तक भी दौड़ लगाई थी। मुम्बई में उसने महिलाओं के लिए पिंकाथन भी शुरू की थी, जिसके तहत 3, 5 और 10 किलोमीटर की दौड़ होती है। मिलिन्द सोमन ने अपने

पचासवें वर्ष में आयरन मैन किया था। मैं इसी साल अगस्त में पचास का हो रहा था। इतनी जल्दी तो मैं नहीं कर सकता था, पर मेरे मन में था कि मैं आने वाले समय में जब भी मौक़ा मिले कर लूँगा। मुझे सिर्फ़ स्विमिंग पर ही काम करना था। मेरी योजना को कोरोना महामारी कुछ साल मुल्तवी करने वाली थी, इसका मुझे एहसास न था। मुझे साइक्लिंग और रनिंग को लेकर चिन्ता नहीं थी। मिलिंद सोमन के लिए सुविधा यह थी कि वह बचपन से अच्छा तैराक रहा था। स्विमिंग उसकी अच्छी थी और रनिंग उसने अच्छी कर ली थी। उसे सिर्फ़ साइक्लिंग में थोड़ी दिक़्क़त हुई। आयरन मैन बनने के लिए 3.8 किलोमीटर स्विमिंग, 180 किलोमीटर साइक्लिंग और 42.195 किलोमीटर रनिंग करनी होती है। तीनों 16 घण्टे से कम समय में हो जाने चाहिए। मिलिंद ने 15 घण्टे 19 मिनट में इसे पूरा किया। मिलिंद रनिंग भी नंगे पैर करता था। जिसके बारे में मैं बता चुका हूँ कि कैसे मैंने भी उसे देखकर नंगे पैर दौड़ना शुरू किया था, पर पाँच किलोमीटर तक ही अपने अभ्यास को ले जा सका। हालाँकि जूते पहनकर किये गये अपने आख़िरी फुल मैराथन में मैंने पाँच किलोमीटर बाद ही मिलिंद को पीछे छोड़ दिया था और उससे कहीं जल्दी मैराथन ख़त्म भी की थी, पर नंगे पैर दौड़ना तो शायद नौकरी से रिटायरमेंट के बाद ही सम्भव होगा, क्योंकि तभी मुझे इफ़रात में समय मिलना शुरू होगा।

यह मिलिन्द सोमन की तरह ही भविष्य में कभी आयरन मैन बनने की तमन्ना थी, जिसने स्विमिंग सीखना शुरू करवाया। जैसा कि हर नये हुनर के साथ होता है, शुरू में वह असम्भव जान पड़ता है। ऐसे कितने ही काम थे, जो मुझे शुरू में असम्भव जान पड़े थे। साइकल चलाना भी कभी असम्भव ही लगा था। मुझे हारमोनियम बजाना और सिंथेसाइजर पर गानों की सही धुन निकालना भी असम्भव ही लगा था। बाइक और चार पहिये की गाड़ी चलाना सीखना भी पहली बार में असम्भव लगा था। यानी मैं जानता था कि अगर लगातार अभ्यास करता रहा, तो आ जायेगा।

अमूमन लोगों में अभ्यास के धैर्य की कमी होती है। इस खेल को आप हमेशा के लिए समझ जायें, तो अच्छा है। जब भी आप कोई नया काम करते हैं, तो दिमाग़ में न्यूरॉन के नये सर्किट बनते हैं। जब तक वे सर्किट उस काम को बार–बार किये जाने से मज़बूत नहीं होते, आप उस काम में दक्ष नहीं हो पाते। वह कोई भी काम हो। दक्ष होने के लिए आपको उसे बार–बार करना पड़ता है। 10,000 घण्टे अभ्यास की थ्योरी यही कहती है कि किसी खेल का मास्टर बनने के लिए आपको उसकी 10,000 घण्टे की प्रैक्टिस करनी होगी। स्विमिंग को लेकर मेरी समस्या भी धैर्य की थी। उसे समय दिया जाना ज़रूरी थी और मेरे पास समय की ही सबसे ज़्यादा कमी थी, क्योंकि मैं बहुत जल्दी–जल्दी बहुत सारी चीजें करना चाह रहा था। मुझे सब–फोर फुल मैराथन करनी थी, मुझे योगासन में पारंगत होना था। इन दिनों मैं बीकेएस आयंगर की पतंजलि की योगसूत्र की व्याख्या पढ़ रहा था। मैं दिल में अपने पचासवें जन्मदिन तक पाँच मिनट में एक मील दौड़ने का अरमान भी पाले हुए था, इसलिए मौक़ा मिलने पर स्पीड बढ़ाने का अभ्यास करने से भी नहीं चूकता।

दो महीनों तक मैंने जिम में अपनी शक्ति बढ़ाने का काम किया और इस बीच एक–एक किलोमीटर के स्प्रिंट मारे। मेरा एक किलोमीटर का बेस्ट टाइम 3 मिनट 30 सेकंड आया था। जगह थी दिल्ली के शास्त्री नगर में भारत नगर का क्रिकेट ग्राउंउ, जहाँ मैं उन्मुक्त के साथ गया था।

उन्मुक्त के कोच संजय भारद्वाज इस मैदान में क्रिकेट कोचिंग का काम करते थे। एक समय में उनका डील–डौल भी बहुत ख़राब था। लेकिन मैं उनके पीछे पड़ गया। मैंने उनसे कहा कि ऐसा सुन्दर हरा–भरा मैदान आपके पास है, आप तो यहाँ के राजा हो। पर शरीर आपने क्यों ऐसा यमराज जैसा बनाया हुआ है। आपको रोज़ यहाँ सुबह–सुबह दौड़ लगानी चाहिए। एक बार उन्होंने दौड़ना शुरू किया, तो जल्दी ही उन पर भी फिटनेस का भूत सवार हो गया। एक बार शुरू करने की ही तो ज़रूरत होती है।

उन्होंने तीन साल में अपना कायान्तरण कर लिया। संजय भारद्वाज आध्यात्मिक इन्सान हैं। उन्होंने अगर गौतम गम्भीर, अमित मिश्रा, उन्मुक्त चन्द, नीतिश राणा जैसे प्लेयर पैदा किये, तो उसकी वजह ही यह है कि उन्होंने सबको बहुत गहरे भरोसे के साथ और दिल से ट्रेनिंग दी। कई खिलाड़ियों के साथ यह भरोसा इतना गहरा था कि आध्यात्मिक ऊँचाई छूने लगा। ख़ासकर उन्मुक्त के साथ तो यही हुआ था। मुझे याद है जब उन्मुक्त ने सर्विसेज के ख़िलाफ़ दिल्ली में रोशनआरा मैदान की हरी विकेट पर 151 रनों की पारी खेली थी, तो संजय भारद्वाज ने एक रात पहले ही ऐसी लाजवाब पारी की पूर्व घोषणा कर दी थी। एक बार संजय भारद्वाज को बहुत माइल्ड स्ट्रोक आया। कुछ पलों के लिए उनका एक हाथ सुन्न होने को आया। मुँह से आवाज़ निकलना बन्द हो गयी। उन्होंने उस स्थिति में भी ख़ुद पर भरोसा करना नहीं छोड़ा और परमपिता को याद किया। 10–15 मिनट में ही उनकी आवाज़ लौट आई। उस रात उन्हें हस्पताल में ही रखा गया। अगले दिन ही वह घर लौट आये ठीक होकर। वह इस घटना को याद कर आज भी यही कहते हैं कि उनके ठीक होने के पीछे उनकी फिटनेस और आध्यात्मिकता के कारण गहरा हुआ उनका ख़ुद पर भरोसा था। मैं भी उनकी तरह ही आध्यात्मिक होता जा रहा था। मेरा भी ख़ुद पर पूरा भरोसा था। मैं जानता था कि बहुत जल्दी ही मैं अपने सब–फोर के लक्ष्य का संधान कर लूँगा। मुझे सिर्फ़ सन्तुलन के साथ ट्रेनिंग करनी थी।

दिल्ली की मैराथन के बाद अगले तीन–चार महीनों में मैंने ऐसी ट्रेनिंग की कि मैं आठ मिनट के प्लेंक करने लगा। ये ही वे दिन थे, जब मैंने योग के आसनों पर भी गम्भीरता से ध्यान देना शुरू करते हुए शीर्षासन को दुरुस्त किया और हैंडस्टैंड का अभ्यास करना शुरू किया। गौतम दास बहुत से मुश्किल वाले योग आसन कर लेता था। अब चूँकि ज़्यादातर रनर्स जिम में ही आते थे, कई बार गौतम वहाँ भी सबके सामने अपने आसन की नुमाइश करता था। शीर्षासन तो वह चट्टान पर भी कर सकता था।

इस आसन का वह रेगुलर अभ्यास नहीं करता था, पर पहले उसने इतना अभ्यास किया हुआ था कि सन्तुलन उसकी मांसपेशियों में फीड हो गया था। ऐसे ही वह चक्रासन और मयूरासन भी बहुत अच्छा करता था। मैंने शीर्षासन पर ध्यान दिया और महीने भर में ही वह दुरुस्त हो गया। मेरी भीतरी जाँघ की मसल्स भी बहुत टाइट रहती थी। काफ मसल्स के टाइट रहने के कारण एड़ियों में दर्द जाता था। ग्लूट्स मसल्स तो ख़ैर हमेशा ही टाइट रहती थी। मेरे कन्धे और अपर बैक तो जैसे पत्थर बन गये थे। मैंने इन तीन महीनों में इन सारी मसल्स को खोलने का काम किया। योग आसनों से फ़ायदे होते देख कुछ समय बाद मैंने 3 हज़ार रुपये महीने में हफ़्ते में दो दिन अष्टांग योग की क्लास ज्वॉइन कर ली।

बरसात के दिन थे जब मैंने योग की क्लास शुरू की थी। सुबह साढ़े पाँच से अँधेरे में ही क्लास चालू होती थी। हमारे गुरु राकेश राने दिखने में बौद्ध मोंक जैसे लगते थे। सिर पर एक बाल नहीं था। थोड़ी कम हाइट थी, पर शरीर को देखकर ही लगता था कि बन्दे में दम है। उनके मार्गदर्शन में चार महीने ही योग का अभ्यास कर सका। जैसे ही 2019 के लिए मुम्बई मैराथन की तैयारी ने ज़ोर पकड़ना शुरू किया, मेरे लिए सुबह योग का अभ्यास करना मुमकिन नहीं रह गया। पर मुझे इसका फ़ायदा बहुत हुआ। जो मांसपेशियाँ टाइट होकर एकदम कड़क हो गयी थीं, अब वे लचीली होने लगी थीं।

किन्हीं वजहों से राकेश राने का योग सिखाना बन्द हुआ। मैं एक नये योग गुरु से योगासन सीखने का मन बना रहा था, जब कोरोना महामारी के फैलने से उस नये गुरु का आना भी मुल्तवी हुआ। अब मैं ख़ुद ही योग का अभ्यास करने वाला था। योग से मेरा जीवनभर का नाता तय हो गया था, क्योंकि मैंने महसूस कर लिया था कि वह न सिर्फ़ हमारे शरीर की माँसपेशियों को लचीला और ताक़तवर बनाता है, उससे कोशिकाओं में प्राणवायु के रूप में ऑक्सीजन का भी भरपूर प्रवाह होता है। शारीरिक फ़ायदों के अलावा

मानसिक और आध्यात्मिक फ़ायदे अलग थे। योग हमारी इच्छाशक्ति को बढ़ाता है, क्योंकि इस इच्छाशक्ति की मदद से ही हम कठिन आसनों को साधने का यत्न करते हैं। योग हमारे धैर्य को भी बढ़ाता है और हमारी जीवन शक्ति जिसे हम सेक्सुअल एनर्जी भी कहते हैं, को रिफाइन करके उसे ऊर्जा के उच्चतर रूपों में रूपान्तरित करता है। इसीलिए किसी भी फिजिकल एक्सरसाइज या स्पोर्ट्स के साथ योग अगर जुड़ जाए, तो रिजल्ट कई गुना बेहतर मिलने लगते हैं। यह बेवजह नहीं है कि दुनिया के टॉप एथलीट, खिलाड़ी और कलाकार योग के इतने मुरीद हुए जा रहे हैं।

इधर मैंने अपने भोजन की ओर ध्यान देना भी शुरू किया। सबसे पहले मैंने यह रिसर्च की कि प्रफेशनल रनर्स रनिंग के दौरान क्या खाते हैं। एक रनर को क्या खाना चाहिए। मैंने हर जगह यही पढ़ा कि रनिंग के दौरान हमारे शरीर को लगातार एनर्जी चाहिए होती है, इसलिए ज़रूरी है कि हम उसे कुछ न कुछ खाकर वह एनर्जी दें, अन्यथा हमारे रनिंग परफॉर्मेंस पर सीधा असर पड़ता है। सामान्यतः सभी रनर्स में रनिंग के दिन से पहले कार्ब लोडिंग जैसे टर्म बहुत प्रचलित थे। किसी भी मैराथन की ट्रेनिंग के आख़िरी दो सप्ताह ट्रेनिंग को कम करके बॉडी को आराम देते हैं और रेस से पहले कुछ दिन कार्ब लोडिंग करते हैं यानी कार्बोहाइड्रेड वाला भोजन ज़्यादा करते हैं, क्योंकि हमारी रनिंग में यही कार्बोहाइड्रेड काम आने वाला होता है। शरीर सबसे पहले भीतर स्टोर किये गये इसी कार्बोहाइड्रेड से अपनी ऊर्जा लेने वाला होता है। मैंने पहले कुछ एनर्जी बार मँगाये और उन्हें खाकर दौड़ने का अभ्यास किया। फिर मैंने कुछ एनर्जी जैल मँगाये। मैं हमेशा अपनी पानी की बोतल साथ लेकर दौड़ता था। मैं पानी में बी.सी.ए.ए. पाउडर का एक स्कूप डाल देता। बी.सी.ए.ए. का फुल फॉर्म है *ब्रांच्ड चेन अमीनो एसिड्स*। असल में हमारी बॉडी में मसल प्रोटीन क़रीब बीस तरह के अमीनो एसिड्स से मिलकर बना होता है, जिनमें 9 ज़रूरी और बाकी 11 गैर–ज़रूरी होते हैं। ज़रूरी अमीनो एसिड्स को शरीर सीधे नहीं ले सकता,

उन्हें भोजन के ज़रिये लेना होता है। इन 9 में से 3 ज़रूरी अमीनो एसिड्स को बीसीएए कहा जाता है। ये मांसपेशियों को बनाये रखने में मदद करते हैं। लॉन्ग रनिंग में शरीर को जब कार्ब से एनर्जी मिलना बन्द होती है, तो वह माँसपेशियों से एनर्जी लेना शुरू करता है और जल्दी ही आपकी मांसपेशियाँ सिकुड़ने लगती हैं। यही वजह है कि इंटरनैशनल स्तर पर मैराथन दौड़ने वाला हर रनर शरीर से पतला–दुबला दिखता है। मैं वैसा हरगिज नहीं दिखना चाहता था। इसीलिए ख़ुद को मनोवैज्ञानिक रूप से संतुष्ट करने के लिए पानी में हमेशा बीसीएए का एक स्कूप लेकर दौड़ता था।

दौड़ते हुए खाने के लिए मैंने एनर्जी जेल ट्राई किये, तो मुझे वे उपयोगी लगे। निश्चय ही वे शरीर को तुरन्त एनर्जी देते थे। सिर्फ़ पैसे और पानी की समस्या थी, क्योंकि मैं उन पर बहुत पैसे नहीं ख़र्च कर सकता था और उनके साथ पानी ज़्यादा लेना पड़ता था, क्योंकि ज़्यादातर एनर्जी जेल बॉडी को डिहाइड्रेड करते हैं। पैसे की समस्या का हल मैंने यह निकाला कि इन्हीं दिनों *फास्ट एंड अप* नाम का एक नया ब्रैंड आया हुआ था, जो काफ़ी सस्ते जैल दे रहा था। मुझे तीन सौ रुपये में पाँच पाउच मिल रहे थे। मैंने तय किया कि उन्हें मैं सिर्फ़ टेंपो रन और लॉन्ग रन में यूज करूँगा। टेंपो रन मैं सोलह किलोमीटर से ज़्यादा का करता नहीं था। उसमें एक पाउच से भी काम चल सकता था। लॉन्ग रन में हर दस किलोमीटर के लिए एक पाउच लेना था। मुझे इस बात का ख़याल रखना था कि जैल की वजह से डिहाइड्रेशन न हो। मैंने बाक़ायदा एक न्यूट्रिशनिस्ट की सेवाएँ लेकर अपना विशेष डाइट प्लान बनवाया। मेरी सुबह की शुरुआत अदरक के तीन गिलास गुनगुने पानी से होती थी, जिसमें मैं एक नींबू निचोड़ लेता था। सुबह उठने के बाद यही मैं पहला काम करता, जब तक कि बाद मैंने उठते ही नहाना और उसके बाद ध्यान में बैठना शुरू नहीं किया। मैंने गेहूँ का आटा लेना तो बहुत पहले ही बन्द कर दिया था। इसके लिए टेनिस प्लेयर डोकोविक की किताब Serve to win ज़िम्मेदार थी, जिसे पढ़ने के बाद मुझे ग्लूटन के बारे

में पता चला, जो कि गेहूँ और दूसरे कई अनाज में पाया जाता था। वह पचाने की क्रिया में अवरोध पैदा करता है।

मैं 2019 में हर हाल में सब–फोर का लक्ष्य हासिल कर लेना चाहता था। इसीलिए मैं इस साल की तैयारी में कोई कमी नहीं छोड़ना चाहता था। इस साल मैंने 'रन लैस रन फास्टर' किताब से 3 घण्टा 45 मिनट का ट्रेनिंग शेड्यूल निकालकर उसके मुताबिक़ ट्रेनिंग शुरू की। इस ट्रेनिंग शेड्यूल का मतलब था कि जो भी 16 सप्ताह के इस ट्रेनिंग शेड्यूल का पालन करेगा, वह 3 घण्टे 45 मिनट में फुल मैराथन कर लेगा। पिछले साल मैंने 3 घण्टे 55 मिनट का ट्रेनिंग शेड्यूल फॉलो किया था। इस बार मैं कोई गुजाइश नहीं छोड़ना चाहता था। मेरा सोचना था कि 3 घण्टा 45 मिनट में मैराथन ख़त्म करने की ट्रेनिंग करने पर 3 घण्टे 59 मिनट में तो वह हरगिज़ ख़त्म हो ही जायेगा, थोड़ा और जल्दी कर लिया तो वह बोनस!

अगर मैं रनिंग के समानान्तर अपने बाकी जीवन और बाक़ी आदतों पर नज़र डालूँ, तो अगस्त 2018 तक बहुत कुछ बदल चुका था। 11 अगस्त 2018 को मैं अपने जीवन की हाफ़ सेंचुरी लगाने वाला था। दोस्त लोगों ने महाबलेश्वर के पास पंचगनी में एक होटल बुक कर लिया और अमित प्रतिहारी को छोड़कर गौतम दास, अमित डालमिया के परिवारों के साथ मेरा परिवार, जिसमें मेरी माँ, बेटी, पत्नी और हमारी तब नौ साल की सफेद रंग की जर्मन स्पिट्ज जूनी शामिल थी, सभी एक बस में बैठकर जन्मदिन मनाने निकले। अमित प्रतिहारी की पत्नी रूपा और उसकी बेटी आरशी भी साथ थी। माँ ऐसे किसी ट्रिप में पहली बार मेरे साथ जा रही थी। हमारे एक और रनर मित्र, जो एक तरह से हमारे ग्रुप का पाँचवाँ सदस्य था, संदीप पाब्ले वहीं का रहने वाला था। उसने हमारे लिए सारी व्यवस्था करवा दी। पंचगनी बोर्डिंग स्कूलों और अपने ख़ुशनुमा मौसम के लिए मशहूर है। वहाँ अक्सर बादल आपके चेहरे से टकराते हुए उड़ते हैं।

एक समय था, जब मैं इतना आत्मग्रस्त रहा करता था कि दोस्तों के अलावा जीवन में कुछ और नहीं था। परिवार को मैं समय ही नहीं दे पाता था। ऑफ़िस से घर आते ही मैं पीने और लिखने बैठ जाता। अगर कभी पत्नी के साथ किसी शादी–विवाह में भी जाना होता, तो हमारा साथ बस विवाह स्थल तक पहुँचने का ही होता, क्योंकि पहुँचने के बाद मैं अपने दोस्तों के साथ मशगूल हो जाता। वह चाहे लड़के की हो या लड़की की, उन दिनों शादी में जाने का मतलब सिर्फ़ और सिर्फ़ शराब पीना होता था। जहाँ यह लगता कि लड़की के पिता या भाई से ऐसा परिचय नहीं था कि उनसे पिलाने की व्यवस्था करने की बात कह सकें, तो वहाँ ख़ुद ही अपनी जेब में रखकर जाते। पब्लिक के बीच बैठकर भी दारू पीने के हमारे पास पुराने नुस्ख़े थे। उन दिनों मैं हर रेलयात्रा में पीने की ख़ास व्यवस्था किया करता था। मैं लिम्का की तीन सौ एमएल वाली बोतल में जिन या वोदका के तीन–चार पैग डाल लेता। अपनी एसी टू टायर की सीट पर सेटल होने के बाद मेरी किताब खुल जाती और कहीं कोने में लिम्का की बोतल दबा दी जाती। पूरा सफ़र कब कट गया, पता ही नहीं चलता। पीने की वैसी बेहोशी से निकलकर अब मैं ऐसी स्थिति में था कि 50वें जन्मदिन के दिन दोस्तों के साथ सेलीब्रेट करते हुए वे मुझ पर पीने का दबाव बना रहे थे।

नथिंग डूइंग कैप्टन, आज तो तुझे पीना ही होगा। तेरे चक्कर में हम यहाँ आये हैं।

यह गौतम दास था, जो संदीप पाब्ले के घर पर ख़ास पीने के मक़सद से बनाये कमरे में बैठा क्रिस्टल गिलास में ख़ुशबूदार स्कॉच पी रहा था। अमित डालमिया भी वहीं बैठा हुआ था। कमरे में अंग्रेज़ी का एक बहुत ही मीठा गाना बज रहा था। संदीप पाब्ले अपनी बड़ी–बड़ी मीठी आँखों और इनोसेंट लुक के साथ मेरी ओर देख रहा था, मुझसे किसी तरह के इशारे के इन्तज़ार में कि जैसे ही मैं कहूँ, वह मेरा ड्रिंक बना दे। संदीप पाब्ले महाराष्ट्र का ही रहने वाला था। उसकी पत्नी अश्विनी का सम्बन्ध होल्कर परिवार से था।

दस–बारह सालों तक कार्पोरेट दुनिया में काम करने के बाद उसने रेवांता फैशन नाम से अपना ही काम शुरू कर लिया था। और अश्विनी ने मिलकर अश्विनी ख़ुद लम्बे समय तक कॉर्पोरेट जॉब से जुड़ी रही। रेवांता फैशन के तहत वे खादी का कपड़ा बनाते थे। यह एक समाज सेवा वाला काम भी था, क्योंकि इस काम के ज़रिये वे हज़ारों बुनकरों की आजीविका का माध्यम बने हुए थे। उन्होंने रेंटेलिया नाम से लोनावला में खादी के आधुनिक फैशन वाले कपड़ों का एक शोरूम भी खोला था। संदीप हमारे साथ रनिंग करता था, पर बाद में उसे आँख का एक बड़ा ऑपरेशन कराना पड़ा। उसके बाद उसने रनिंग कम कर दी। वह बहुत गज़ब का तैराक था। कुछ दिनों तक उसने भी मुझे तैराकी के गुर सिखाने की असफल कोशिश की। वह अब योगासन और प्राणायाम के ज़रिये ख़ुद को शारीरिक व मानसिक रूप से फिट रखता था। पंचगनी में संदीप का पुश्तैनी घर था। इस घर में उसने शराब रखने के लिए बहुत ख़ूबसूरत बार बनाया हुआ था। इतना ख़ूबसूरत कि कोई वहाँ पीने से इन्कार नहीं कर सकता था। पीने के लिए उसके पास एक से बढ़कर एक दुनिया की सबसे महँगी सिंगल माल्ट स्कॉच रखी हुई थी। मैं अभी दो महीने पहले ही इंग्लैंड से लौटा था, जहाँ मैंने आख़िरी बार लन्दन में थेम्स नदी पर तैरते एक रेस्टोरेंट में उन्मुक्त के साथ बैठकर वाइन और बियर पी थी। वहीं मैंने लौटते हुए हीथ्रो एयरपोर्ट के स्मोकिंग रूम में अपनी आख़िरी सिगरेट भी पी थी। मुम्बई आने के बाद मैं तुरन्त अपने ध्यान और फिटनेस की दिनचर्या के भीतर घुस गया, जहाँ शराब और सिगरेट का प्रवेश पूरी तरह वर्जित था। इस तरह बीच–बीच में कभी–कभार पी लेने और फिर महीनों तक छोड़ देने के अपने ढंग को देखते हुए मुझे यह समझ आ रहा था कि मैं धीरे–धीरे लगभग पच्चीस साल तक चली तंद्रा से बाहर निकल रहा हूँ। मैं कोई नियम नहीं बनाना चाहता था क्योंकि नियम कई बार उलटा असर कर जाते हैं। थोड़ा लचीलापन जीवन में रहना ज़रूरी है। बहुत ख़ास मौक़ों

पर और ख़ासकर जब मौसम और माहौल दोनों हों, दो–तीन पैग पी लेने को मैं कभी अपराध नहीं मानने वाला था।

मैंने संदीप को आँखों से ही इशारा किया और उसने तुरन्त मेरे लिए महकता हुआ सिंगल मॉल्ट स्कॉच का एक पैग बना मुझे थमा दिया। जिस तरह संगीत सुनते हुए हल्की ठण्ड में और निरन्तर इस अहसास के साथ कि बाहर गज़ब का खुशनुमा मौसम छाया हुआ है, बादल सड़क से लगकर उड़ रहे हैं, मैंने हल्के सुरूर में तैरते हुए उस अपने ही स्वाद में महकती स्कॉच का आनन्द लिया, वह मेरी स्मृति में कभी बासी नहीं पड़ने वाला। उस स्कॉच के आनन्द में मैंने सिगरेट का आनन्द भी जोड़ लिया था। उस द्विगुणित आनन्द को मैं कैसे भुला सकता हूँ। यह दो पैग पी लेने के सुरूर के बाद था कि मुझे सिगरेट पीने की ज़बरदस्त तलब हुई थी। मैं पहले से जानता कि ऐसी तलब का मैं शिकार बनने वाला था, इसलिए होटल के बाहर से ही सबसे छिपाकर दो सिगरेट ख़रीदकर जेब में रख लाया था। सिगरेट पीने की जब तलब उठी, तो उसके लिए सिर्फ़ संदीप द्वारा पिलायी जा रही महकती सिंगल मॉल्ट ही ज़िम्मेदार नहीं थी, बल्कि बाहर अब बरसना शुरू कर चुके बादल भी थे। मैंने बहुत चुपचाप संदीप के दो भीमकाय कुत्तों की नज़र और जद से कुछ दूर रहते हुए घर के मुख्य द्वार को बन्द करने के बाद बाहर खुले में पैरापीट के नीचे खड़े होकर वे पन्द्रह–सोलह कश खींचे होंगे, जिनमें से हर कश पिछले से ज़्यादा नशीला महसूस हुआ था। मैं बहुत देर तक रक्त में झनझनाहट महसूस करता रहा।

लेकिन मैं आप लोगों को अपने साथ पंचगनी में स्कॉच और सिगरेट पीने का अनुभव बताने नहीं लाया। मैं आपको यहाँ उस गहरे ध्यान का अनुभव बताने लाया हूँ, जो अगले दिन मुझमें उतरने वाला था। संदीप ने बहुत जतन से हमें और परिवार के सभी लोगों को खिला–पिलाकर, हममें से हरेक में हर नज़रिये से पूरी तरह गदगद करने वाला अहसास भरकर ही घर के बाहर हल्की बूँदाबाँदी में खड़े होकर विदा किया। भोजन से पहले बाक़ायदा केक काटकर मुझे

जन्मदिन की औपचारिक शुभकामनाएँ दी गयीं। यह अगले दिन सुबह के वक़्त था, जब मैंने होटल के कमरे की खिड़की के परदे उठाए, तो बाहर सामने ही दिख रहा जंगल कमरे में कूद आया। बूँदाबाँदी अब बढ़ गयी थी, क्योंकि पानी की आवाज़ का संगीत चारों ओर से उठ रहा था। होटल के पिछवाड़े एक बड़ा–सा तालाब था, जो मेरे कमरे से साफ़ दिखायी देता था। उसकी सतह पर मुझे बारिश की बूँदों की टिपटिप दिखायी दे रही थी। फ्रेश होने के बाद मैंने ध्यान के लिए जैसे ही आँखें बन्द कीं, मैं जैसे किसी दिव्य सुरंग में उतरता चला गया। प्रकृति मुझ पर बरस रही थी। जंगल से हवा की साँय–साँय, तालाब की सतह पर बूँदों की टिपटिप और मेरे मन के पोर–पोर में उतर रही शान्ति। उस पूरे अनुभव को मैं जीवनभर नहीं भुला सकता। पलक झपकते चालीस मिनट गुज़र गये। मैं चेहरे पर मुस्कान लिए बैठा था। विस्मित कि मेरे साथ यह क्या हो रहा था। मैं उस दौरान अपने मन में उतर रही शान्ति के लिए अपने जीवन का कमाया सब कुछ न्यौछावर कर सकता हूँ। उस चालीस मिनट के अन्तराल के दौरान हुई अनुभूति ने मुझे हमेशा के लिए सिखा दिया कि मन की शान्ति से बड़ा कोई और खजाना नहीं।

पंचगनी में हम दो दिन रहने के बाद लौट आये। मैं अपने साथ वहाँ से बारिश की हल्की बूँदाबाँदी की स्मृति लेकर आया, क्योंकि वही थी जो दो दिनों तक मुसलसल चल रही थी। कुछ महीनों पहले इंग्लैंड में मैंने ऐसी बूँदाबाँदी देखने के बाद यह सोचने की ग़लती की थी कि शायद ऐसी ख़ुशनुमा बारिश दुनिया में कहीं और देखने को नहीं मिले। लेकिन पंचगनी में आकर यह बात झूठी साबित हुई। वहाँ ऐसी बारिश में ही घटित हुए ध्यान की अलग महिमा थी। यह तो तय था कि ध्यान मेरे जीवन का, मेरी दिनचर्या का अभिन्न हिस्सा बन चुका था। अब वह ध्यान अपने करामात दिखाने पर आमादा था। वह मुझे लम्हों में जीना सिखा रहा था। ओ.एस. में मेरी छवि एक पक्के मोंक की बनती जा रही थी। पहले साथ में दौड़ने वाले इस मोंक के साथ ओल्ड जोड़कर इसे ओल्डमोंक बनाकर मज़ाक कर लिया करते थे,

पर यह देखते हुए कि मेरी जीवनशैली में अब बहुत बुनियादी बदलाव दिखने लगे हैं, क्योंकि अब मेरी बातचीत में ज़्यादातर शान्त दिमाग़ और ध्यान की महिमा का ही बख़ान होने लगा था, उन्होंने ऐसा मज़ाक करना छोड़ दिया।

पंचगनी में जन्मदिन मनाकर लौटने के तुरन्त बाद ही मैंने 2019 की मैराथन के लिए ट्रेनिंग चालू कर दी। इस बार जितने उत्साह में मैं था, उससे कहीं ज़्यादा उत्साह में गौतम दास और अमित प्रतिहारी थे। गौतम दास का सौर ऊर्जा से जुड़ा स्टार्टअप 'ऊर्जन' अब थोड़ा जड़ें जमा चुका था, इसलिए उसे सुबह के वक़्त ट्रेनिंग का समय मिलने लगा। उसका छोटा बेटा आरोहण भी अब थोड़ा बड़ा हो गया था। चूँकि गौतम दास की पत्नी मालाबी को भी सुबह अपने लिए समय चाहिए होता था, दोनों बारी–बारी से आरोहण को देखने का काम करते। मालाबी कैपजेमिनी कम्पनी में मार्केटिंग एंड कम्यूनिकेशंस की हेड थी। उसे गाहे–बगाहे विदेशी टूर पर भी जाना होता था। वह नहीं होती, तो गौतम को ही बच्चों को देखना होता। तब उसकी सुबह की ट्रेनिंग पर असर पड़ता। वह मज़ाक में अक्सर मुझसे कहता था – 'कैप्टन, जिस दिन मुझे तेरे जितना टाइम मिलने लगा, उस दिन मैं तेरे को हरा दूंगा।' इन दिनों उसका एक तक़िया क़लाम बन गया था – *मरा हुआ हाथी भी सवा लाख का*। इससे उसका आशय था कि ट्रेनिंग के लिए कम समय मिलने के बाद भी वह बहुत अच्छा परफॉर्म करने वाला था।

मैंने गौर करना शुरू किया कि गौतम न सिर्फ़ नियमित होकर ट्रेनिंग करने लगा था, बल्कि इस बार वह बहुत दम लगाकर ट्रेनिंग कर रहा था। एक दिन उसकी पत्नी मालाबी ने मुझे बताया कि घर पर भी वह 'कैप्टन कैप्टन' बोलता रहता है। कैप्टन को हराना उसकी ज़िन्दगी का मिशन बन चुका है। मैं मालाबी की बात सुनकर हँसा था और मैंने मज़ाक के लहज़े में ही उसे कहा था – कह देना गौतम को कैप्टन को हराना मुश्किल ही नहीं, नामुमकिन है। मेरी मज़ाक में कही बात मालाबी ने भी शायद मज़ाक में गौतम को बता दी। फिर क्या था।

गौतम और ज़्यादा धुँआ निकालते हुए ट्रेनिंग करने लगा। वह सोसायटी में अक्सर दौड़ते हुए ही दिखायी देता।

प्रतिहारी का भी कमोवेश यही हाल था। वह या तो नौकरी के सिलसिले में देश–विदेश घूम रहा होता या दौड़ रहा होता। वह पन्द्रह दिनों के लिए साउथ अफ्रीका गया, तो वहाँ एक कॉमरेड रनर जॉन मोसिटो से दोस्ती कर आया। जॉन मोसिटो साढ़े नौ घण्टे में कॉमरेड मैराथन दौड़ता था और फुल मैराथन साढ़े तीन घण्टे में। प्रतिहारी ने जॉन के साथ दो सप्ताह रनिंग की ट्रेनिंग की। उसे वह भारत आने का न्योता भी दे आया, जिसे जॉन ने स्वीकार किया और वह बाक़ायदा हमारे साथ टाटा मुम्बई मैराथन दौड़ने भी आया। प्रतिहारी अब हवा की रफ़्तार में दौड़ने लगा था, पर मैंने उसके ख़िलाफ़ हमेशा मनोवैज्ञानिक एडवांटेज लिया था और जब भी चाहा, उसे पीछे छोड़ा था। इसीलिए मुझे यक़ीन था कि वह कितनी भी तैयारी करे, मैं हाल–फ़िलहाल तो उसे आगे नहीं निकलने देने वाला था। मुझे याद है, एक बार हम दोनों 32 किलोमीटर का प्रैक्टिस रन कर रहे थे। उस दिन उसकी बातों और बॉडी लैंग्वेज से लग रहा था कि वह मुझे पीछे छोड़ने वाला है। प्रतिहारी की ख़ासियत यह थी कि वह कभी मुँह से ख़ुद नहीं बोलेगा कि वह मुझे हरायेगा, पर दौड़ते हुए पूरी जान लगाकर दौड़ेगा। उस प्रैक्टिस रन में वह 21 किलोमीटर के बाद मुझसे आगे निकल गया। जल्दी ही हमारे बीच क़रीब पाँच सौ मीटर का फ़ासला बन गया। मैं पीछे से देख सकता था कि वह बहुत लय में दौड़ रहा था। हम दादर की ओर से वापस दौड़ते हुए आ रहे थे, जब वह सी–लिंक के पास मुझसे आगे निकला। उस दिन मैं बहुत ताक़तवर नहीं महसूस कर रहा था। एकबारगी मुझे लगा कि निकल जाने दो उसे आगे, प्रैक्टिस रन ही तो है। लेकिन तब तक मैंने उसे किसी भी तरह की दौड़ में कभी आगे नहीं निकलने दिया था। कुछ दूर उसके पीछे–पीछे दौड़ने के बाद अचानक मुझे क्या सूझी कि मैंने गति बढ़ानी शुरू की और कुछ ही देर में मैं पाँच से कम की पेस में दौड़ रहा था। वर्ली सी फेस

जहाँ से शुरू होता है, ठीक उस मोड़ पर स्ट्राइडर्स का एक वॉटर पॉइंट था। मैंने मन में ठान लिया कि साँस उखड़ भी जाए, तो भी उस पॉइंट तक पहुँचने से पहले मैं प्रतिहारी से आगे निकल जाऊँगा। और यही हुआ। मैं वॉटर पॉइंट पर दस–पन्द्रह सेकण्ड साँस पकड़ने के लिए रुका। उसके चेहरे पर हवाइयाँ उड़ रही थी। इतनी तेज़ दौड़ते हुए कहाँ तो वह उम्मीद कर रहा होगा कि कैप्टन को बहुत पीछे छोड़ दिया होगा और कहाँ वही कैप्टन मुस्कराते हुए उससे आगे निकल गया था। वॉटर पॉइंट पर ज़्यादा रुके बिना मैंने दौड़ना शुरू किया। अब मैं उतनी तेज़ तो नहीं दौड़ रहा था, जितना मैं प्रतिहारी को पीछे करने के लिए दौड़ा था, पर फिर भी मेरी स्पीड अच्छी थी। लेकिन जैसे ही मैं हाजी अली के पास पहुँचा, मुझे पीछे क़दमों की आहट सुनाई पड़ी। पलटकर देखा, तो प्रतिहारी धुंआ निकालते हुए दौड़ा चला आ रहा था। मैंने तुरन्त गाड़ी गियर पर चढ़ाई और वहाँ से पेडर रोड की चढ़ाई पर फुल थ्रोटल में उसे खींच दिया। इतनी तेज़ तो उस चढ़ाई पर मैं कभी नहीं दौड़ा था। ऊपर मुकेश अम्बानी के घर एन्टीलिया के ठीक सामने एचडीएफसी की इमारत के बाहर एक और वॉटर पॉइंट था। मैं साँस पकड़ने के लिए वहाँ रुका और दो घूँट पानी पीकर बिना पीछे मुड़े आगे दौड़ गया। यहाँ से एनसीपीए तक छह किलोमीटर की दूरी बची थी। प्रतिहारी ने मेरे पीछे तेज़ दौड़कर अपना इरादा साफ़ कर दिया था। वह मुझसे प्रतिस्पर्धा कर रहा था। मुझसे! जिसने उसे दौड़ना सिखाया। मैं उसे आज सचमुच अपना दम दिखाना चाहता था। मैं एन.सी.पी.ए. तक पूरे दम से दौड़ा। मेरे वहाँ पहुँचने के दस मिनट बाद ही प्रतिहारी आता दिखायी दिया। मुझे देखते ही उसके मुँह से अल्फ़ाज़ निकले – क्या दौड़ते हो यार कैप्टन! मैं जानता था, यह वाक्य उसके दिल से निकला था। क्योंकि उसने आज दिल से मुझे हराने की कोशिश की थी और ख़ुद हार गया था।

अब हमारी ट्रेनिंग के दौरान अक्सर ऐसी प्रतिस्पर्धा होने लगी थी। कई बार तो मैं दम दिखाता, पर कई बार मैं शान्त रहता

क्योंकि मैं जानता था कि जहाँ ज़रूरी है, दम वहीं दिखाया जाना चाहिए। प्रतिहारी के अलावा चूँकि अब अनुपम एक बार मुझे हराने का स्वाद ले चुका था, इसलिए अब उसके हौसले भी बढ़े हुए थे। मैंने इस बार फिर से प्रशान्त के साथ ज़्यादा अभ्यास शुरू कर दिया, क्योंकि वह निर्णायक तौर पर मुझसे तेज़ रनर था। हालाँकि मैं इंटरवल ट्रेनिंग और टेंपो रन अकेले ही करता था, क्योंकि मैं 3.45 में मैराथन करने का ट्रेनिंग शेड्यूल फॉलो कर रहा था, पर संडे के लॉग रन में हम सभी लोग साथ दौड़ लेते थे। पर जैसे–जैसे मैराथन का दिन नज़दीक आता जा रहा था, मैं संडे को भी अकेले दौड़ने लगा। दो–चार बार मैं प्रशान्त के साथ ज़रूर दौड़ा। एक बार जब मैं प्रशान्त के साथ पाँच मिनट की पेस पर चौबीस किलोमीटर दौड़ा, तो दौड़ पूरी होने के बाद सहज ही उसके मुँह से निकला – कैप्टन इस बार हंड्रेड पर्सेंट तुम्हारा सब–फोर हो जायेगा। चूँकि वह ख़ुद भी कई बार सब–फोर मैराथन दौड़ चुका था, उससे बेहतर और कौन जानता था कि इसके लिए कितना दम लगाना पड़ता है। ज़ाहिर है कि उसे आज मेरे साथ दौड़ते हुए वैसे दम की झलक मिली थी, तभी उसने ऐसी बात कही।

प्रशान्त की बात से और वैसे भी, मेरा ख़ुद पर यक़ीन बढ़ता जा रहा था। मैं बहुत साफ़ देख रहा था कि मेरे दौड़ने के तरीक़े में अब अपने आप एक लय आ गयी थी। जिम में ट्रेड मिल पर दौड़ते हुए एक बार एक शख़्स ने कमेंट किया था – 'जब कैप्टन दौड़ता है, तो मन करता है उसे देखते रहें। कुछ तो ख़ास अन्दाज़ है। एकदम एफर्टलेस दौड़ता है।' ऐसे मुझे अब बहुत कॉम्प्लीमेंट्स मिलने लगे थे। मैंने इस साल मेहनत भी बहुत की थी। तीन महीने जिम ट्रेनिंग के दौरान वेट ट्रेनिंग भी चली थी। मास्क लगाकर दौड़ने का अभ्यास करने और स्विमिंग की ट्रेनिंग के कारण मेरी साँस लेने की क्षमता भी बढ़ी थी। अगस्त में जन्मदिन के दिन पंचगनी में स्कॉच और सिगरेट का आनन्द लेने के बाद मैंने उनके बारे में सोचा भी न था, पीना तो बहुत दूर था। सोसायटी के रनर्स ग्रुप में फिर से फुसफुसाहट होने

लगी थी कि कैप्टन को इस बार कोई नहीं रोक सकता। इस वक़्त सोसायटी में प्रशान्त और प्रतिहारी के अलावा अनुपम तेज़ दौड़ रहा था और गौतम अपनी अलग जंग छेड़े हुए था। इस बार हमने दो बार 36 किलोमीटर का प्रैक्टिस रन किया और तीन बार 32 किलोमीटर का। कई बार प्रैक्टिस रन के दौरान मैं अति उत्साह में आकर साढ़े तीन घण्टे में मैराथन करने जैसी बातें भी बोल देता था। यह देखते हुए कि हम तीनों ही लगभग एक जैसी स्पीड से दौड़ने में सक्षम हैं, मैंने, प्रशान्त और अमित प्रतिहारी ने फ़ैसला किया कि हम एक साथ दौड़ेंगे। एक साथ दौड़ने में सुविधा यह थी कि मुझे और प्रतिहारी को टाइम और पेस की चिन्ता नहीं करनी थी। बस, यह सुनिश्चित करना था कि हम प्रशान्त के क़दम से क़दम मिलाकर दौड़ते रहें। इस बार मौसम में थोड़ी अतिरिक्त ठण्ड महसूस हो रही थी, जिसके चलते मैंने प्रैक्टिस के दौरान 22.30 मिनट में पाँच किलोमीटर दौड़ने का कारनामा करके दिखा दिया था। इतनी तेज़ तो मैं फ़ौज की ट्रेनिंग के दौरान अपनी भरी जवानी के दिनों में भी नहीं दौड़ा था। मैं जिस तरह ध्यान और योग साधना को भी अपने जीवन का हिस्सा बना चुका था और बड़े–बड़े दार्शनिकों समेत सेल्फ हेल्प वाली भी किताबें पढ़ रहा था, मैं बखूब समझने लगा था कि सबसे बड़ा सत्य हमारा वर्तमान क्षण ही होता है। इसीलिए अतीत को बार–बार याद करने की ज़रूरत नहीं। मैं पिछली मैराथनों में कैसे अपनी योजना के मुताबिक़ नहीं दौड़ पाया था, मैं इस बारे में ख़ुद को कुछ सोचने की भी मोहलत नहीं देना चाहता था। इस बार मैंने जूते बदलने या अपने खाने–पीने अथवा रनिंग को लेकर कोई भी लास्ट मिनट बदलाव नहीं किया था। जिस तरह महाभारत की कहानी में द्रोणाचार्य से धनुष चलाने का प्रशिक्षण लेते हुए अर्जुन का ध्यान चिड़िया की आँख पर रहता था, मैं वैसी ही एकाग्रता से अपना सारा ध्यान किसी भी हाल पर मैराथन दौड़ चार घण्टे से कम समय में पूरा करने पर लगाए हुए था।

मैं इस साल अपने सब–फोर टाइमिंग को लेकर इतना निश्चिन्त था कि मैंने उत्साह में एक अलग क़िस्म का कारनामा भी कर डाला था। आप यह जो किताब पढ़ रहे हैं, यह असल में मेरे उसी कारनामे का नतीजा है। इसकी शुरुआत पिछले साल ही हो गयी थी। यह देखकर कि मैं चार–पाँच साल से चार घण्टे से कम समय में मैराथन दौड़ने के अपने लक्ष्य को हासिल नहीं कर पा रहा था और इस भरोसे के साथ कि इस साल मैं हर हाल में उसे हासिल करने वाला था, मेरे दिमाग़ में अपनी रनिंग यात्रा पर एक रोचक किताब लिखने का आइडिया आया था। आइडिया बुरा न था, क्योंकि न सिर्फ़ इसमें मैं अपनी रनिंग यात्रा के बारे में बताने वाला था, बल्कि अपनी बुरी आदतों से मुक्त होने की कहानी भी बहुत रोचक अन्दाज़ में देने वाला था। मैंने बिना किसी प्रकाशक से बात किये अपने इस आइडिया पर काम करना शुरू भी कर दिया। कुछ ही दिनों में मैंने क़रीब चालीस पेज लिख डाले। जो लिखा था, उसमें गज़ब की रवानी दिख रही थी। मैंने *वाणी प्रकाशन* की अदिति माहेश्वरी से किताब के बारे में बात की और उन्हें वे पेज भेज दिये। अदिति ने बहुत उत्साह में हामी भरी और किताब के अंग्रेज़ी व हिंदी संस्करण एक साथ लाने की बात कही। लेकिन पिछले साल मैं तीन मिनट से सब–फोर टाइमिंग हासिल करने से चूक गया। मैं इतना निरुत्साहित हो गया कि मैंने किताब पर आगे काम करना ही बन्द कर दिया। अब एक बार फिर मेरी आँखों में उम्मीद की रोशनी जगमगा रही थी। मैंने मैराथन दौड़ने से पहले ही उस किताब पर फिर से काम करना शुरू कर दिया था, क्योंकि मुझे लगने लगा था कि मेरे लिए सब–फोर मैराथन दौड़ना सिर्फ़ एक औपचारिकता भर रह गया है।

मुम्बई में 10 कि.मी. की दौड़ के बाद साथी रनर्स के साथ लेखक (बायें से)–प्रेरणा सिन्हा, लेखक, अर्चना वर्मा।

मुम्बई मैराथन पूरी करने की ख़ुशी में साथी रनर्स के साथ लेखक (बायें से)–लेखक, अमित डालमिया, अमित प्रतिहारी और गौतम दास।

अध्याय 9

बनते-बनते बिगड़ी बात, चार मिनट से टूटा ख़्वाब

2019 की टाटा मुम्बई मैराथन की सारी तैयारियाँ हो चुकी थीं। इस बार एक कमाल की बात यह थी कि मैराथन से एक दिन पहले भी मुम्बई में इतनी ठण्डी हवा चल रही थी कि शिमला, मसूरी याद आ रहे थे। मैं यह मानकर चल रहा था कि सृष्टि यह सब मेरे लिए ही कर रही है, क्योंकि सब–फोर मैराथन करने के लिए मुझसे ज़्यादा कौन बेक़रार था। मैं अब तक ध्यान और त्राटक के अभ्यास के ज़रिये ख़ुद को सृष्टि और ब्रह्मांड के बहुत क़रीब महसूस करने लगा था। मैंने कुछ दिनों पहले प्रशान्त के साथ 24 किलोमीटर का प्रैक्टिस रन किया था। क्या रफ़्तार थी हमारी। हम दौड़ नहीं रहे थे। उड़ रहे थे और हमारे शरीर में ऊर्जा थी कि ख़त्म ही नहीं हो रही थी। मौसम का दौड़ पर बहुत फ़र्क़ पड़ता है। तापमान अगर कुछ सेंटिग्रेड नीचे हो जाए, तो मैराथन दौड़ने के समय में कई मिनटों का फ़र्क़ पड़ जाता है। यह मेरी नवीं मुम्बई मैराथन थी। इतनी मैराथन दौड़ने के अनुभव के बाद मुझे नादानियाँ नहीं दिखानी थी और मैं वाकई कोई ग़लती नहीं कर रहा था। मैंने शरीर को पर्याप्त

रेस्ट दिया था। जूते, कपड़े और दौड़ में इस्तेमाल की जाने वाली हर चीज़ को मैं अभ्यास के दौरान आजमा चुका था। सारे खानों में सही का टिक लग चुका था। बस अब एक खाना बचा था कि दौड़ में टाइमिंग का। मुझे उस समय को बस चार घण्टे से नीचे रखना था। मैं सच बताऊँ तो मन में बहुत गहरे यह भरोसा था कि मैं 3.50 में भी मैराथन ख़त्म कर सकता था, पर चूँकि मुझे याद था कि पिछले वर्षों में भी मैं ऐसे ही भरोसे के साथ दौड़ा था, इसलिए मैं बिना कुछ बोले काम कर रहा था।

इस साल अमित प्रतिहारी मुझे हराने का पक्का दावेदार था। हालाँकि वह दूसरों के बीच कभी इस बात को स्वीकार नहीं करता और हमेशा ख़ुद को मेरा शिष्य ही बताता था, पर अभ्यास के दौरान मैं कई बार देख चुका था कि उसकी टाँगें मुझसे आगे निकलने को कैसे फड़कने लगी हैं। मैं जानता था कि मैं उसे मनोवैज्ञानिक स्तर पर ही हरा सकता हूँ, शारीरिक स्तर पर नहीं, क्योंकि वह मुझसे उम्र में 11 साल छोटा था। उधर गौतम दास ने 'मरा हुआ हाथी भी सवा लाख का होता है' की घोषणा कर–कर के ख़ुद को मेरे बरक्स खड़ा कर दिया था। उसकी पत्नी मालाबी कई बार थोड़े मज़ाक के लहज़े में सही, पर इस सत्य को उद्‌घाटित कर चुकी थी कि गौतम दास के जीवन में फ़िलहाल कैप्टन को हराने से बड़ा कोई और अजेंडा नहीं है। हालाँकि अमित डालमिया की पत्नी निधि ने एक संडे पहले ही हम सभी रनर्स के लिए ख़ास नाश्ते के दौरान ऐलान किया था कि इस बार भी वह अपना दाँव कैप्टन पर ही लगा रही है। निधि अक्सर संडे के दिन हम सबको नाश्ता करवाती थी। उसके हाथ के सत्तू के पराँठे और साबुत चने की सब्ज़ी दही और अचार के साथ खाने में जो सुख था, वह कहीं और मिलना सम्भव नहीं। निधि को यूँ हमें खाना खिलाने में आनन्द आता था और हमें उसके हाथ का खाने में। गौतम दास के अलावा हमारे ग्रुप से अनुपम गुहा मेरे आसपास पहुँच चुका था। पिछले साल उसने दिल्ली में हुई अपनी पहली ही

फुल मैराथन में मुझे पीछे छोड़ने का कारनामा कर दिखाया था। इस साल भी वह अपनी ज़बरदस्त तैयारी के साथ दौड़ में उतर रहा था।

मैंने अपनी कमर में बाँधे पाउच में पाँच एनर्जी जैल के पैकेट रख लिए थे। पीछे बोतल में साल भर इस्तेमाल किये गये बी.सी.ए.ए. के पाउडर मिला आधा बोतल पानी रख लिया गया था। पानी की पूरी बोतल इसलिए नहीं भरी, क्योंकि मैं वजन को न्यूनतम रखना चाहता था। जूते और मोजे मैंने तीन महीने पहले ही सेट कर दिये थे। अमित डालमिया विदेश से हमारे लिए ख़ास क्रीम लाया था, जिसे छाती और कोख़ में लगा लेने से त्वचा रगड़ नहीं खाती थी। उस क्रीम को मैंने पैरों में थाई के अन्दरूनी हिस्सों में भी लगा लिया था। मेरे बायें हाथ में गारमिन घड़ी और दाहिने हाथ में चौड़ा रिस्ट बैंड था। रनिंग शॉर्ट के भीतर मैं हमेशा स्किन टाइट्स पहनता था। मैं मैराथन से एक दिन पहले अच्छी नींद भी ले चुका था। गयी रात भी मैं नौ बजे तक सो गया था और सुबह दो बजे उठने के बाद मैंने दो ब्रेड टोस्ट में पीनट बटर और जैम लगाकर नाश्ता भी कर लिया था। घर से निकलने से पहले ब्लैक कॉफी भी गटक ली गयी थी। यानी रेस ख़राब हो, इसकी मैं कोई गुंजाइश नहीं छोड़ रहा था। सौभाग्य से सुबह उठने के बाद तीन बार मैं पाख़ाने में फारिग होने गया और हर बार अपने चेहरे पर सफलता की मुस्कान लिए बाहर निकला। यानी इस बार पेट भी पूरी तरह से साफ़ था। अब तक कुछ भी ऐसा नहीं हुआ था, जो मेरी क़ामयाबी की राह में रोड़ा बनता। मैं यह मानकर चल रहा था कि 5.40 पर शुरू होने वाली यह मैराथन मैं 8.40 से पहले ही ख़त्म कर चुका हूँगा।

मैराथन शुरू हुई, तो मैंने प्रशान्त और अमित प्रतिहारी ने साथ दौड़ना शुरू किया। पिछले साल जैसे मुझे हुआ था, इस बार अमित को ज़ुकाम और बुख़ार हो गया था। पर दवा–दारू से वह दौड़ने लायक हो गया था। हम तीनों ही बहुत शान्त थे। पहला किलोमीटर 5.40 की पेस पर हुआ। मैंने मन ही मन फ़ैसला किया हुआ था कि आज अपने दिमाग़ पर ज़ोर लगा दौड़ने की रणनीति बनाने की

बजाय चुपचाप प्रशान्त के क़दम से क़दम मिलाकर दौड़ना है। मगर फिर भी मैं अपनी गारमिन पर नज़र रखे हुए था, जो हर किलोमीटर के बाद मुझे पेस बताती है। पहला किलोमीटर प्रशान्त के हिसाब से थोड़ा तेज़ था, क्योंकि मैंने उसे कई बार बोलते सुना था कि शुरू के तीन–चार किलोमीटर बॉडी को वॉर्म अप होने दो। कई बार अभ्यास में मैंने उसे पहला किलोमीटर 6 की पेस पर करते देखा था। दूसरा किलोमीटर हमने 5.30 की पेस पर किया। तीसरा किलोमीटर करते–करते हम मरीन ड्राइव पर पहुँच चुके थे। 5.28 का पेस था। वहाँ से पूरे मरीन ड्राइव पर हमारा पेस 5.25 से 5.35 के बीच रहा। कई बार मुझे लग रहा था कि हम थोड़ा धीमा दौड़ रहे हैं, हमें कम से कम 5.25 का पेस बरकरार रखना चाहिए। पर आज मैंने पेस की कमान प्रशान्त के हाथ दी हुई थी। वर्ली सी फेस शुरू होने तक हम लोग बीच–बीच में हँस रहे थे, कुछ न कुछ बोल रहे थे, क्योंकि शरीर में ऊर्जा थी और अपने तय लक्ष्य के संधान का जोश भी था। चार घण्टे में मैराथन पूरा करने के लिए 5:41 के पेस की ज़रूरत होती है। हम उससे निरन्तर तेज़ भाग रहे थे। पेडर रोड की ढलान से उतरने के बाद हाजी अली से लेकर वर्ली सी फेस पहुँचने तक हल्की सी ढलान आती है, जिस पर हम बेहद तेज़ भागे। कहीं–कहीं पर 5.25 के पेस को छूते हुए। प्रतिहारी को देखकर लग रहा था कि वह आज अपने प्रदर्शन से हैरान करने वाला था, क्योंकि सी लिंक की चढ़ाई तक वह एकदम तरोताज़ा दिख रहा था। यह सी लिंक की चढ़ाई आने के बाद था कि मैंने महसूस किया कि आज दाहिनी ओर सूर्योदय की पीली आभा ने मेरे मन में बहुत उत्साह नहीं पैदा किया। मैंने गौर किया कि मैं थोड़ा ज़ोर से साँस लेने की कोशिश कर रहा हूँ। मुझे दौड़ने में दिक़्क़त होने लगी है। लेकिन प्रशान्त और प्रतिहारी को मजे से दौड़ता देख मैं अपनी तक़लीफ़ को नज़रअन्दाज़ कर दौड़ता रहा। सी लिंक का अन्त शुरू होते–होते ढलान शुरू हो जाती है और यहीं से रफ़्तार बढ़ना भी शुरू होती है। यहाँ से डेढ़ किलोमीटर पर ही हाफ़ मैराथन पूरी होती है। इस डेढ़ किलोमीटर

के दौरान मुझे प्रशान्त के क़दम लम्बे होते जान पड़े। उसकी गति में भी इज़ाफ़ा हो गया था। हम अब 5.25 की पेस से दौड़ रहे थे। आधी दूरी का स्प्लिट आने से पहले से ही मुझे प्रशान्त के साथ बने रहने में संघर्ष करना पड़ रहा था। हम लोग आपस में बात करना कभी का बन्द कर चुके थे, क्योंकि शरीर अब इसकी इजाज़त नहीं दे रहा था। मैं थोड़ा असमंजस में था और समझ नहीं पा रहा था कि प्रशान्त स्पीड बढ़ा रहा है या मेरी स्पीड कम हो रही है। असल में दोनों ही बातें हो रही थीं, क्योंकि 21 किलोमीटर के स्प्लिट को क्रॉस करने के बाद प्रशान्त हमसे आगे निकलने लगा। हमसे यानी मुझसे और प्रतिहारी से। अब चुनौती शुरू हो चुकी थी। मज़े वाली दौड़ का दौर गुज़र चुका थे। यहाँ से आगे संघर्ष और पीड़ा ने हमारे साथ रहना था। जब प्रशान्त हमसे आगे निकला, तो वह क़रीब 5.20 के पेस पर भाग रहा था। मगर मेरे लिए 5.35 का पेस रख पाना भी मुश्किल हो रहा था। प्रशान्त आगे निकला, तो उसके साथ–साथ अमित प्रतिहारी भी आगे चला गया। मुझे माजरा कुछ समझ नहीं आया। इतनी लम्बी दौड़ में जब हम यूँ दूसरे को आगे जाते देखते हैं, तो प्रतिक्रिया में ख़ुद भी तेज़ नहीं दौड़ने लग जाते। क्योंकि सब कुछ अपने शरीर में महसूस हो रही ऊर्जा और पैरों में उतर आयी थकान व पीड़ा के मुताबिक़ तय किया जाता है। मेरी समझ में यह नहीं आ रहा था कि जबकि प्रशान्त और प्रतिहारी इतनी तेज़ दौड़ रहे थे, मुझे क्यों इतनी थकान लग रही थी। मेरे लिए अचानक एक–एक क़दम उठाना क्यों भारी पड़ने लगा था।

हमने हाफ़ मैराथन की दूरी 1.55 में तय की थी। यह ख़राब नहीं था। इसका मतलब यह था कि सब–फोर मैराथन के लिए मेरे पास दूसरा हाफ़ करने के लिए 2.05 घण्टे थे। लेकिन मैं यह देख रहा था कि बाकी मैराथनों में मुझे जैसा संघर्ष पैंतीस किलोमीटर के बाद करना पड़ता है, इस बार वह 21 किलोमीटर में ही शुरू हो गया था। 22वें किलोमीटर का बोर्ड आते–आते स्थिति यह थी कि प्रशान्त मेरी नज़र से भी ओझल हो चुका था, जबकि प्रतिहारी क़रीब दो

सौ मीटर आगे दौड़ रहा था। वह कभी भी मेरी नज़र से ओझल हो सकता था। मुझे अपने यूँ शिथिल पड़ जाने की वजह समझ नहीं आ रही थी। मैं अभी दो सप्ताह पहले ही 1.50 में 21 किलोमीटर दौड़ा था बिना ज़्यादा थकान के। मैंने ख़ुद को कोसा – कैसा फ़ौजी है, इतनी आसानी से कैसे सरेंडर कर सकता है। मैंने अपनी ताक़त की एक–एक बूँद का इस्तेमाल करना शुरू करते हुए अपनी गति बढ़ाई। समीर सिंह ने गुर सिखाया था कि स्पीड बढ़ानी हो, तो हाथों की गति बढ़ाओ। अगला किलोमीटर मैं 5.35 की पेस पर भागा। मैंने और स्पीड बढ़ायी। अगला किलोमीटर 5.30 की पेस। 24वें किलोमीटर के क़रीब मुझे अमित प्रतिहारी फिर से दिखना शुरू हो गया। उसकी दौड़ने की स्टाइल को देखते हुए मुझे समझ आ रहा था कि अब वह भी बहुत कष्ट में दौड़ रहा था। पच्चीसवें किलोमीटर के आने से पहले मैं उससे आगे निकल गया। ठीक आगे निकलते हुए मैंने अपनी स्पीड थोड़ी बढ़ा दी, ताकि उसके दिमाग़ में मुझे पकड़ने का विचार न आये। मैं कुछ और नहीं तो निधि के मुझ पर लगाए दाँव की इज़्ज़त बचाना चाहता था। 28वें किलोमीटर तक पहुँचते हुए मेरी पेस घटकर 5.55 तक पहुँच गयी। वर्ली सी फेस की ओर आते हुए मैंने देखा कि प्रतिहारी बहुत पीछे छूट गया था। लेकिन प्रशान्त क़रीब दो किलोमीटर आगे निकल गया था। यह बहुत लम्बा फ़ासला था। पर मैं अपनी गारमिन में समय देखते हुए हिसाब लगा रहा था कि अभी भी अगर मैं 6 की पेस भी बरकरार रख पाता हूँ, तो सब–फोर आराम से हो जायेगा। मेरी सारी लड़ाई अब पेस को 6 पर बनाये रखने की थी। पर 29वाँ किलोमीटर पूरा करते हुए पेस 6 से ऊपर चली गयी। मैंने ज़ोर लगाकर उसे फिर वापस खींचा। 30वाँ किलोमीटर 5.55 में हुआ। मेरे भिंचे हुए चेहरे पर मुस्कान आयी। मैं अब ख़ुद से बातें कर रहा था। मेरे दिमाग़ में रह–रहकर पेडर रोड़ की चढ़ाई आ रही थी कि वहाँ क्या होगा। पेडर रोड की चढ़ाई शुरू होने से पहले हाजी अली के सामने अचानक मुझे आवाज़ सुनाई पड़ी कैप्टन! कैप्टन! मैंने नज़र उठाकर देखा तो वहाँ प्रशान्त खड़ा था,

साथ में उसकी पत्नी राधिका और दोनों बच्चे भी। मुझे एकाएक समझ नहीं आया कि माजरा क्या है। प्रशान्त चिल्लाया। डी.एन.डी.। यानी *डिड नॉट फिनिश*। ओह, तो वह रेस से बाहर हो गया? और तब मुझे समझ आया कि रेस की वह सुबह बहुत उमस से भरी हुई थी। आज तापमान भी ज़्यादा था और यही दौड़ने में इतनी दिक़्क़त कर रहा था। यह गर्मी का ही प्रभाव था कि पेडर रोड पर मुझे कुछ दूर पैदल चलना पड़ा। यह किलोमीटर मैंने 6.50 की पेस से किया। लेकिन पेडर रोड की चढ़ाई के बाद अगला किलोमीटर मैं वापस खींचकर 6 की पेस ले आया। अभी यहाँ से पाँच किलोमीटर की दौड़ और बाकी थी और यहीं मुझे पहली बार अपनी दायें पैर की पिंडलियों में क्रैंप उठता महसूस हुआ। अब मैं चाहकर भी अपने गति को ज़्यादा नहीं बढ़ा सकता था, क्योंकि जैसे ही मैं गति बढ़ाता क्रैंप से उठता दर्द बढ़ जाता। उस दर्द के साथ दौड़ना सम्भव नहीं है। मुझे तुरन्त गति कम करनी पड़ती। आख़िरी के दो किलोमीटर दर्द की परवाह किये बिना दौड़ने और अन्तिम तीन सौ मीटर में लँगड़ी टाँग से स्प्रिंट मारने के बावज़ूद मैंने 4.04 घण्टे में मैराथन पूरी की। पिछले साल से भी एक मिनट ज़्यादा समय में। यानी एक साल की मेहनत पानी में बह गयी। सब–फोर का समय मेरी ज़िन्दगी में अब भी सपने की तरह ही उपस्थित था। इस बार भी मैं अपने इस सपने को हक़ीक़त में बदलने में नाक़ामयाब रहा।

टाटा मुम्बई मैराथन में दौड़ते हुए लेखक। इस मैराथन में वह महज 4 मिनट से फुल मैराथन 4 घण्टे से कम समय में पूरी करने के अपने लक्ष्य को पाने से चूक गये थे।

मुम्बई मैराथन दौड़ने के बाद पत्नी डॉ. शशिकला के साथ एक रेस्टोरेंट के बाहर बैठे हुए लेखक।

अध्याय 10

दर्दभरी पहली अल्ट्रा मैराथन की मीठी यादें

मुम्बई मैराथन के अगले दिन ख़बर में पढ़ा कि इस बार तीन हज़ार से ज़्यादा लोगों को मेडिकल सुविधाओं की ज़रूरत पड़ी। मालूम चला कि गर्मी और उमस ज़्यादा होने से सभी रनर्स को दौड़ने में परेशानी हुई थी। हालाँकि हमारी सोसायटी से अनुपम गुहा ने सबको हैरान करते हुए सब–फोर के रूप में अपना पर्सनल बेस्ट समय निकाला। उसने 3.58 में मैराथन पूरी की। अमित प्रतिहारी ने बताया कि उसकी हालत बहुत ज़्यादा ख़राब हो गयी थी। वह 25 किलोमीटर के बाद रेस से बाहर निकलने का मन बना चुका था, लेकिन उसने एक व्हील चेयर पर लड़की को देख लिया। उस लड़की से उसे प्रेरणा मिली और किसी तरह उसने 4.26 में मैराथन पूरी की। गौतम दास ने 4.07 का अपना पर्सनल बेस्ट समय निकाला। वह सबसे बार–बार यही कह रहा था कि कैप्टन उसे दिखा नहीं, अगर दिख जाता तो वह नहीं छोड़ता। उसे यक़ीन नहीं हो रहा था कि उसने मेरे इतने क़रीब रेस पूरी की। प्रशान्त का कहना था कि उसे पेट में दर्द हुआ। वह तकलीफ़ के साथ दौड़ने

में यक़ीन नहीं करता, इसलिए उसने बीच में ही छोड़ दिया। जिस स्पीड से वह वहाँ तक दौड़ा था, अगर वैसे ही दौड़ता तो सम्भवतः 3.50 में दौड़ पूरी करता। कुल मिलाकर यह कि बार–बार वही–वही कहानी दोहरायी जा रही थी। बार–बार मैं चूक रहा था। तीन फुल मैराथन ऐसी थी, जिनमें मैं सिर्फ़ तीन–चार मिनट से सब–फोर हासिल करने से रह गया था। इस बार हमसे ग़लती यह हुई कि हमने मौसम पर गौर नहीं किया। हम अपने प्रैक्टिस रन के हिसाब से दौड़े। उमस और गरमी अगर ज़्यादा थी, तो शुरू में हमें थोड़ा धीरे दौड़ना चाहिए था। ऊर्जा दूसरे हाफ़ के लिए बचानी चाहिए थी। हमने अपनी सारी ताक़त जल्दी ख़त्म कर दी। 21 किलोमीटर तक अनुपम हमसे सिर्फ़ एक मिनट धीमा भागा, मगर उसे सेकण्ड हाफ़ में उसका फ़ायदा मिला और वह सब–फोर फिनिश कर पाया। मैं इस बात को जानता था कि अपनी पेस कुछ सेकंड भी कम कर दो, तो इससे बहुत फर्क पड़ जाता है। लेकिन जानने और करने में बहुत फर्क है। मैं जो जानता था, वह कर नहीं पा रहा था।

इस बीच गौतम दास ने यह किया कि एक रात उसने चुपचाप हम चारों दोस्तों का साउथ अफ्रीका में होने वाली कॉमरेड मैराथन के लिए रजिस्ट्रेशन कर दिया। यह मेरे लिए बहुत महँगा सौदा था। मैं साउथ अफ्रीका दौड़ने जाने का ख़र्च उठाने की स्थिति में नहीं था। लेकिन गौतम दास कुछ और ही मूड में था। कॉमरेड मैराथन के लिए हमारी सोसायटी से अनुपम और प्रसून ने सबसे पहले रजिस्ट्रेशन किया। फिर गौतम दास ने बिना हमसे पूछे चारों दोस्तों का रजिस्ट्रेशन कर दिया। अकेले रजिस्ट्रेशन में ही 23 हज़ार रुपये लगे। हमारी देखा–देखी अर्चना ने भी रजिस्ट्रेशन कर लिया। इस तरह ओएस से सात लोग एक साथ कॉमरेड मैराथन में शिरकत करने जा रहे थे। टाटा मुम्बई मैराथन के तुरन्त बाद हमारी कॉमरेड की ट्रेनिंग शुरू होने वाली थी, इसलिए मैंने सबसे पहले यह फ़ैसला किया कि मैं इस बार भी सब–फोर में मैराथन न कर पाने की अपनी निराशा को ख़ुद पर हावी नहीं होने दूँगा।

मैंने इस मैराथन के बारे में सोचना ही बन्द कर दिया। एक महीने में ही हमें अपनी पहली अल्ट्रा मैराथन दौड़नी थी। 50 किलोमीटर की टाटा अल्ट्रा मैराथन। यह मैराथन लोनावला के पहाड़ों में होती है। मेरे और अमित डालमिया के अलावा सभी स्ट्राइडर्स से कॉमरेड की ख़ास ट्रेनिंग ले रहे थे। स्ट्राइडर्स उन्हें हर सप्ताह का ट्रेनिंग शेड्यूल बनाकर दे रहा था। मुम्बई से क़रीब चालीस रनर्स कॉमरेड में भाग लेने जाने वाले थे। उन सभी का एक व्हट्सऐप ग्रुप बन गया था। इसमें देश के दूसरे शहरों से कॉमरेड दौड़ने जा रहे रनर्स भी शामिल थे। ग्रुप में कई ऐसे लोग थे, जो कई बार कॉमरेड कर चुके थे। इनमें डॉ. सतीश गुजरान का नाम ख़ास था, क्योंकि वह नौ बार कॉमरेड कर चुके थे और अब दसवीं बार हमारे साथ करने जा रहे थे। तीन–तीन, चार–चार बार कॉमरेड करने वाले भी थे। इस साल डरबन से पिटरमारिजबर्ग तक चढ़ाई वाली 87 किलोमीटर की दौड़ थी। हर साल इस दौड़ की दिशा बदल जाती है। एक साल नीचे से ऊपर और दूसरे साल ऊपर से नीचे। नीचे से ऊपर की ओर दूरी 87 किलोमीटर रहती थी, जबकि ऊपर से नीचे की ओर आते हुए इसे 90 किलोमीटर कर दिया जाता था। 99 साल पहले शुरू हुई यह कॉमरेड मैराथन दुनियाभर में बहुत लोकप्रिय हो चुकी थी। संभवतः इसलिए कि एक तो दौड़ का रास्ता इतना ख़ूबसूरत था कि जो इस पर दौड़ने का एक बार सुख ले लेता है, उसे अगर मेरी तरह पैसों की तंगी न हो, तो उसका दूसरी बार आना भी तय होता है। इंडिया से इस बार क़रीब दो सौ रनर्स इसमें भाग ले रहे थे। अमेरिका, इंग्लैंड और ब्राज़ील से भी अच्छी संख्या में रनर्स आ रहे थे। लेकिन इंडिया से दौड़ने वालों की संख्या सबसे ज़्यादा थी। यह साबित करता था कि न सिर्फ़ इंडिया आर्थिक ताक़त के रूप में उभर रहा था और लोगों के पास ख़र्च करने को पैसा आ रहा था, रनिंग को लेकर भारत में जागरूकता भी बढ़ती जा रही थी। मुम्बई में एक समय में सिर्फ़ स्टैंडर्ड चार्टर्ड मुम्बई मैराथन हुआ करती थी, पर अब यहाँ बीसियों मैराथन हैं। दिल्ली, बैंगलोर, कोलकाता, चैन्ने

के अलावा जाने कितने छोटे शहरों में मैराथन होने लगी हैं। कॉमरेड मैराथन करने का मतलब था कि आप एक गम्भीर रनर बन चुके हैं। पर यह मैराथन करना इतना आसान नहीं था। रनर्स के बीच जितनी कहानियाँ कामयाबियों की थीं, उतनी ही नाकामयाबियों और निराशाओं की भी थी। नियमों के मुताबिक़ इस दौड़ को 12 घण्टे से कम समय में पूरा करना पड़ता था। बीच–बीच में निश्चित दूरी के लिए एक निश्चित कट ऑफ समय होता था। अगर उतने समय में वह दूरी पूरी नहीं की, तो दौड़ से आपको हटा देते थे। ऐसे हटाए हुए लोगों के लिए अलग कई गाड़ियाँ चलती थीं। वह नजारा ही कुछ और होता है। दौड़ने वाला चूँकि इतना पैसा ख़र्च कर और छह महीने की तैयारी कर यहाँ आया होता था, इसलिए वह हर हाल में कॉमरेड पूरी कर उसका मेडल लेकर लौटना चाहता है। पर रेस आयोजकों ने इस काम के लिए जल्लाद पाले हुए थे। वे कट ऑफ टाइम में निश्चित दूरी न दौड़ पाने वालों को उठा–उठाकर गाड़ी में डाल देते थे। हमें ऐसे भी क़िस्से सुनने को मिले, जबकि 11 घण्टे 59 मिनट 59 सेकंड के बाद बन्दा फिनिश लाइन के एक क़दम दूर था। उसका पैर हवा में था, जब सामने की घड़ी में सुई ने 12 को टच कर किया और जल्लादों ने उसे हवा में ही रोक दिया। इसीलिए कॉमरेड मैराथन के लिए रजिस्ट्रेशन करवाते ही एक तनाव आपके दिमाग़ पर हावी हो जाता है कि आप इस दौड़ को सफलतापूर्वक पूरा कर पायेंगे या नहीं। आप ट्रेनिंग में कोई समझौता नहीं करते। कॉमरेड मैराथन में भाग लेने वाले ज़्यादातर रनर्स 50 किलोमीटर की टाटा अल्ट्रा मैराथन को अपने सबसे पहले प्रैक्टिस रन के रूप में देखते हैं। इसीलिए वे पूरी गम्भीरता से इसमें शिरकत करते हैं। ज़ाहिर है कि मैं भी इस अल्ट्रा मैराथन के लिए पूरी तरह गम्भीर था।

हमारी सोसायटी से इस बार हम सात लोग लोनावला के लिए रवाना हुए। यह आने वाले दिनों में कई बार होने वाला था,

क्योंकि कॉमरेड मैराथन में इस बार हमें चढ़ाई पर दौड़ना था, जिसका अभ्यास हम सिर्फ़ लोनावला में ही कर सकते थे। थोड़ी बहुत चढ़ाई हमारी सोसायटी की पास ही स्थित आरे जंगल में भी थी। पर लम्बी और जानलेवा चढ़ाई के लिए तो हमें लोनावला ही जाना था। ओएस से हम सात लोग थे – गौतम दास, अनुपम गुहा, अर्चना वर्मा उर्फ आर्ची, अमित डालमिया, अमित प्रतिहारी, प्रसून सिकदर और सुन्दर चन्द ठाकुर उर्फ कैप्टन यानी मैं। मैं उम्र में सबसे बड़ा था। ये सभी लोग अपने–अपने क्षेत्र में शीर्ष पर पहुँचे हुए थे। कॉर्पोरेट वर्ल्ड में सबकी अपनी साख थी। मुझे याद भी नहीं कि कॉमरेड मैराथन से पहले तीन बार लोनावला जाकर दौड़ने के लिए किसने कमरे बुक किये, किसने गाड़ी बुक की, किसने पैसे दिये, मैं मेहमान की तरह हर बार गया और दौड़कर लौट आया। ज़ाहिर है सारी व्यवस्था हम ही में से बाकी लोगों ने की थी। साउथ अफ्रीका के लिए टिकट लेने, वहाँ होटल बुक करने, वीज़ा लगवाने आदि काम भी गौतम दास और दोनों अमितों ने किये। मैंने सिर्फ़ पैसा दिया। पैसे के लिए भी मुझे चिन्ता नहीं करनी पड़ी, क्योंकि टाटा हॉस्पिटल ने कुछ चीजें स्पॉन्सर कर दी थी, मुझे सिर्फ़ दौड़ते हुए और अभ्यास के दौरान उनकी टी–शर्ट पहननी थी।

हम सभी लोग बहुत उत्साहित थे। टाटा मैराथन दौड़ने जाते वक़्त हमारे साथ हमारी ही सोसायटी की एक अन्य रनर प्रेरणा सिन्हा भी थी। वह कई हाफ़ मैराथन दौड़ चुकी थी और पहली बार 35 किलोमीटर की मैराथन दौड़ रही थी, जो कि टाटा अल्ट्रा मैराथन में 50 किलोमीटर के अलावा दूसरी कैटेगरी थी। प्रेरणा भी हमारे रनिंग ग्रुप का हिस्सा थी, पर वह साल में एक ही हाफ़ मैराथन करती थी। वह योग के प्रति ज़्यादा आकृष्ट थी और बेंगलुरू से एक महीने का टीचिंग सर्टिफिकेट कोर्स भी कर आयी थी। उसका अपना एक बहुत ही लोकप्रिय ब्लॉग था। प्रेरणा ढलान में बहुत तेज़ दौड़ती थी, लेकिन चढ़ाई में उसकी हालत ख़राब हो जाती। पर बड़ी बात उसका जज़्बा था। उसका 35 किलोमीटर दौड़ने का फ़ैसला करना ही बड़ी बात थी।

इस तरह टाटा अल्ट्रा में हमारी सोसायटी से दौड़ने वाले आठ लोग थे। रेस रात को दो बजे से शुरू होनी थी। मैं पहली बार यूँ रात में दौड़ने वाला था। फ़रवरी के महीने में लोनावला का मौसम बहुत अच्छा था। हवा में हल्की ठण्ड थी।

लोनावला में मैं, गौतम, दोनों अमित और आर्ची दो कमरे के फ्लैट में रुके थे। अनुपम और प्रसून एक दूसरे होटल में थे। स्ट्राइडर्स के ज़्यादातर रनर्स इसी परिसर में रुके हुए थे। भविष्य में हम दो बार और यहाँ आकर रुकने वाले थे। हमने सात बजे ही बाहर होटल में जाकर भोजन कर लिया। भोजन में सबने खिचड़ी जैसी हल्की–फुल्की चीज़ ही ली। अमित प्रतिहारी दौड़ने से पहले हर छोटी चीज़ का बहुत ख़याल रखता था। उसके साउथ अफ्रीका वाले दोस्त जॉन ने जबसे उसे रनिंग की ट्रेनिंग दी थी, वह किसी भी बड़े प्रैक्टिस रन से दो घण्टा पहले ब्रेड ज़रूर खाता था। भारतीय मानसिकता के बारे में तो मशहूर है कि एक को देखकर दूसरे को भी लग जाती है। वह चाहे भूख हो या कुछ और। यह जानकर कि सुबह उसे खाते देख बाकी लोग भी ब्रेड पर टूट पड़ेंगे, वह हमेशा ज़्यादा ब्रेड लेकर चलता था। गौतम भी उसकी तरह ब्रेड जमकर खाता। सुबह फ्रेश होने हेतु वॉशरूम का इस्तेमाल करने के लिए हमारे बीच मारामारी होती। उस मारामारी को देखकर कोई नहीं कह सकता था कि हम समाज में सम्मानजनक नज़र से देखे जाने वाले ओहदों पर आसीन और किशोर उम्र तक आ पहुँचे बच्चों के पिता हैं। हम होस्टल में रहने वाले लड़कों जैसे हो जाते थे। वैसी ही बातें, वैसे ही काम। हमारे बीच आर्ची भी होस्टल में रहने वाली लड़कियों जैसी हो जाती थी। वह हमारे साथ इतना ज़्यादा रहती थी कि हमारे बीच लिंग भेद लगभग ख़त्म हो चुका था। हालाँकि इसका सारा श्रेय आर्ची को ही दिया जाना चाहिए, क्योंकि हमारे सान्निध्य के लिए वही हमेशा पहल करती थी और हम सबको अपना सच्चा दोस्त समझती थी। हम चार लोग जब भी साथ रहे, हमने रेस शुरू होने से पहले हमेशा अफरा–तफरी में ही कमरा छोड़ा था।

अन्तिम क्षण तक किसी न किसी चीज़ के लिए भागते हुए। अमूमन गौतम दास का पेट पूरी तरह साफ़ नहीं हो पाता और वह इसकी बाक़ायदा घोषणा भी करता। एक–दो बार वह पेट पूरा साफ़ करने का ज़रूरी काम रास्ते में दौड़ को कुछ देर के लिए स्थगित करते हुए करता और मुझसे पीछे रहने की वजहों में अपने इस ज़रूरी काम को भी शामिल कर लेता।

मैं लोनावला कई बार जा चुका था, पर जैसा कि फ़ौज के दिनों से ही मैंने गौर करना शुरू कर दिया था, मेरा नेविगेशन बहुत बेकार था। मुझे दिशाओं का जरा भी ज्ञान नहीं रहता। मैं शहरों में एक ही जगह पर कई–कई बार भटक सकता था। मुझे जिस तरह ल्यूटियंस दिल्ली के रास्ते कभी समझ नहीं आये, वैसे ही मुम्बई की सड़कों और जगहों को भी मैं अब तक जान नहीं सका हूँ। दादर में भीतर की गलियों में भटकने का गज़ब कारनामा मैं कर चुका हूँ, जिसे सुनकर घरवाले आज भी हँसते हैं, क्योंकि मैं जिस स्कूल की इमारत को खोज रहा था, उसके ही चारों ओर घण्टे भर तक घूमता रहा, पर उसे खोज न पाया। इसीलिए मैं रात में स्टार्ट पॉइंट की ओर हमेशा गौतम दास के पीछे ही निकलता। मैं पाँच बार लोनावला में रात की रनिंग कर चुका हूँ, पर यह मेरा फर्स्ट टाइम था। फर्स्ट टाइम की बात ही कुछ और होती है। क्योंकि हर दृश्य और उसकी वजह से आपके भीतर जन्म लेता एहसास पहली बार हमारी चेतना में दर्ज़ हो रहा होता है। ख़ैर, हम स्टार्ट पॉइंट पर आये, तो वहाँ रनर्स वॉर्म अप कर रहे थे। मैं किसी को जानता नहीं था। पर अगले साल तक मैं इनमें से बहुत लोगों को जानने वाला था और बहुत सारे रनर्स मुझे भी जानने वाले थे। मैं भले ही सब–फोर में मैराथन नहीं कर पाया था, पर मन ही मन ख़ुद को सब–फोर वाले रनर्स जैसा ही समझता था। यह क्या कम था कि तीन बार सिर्फ़ 3–4 मिनट से ही सब–फोर करने से चूका था।

जहाँ तक आज की अल्ट्रा मैराथन का सवाल था, मैंने कुछ नहीं सोचा था कि मैं कैसे दौड़ने वाला हूँ। दो सप्ताह पहले 40 किलोमीटर

दौड़ते हुए मुझे पैरों में बहुत दर्द हुआ था। न सिर्फ़ पैरों में दर्द था, मेरे ग्लूट्स में एक बार फिर खिंचाव आ गया था और कोई नस वहाँ रह–रहकर चसकने लगी थी। कई बार उसमें बिजली का करंट जैसा आता। यह बहुत मायूस करने वाला था, क्योंकि मैं वाकई उस करंट से घबरा जाता। पहले भी वैसा मुझे कई बार हुआ था, पर तब करंट इतनी देर तक और इतनी ज़ोर से नहीं लगता था। बायीं ओर कमर के सबसे निचले हिस्से में शुरू हुआ यह करंट लगना आने वाले दिनों में मुझे बहुत तंग करने वाला था। दौड़ शुरू हुई, तो मैंने सामान्य से थोड़ा तेज़ गति से शुरुआत की। वह मेरी आदत थी। शुरू में गौतम हमेशा मुझसे पीछे रह जाता था। उसका इन्जन धीरे–धीरे गर्म होता था। वैसे दौड़ने का यही तरीक़ा ठीक भी है। शुरू में धीरे ही दौड़ना चाहिए। मैंने दौड़ने के बारे में जो भी सीखा है, वे तमाम नुस्खे, वे सावधानियाँ और टिप्स किताब के अंतिम अध्याय में आपको ज़रूर दूँगा, ताकि आप में से जो लोग रनिंग को अपने जीवन का हिस्सा बनाना चाहते हैं और ऐसा सभी को करने की कोशिश करनी चाहिए, उनके लिए दौड़ना आसान हो जाये। उन्हें मेरी तरह दौड़ना, शरीर और आत्मसम्मान, दोनों पर चोट खाकर–खाकर न सीखना पड़े।

दो–तीन किलोमीटर दौड़ने के बाद जब शरीर गर्म हो गया और रात के उस ख़ूबसूरत समाँ को अहसास में भरने से जन्म लेने वाले आनन्द ने मुझे पूरी तरह भर दिया, तो मैं स्वतः ही और तेज़ गति से दौड़ने लगा। मेरी नज़र बार–बार ऊपर जाती थी, जहाँ से तारों भरा आसमान हम पर गिर पड़ने को आतुर था। कई जगह सड़क से सटकर उड़ती धुँध मिल रही थी। धुन्ध के बड़े–बड़े टुकड़े जब रास्ते में आते, तो क्षण भर के लिए कुछ दिखना बन्द हो जाता। मैं इतना संवेदनशील था प्रकृति की उपस्थिति को लेकर कि उस धुंध का चेहरे से टकराना भी महसूस कर रहा था। मैं रास्ते की हर चीज़ पहली बार देख रहा था। रात के अँधेरे में सोए हुए घर और उनके प्रांगण में उठे हुए कुत्ते, जिनमें से कई हमें देखते हुए भौंक रहे थे। भले ही हमने रात के दो बजे से दौड़ना शुरू किया था और

जल्दी ही ब्रह्म मुहूर्त की बेला आने वाली थी, लेकिन रास्ते में कई पिकनिक स्पॉट ऐसे थे, जहाँ लोग पार्टी कर रहे थे। गाहे–बगाहे हमें पीछे से और सामने से आ रही बाइकों और कारों का सामना करना पड़ रहा था। इन बाइक्स और कारों को चलाने वाले और उनके भीतर बाकी लोग भी नशे की उस अवस्था में पहुँचे हुए थे, जहाँ हम यथार्थ से पूरी तरह कट जाते हैं। हम कुछ भी कर देते हैं और सुबह उठकर बताए जाने पर साफ़ इन्कार कर देते हैं कि हमने वैसा कुछ नहीं किया। कई लड़के–लड़कियाँ हमें यूँ दौड़ता देख भावुक होकर अजीबोग़रीब ढंग से रिएक्ट कर रहे थे। जैसे एक लड़का बहुत दूर तक गौतम दास के साथ–साथ दौड़ते हुए उसकी तारीफ़ करता रहा कि वह दौड़ते हुए बहुत अच्छा दिख रहा है। गौतम को उसकी नियत पर शंका हुई। उसने अपनी स्पीड बढ़ाकर इस मुसीबत से छुटकारा पाया।

हम सब हैड लाइट पहनकर दौड़ रहे थे। हैड लाइट मैंने सिर पर बाँधी हुई थी। उससे निकल रहा रोशनी का गोल घेरा ठीक मेरे कदमों के आगे गिर रहा था। ऐसा न था कि हेड लाइट बन्द होने पर दिखना पूरी तरह बन्द हो जाता, लेकिन सड़क पर कई जगह गड्ढे थे। उनमें पैर पड़ने का डर ज़्यादा था। कई जगह सड़क बिलकुल सुनसान थी और दोनों ओर घना जंगल। वहाँ यही रोशनी भरोसा देती थी कि कोई जानवर हम पर हमला नहीं करेगा। मोगली की फ़िल्म देखकर मैंने यही जाना था कि कैसे जंगल के जानवर आग और नकली रोशनी से बहुत ज़्यादा डरते हैं। पाँच–छह किलोमीटर दौड़ने के बाद ही एक बहुत खड़ी चढ़ाई आ गयी थी। इस चढ़ाई पर चढ़ते हुए मैं आगे–पीछे से आ रही आवाजें सुन रहा था। एक पाँच–छह रनर्स का ग्रुप शुरू से ही साथ दौड़ रहा था। उस ग्रुप का लीडर जो निर्देश देता, ग्रुप के लोग उसका पालन करते। जैसे चढ़ाई पर उसने निर्देश दिया – सौ मीटर वॉक! सभी वॉक करने लगे। फिर सौ मीटर बाद वह चिल्लाया – *हंड्रेड मीटर स्लो रन गाइज!* तो सभी ने धीमे दौड़ना शुरू किया। मैंने देखा कि एक लड़की जैसी दिखती महिला

मुझसे कुछ आगे ही चल रही है। मैंने उससे बात करनी शुरू की, तो पता चला कि वह कॉमरेड मैराथन करने वाली है। पिछले साल भी वह सफलतापूर्वक कर के आयी थी। कॉमरेड मैराथन करने का मतलब था कि वह मुझसे बड़ी रनर थी। मैं कितनी भी तेज़ मैराथन दौड़ लूँ, पर कॉमरेड मैराथन वालों से तुलना मुनासिब न था, क्योंकि मैं उसे अलग ही लीग मानता था। उसने मुझे बताया कि मैं चढ़ाई पर पैदल चलूँ, दौड़ न लगाऊँ। मैंने उसके अनुभव की क़द्र करते हुए ऐसा ही किया। पर कुछ किलोमीटर दौड़ लेने के बाद मुझे लगा कि कई जगह चढ़ाई पर मैं वॉक करने की बजाय स्लो रनिंग कर सकता हूँ। उससे मुझे थकान नहीं लग रही थी। यही मुझसे ग़लती हुई, क्योंकि मैंने महसूस किया कि बीस किलोमीटर पूरा होते–होते मेरे पैरों में दर्द उतर आया था और कमर के निचले हिस्से में दो–तीन बार मुझे बिजली के करंट की अनुभूति भी हुई। इस बीच मैं जिस ग्रुप के साथ दौड़ने की कोशिश कर रहा था, वह मुझसे आगे चला गया। ज़ाहिर है मेरी रफ़्तार कम होती जा रही थी। 20 किलोमीटर के बाद यह सोचते हुए ही तकलीफ़ हो रही थी कि अभी तो आधा भी नहीं हुआ है। लम्बी दूरी की दौड़ में आधी दूरी पूरी करने का बहुत मनोवैज्ञानिक लाभ मिलता था, क्योंकि उसके बाद से बाक़ी बची हुई दूरी बहुत तेज़ी से कम होती प्रतीत होती है। साथ दौड़ रहे आधे ग्रुप के आगे निकल जाने के बाद मैं सुनसान में अकेला रह गया। न पीछे कोई आता दिख रहा था, न आगे कोई था। मुझे उस वक़्त हिंदी के प्रसिद्ध कवि आलोक धन्वा की कविता *सफेद रात* याद आई, जिसमें आसमान में चाँद होता है और उसकी चाँदनी में जंगल नहा रहा होता है। मुझे भी आसमान में अब चाँद दिख रहा था और मेरे दोनों ओर जंगल था। मैं भयभीत तो नहीं हुआ, लेकिन झूठ नहीं बोलूँगा– कुछ देर के लिए मैं बहुत सजग हो गया। इतना सजग कि मुझे अपने ही क़दमों की आवाज़ सुनाई पड़ने लगी और सामने देखकर दौड़ते हुए भी मुझे दोनों ओर फैला जंगल दिख रहा था। एकदम अकेले हो जाने की जो स्थिति कुछ देर पहले तक मेरे मन में आशंका के

रूप में आयी थी, अब वह हक़ीक़त बन गयी थी। लेकिन कुछ ही देर में मुझे पीछे से एक रोशनी का घेरा अपनी ओर बढ़ता दिखा। धीरे–धीरे क़दमों की आवाज़ बढ़ी। वही पिछले साल कॉमरेड मैराथन दौड़ चुकी लड़की जैसी दिखती महिला मेरी ओर मुस्कराते हुए आगे निकल गयी। उसकी मुस्कान में एक मखौल उड़ाता भाव था– मैंने कहा था न चढ़ाई पर दौड़ मत लगाओ, पैदल चलो। मैं उसे आगे निकलते सिर्फ़ देख ही सकता था, क्योंकि पैरों में गति बढ़ाने की ताक़त न थी। हमें सहारा इंडिया के रेजॉर्ट एंबी वैली से वापस मुड़ना था। वहाँ तक क़रीब 25 किलोमीटर पूरा हो जाता है। मैं जब वहाँ तक पहुँचा, तो मुड़ने के तुरन्त बाद स्ट्राइडर्स के वॉटर पॉइंट से मैंने कोक और गुड़ लिया। मैं कोक पीते हुए कुछ दूर पैदल चला, तो उसके बाद मेरा दौड़ने का ही मन नहीं किया। शरीर बग़ावत पर उतर आया था। पर मैं पुराना फ़ौजी था। फ़ौज की ट्रेनिंग के दौरान शरीर की ऐसी कितनी ही बगावतों को हमारे उस्तादों ने बुरी तरह कुचला था। वह सब याददाश्त में जीवित था और ऐसे मौक़ों पर जीवन्त भी हो उठता था। मैंने यही सोचकर शरीर को आगे धकेलना शुरू किया कि दौड़ा नहीं, तो गौतम दास आ जायेगा और मुझे हरा देगा। हराने के बाद कई दिनों तक वह मुझे जीने नहीं देता। उसे याद कर मैंने जैसे ही थोड़ा सामान्य गति से दौड़ना शुरू किया, तो दूसरी ओर से सचमुच गौतम दास दौड़ता हुआ दिखा। दौड़ते हुए बॉडी लैंग्वेज से मालूम चल जाता है कि बन्दे में कितना दम है। उसमें बहुत दम दिख रहा था। उसे देखते ही मैंने अपनी गति बढ़ा दी। अभी उसे क़रीब तीन सौ मीटर और आगे दौड़ना था, वापस पलटने से पहले। यानी मेरे और उसके दरमियाँ अभी क़रीब छह सौ मीटर का फ़ासला था। मैंने पुरजोर दम लगाकर अपनी गति बढ़ाना शुरू किया। लेकिन मैं जो गति बढ़ा रहा था, वह सिर्फ़ मेरे दिमाग़ के भीतर बढ़ रही थी, क़दमों तक नहीं उतर पा रही थी। कुछ ही देर में मुझे लगने लगा कि अब पीछे से उसकी आवाज़ आयेगी– कैप्टन, देख कहा था न मरा हुआ हाथी भी सवा लाख का होता है।

हालाँकि ऐसी आवाज़ तो नहीं आई, लेकिन क़ुछ ही देर में गौतम ज़रूर आ गया। वह पीछे से कुछ नहीं बोला, पर आगे निकलते ही बोला– क्या कैप्टन, इतना स्लो क्यों दौड़ रहा। चल आ जा मेरे साथ दौड़।

उसने बोला तो सही कि मेरे साथ दौड़, लेकिन उसकी गति में जरा भी कमी नहीं हुई। उलटा मुझे लगा कि मेरे बगल से निकलते हुए उसने अपनी गति और बढ़ा ली। मैंने एक क्षण के लिए सचमुच कोशिश की कि थोड़ी गति बढ़ा लूँ, लेकिन कोशिश करने के साथ ही बायीं ओर कमर के निचले हिस्से पर करंट का झटका लगा। मैं तुरन्त रुक गया। मेरे मुँह से आवाज़ निकली – रहने दे भाई, तू निकल। मेरे लिए मुश्किल है आज।

अब मैं पैदल चल रहा था। दोनों ओर घने और बड़े पेड़ थे, जिनसे छनकर आता हुआ जंगल का सुनसान अब मेरे कानों को बेहतर सुनाई देने लगा था। कुछ ही देर में पीछे से रनर्स एक–एक करके आगे जाने लगे। वे मेरी बगल से निकलते, तो अपने–अपने ढंग से मेरा जोश बढ़ाने के लिए कुछ न कुछ बोलते ज़रूर।

– *कम ऑन मैन, यू कैन डू इट। डोंट स्टॉप। कम कम।*

– आजा–आजा भाई, शाबाश। शेर कभी रुकते नहीं। चल चल धीरे–धीरे दौड़।

इन रनर्स की बातें सुनकर मन में तो आ रहा था कि दौड़ना शुरू कर दूं, पर दौड़ नहीं पा रहा था। न सिर्फ़ लोअर बैक में रुक–रुक कर करंट उठ रहा था, मेरे जूतों के भीतर पैर बहुत टाइट हो गये थे। ये वही जूते थे, जिन्हें पहनकर मैंने पिछले साल दिल्ली में फुल मैराथन दौड़ी थी। क़रीब पाँच सौ मीटर पैदल चलने के बाद मुझे थोड़ा बेहतर महसूस हुआ, तो मैंने फिर दौड़ना शुरू किया। थोड़ा अच्छा महसूस हुआ, तो मैंने स्पीड बढ़ायी। और ज़ोर लगाया तो कुछ किलोमीटर के बाद दूर गौतम दिखायी दिया। वह किसी दूसरे रनर के साथ पैदल चल रहा था। मुझे लगा कि अगर मैं उस चढ़ाई पर पैदल न चल थोड़ा दौड़कर पार कर लूँ, तो गौतम को

फिर से पीछे करने का अप्रतिम सुख ले सकता हूँ। इस इरादे के साथ मैंने उस चढ़ाई को दौड़कर पार कर लिया। और यही मेरी सबसे बड़ी चूक साबित हुई, क्योंकि जहाँ चढ़ाई पार करने के बाद गौतम ने बिना पीछे देखे दौड़ना शुरू कर दिया, वहीं मैं चढ़ाई ख़त्म करते–करते थकान से निढाल हो गया। फिर मेरे लिए ढलान पर भी उतरना बड़ी चुनौती बन गया। क़रीब 32 किलोमीटर के बाद अचानक रास्ता मुख्य सड़क से हटकर एक टूटी–फूटी सड़क की ओर मुड़ जाता है। यहाँ पहुँचते–पहुँचते मेरे पैरों की हालत ख़राब हो चुकी थी। अब मैं रुक–रुक कर दौड़ रहा था। दो सौ मीटर दौड़ता, फिर सौ मीटर पैदल चलता। कई जगह दो सौ मीटर पैदल चलकर पचास मीटर दौड़ता। मैंने चढ़ाई पर न दौड़ने की क़सम खा ली थी। मुझे यक़ीन नहीं हो रहा था कि 50 किलोमीटर की यह मैराथन मुझ पर इतनी भारी पड़ रही है। क़रीब 5–6 किलोमीटर लम्बी उस कच्ची सड़क ने मेरी जान ले ली। मैं बहुत बेसब्री से सुबह के होने का इन्तज़ार कर रहा था, क्योंकि हैडलाइट की रोशनी के बावज़ूद मुझे उस मिट्टी की कच्ची सड़क पर पड़े पत्थर और गड्ढे दिख नहीं पा रहे थे। मैं पाठकों को यह भी बता देना चाहता हूँ कि फ़ौजी होने और हमेशा जूते पहनने के कारण मेरे पैरों के तलवे ज़रूरत से ज़्यादा मुलायम हैं और कितनी भी नजाकत से चलूँ, छोटे–छोटे पत्थर तलुवों में चुभकर दर्द से मेरी जान ले लेते हैं। यही वजह थी कि मिलिन्द सोमन से प्रभावित होने के बावज़ूद मुझे अपना नंगे पैर दौड़ने का अभ्यास एक महीने में ही बन्द करना पड़ा। इस कच्चे रास्ते से बाहर निकला, तो दूर पूरब में पौ फटने के बहुत हल्के से सुराग दिखे। अब क़रीब 40 किलोमीटर की दूरी तय की जा चुकी थी। पक्की सड़क आने के बाद मैंने पथरीले कच्चे रास्ते पर चलने की सजा से मुक्त होने का उत्सव मनाने के लिए किसी तरह दौड़ना शुरू किया। यह दौड़ना सिर्फ़ कहने के लिए दौड़ना था, क्योंकि कोई बच्चा भी अगर मेरे समानान्तर पैदल चल रहा होता, तो वह मुझे पीछे छोड़ देता। कुछ ही देर में बियाबान पड़े खेतों के पार दिख रही

सह्याद्रि की पर्वत शृंखला की दूसरी ओर से रक्तिम सूरज नमूदार हुआ और अचानक वातावरण चिड़ियों के संगीत से गूँज उठा। सुबह के इस समाँ ने मेरे भीतर के घुमक्कड़ प्रेमी को जगा दिया था। इस घुमक्कड़ ने तुरन्त मेरे भीतर के रनर को धकेल उसकी जगह ले ली। मोबाइल बाहर निकाल लिया गया। अब मैं अपनी रनिंग कमेंट्री के साथ विडियो बनाने लगा, वैसे ही जैसे मैंने इसी लोनावला में 100 किलोमीटर की ऑक्सफेम ट्रेलवॉक के दौरान बनाये थे– दोस्तो ये है लोनावला की एक ख़ूबसूरत सुबह। इस वक़्त सुबह के छह बजे हैं और सूर्य क्षितिज से लगभग बीस डिग्री का कोण बनाता हुआ चमक रहा है। पेड़ों पर रात भर गहरी नींद सोई चिड़ियाँ जाग गयी हैं और अब अपने संगीत से माहौल को भर रही हैं...।

मैंने तीन–चार बहुत सुन्दर विडियो बनाये। ज़ाहिर है, अब मैं पैदल ही चल रहा था। मैं पीछे से आ रहे रनर्स का जोश बढ़ाता और उनकी प्रतिक्रिया कैमरे में क़ैद करता। मैंने प्रकृति के मनोरम दृश्यों को भी विडियो में क़ैद किया। क़रीब एक किलोमीटर पैदल चलने के बाद जब मुझे शरीर में ताक़त महसूस हुई, तो मैंने फिर से दौड़ना शुरू किया। अब मैं इस अल्ट्रा मैराथन को छह घण्टे से कम समय में पूरा करने के लिए दौड़ रहा था। मेरे पैरों में उतर आये दर्द की इंतिहा थी कि चढ़ाई की बात छोड़िए, मुझसे ढलान पर पैदल तक चला नहीं जा रहा था। वह एक तीखी लम्बी ढलान थी, जिस पर बमुशकिल उतरने के दौरान प्रसून सिकदर की पीछे से आवाज़ आयी– अरे कैप्टन तुम, दौड़ा नहीं जा रहा क्या। आ जाओ–आ जाओ।

प्रसून यह कहते हुए ढलान पर सरपट भाग लिया। हम दोस्तों में अब मेरे से पीछे सिर्फ़ अमित डालमिया बचा था। अगर कभी ओएस के रनर्स की कहानी लिखी जायेगी, तो प्रसून का यूँ मुझसे आगे निकल जाने का बहुत ख़ास ज़िक्र किया जायेगा। प्रसून ने अभी दो साल पहले ही दौड़ना शुरू किया था। अलबत्ता वह और मेरी पत्नी डॉ. शशिकला अपने जीवन की पहली दौड़ के रूप में जुहू में दस किलोमीटर एक साथ ही दौड़े थे। दो–तीन साल में ही

अगर प्रसून मेरे पिछले दस साल के अभ्यास को धता बताते हुए मुझे ही पीछे छोड़ दे, तो कहानी में इस घटना का जिक्र बनता ही है। मैं जानता था कि उस कहानी में मेरे पैरों के दर्द के बारे में कुछ नहीं कहा जायेगा। जूतों के भीतर मेरे पैर दर्द से जैसे सुन्न पड़ने लगे थे, उसका कोई जिक्र तक नहीं करेगा। प्रसून को यूँ ख़ुद से आगे निकलता देख मैं इस बात को लेकर आश्वस्त हुआ कि मुझे कोई–न–कोई तकलीफ़ ज़रूर थी, अन्यथा ऐसी नौबत कैसे आती कि प्रसून आगे निकल जाये। अंतिम तीन किलोमीटर में एक बहुत लम्बी चढ़ाई थी। उस चढ़ाई को देख मुझे लगा कि जैसे यह रेस कभी ख़त्म ही न होगी, क्योंकि मुझे अब दर्द को कम करने के लिए ज़्यादातर पैदल ही चलना पड़ रहा था। वह तो मेरे भीतर का पुराना फ़ौजी था, जो बीच–बीच में दर्द के बावज़ूद मुझे दौड़ाता, ताकि मैं कम से कम छह घण्टे में तो इस अल्ट्रा को ख़त्म कर पाऊँ। आख़िरी किलोमीटर मैं अपनी हड्डियों में छिपी ताक़त के सहारे भागा। पर छह घण्टे में फिर भी फिनिश न कर सका। मेरी पहली ही अल्ट्रा मैराथन मेरे आत्मविश्वास को तोड़ने वाली साबित हुई। मुझे रह–रहकर अपने लोअर बैक में उठ रहे करंट की याद आ रही थी और मैं सोच रहा था कि यह कैसे ठीक होगा, क्योंकि उसके साथ दौड़ना तो असम्भव था। मैंने फिनिश लाइन पार करके रिकवरी जोन में आते ही सबसे पहले अपने जूते खोले। मोजे उतारे, तो मेरे दोनों पैरों के अँगूठों के नाखून नीले पड़े हुए थे।

रेकॉर्ड के लिए यह भी बता दूँ कि मेरे मैराथन पूरी करने के तीन मिनट के भीतर अमित डालमिया ने भी रेस पूरी की। प्रेरणा ज़रूर क़रीब आधे घण्टे बाद पहुँची। लेकिन उसने 35 किलोमीटर दौड़ने की उसके लिए एक अविश्वसनीय लगने वाली चुनौती पूरी करके दिखायी। अमित प्रतिहारी सबसे तेज़ दौड़ा था। गौतम दास की ख़ुशी का ठिकाना न था। न सिर्फ़ इसलिए कि उसने बहुत स्ट्रॉन्ग फिनिश किया था, इतना कि वह तुरन्त दोबारा दस किलोमीटर और दौड़ने की ताक़त होने का दावा कर रहा था, बल्कि इसलिए भी कि

उसने आज कैप्टन को नाकों चने चबवा दिये थे। उसने इस मैराथन में उसे कई किलोमीटर पीछे छोड़ दिया था।

लोनावाला, मुम्बई में 50 कि.मी. की पहली अल्ट्रा मैराथन पूरी करने के बाद लेखक।

लोनावला, मुम्बई में 50 कि.मी. की अल्ट्रा मैराथन दौड़ने के बाद मेडल के साथ लेखक और साथी रनर्स (बायें से)– अमित प्रतिहारी, अनुपम गुहा, गौतम दास, लेखक, प्रसून सिकदर और अमित डालमिया।

अध्याय 11

एक जुनून के आगोश में

एक रात क़रीब 12 बजे जबकि मैं लगभग सो ही चुका था, मेरा मोबाइल बजा। ज़ाहिर है कि मैंने देखने की भी जहमत नहीं की कि कौन फ़ोन कर रहा है। इस वक़्त मैं किसी का कॉल नहीं लेने वाला था। मैं सोया रहा। मोबाइल बजना बन्द नहीं हुआ। एक बार, दो बार, तीन बार, चार बार। अब मुझे लगा कि कहीं कोई इमरजेंसी में तो फ़ोन नहीं कर रहा। मैंने मोबाइल उठाकर देखा तो गौतम दास का फ़ोन था। समझ नहीं आया इतनी रात को क्यों कर रहा है। मोबाइल जब पाँचवीं बार बजा तो मैंने उसे पत्नी की ओर बढ़ा दिया और कहा कि उसे बता दो कि मैं सो चुका हूँ। पत्नी ने ऐसा ही किया। उसने पत्नी से कहा कि बात करना ज़रूरी है, उसे उठा दो। अब तक मेरी नींद थोड़ी टूट चुकी थी। मैं गौतम दास की प्रकृति से बख़ूब वाक़िफ़ था। उसके मन में जो होगा, उसे वह करके छोड़ेगा। मैं जानता था, इसलिए ज़्यादा नाटक किये बिना मैंने उसका कॉल ले लिया।

हूँ बोल भाई क्या है – मैंने आवाज़ को अधिकाधिक नींद से भरकर और लहज़े में थोड़ा चिढ़चिढ़ापन लाकर कहा।

कैप्टन, अपना पासपोर्ट का नम्बर दे। तुरन्त – उधर से गौतम की आवाज़ आई।

क्यों भाई, इतनी रात को – मेरी आवाज़ में चिढ़चिढ़ापन और बढ़ गया।

हाँ भाई, रात वात कुछ नहीं, तू अपना नम्बर दे, जल्दी– गौतम पर मेरे चिढ़चिढ़ेपन का कोई असर नहीं पड़ रहा था।

सुबह देता हूँ भाई, अभी मैं सो चुका हूँ– गौतम के जिद्दी तेवर देख मैं थोड़ा विनम्र हुआ।

नहीं, नहीं, कैप्टन, अभी दे। नहीं तो मैं तेरे घर आ रहा हूँ, घर से ही ले जाऊँगा– गौतम हँसते हुए बोला। पीछे से अमित डालमिया की आवाज़ आई, कैप्टन दे दे भाई, ये नहीं छोड़ेगा।

अब तक मेरी पत्नी पासपोर्ट निकाल लाई थी, जैसे कि उसे भी मालूम हो कि गौतम माँग रहा है, तो मुझे देना ही होगा। मैंने उसे नम्बर बताया और तुरन्त सो गया।

अगले दिन तक गौतम हम चारों दोस्तों का नाम कॉमरेड मैराथन 2019 के लिए रजिस्टर्ड कर चुका था। रजिस्ट्रेशन के 21 हज़ार रुपये भी उसी ने भरे थे। अगले एक सप्ताह में साउथ अफ्रीका में रहने के होटल के कमरे भी बुक कर दिये गये और हवाई जहाज़ के टिकट भी ले लिए गये। मैंने एक फूटी कौड़ी नहीं ख़र्च की थी। सब गौतम दास, अमित डालमिया और अमित प्रतिहारी ने आपस में मिलकर किया था। उधर अनुपम गुहा, प्रसून सिकदर और अर्चना वर्मा उर्फ आर्ची भी कॉमरेड मैराथन के लिए रजिस्ट्रेशन करवा चुके थे। यानी ओ.एस. से हम सात रनर्स इस मर्तबा कॉमरेड मैराथन दौड़ने जा रहे थे। यह आने वाले सालों में दूसरों के लिए एक मिसाल बनने वाला था।

जल्दी ही पूरे देश से कॉमरेड मैराथन में दौड़ने जाने वालों का एक व्हट्सऐप ग्रुप बन गया। टाटा अल्ट्रा मैराथन के दर्द से अभी मैं बाहर निकला भी न था कि कॉमरेड मैराथन का डराने वाला ट्रेनिंड शेड्यूल मेरे सामने था। लगभग रोज़ ही रनिंग करनी थी।

हर वीकएंड में एक लम्बा रन था। चूँकि इस बार हमें कॉमरेड मैराथन में पहाड़ चढ़ना था यानी डरबन से 87 किलोमीटर दूर और क़रीब 700 मीटर यानी 22,000 फुट की ऊँचाई पर स्थित पिटरमारिट्ज़बर्ग जाना था, यह बहुत ज़रूरी था कि हमारी रनिंग की ट्रेनिंग में बहुत सारी हिल रनिंग शामिल हो। इसीलिए हमें सप्ताह में कम से कम दो दिन हिल रनिंग करनी थी। हमारे पास इस 87 किलोमीटर की पहाड़ी दौड़ को पूरा करने की ट्रेनिंग के लिए सिर्फ़ चार महीने थे। हम सात लोगों ने भी अपना एक व्हट्सऐप ग्रुप बना लिया, जिसमें सोमवार को ही पूरे सप्ताह का ट्रेनिंग शेड्यूल पोस्ट कर दिया जाता। कॉमरेड मैराथन की तैयारी कर रहे मुम्बई के कई दूसरे रनर्स के साथ भी कई बार ट्रेनिंग होती। अब हम अक्सर आरे कॉलोनी जाकर ट्रेनिंग करते, जहाँ हमने क़रीब एक किलोमीटर लम्बी एक बहुत तीखी चढ़ाई वाली सड़क ढूँढ़ ली थी। इस सड़क पर चढ़ाई और ढलान, दोनों पर दौड़ने की ट्रेनिंग हो जाती। सोसायटी के अन्दर भी ट्रेनिंग के लिए हमारे पास सौ मीटर चढ़ाई वाला एक टुकड़ा उपलब्ध था। हम जब–तब इस पर भी ट्रेनिंग करते। लेकिन हम कॉमरेड मैराथन की तैयारी कर रहे हैं, इसका पहला अहसास मार्च में हुआ, जबकि मुम्बई के रनर्स और स्ट्राइडर्स ने मिलकर लोनावला में एक 65 किलोमीटर ट्रेनिंग रन की व्यवस्था की। पिछले महीने ही मैं 50 किलोमीटर अल्ट्रा दौड़ने के बयान न किये जा सकने वाले दर्द से गुजरकर आया था और अब 65 किलोमीटर। यह कैसा मज़ाक मैं अपने साथ कर रहा था। झूठ कहूँगा, अगर ये कहूँ कि 65 किलोमीटर दौड़ पाने की अपनी काबिलियत को लेकर मुझमें कोई शंका नहीं थी। शंका पूरी थी। बल्कि वह गले–गले तक भरी हुई थी। क्योंकि बाईं साइड के लोअर बैक में दर्द भरे करंट उठना बन्द नहीं हुआ था और एड़ियों में भी जब–तब दर्द इकट्ठा हो जाता था। लेकिन बचपन से ही मैंने अपने भीतर एक ख़ास बात नोट की थी कि कोई काम अगर दूसरा बच्चा करता था, तो मुझे लगता था कि मैं भी कर सकता हूँ।

मैं ऐसा 'लगने' के चक्कर में ही जीवन में पहली बार तैरना न आते हुए भी नदी में कूदा, क्योंकि वहाँ मैं दूसरे लड़कों को तैरते देखता था।

क़रीब 60 लोग थे, जो 65 किलोमीटर की उस ट्रेनिंग रन में शामिल होने वाले थे। मैं यही सोच रहा था कि अगर बाकी लोग दौड़ सकते हैं, तो मैं क्यों नहीं। यह ज़रूर है कि टाटा अल्ट्रा के दौरान पहने जूतों को मैंने घर आते ही घर से बाहर कर दिया था। बाकी लोग भरोसा करते या नहीं, पर मैं जानता था कि मेरी पहली अल्ट्रामैराथन ख़राब करने में मेरे जूतों ने अहम भूमिका निभाई थी। दोनों पैरों के अँगूठों के नाख़ून चार दिन में ही पूरी तरह नीले हो गये थे। कालान्तर में उन्हें पूरा बाहर निकल जाना था और मेरे नसीब में साफ़–सुथरे स्वस्थ नाख़ून आने थे।

इस 65 किलोमीटर की प्रैक्टिस से पहले मैंने कॉमरेड ग्रुप के लोगों के साथ एक दिन 40 किलोमीटर की दौड लगाई थी। इस ग्रुप में कुछ लोगों को मैं जानने लगा था। इसमे एक ग्रुप था कश्यप मोदी, प्रशान्त मोदी, सेंड्रा और सुनन्दा का। ये सभी स्ट्राइडर्स के रनर्स थे। टाटा अल्ट्रा मैराथन के क़रीब एक महीने बाद मार्च में हम पहली बार साथ में 40 किलोमीटर दौड़ रहे थे। मार्च में मुबई बहुत गर्म हो चुकी होती है। ख़ासकर यहाँ मौसम में आर्द्रता बहुत बढ़ जाती है, जिसकी वजह से पसीना बहुत छूटता है। शरीर में ज़्यादा लैक्टिक एसिड बनता है और मांसपेशियाँ ज़्यादा दर्द भी करती हैं। यह शायद फ़ौज की ट्रेनिंग का असर था कि मैं ग्रुप में दौड़ते हुए हमेशा आगे रहना पसन्द करता हूँ। मैं बचपन के दिनों से ही यह करता रहा था। जहाँ तक हो सकता है, मैं नेतृत्व को अपने हाथ में रखने की कोशिश करता रहा हूँ। वैसे फ़ौज की ट्रेनिंग से पहले बचपन के दिनों से ही मेरे भीतर आगे रहने का यह कीड़ा जन्म ले चुका था। चूँकि मैं बचपन से ही ऐसा करता आ रहा था, मेरा कभी उम्र की ओर ध्यान ही नहीं गया। अब मैं पचास के पार चला आया था, पर बचपन के दिनों की तरह ही हर बात पर प्रतिस्पर्धा के लिए तैयार रहता था। हम सभी रनर्स हैंगिंग गार्डन में जमा हुए थे।

दौड़ शुरू होते ही मैं आगे हो गया। अमित प्रतिहारी और उसके साथ सुबोध नाम का रनर साथ दौड़ रहे थे। वे भी साथ ही थे। जाते वक़्त तो ठीक था, पर आते वक़्त धीमे–धीमे मेरी रफ़्तार अपने आप धीमी पड़ने लगी। 25 किलोमीटर पूरा करते–करते मैंने देखा कि मैं बमुश्किल ही दौड रहा था। वर्ली सी फेस वाली सड़क पर तब एक रनिंग ग्रुप पीछे से आया। इसमे क़रीब दस रनर्स थे। सब बहुत कूल लग रहे थे। कुछ ने धूप का चश्मा भी पहना हुआ था। इनमें दो लड़कियाँ भी थीं। वे आपस में हँसी–मज़ाक करते हुए दौड़ रहे थे और ज़रा–सी भी स्पीड बढ़ती, तो ग्रुप से ही कोई आवाज़ देकर स्पीड कम करवा देता। मैंने इस ग्रुप की पूँछ पकड़ ली। ग्रुप के रनर्स को मालूम चल गया था कि मैं किसी तरह उनकी पूँछ पकड़कर दौड़ने की कोशिश कर रहा हूँ, क्योंकि बीच–बीच में ग्रुप के एक–दो लोगों ने मेरा भी हौसला बढ़ाने की कोशिश की थी। 40 किलोमीटर दौड़ने के लिए पेडर रोड से उतरने के बाद मरीन ड्राइव की ओर मुड़कर पाँच किलोमीटर का चक्कर मारना था, पर मैं ग्रुप को छोड़कर दायें मुड़ गया और 40 की जगह 35 किलोमीटर ही दौड़ा। मेरे पैरों में असहनीय दर्द हो रहा था। ख़ासकर जूतों के भीतर। मैं नहीं जानता था कि ये मेरे दर्दभरे सफ़र की शुरुआत थी।

65 किलोमीटर दौड़ना मेरे लिए सपने से भी परे की बात थी। ये माना कि मैं कई सालों से मुम्बई की फुल मैराथन दौड़ रहा था, लेकिन मैं ही जानता था कि 42 किलोमीटर दौड़ लेने के बाद मेरी क्या हालत होती है। एक क़दम उठाना भी भारी पड़ता था। 65 किलोमीटर दौड़ने का मतलब था, एक क़दम भी न उठा पाने वाली हालत में 23 किलोमीटर और दौड़ना। सोच कर ही शरीर में सिहरन उतर जाती है। लेकिन वह कहावत है कि सर ओखली, तो मूसल की क्या परवाह। मेरी मनःस्थिति वही थी। मैं जानता था कि 23 हज़ार रुपये देकर अब कॉमरेड मैराथन का रजिस्ट्रेशन करवाया जा चुका था। वह पैसा अब वापस नहीं मिल सकता था। होटल और हवाई जहाज़ के टिकट बुक किये जा चुके थे। यानी दाँव पर इतना

पैसा लग चुका था कि कोई मुझे 100 किलोमीटर भी दौड़ाता, तो मुझे दौड़ना ही पड़ता। मैंने खुद को न्यूट्रल गियर में डाल दिया था। इस बार संयोग ऐसा हुआ कि ठीक जिस दिन हमें लोनावला जाना था, उसी दिन मुझे प्रेस क्लब में पहले से फिक्स किसी कार्यक्रम में हिस्सा लेना था। गौतम दास और सोसायटी से दूसरे सभी रनर्स शनिवार की शाम तक ही लोनावला पहुँच चुके थे। मुझे मुम्बई से निकलते–निकलते ही आठ बज गये। मैं दस बजे तक उस ठिकाने पर पहुँचा, जहाँ सभी लोग रुके हुए थे। मेरे पहुँचने के कुछ ही देर बाद सभी उठने लगे थे, क्योंकि आज रात के 12 बजे से दौड़ शुरू हो रही थी। उस ठिकाने पर सोसायटी के रनर्स के अलावा एक और सज्जन मिले डॉ. पाटील। डीलडौल में वह क्रिकेटर क्रेग मैकडरमोट के रिटायरमेंट के पाँच साल बाद जैसे दिखे। वजन सौ किलो तो रहा ही होगा। उन्हें देखकर लगता नहीं था कि वह कोई रनर हैं। लेकिन बातचीत में पता चला कि वह पाँच बार कॉमरेड मैराथन दौड़ चुके हैं। उनके बारे में इतना जानना ही हमें उनका भक्त बनाने के लिए पर्याप्त था। वह जो भी कह रहे थे, हम उस पर भरोसा कर रहे थे। उन्होंने ही बताया कि एनर्जी जैल बहुत बेकार चीज़ है। उन्होंने आजतक कभी एनर्जी जैल नहीं लिया था। मेरे पाउच में कल के लिए पाँच एनर्जी जैल पड़े हुए थे और मैं एनर्जी के लिए मनोवैज्ञानिक रूप से उन्हीं पर निर्भर था। डॉ. पाटील ने हमारे सामने पूरे बदन में त्वचा को रगड़ खाने से बचाने के लिए एक क्रीम लगाई। उनकी देखादेखी हमने उनसे लेकर थोड़ी क्रीम लगा ली। ख़ासकर दोनों हाथों की बगलों में। अमित प्रतिहारी ने सबसे अच्छी तरह मल–मल के क्रीम लगाई। उठने के बाद वह अपनी ब्रेड पर टूट पड़ा था। वह जल्दी–जल्दी ब्रेड मुँह में ठूँस रहा था, ताकि पेट में जाकर उसे पचने का समय मिले और जब तक दौड़ शुरू हो, वह पचकर एनर्जी के रूप में उसके शरीर के लिए उपलब्ध रहे। मैं यहाँ बता देना चाहता हूँ कि अमित प्रतिहारी मेरी छाया से बहुत पहले निकल चुका था और अब बहुत तेज़ी से मुझसे आगे निकलता जा रहा था।

हाल के दिनों में उसने मेरे साथ दौड़ना छोड़ दिया था, क्योंकि अब वह मुझसे तेज़ दौड़ता था। हालाँकि मुम्बई फुल मैराथन में अभी भी वह मुझसे पीछे था, पर मैं जानता था कि अगर मैंने अपने प्रदर्शन में कोई चमत्कारिक सुधार नहीं किया, तो एक–एक करके सभी मुझसे आगे निकल जायेंगे। उम्र को भले ही मैं एक संख्या से ज़्यादा कुछ नहीं मानता था, मगर मनोवैज्ञानिक स्तर पर उम्र का थोड़ा प्रभाव पड़ना लाज़िमी है। अमित प्रतिहारी मुझसे दस–ग्यारह साल छोटा था। अगर वह थोड़ी भी मेरी जैसी मानसिक दृढ़ता ले आता, तो उसे सबसे आगे निकलने से नहीं रोका जा सकता था।

डॉ. पाटील से हमने जिज्ञासावश कई सवाल पूछे और उन्होंने भक्तों की तरह हमें ज्ञान बाँटा। उनके पास कॉमरेड मैराथन का बड़ा अनुभव था। पर पता नहीं क्यों, मैं उनकी शारीरिक बनावट और बुनावट को देखकर आश्वस्त नहीं हो रहा था कि वह उसी स्पीड में दौड़ते होंगे, जिसकी वह बात कर रहे हैं। अमित प्रतिहारी की सुबोध के साथ गहरी दोस्ती हो चुकी थी। वे लोग कई बार साथ–साथ प्रैक्टिस भी कर चुके थे। आज भी वे साथ दौड़ने वाले थे। बाक़ी लोग चूँकि स्ट्राइडर्स रनिंग ग्रुप में शामिल थे और संडे की लम्बी दौड़ साथ दौड़ा करते थे, वे एक–दूसरे को जानने लगे थे, पर मैं अब भी मुम्बई के बहुत कम रनर्स को जानता था। मैं जानता था कि गौतम दास की शुरू में धीरे भागने की रणनीति थी। जैसे–जैसे बॉडी में गर्मी बढ़ती जायेगी, खून दौड़ना शुरू होगा, वैसे–वैसे उसकी स्पीड भी बढ़ेगी। मैं शुरू से ही अच्छी स्पीड पकड़ना चाहता था। पिछली बार इन लोगों के साथ दौड़ते हुए मैं 40 किलोमीटर भी पूरा नहीं कर पाया था, पर इस बार मैं उन्हें कैप्टन का दम दिखाना चाहता था। मैंने भी प्रतिहारी से माँगकर ब्रेड के चार–पाँच बड़े टुकड़े किसी तरह विगल लिए थे। एनर्जी जैल के बारे में डॉ. पाटील की राय जानने के बावज़ूद मैंने अपने पाउच में पाँच जैल रख लिए थे। सौभाग्य से मुझे ब्लैक कॉफी का एक कप भी मिल गया था, हालाँकि उसमें दो रुपये के पैकेट वाली कॉफी थी, जो स्वाद में बहुत ही घटिया लगी।

सबसे ज़्यादा ख़ुशी इस बात की थी कि पाखाने जाने पर मैं असफलता की निराशा में डूबा मुँह लटकाए बाहर नहीं आया था। इस मामले में गौतम दास ज़्यादा निराश लगा।

भाइयो, मैं रास्ते में करूँगा। किसी के पास टॉयलेट पेपर है क्या– कमरे से निकलते उसने हुए उसने हमसे पूछा था। हमारे लिए टॉयलेट पेपर सबसे गैर ज़रूरी चीज़ थी।

कोई नहीं, दास कुछ भी करेगा। दास को पत्थर, मिट्टी और पत्ते यूज करना भी आता है। दास को टॉयलेट पेपर नहीं चाहिए– हमारा जवाब न पाकर गौतम ख़ुद ही बोला। 'दास कुछ भी करेगा' उसका तकिया कलाम था। वह जब–तब अपने कठिन बचपन को याद कर जीवन में अभी मिल रही सुविधाओं का मख़ौल उड़ाता था। बाद में एक बार मुझे उसकी पत्नी मालाबी ने भी बताया कि चूँकि उसने बचपन बहुत कठिनाई में गुजारा था, वह मनोवैज्ञानिक रूप से ख़ुद वो बहुत सख़्त आदमी समझता था। उसे लगता था कि असली मज़बूत व्यक्ति वही है, जो सुविधाओं को ठुकरा कर सख़्त जीवन जिए। मालाबी की बात सुनकर मुझे समझ आया कि क्यों गौतम दास ने कभी 5–6 हज़ार से ज़्यादा क़ीमत के जूते नहीं ख़रीदे, कभी एक भी बार शरीर की मालिश नहीं करवाई, दौड़ने के नये कपड़े नहीं ख़रीदे।

गौतम दास को लगता था कि उसका मुझे हराकर दिखाने का समय आ गया था। उसने मुम्बई फुल मैराथन 4.07 घण्टे में पूरी की थी, मुझसे महज 3 मिनट ज़्यादा समय में। उसी दिन से वह सबको कहता फिर रहा था कि कैप्टन अगर कहीं रास्ते में दिख जाता, तो सवाल ही नहीं था कि वह मुझसे आगे निकल पाता। ख़ुद मुझे वह बत्तीसों बार यह बात बोल चुका था। रही–सही कसर टाटा अल्ट्रा ने पूरी कर दी, जहाँ उसने मुझे पहली बार बहुत आराम से पीछे छोड़ दिया था। मुझे उसके हाव–भाव से ही लग रहा था कि आज वह मुझे हराने की फिराक में है। उसकी आँखों से आत्मविश्वास छलक रहा था। इधर उसने जब से सिटी बैंक की नौकरी छोड़ अपना ख़ुद

का सोलर एनर्जी का काम शुरू किया था और धीरे–धीरे उस काम को उसने जमा लिया था, उसके पास सुबह ख़ुद को देने के लिए थोड़ा वक़्त रहने लगा था और अपनी प्रकृति के अनुरूप वह इस समय का भरपूर फ़ायदा उठा ज़बर्दस्त ट्रेनिंग करने लगा था। मैं जानता था कि असल में वही ट्रेनिंग उसके बढ़े हुए आत्मविश्वास के रूप में छलक रही है। लेकिन मैं यह भी जानता था कि ट्रेनिंग के मामले में मैं उस पर भारी ही पड़ता था। एक बिन्दु पर पहुँचकर वह फिर भी अपने शरीर और जीवन की चिन्ता कर अपनी दौड़ने की गति कम कर सकता था, पर मैं कई बार जीवन के भय से ही बाहर निकल जाता था। मैं शरीर की परवाह ही नहीं करता था। इसीलिए मन में गहरे मैं जानता था कि ज़रूरत पड़ेगी, तो मैं उस डर की हर जद से बाहर निकलकर भी दौडूँगा। इसीलिए मेरे हाव–भाव से भी भरपूर आत्मविश्वास छलक रहा था। यह बात गौतम दास जान रहा था कि मैं कैसी सोच रखता हूँ। रात के ठीक 12 बजने से 10–15 पहले ही हम सभी कॉमरेड रनर्स स्टार्ट पॉइंट पर जमा हो गये थे। सभी ने एक जैसी टी शर्ट पहनी थी। यह टी–शर्ट सभी रनर्स ने ख़ास कॉमरेड मैराथन दौड़ने के लिए बनवाई थी। टी–शर्ट पर सामने तिरंगे के डिज़ाइन के बीच इंडिया लिखा हुआ था और पीछे रनर का निक नेम यानी जिस नाम से उसे पुकारा जाता था। मैंने पीछे कैप्टन लिखवाया हुआ था, क्योंकि रनिंग कम्यूनिटी के सभी लोग अब मुझे इसी नाम से पुकारते थे। आज मैं अपनी रनिंग की पावर का इम्तिहान लेना चाहता था। मेरा पिछला अनुभव बहुत ख़राब रहा था, लेकिन जिस वजह से वह ख़राब रहा था, मैं उसे दूर कर चुका था। जी हाँ, मैंने नये जूते ख़रीद लिए थे। मेरे द्वारा अब तक का ख़रीदा यह सबसे महँगा जूता था। यह जूता मैंने राज वाडगामा के साथ बाँद्रा में नाइकी के शो रूम से जाकर लिया। राज कुछ ही महीनों में दुनिया की सबसे खतरनाक माने जाने वाली बैड वाटर 135 अल्ट्रा मैराथन में भाग लेने जा रहे थे। यहाँ 135 से आशय 135 मील से है। इसे किलोमीटर में बदलेंगे, तो क़रीब 216 किलोमीटर आता है।

यह मैराथन 50 डिग्री के तापमान वाली डेथ वैली यानी मौत की घाटी से होकर दौड़नी होती है। वहाँ इतनी गर्मी होती है कि ज़मीन पर ही अण्डे का ऑमलेट बन जाता है। राज वाडगामा इन दिनों नाइकी के जूते ही पहन रहे थे। मैं पहले एडिडास के बूस्ट पहनता था, फिर मैंने कुछ समय एसिक्स के जूते पहने। एडिडास अल्ट्रा बूस्ट लेकर आया था। मुझे उसके और नाइकी के बीच तय करना था कि कौन–सा लूँ। राज वाडगामा के साथ रहने से मुझे फ़ैसला लेने में वक़्त नहीं लगा। मैंने दिल्ली में दौड़ी फुल मैराथन और लोनावला में दौड़ी 50 किलोमीटर की टाटा अल्ट्रा मैराथन में जूतों की वजह से हुए पैरों में दर्द को याद करते हुए फ़ैसला लिया कि मैं इस स्टोर से सबसे बढ़िया जूता लेकर ही बाहर निकलूँगा, चाहे वे कितने के भी हों। मैं 16 हज़ार रुपये क़ीमत की लाल रंग के नाइकी वेपरफ्लाई के साथ बाहर निकला। राज वाडगामा ने भी दो जोड़ी जूते लिए। शोरूम वालों ने एक फूटी कौड़ी का डिसकाउंट नहीं दिया। आज मैं यही नया जूता पहनकर दौड़ रहा था। इस जूते की ख़ासियत यह थी कि इसका सोल बहुत बम्पी था यानी वह नीचे दबकर आपको ऊपर उछालता था। जूता स्लीक भी था। तेज़ दौड़ने पर वह आपकी गति में थोड़ा इज़ाफ़ा करता हुआ महसूस होता था। हालाँकि वह वस्तुतः ऐसा करता था या नहीं, यह अध्ययन का विषय है। वैसे नाइकी ने इसी जूते को और विकसित कर, उसका सोल और मोटा कर उसे नाइकी जूमएक्स अल्फाफ्लाई के नाम से निकाला, जिसे पहनकर किपचोगे ने दो घण्टे से कम समय में मैराथन दौड़ने का रेकॉर्ड बनाया। इस जूते को लेकर विवाद हुआ। यहाँ तक कि इसे बैन करने की भी बात की गई, क्योंकि इसे पहनने से 4 पर्सेंट तक स्पीड में इज़ाफ़ा होने की बात की जा रही थी। मैंने जूता आधा साइज़ बड़ा लिया था, ताकि पैरों की उंगलियाँ आगे से मुड़ें नहीं। लम्बी दौड़ में पैर जूते के अन्दर आगे की ओर खिसकता है। अगर आगे जगह न हो, तो उंगलियाँ मुड़ने लगती हैं, ख़ासकर मेरे अँगूठे के साथ वाली उँगली का नाखून बार–बार नीला पड़ जाता था।

ख़ैर जूते को लेकर मैं पूरी तरह निश्चिन्त था। मुझे सिर्फ़ लोअर बैक में करंट उठने को लेकर डर था, क्योंकि पिछली बार उसी के चलते मैं ठीक से दौड़ नहीं पाया था।

ठीक 12 बजे दौड़ शुरू हुई। लोनावला के बीच बाज़ार से ही दौड़ शुरू होती थी। शहर पूरी तरह सोया नहीं था। लैंप पोस्ट की पीली रोशनी में हैडलाइट लगाए और एक जैसी टी शर्ट पहने देख किसी को भी लगता था कि कुछ ख़ास लोग हैं। हमें देखते ही घरों के आँगनों में छोड़ दिये गये कुत्ते भौंकने लगते। वे भौंकते, क्योंकि दूर थे हमसे। जो सड़क के लावारिस कुत्ते थे, वे भौंकने की बजाय दुम हिलाते थे। ज़ाहिर है, उन्हें हमसे डर था। हम इतने सारे जो थे। मैंने अमित प्रतिहारी और उसके साथ दौड़ रहे सुबोध के साथ ही दौड़ना शुरू किया। अभी एक किलोमीटर भी नहीं गये थे कि अचानक पीछे से एक बन्दा तेज़ दौड़ते हुए आगे निकल गया।

कम ऑन पैडी, किल इट– उसे जानने वाले चिल्लाए। बाद में मालूम चला कि पैडी भी कई बार कॉमरेड मैराथन कर चुका था। वह बहुत तेज़ दौड़ता था। उसका दौड़ने का स्टाइल ऐसा था कि देखकर लगता नहीं था कि तेज़ दौड़ रहा है, पर उसके साथ दौड़ना शुरू करो, तो जरा–सी देर में दम फूलने लगता था। उसकी स्टाइल से उसकी स्पीड का भले ही पता न चलता हो, पर उसकी टाइमिंग से पता चल जाता था। वह दस घण्टे से कम समय में कॉमरेड मैराथन करता था। फुल मैराथन में भी वह सब–फोर क्लब का इलीट मेंबर था। पैडी को इतनी तेज़ आगे निकलता देखकर अमित प्रतिहारी के पैरों में भी गति आ गयी। मुझे लगा तो सही कि प्रतिहारी बहुत जल्दी स्पीड बढ़ा रहा था, पर मैं चुप रहा। मैं उसके बराबर दौड़ता रहा। क़रीब नौ किलोमीटर दौड़ लेने के बाद मुझे लघुशंका की ज़रूरत महसूस हुई। हम एक बियाबान से गुज़र रहे थे। मैं लघुशंका से निपटकर आया, तो प्रतिहारी और सुबोध दोनों आगे जा चुके थे। तभी पीछे से तीन लोगों का ग्रुप आया। मैं उनके साथ हो लिया। इनमें से एक गणेश था, जिसका दादर के पास डेंटल क्लीनिक था।

उसने एक साल पहले ही अपनी दो बरस की बेटी को खोया था। रनिंग उसे उस सदमे और अवसाद से बाहर निकालने का काम कर रही थी। ये बातें वह भविष्य में एक प्रैक्टिस रन के दौरान मेरे साथ दौड़ते हुए बताने वाला था। इस वक़्त लोनावला में साथ दौड़ते हुए हम अपरिचित थे। मैं उसका नाम भी नहीं जानता था। उसकी थोड़ी दाढ़ी बढ़ी हुई थी। वह थोड़ा स्लिम था और सुबह होत–होते वह अपना काला चश्मा पहनकर दौड़ने वाला था। अपने दोस्तों को उसके बारे में बताने के लिए मुझे उसे 'वह स्लिम–सा दाढ़ी वाला बन्दा जो सुबह सनग्लास पहनकर दौड़ रहा था' कहकर संबोधित करना था। उनके साथ दो–तीन किलोमीटर दौड़ने के बाद मैंने पाया कि वे लोग धीरे–धीरे अपनी गति बढ़ाने लगे थे। ख़ासकर ढलान पर उनकी गति तेज़ हो जाती। मेरे साथ जाने क्या बात थी कि मुझसे ढलान पर ज़्यादा तेज़ दौड़ा नहीं जाता था। वहाँ मैं शरीर को बहुत ज़ोर लगाकर नियन्त्रित करता था, क्योंकि दिमाग़ में डर था कि इतनी ज़ोर–ज़ोर से पैर ज़मीन पर पड़ने से कोई चोट न लग जाये। एक ऐसी ही बहुत ही तीखी और लम्बी ढलान पर यह ग्रुप भी मुझसे आगे निकल गया। अब मैं उस बियाबान में अकेला था। ऊपर तारों से भरा आसमान झिलमिला रहा था। हवा भी चल रही थी। उसके अपनी त्वचा पर स्पर्श से उसकी ठण्डक का अहसास हो रहा था। सिर पर बँधी हैडलाइट की गोलाकार रोशनी का दायरा क़दमों के ठीक सामने मेरे आगे–आगे दौड़ रहा था। अब तक हम क़रीब बीस किलोमीटर दौड़ चुके थे। उस तीखी ढलान के बाद से मैंने महसूस किया कि मेरी गति निरन्तर कम होती जा रही थी। जूतों की वजह से कोई दिक़्क़त नहीं थी, पर पैरों में थकान उतर रही थी। शायद मांसपेशियाँ ज़्यादा ही लैक्टिक एसिड बना रही थीं। धीरे–धीरे पीछे से रनर्स मुझे छोड़कर आगे निकलने लगे। सहारा वालों का एंबी वैली रिजॉर्ट आने तक मेरी हालत लगभग वैसी ही हो गयी थी, जैसी कि टाटा अल्ट्रा मैराथन के दौरान हुई थी। अमित प्रतिहारी के कहे मुताबिक़ आज मैं हर वॉटर पॉइंट पर कोक की दो–चार घूँट मार ले रहा था।

एंबी वैली के आगे से यू टर्न लेकर लौटना था। टाटा मैराथन में यहीं क़रीब 500 मीटर आगे जाने पर दूसरी ओर से गौतम दास आता दिखायी दिया था। इस बार वह नहीं दिखा, हालाँकि अमित प्रतिहारी एंबी वैली पहुँचने के एक किलोमीटर पहले ही उलटी ओर से आता दिखा था। यानी वह मुझसे क़रीब दो किलोमीटर आगे था। उससे आगे सिर्फ़ पेडी था, जो अपनी ही अदा में हाथ–पैर हिलाता अपनी ही गति से दौड़ रहा था। वह प्रतिहारी से भी क़रीब एक किलोमीटर आगे चल रहा था। मैं जानबूझकर 65 किलोमीटर के बारे में नहीं सोच रहा था। मेरी कोशिश यह थी कि मैं ध्यान में उतर जाऊँ। शरीर को छोड़ दूं। साक्षी भाव के साथ दौड़ूँ यानी अपने ही शरीर को दौड़ते हुए देखूं। मगर ऐसा सोचना आसान था, करना बहुत मुश्किल। शरीर अपने धर्म का पालन कर रहा था। क्योंकि दौड़ने से वह पीड़ा में था, इसलिए रुक जाना चाहता था। पर मैं भी अपने धर्म का पालन कर रहा था। मैंने 23 हज़ार रुपये देकर कॉमरेड मैराथन का रजिस्ट्रेशन करवाया था। अब मेरा धर्म ही तो था यह कि मैं उसकी पूरी तैयारी करूँ, ताकि उसे सफलतापूर्वक पूरा करके वापस लौटूँ और एक–एक पाई की क़ीमत वसूल करूँ। उसे पूरा कर पाने के लिए ज़रूरी था कि मैं रनिंग की अपनी ट्रेनिंग को बहुत गम्भीरता से लूँ। मैं इसे गम्भीरता से न भी लेता, मगर मेरे साथ जाने वाले दूसरे रनर्स ने ऐसा माहौल बना दिया था कि मुझे यह लगने लगा था, जैसे मैं दौड़ने नहीं युद्ध के लिए जा रहा हूँ। ख़ासकर गौतम दास को नींद आनी बन्द हो चुकी थी। वह सोते–जागते यही बोलता था कि कॉमरेड में कैप्टन को हराना है। सच्चाई तो यह है कि वह हराने की जगह 'पेलना' शब्द का इस्तेमाल करता था, जिसका अर्थ था कि वह मुझे बुरी तरह हराने की सोच रहा था। मुझे कई बार मालाबी ने ही बताया कि गौतम के सिर पर मुझे हराने का भूत सवार है। मैं इस बात को भलीभाँति जानता था, इसलिए बार–बार पीछे मुड़कर देख रहा था कि वह भूत मेरे क़रीब तो नहीं आ गया। यह क़रीब 42 किलोमीटर के पास था, जब मैंने अन्ततः भूत को अपने बगल में आते देखा।

कैप्टन, बहुत लग गयी यार – यह गौतम दास था, जो मेरे बगल में आते हुए बोला। लेकिन बोलने के साथ–साथ वह आगे भी निकल गया। मेरे दोनों पैर दर्द से बेतरह भर चुके थे। उन पर मेरी इच्छाशक्ति का कोई असर नहीं हो रहा था। 65 किलोमीटर पूरा करने के लिए हमें स्टार्ट पॉइंट पर आकर वापस 7.5 किलोमीटर लौटना था। गौतम दास मुझसे आगे निकला और निकलता ही चला गया। क़रीब 45 किलोमीटर के आसपास पीछे से कश्यप मोदी का ग्रुप आया।

कमऑन कैप्टन, रन विद अस – कश्यप मोदी ने जोश बढ़ाया। वह पाँच बार कॉमरेड मैराथन दौड़ चुका था। उसका पूरा ग्रुप एक ही पेस पर दौड़ता था और पेस सेट करने की जिम्मेदारी हमेशा कश्यप की होती थी। उसके साथ प्रशान्त मोदी भी था, जिसका शॉर्ट फॉर्म पी.एम. था और जो वाक़ई पी.एम. मोदी का भक्त भी था। ऐसा मुझे दौड़ के दौरान ही एक बार बातचीत में मालूम चला। पी.एम. के अलावा सुनन्दा और सैंड्रा इस ग्रुप की शान थे। ये लोग भी पिछले साल एक बार कॉमरेड कर चुके थे। उनके साथ पाँच–छह रनर और थे। यह आठ–दस रनर्स का ग्रुप एकदम धीमे दौड़ता हुआ मुझसे आगे निकल गया। मेरे लिए ज़्यादा तकलीफ़ की बात यह थी कि इस ग्रुप में अर्चना उर्फ आर्ची भी थी। वह *कम ऑन कैप्टन, यू कैन डू इट* बोलते हुए ग्रुप के साथ ही आगे निकल गयी। ऐसा नहीं था कि मैंने ऐसा होने से रोकने की कोशिश ही न की हो। की थी। भरपूर कोशिश की। बल्कि इस ग्रुप के क़रीब दो सौ मीटर आगे चले जाने के बाद मैंने गुस्से में आकर स्प्रिंट लगाने की कोशिश भी की, मगर पैर बुरी तरह जाम हो चुके थे। पैरों का चक्का घूम ही नहीं रहा था। और तब क़रीब एक किलोमीटर लम्बी तीखी ढलान आई। इस ढलान पर एक–एक क़दम रखना मेरे लिए भारी पड़ा। यह इसी ढलान पर था कि मेरे देखते–देखते आर्ची समेत मोदी कश्यप का पूरा ग्रुप अगले मोड़ से आगे निकल नज़र से ओझल हो गया। मेरे लिए यह बहुत ही शर्म की बात थी। मेरे दिमाग़ की बुनावट ही ऐसी न थी कि मैं ऐसी

हार को सहज स्वीकार कर लेता। बल्कि मेरे मन में आवाज़ उठी– समय आने पर इन सबको देख लूँगा। ढलान पार करने के बाद मैंने सिर्फ़ अपनी साँस पर ध्यान लगाया और दर्द पर जीत हासिल करते हुए अपनी रफ़्तार में थोड़ा–सा इज़ाफ़ा किया। मैं जब वापस स्टार्ट पॉइंट पर पहुँचने को था, तो सामने से मुझे डॉ. पाटील दौड़ते हुए आते दिखायी दिये। वही डॉक्टर, जो हमारे कमरे में थे। उन्हें देखकर ही लग रहा था कि वह बहुत तेज़ दौड़ रहे हैं। मुझे हैरानी हुई कि इतने थुलथुल शरीर के साथ भी ये इतना तेज़ कैसे दौड़ रहे हैं। हालाँकि अगले ही पल मेरा ध्यान उनके तेज़ दौड़ने से ज़्यादा अपने धीरे दौड़ने पर आ गया। आखिर क्या वजह थी कि मैं इतना धीरे दौड़ रहा था। मैंने दौड़ते हुए ही विश्लेषण करना शुरू किया। मैंने पाया कि मेरे दोनों ग्लूट्स में दर्द जमा हो चुका था। बायें ग्लूट्स में खिंचाव महसूस हो रहा था। लोअर बैक की बाईं ओर बीच–बीच में करंट उठना चालू था। हालाँकि वह उस तीव्रता से नहीं उठ रहा था, जितनी तीव्रता से टाटा अल्ट्रा मैराथन के दौरान उठा था। पर उसे लेकर मुझे एक मनोवैज्ञानिक डर ने पकड़ लिया था कि कहीं ज़्यादा तेज़ दौड़ने पर वहाँ तकलीफ़ बढ़ न जाये। सबसे ज़्यादा मेरे कन्धे दर्द कर रहे थे। क़रीब 15 किलोमीटर के बाद ही कन्धों में दर्द शुरू हो गया था। गर्दन से जुड़ा मेरी पीठ का ऊपरी भाग बुरी तरह अकड़ चुका था और बहुत ज़्यादा दर्द कर रहा था। पैरों में एड़ियों के नीचे भी काफ़ी दर्द जमा हो गया था। बीच–बीच में जब भी मुझे अपनी मांसपेशियों में ऐसा दर्द महसूस होता, तो मैं मुम्बई में खार स्थित एक मसाज सेंटर में मालिश करवाता था। एक बार के ही मुझे 1500 रुपये ख़र्च करने पड़ते थे। जब भी मैं वहाँ गया, मसाज वाले बन्दे ने यही कहा कि साहब आपका तो अपर बैक बहुत टाइट है। उसने कई बार एड़ियों के ठीक ऊपर की मांसपेशियाँ पकड़कर बताया था कि उनके टाइट होने की वजह से ही एड़ियों में दर्द जाता है। मैंने पैसे बचाने के लिए मुम्बई मैराथन के बाद से ही मसाज नहीं करवाई थी। ख़ुद रोलिंग करता रहता था। वह डीप टिश्यू मसाज होती थी, जो टाइट

मांसपेशीं को खोलकर हल्का कर देती थी। मैं विश्लेषण कर रहा था और मन ही मन नोट्स बना रहा था कि मुझे अपनी रनिंग सुधारने के लिए क्या–क्या करने की ज़रूरत है।

वह 65 किलोमीटर की दौड़ अन्ततः मैंने क़रीब 8 घण्टे में पूरी की। आर्ची को मैंने बाद में फिर पीछे कर दिया था या कहना चाहिए कि वह ख़ुद पीछे हो गयी थी, क्योंकि बाद में उसे भी कई तरह की तक़लीफ़ों का सामना करना पड़ा था। अमित प्रतिहारी सबसे तेज दौड़ा था। वह मुझसे क़रीब दस किलोमीटर आगे था। गौतम दास ने भी मुझसे पहले दौड़ पूरी की। वह मुझे हराने पर इतने जोश में था कि दौड़ पूरी होने के बाद जबकि हम निढाल बैठे थे, वह फिर से पाँच–दस किलोमीटर और दौड़ने की बात कर रहा था। अनुपम और प्रसून भी मुझसे आगे आये। अमित डालमिया ज़रूर मुझसे तीन मिनट बाद आया। 65 किलोमीटर 8 घण्टे में करने करने का मतलब था कि मामला संगीन था। हमें साउथ अफ्रीका में 12 घण्टे से कम में 87 किलोमीटर दौड़ना था। पर वहाँ चढ़ाई यहाँ के मुक़ाबले बहुत ज़्यादा थी। इसीलिए स्पीड वहाँ भी कम ही रहने वाली थी। फिनिश पॉइंट पर मोदी कश्यप का ग्रुप भी बैठा हुआ था। कश्यप ने मुझे देखकर सहज ही कहा – कैप्टन तुम शुरू में बहुत तेज़ दौड़ते हो और बाद में स्ट्रगल करते हो। शुरू में धीमे दौड़ो। सारा खेल एनर्जी बचाने का है। मोदी कश्यप की बात मुझे समझ आई। और तब मैंने फ़ैसला किया कि अगली दौड़ में चाहे शरीर में कितनी भी स्फूर्ति आये, मैं अपनी गति को नियन्त्रित रखूँगा। शुरू में तेज़ नहीं दौड़ूँगा।

अपनी सोसायटी के हम सातों रनर लगभग हर दूसरे दिन साथ दौड़ रहे थे। ट्रेनिंग शेड्यूल में हफ़्ते में चार दिन रनिंग करनी थी। हिल ट्रेनिंग के लिए हमने आरे कॉलोनी में एक जगह ढूँढ़ ली थी। यहाँ क़रीब एक किलोमीटर की तीखी चढ़ाई थी। हम संडे के दिन इसी सड़क पर ऊपर–नीचे दौड़ते हुए 25 किलोमीटर पूरा करते। ये भीषण गर्मी के दिन थे। स्ट्राइडर्स के कुछ दूसरे रनर्स भी मुम्बई के दूर–दराज़ इलाक़ों से गाड़ियों में पानी, कोक और खाने–पीने की

चीज़ें लेकर आते और उसी चढ़ाई वाली सड़क के बेस पर खड़ी कर देते। हमें यहाँ प्रीति राणे और नेहा अक्सर मिल जाती। दोनों शायद दूसरी बार कॉमरेड मैराथन कर रही थीं। प्रीति राणे ढलान पर बहुत तेज़ दौड़ती थी, लेकिन चढ़ाई में उसे ज़रूरत से ज़्यादा मुश्किल होती। नेहा भी देखने में ही बहुत मज़बूत रनर लगती थी। उसका कद भी अच्छा था, जिसके लिए उसकी लम्बी टाँगे ज़िम्मेदार थीं। लम्बी टाँगों से वह लम्बे क़दम ले सकती थी। इन दिनों कई बार मैं अमित प्रतिहारी के साथ चढ़ाई पर बहुत तेज़ दौड़ने का भी अभ्यास करता। मैं अभी भी दिमाग़ से दौड़ने की बजाय जोश से दौड़ रहा था, इसीलिए जब–तब नई–नई चोटों का शिकार हो रहा था। मई के महीने में हमें एक बार फिर लोनावला जाना था। इस बार 56 किलोमीटर की प्रैक्टिस रन का आयोजन किया गया था। मगर कई पुराने दिग्गज कॉमरेड रनर 70 किलोमीटर भी दौड़ने वाले थे। सूरत, गुजरात से एक लड़की 75 किलोमीटर दौड़ने का अभ्यास करने आने वाली थी। अमित प्रतिहारी और सुबोध उसके साथ दौड़े। वह बेहद ख़ूबसूरत लड़की थी। बाद में पता चला कि वह दो बच्चों की माँ है। कॉमरेड दौड़ने वाले हर रनर में कोई न कोई बात ऐसी थी, जो उसे ख़ास बनाती थी। जैसे–जैसे जून का महीना नज़दीक आ रहा था, ट्रेनिंग और सख़्त होती जा रही थी। शरीर में हमेशा एक थकान उतरी रहती। हर वक़्त सोने का मन करता। मैं लोकल ट्रेन में ऑफ़िस जाता था। पूरे रास्ते ऊँघता ही रहता। कई मर्तबा तो दफ़्तर में भी नींद आती थी। लेकिन चूँकि यह हमारी पहली कॉमरेड थी, हमारे अन्दर गज़ब का उत्साह भरा हुआ था। मैं मन ही मन यह मानकर चल रहा था कि अन्ततः जब मैं साउथ अफ्रीका में दौड़ूँगा, तो अभी मुझसे आगे दौड़ रहे कई लोगों से बेहतर प्रदर्शन करूँगा। इसके लिए मैं लम्बी दूरी की रनिंग को आत्मसात करने की कोशिश कर रहा था। निजी स्तर पर मैं यह मानता था कि ऐसा कोई भी काम जो एक व्यक्ति ने कर लिया, उसे दूसरा भी कर सकता था। अगर आपने रोजर बैनिस्टर की कहानी सुनी हो, तो आप भी मेरी बात पर यक़ीन करेंगे।

दौड़ की दुनिया में 1954 के पहले यह माना जाता था कि इन्सान एक मील की दूरी को चार मिनट से कम समय में नहीं कर सकता। अगर किसी ने ऐसा करने की कोशिश की, तो उसका दिल फट जायेगा और वह ट्रेक पर ही मर जायेगा। कई सालों तक दुनिया भर के एथलीट पूरी जान लगाकर दौड़ते रहे, लेकिन किसी ने कभी एक मील की दूरी 4 मिनट से कम समय में पूरी नहीं की। रोजर बैनिस्टर ने तब ऐलान किया कि वे ऐसा करेंगे और 4 मई, 1954 को ऑक्सफोर्ड यूनिवर्सिटी के मैदान में उन्होंने एक मील की दूरी 3:59:4 में पूरी की। उनके द्वारा ऐसा कारनामा किये जाने के बाद रनर्स के दिमाग़ से डर निकल गया। यक़ीनन सबने यही सोचा कि अगर बैनिस्टर कर सकता है, तो वे क्यों नहीं। और उसके बाद एक–एक कर कई दूसरे रनर चार मिनट से कम समय में एक मील दौड़ने का यह कारनामा दिखाने लगे। बाद में इस रेकॉर्ड को भी तोड़ दिया गया। इस वक़्त मोरक्को के हिकम अलगिरोज के नाम एक मील का वर्ल्ड रेकॉर्ड है। उन्होंने यह दूरी 3:43:4 में पूरी की, बैनिस्टर से भी 17 सेकंड पहले। यानी वे बैनिस्टर के साथ दौड़ते, तो उन्हें क़रीब डेढ़ सौ मीटर पीछे छोड़ देते। मैं भी यही मानकर चलता था कि जो काम दूसरा कर सकता है, चाहने पर वही काम मैं भी कर सकता हूँ। ऐसा मानते हुए मैं कभी उम्र को बीच में नहीं लाया। मुझे आज भी उम्र का कभी कोई अहसास नहीं होता।

56 कि.मी. की दौड़ के लिए एक बार फिर हम सभी दोस्त लोनावला के होटल में जमा हुए। चूँकि हम 65 किलोमीटर पहले ही दौड़ चुके थे, इसलिए 56 किलोमीटर को लेकर हम कोई मनोवैज्ञानिक दबाव नहीं महसूस कर रहे थे। मैंने यह फ़ैसला कर लिया था कि इस बार चाहे कुछ हो जाये, मैं मोदी कश्यप के ग्रुप के साथ ही दौडूँगा। अर्चना उर्फ आर्ची और अमित डालमिया भी यही करने वाले थे। अमित प्रतिहारी अब तक एक अलग लीग में जा चुका था। मैं बहुत ईमानदारी से स्वीकार करना चाहूँगा कि मैंने उसे हराने की बात अपने दिमाग़ से निकाल दी थी। लेकिन ऐसा मैंने सिर्फ़

कॉमरेड मैराथन की बाबत किया था। मैं मुम्बई मैराथन में उसे अब भी जीतने नहीं देने वाला था। गौतम दास पिछले तीन–चार महीनों में ट्रेनिंग के ज़रिये बहुत मज़बूत हो गया था। वह प्रैक्टिस रन में दो–तीन बार मुझे पीछे छोड़ चुका था, इसलिए उसके हौसले बहुत बढ़े हुए थे। यह पहली बार हुआ कि हमने दौड़ शुरू की और गौतम शुरू में ही मुझसे आगे निकल गया। मैंने मोदी कश्यप को बोल दिया था कि मैं उनके साथ ही दौड़ने वाला था। हमारा ग्रुप बहुत बड़ा हो गया था। उसमें मेरे, आर्ची और अमित डालमिया समेत दस लोग थे। मोदी बहुत कंट्रोल के साथ हमें आगे ले जा रहा था। जहाँ भी चढ़ाई आती, वह हमें पैदल चलने का हुक्म देता। उसके हिसाब से चढ़ाई पर दौड़ना आत्महत्या करने जैसा था। शुरू में बॉडी के गर्म हो जाने के बाद छोटी–मोटी चढ़ाई को दौड़ते हुए ही पार करने का मन होता, लेकिन मोदी ऐसा नहीं करने देता। वह आज अपनी पेस इस तरह सेट कर रहा था कि 11 घण्टे में कॉमरेड मैराथन पूरी कर ले। वह हर किलोमीटर अपने इसी लक्ष्य को पूरा करने के हिसाब से दौड़ रहा था। जरा भी गति तेज़ होती, तो वह कम करवा देता। मैंने आज अपने दिमाग़ से सोचना बन्द कर दिया था। मेरा एक ही लक्ष्य था कि मैं मोदी के इस ग्रुप के साथ ही आज की दौड़ पूरी करूँ। मैं कुछ नया करना चाहता था। बार–बार एक ही जैसी ग़लती दोहरा के मैं ख़ुद अपने से ही तंग आ चुका था। आर्ची इस ग्रुप की जान बन गयी थी। हमारे साथ भी दौड़ते हुए उससे अपनी एनर्जी सँभाली नहीं जाती थी। वह कुछ न कुछ बोलती ही रहती थी। आज भी वह लगातार कुछ न कुछ बोल रही थी। उसका जोश हर क़दम पर छलक रहा था। अमित डालमिया भी इसी ग्रुप में आज क़दम से क़दम मिलाकर दौड़ रहा था। इस तरह धीरे दौड़ना मेरे लिए एक नया अनुभव था। चार साल पहले आरे कॉलोनी में होने वाली मॉनसून हाफ़ मैराथन में मैंने आर्ची को 2 घण्टे 25 मिनट में दौड़ पूरी करवाई थी। तब भी मैं इतनी ही धीरे दौड़ा था। बहरहाल, आज मैं अपनी गरज से आर्ची के साथ यूँ धीमे दौड़ रहा था। मैं धीमे दौड़ने के अपने

प्रयोग को आख़िरी लम्हे तक लेकर जाना चाहता था। यानी आज मैं मोदी कश्यप के ग्रुप के साथ ही दौड़ पूरी करने को कृत संकल्प था। क़रीब 45–46 किलोमीटर के आसपास आर्ची और अमित डालमिया, दोनों ग्रुप से थोड़ा पीछे रह गये। 50 किलोमीटर के आसपास मुझे अनुपम गुहा दिखा। वह बहुत दर्द में नज़र आ रहा था और लँगड़ाते हुए चल रहा था। अब तक मोदी कश्यप का ग्रुप भी थोड़ा बिखरने लगा था। प्रशान्त मोदी यानी पी.एम. ने स्पीड बढ़ा ली थी। सुनन्दा भी तेज़ दौड़ने लगी थी, जबकि सैंड्रा थोड़ा पीछे रह गयी थी। मैं मोदी कश्यप के साथ चिपककर दौड़ रहा था। 52 किलोमीटर पूरा होने के बाद भी मैंने महसूस किया कि मुझमें बहुत ताक़त बची हुई है। मैं उस ताक़त को आज़माना चाह रहा था। मैं जानना चाहता था कि यह जो मुझे अपने भीतर ताक़त महसूस हो रही है, उसे दौड़ते हुए कितनी गति में बदला जा सकता है। मैंने मोदी कश्यप को बहुत ईमानदारी से अपने मन की बात बताई, क्योंकि मैं ऐसे अन्त में आकर उसका साथ छोड़ना नहीं चाहता था। *गो कैप्टन, गो।* मोदी बोला और मैंने स्पीड बढ़ानी शुरू की। मैंने गौर किया कि मैं उम्मीद से ज़्यादा तेज़ दौड़ रहा था। आख़िरी दो किलोमीटर मैं लगभग 5 मिनट प्रति किलोमीटर की पेस पर दौड़ गया। मोदी कश्यप को मैंने कहीं पीछे छोड़ दिया था। मैंने अपने इस अनुभव को जज़्ब कर लिया। यह मेरे लिए बहुत क़ीमती अनुभव था, क्योंकि मैं इस 56 किलोमीटर की दौड़ का पाँच बार कॉमरेड मैराथन दौड़ चुके मोदी कश्यप से भी बेहतर और ताक़तवर अन्त कर पाया था। लेकिन आज भी गौतम दास ने मुझसे जल्दी दौड़ पूरी की थी। उसका तो दिन बन गया था। यह कॉमरेड मैराथन से पहले इस तरह प्रफेशनल ढंग से आयोजित की गयी आख़िरी लम्बी दौड़ थी। आने वाले दिनों में गौतम और सुधार करने वाला था। सुधार के साथ–साथ वह इस बात को लेकर भी आश्वस्त होने वाला था कि कॉमरेड में वह कैप्टन को हरा देगा। लेकिन मैं उसे समय–समय पर छेड़ता रहता था। कई बार मैं उसे अपना सबसे पसन्दीदा डायलॉग मार चुका था – कैप्टन को

हराने के लिए नया जन्म लेना होगा। ऐसा मैं जिम में कई लोगों की मौज़ूदगी में बोल देता था। और तब गौतम मन ही मन मुझे हराने का और कड़ा प्रण करता था। जीतने की ख़ातिर गौतम ने कभी–कभार भी शराब पीना छोड़ दिया था। उसकी पत्नी मालाबी के मुताबिक़ सामान्यतया कुछ भी खा लेने वाला, वह अब खाने को लेकर भी बहुत सावधान हो गया था और हमेशा हेल्दी खाने की तलाश में रहता था।

उधर अमित प्रतिहारी अलग ही दुनिया में था। उसके पैर ज़मीन पर नहीं थे। वह उड़ रहा था। उसे अपनी मेहनत का फल मिल रहा था। उसके लिए दौड़ना ज़िन्दगी का पर्याय बन गया था। दौड़ना उसकी ज़िन्दगी में नये मायने लेकर आया था। वह उसे भरपूर जी रहा था। इस 56 किलोमीटर की दौड़ में आर्ची अमित डालमिया से भी आगे आई। मगर प्रसून मुझसे पीछे था। हालाँकि बहुत पीछे नहीं। फिनिश करने के बाद उसने भी दावा किया कि वह आराम से दौड़ा। ज़्यादा ज़ोर नहीं लगाया। अप्रत्यक्ष रूप से वह मुझे कहना चाह रहा था कि रेस के दिन ही वह ज़ोर लगाएगा और तब नतीज़े कुछ और होंगे। अनुपम के पास कहने को ज़्यादा कुछ नहीं था। उसकी चोट गम्भीर थी। पर उसके पास रिकवरी का वक़्त था अभी। मैं जानता था कि मानसिक रूप से वह बहुत मज़बूत बन्दा था। इतना मज़बूत कि वह मुसीबत को भी अवसर में बदल सकता था। अपने स्तर पर मैं बहुत ख़ुश था। मुझे आज धीमे दौड़ने का नया हथियार मिल गया था। यह ब्रह्मास्त्र से कम न था। मुझे कॉमरेड मैराथन में अधिक से अधिक समय तक अपनी ऊर्जा बचाकर दौड़ना था और सारी बची हुई ऊर्जा को आख़िरी कुछ किलोमीटर में ख़र्च करना था। मेरा यह ब्रह्मास्त्र कितना सफल रहने वाला था, यह तो मुझे रेस के दिन ही मालूम चल सकता था, पर मैं उसे लेकर अभी से ही बहुत आश्वस्त महसूस कर रहा था।

56 किलोमीटर की इस दौड़ के बाद भी हमारे रेगुलर प्रैक्टिस रन चालू रहने वाले थे। ये मुम्बई में बेतहाशा उमस और गर्मी वाले दिन थे। लेकिन हमारा कमिटमेंट अपने उच्चतम स्तर पर था।

हम सुबह चार बजे उठकर भी प्रैक्टिस करने जाते थे। साथ–साथ दौड़ते हुए ओएस के हम सातों रनर्स के बीच कैमिस्ट्री बहुत अच्छी बन गयी थी। हालाँकि मैं जानता था कि जितनी अच्छी कैमिस्ट्री थी, प्रतिस्पर्धा भी उतनी ही गहरी थी। सबने तीन–चार महीने की जबर्दस्त ट्रेनिंग की थी। सबका जोश आसमान छू रहा था। यहाँ तक कि आर्ची भी यह ख़्वाब देख रही थी कि कॉमरेड में वह मुझे 'पेल' देगी। यह एक दिन दौड़ते हुए उसी के मुँह से निकला हुआ शब्द था। लेकिन वास्तविक परिणाम, तो हमें मैराथन के दिन ही पता चलने वाला था।

लोनावला, मुम्बई में 50 कि.मी. की टाटा अल्ट्रा मैराथन से पहले ग्रुप फ़ोटो में (बायें से)–रंजन दा, अमित प्रतिहारी, गौतम दास, अनुपम गुहा, प्रसून सिकदर, लेखक, प्रेरणा सिन्हा और अमित डालमिया।

साउथ अफ्रीका में कॉमरेड मैराथन से पहले मुम्बई में एक प्रैक्टिस रन के बाद लेखक एवं साथी रनर्स (बायें से)–अमित प्रतिहारी, लेखक, प्रसून सिकदर, अर्चना वर्मा, अमित डालमिया, गौतम दास, अनुपम गुहा।

अध्याय 12

यूँ बने हम साउथ अफ्रीका में सात कॉमरेड सूरमा

कॉमरेड मैराथन के लिए पैसे और समय का इतना इन्वेस्टमेंट हो चुका था कि वह कई रनर्स को मनोवैज्ञानिक स्तर पर व्यग्र बना रहा था। कई लोगों में अपनी क़ाबिलियत को लेकर शक पैदा हो रहा था। वे अपने–अपने ढंग से अपना डर व्यक्त कर रहे थे। बातचीत के बीच में उनसे ऐसे वाक्य सुनने को मिलते रहते थे।

– भाई, आई विल नॉट टेक एनी चांस। मैं बहुत धीरे दौड़ूँगा।

– पता नहीं मुझसे हो भी पाएगा या नहीं।

– ओह, ये चढ़ाई तो मुझे मार ही डालेगी।

– आई एम जस्ट प्रेइंग कि एक मिनट पहले सही, पर टाइम पर ख़त्म कर लूँ।

इसके उलट कुछ लोग ओवर–कॉन्फिडेंट भी थे। उन्हें लगता था कि वे 9.5 घण्टे में कॉमरेड कर देंगे। फुल मैराथन उन्होंने बमुश्किल चार घण्टे से कम में पूरी की थी। एक मोटा समीकरण यह था कि जितने समय में किसी ने फुल मैराथन पूरी की थी, उसके ढाई गुना समय में कॉमरेड मैराथन की जा सकती थी।

यानी अगर किसी ने 4 घण्टे में फुल मैराथन की है, तो वह 10 घण्टे में कॉमरेड मैराथन कर सकता था। मैं ओवर कॉन्फिडेंट होने से बचने की भरपूर कोशिश कर रहा था। मेरे लोअर बैक में करंट उठने वाली तकलीफ़ अब भी बीच–बीच में मुँह खोल खड़ी हो जाती थी। मेरे ग्रॉइन एरिया में भी लगभग स्थायी दर्द रहने लगा था। कन्धे और पीठ का ऊपरी हिस्सा बेतरह सख़्त हो गया था। मैंने मालिश करवाने में ज़रूरत से ज़्यादा पैसे ख़र्च कर दिये थे। कई बार पत्नी सवाल पूछ लेती – ये तुम हर हफ़्ते क्यों मसाज वाले को बुला लेते हो? मैं उसे आधा रेट बताकर कहता कि वह पहचान का बन्दा है, बहुत सस्ते में कर रहा है। मेरे दोनों पैरों के अँगूठों के नाख़ून, जो टाटा अल्ट्रा मैराथन में एसिक्स के पुराने जूतों के प्रकोप का शिकार होकर नीले पड़ गये थे, उन्होंने दम तोड़ दिया था। और अब उनकी जगह बहुत ही ख़ूबसूरत और मुलायम नये नाख़ून आ रहे थे। पिछले दस साल के दौड़ने के अनुभव से मैं अब बता सकता हूँ कि अगर नाखून नीला पड़ गया, तो देर–सवेर वह निकल जाता है। हर बार जब पुराना नाख़ून निकलता और नया नाखून आता, तो मैं वैसे ही ख़ुश होता जैसे बचपन में नई क्लास में जाने के बाद नई कॉपी–किताबें आती थीं। उन्हें हम बहुत सँभालकर रखते थे और मन में सोचते थे कि पूरे साल इन्हें एकदम नया ही रखना है। लेकिन महीने भर में ही उनकी जिल्द बाहर निकल जाती थी, उन पर तेल, दाल, सब्ज़ी के धब्बे लग जाते थे। इसी तरह नया नाख़ून आने पर मैं सोचता था कि अब इसे बचाकर रखूँगा। इसके लिए मैंने अपने साइज़ से पूरा एक साइज़ बड़ा जूता पहनना शुरू किया, ताकि नाख़ूनों के लिए आगे थोड़ी जगह खाली रहे। यही नहीं, मैंने नाखूनों के लिए ख़ास तरह का प्रोटेक्शन लेना शुरू किया। मैं पैरों में अँगूठे और उसके साथ वाली उँगली में एक बहुत ही सॉफ्ट रबड़ का कवर पहनने लगा। इससे उँगलियों में छाले भी नहीं पड़ते और नाख़ून भी बच जाते हैं। लेकिन लम्बी दौड़ में उन्हें बचाना मुश्किल होता है। मैं लगभग पूरे

साल भर ही अपने पैरों में अँगूठे के बगल वाली उँगली के नाख़ून को काला ही पाता हूँ।

मैं अपनी कॉमरेड मैराथन को किसी सोशल कॉज से भी जोड़ना चाहता था। मेरी कुछ समय पहले ही मुकेश पुरोहित नामक एक बहुत ही नेकदिल व्यक्ति से पहचान हुई थी, जो बाद में मित्रता में तब्दील हुई। मुकेश टाटा कैंसर हस्पताल में कैंसर–पीड़ित बच्चों के लिए बहुत कुछ करते रहते थे। उन्होंने हस्पताल से बात करके मुझे ब्रैंड अंबेसडर जैसा कुछ बनवा दिया। इसके लिए उन्होंने मेरे लिए अलग से वैसी ही टीशर्ट बनवा कर दी, जैसी कि दूसरे सभी कॉमरेड रनर्स ने बनवाई थी। फर्क सिर्फ़ इतना था कि मेरी टी–शर्ट में पीछे टाटा कैंसर हॉस्पिटल का लोगो भी लगा था। टाटा कैंसर हॉस्पिटल के इस तरह मुझे ब्रैंड अंबेसडर बनाने से और भले ही कुछ हुआ हो या नहीं, पर इससे मुझ पर मैराथन सफलतापूर्वक पूरी करने का मनोवैज्ञानिक दबाव ज़रूर बन गया। इसीलिए मैं किसी तरह का कोई चाँस नहीं ले रहा था। सिगरेट पिए हुए मुझे कई महीने हो गये थे। एक सिगरेट मैंने टाटा अल्ट्रा मैराथन वाले दिन यानी क़रीब चार महीने पहले पी थी। ड्रिंक्स पर भी पूरी तरह से प्रतिबन्ध लगा हुआ था। गौतम दास जो हफ़्ते में तीन–चार दिन तो पी ही लेता था, उसने मुझे कॉमरेड में हराने की अपनी मनोकामना पूरी करने के वास्ते अब दारू को सूँघना तक बन्द कर दिया था। हालाँकि प्रसून ने बहुत प्यार से मुझसे आग्रह किया था कि कॉमरेड के बाद उसके साथ मैं सिगरेट ज़रूर पिऊँ। एक तरह से ऐसा निवेदन कर वह अपनी सिगरेट पीने की तलब पूरी करना चाह रहा था, क्योंकि उसकी सिगरेट मैंने कुछ महीने पहले बन्द करवा दी थी। वह भी कई महीनों से सिगरेट नहीं पी रहा था। कम से कम उसने मुझे तो यही बताया था, हालाँकि कॉमरेड पूरा होने के साल भर बाद एक दिन उसके घर में पार्टी के दौरान उसकी पत्नी चन्द्रिमा ने हमें यह बताकर चौंका दिया था कि उसने तो कभी प्रसून को बिना सिगरेट के देखा ही नहीं। कॉमरेड की ट्रेनिंग से पहले भी नहीं।

9 जून का कॉमरेड मैराथन का दिन तय था। हमने क़रीब 20 मई के आसपास से टेपर करना यानी दौड़ना कम करके शरीर को आराम देना शुरू किया। मैं पिछले आठ महीने से लगातार दौड़ रहा था। पहले सितम्बर के महीने से मुम्बई मैराथन की सोलह हफ़्तों की ट्रेनिंग और उसके तुरन्त बाद कॉमरेड की तैयारी। इतना दौड़ने के लिए शरीर को बेहतर भोजन की ज़रूरत थी। नई डाइट के रूप में मैंने जब–तब एवोकेडो की स्मूदी बनाना शुरू कर दिया था। इसके अलावा मैं रोज़ ड्राई फ्रूट्स भी लेता था – 25 बादाम, 5 काजू, 4 अख़रोट, 1 अंजीर, 1 खुबानी। हालाँकि बाद में पैसे बचाने के लिए खुबानी मैंने बन्द कर दिया था। घर में रोटी के लिए मैं बहुत पहले से ही मल्टी ग्रेन आटे का इस्तेमाल कर रहा था। मेरे क्रिकेटर भतीजे उन्मुक्त ने मुझे टेनिस चौंपियन जोकोविक की किताब *सर्व टु विन* पढ़ने को दी थी। उसे पढ़ने के बाद मैं ग्लूटन फ्री भोजन के पीछे पड़ गया था। मुझे समझ आ रहा था कि मोटे आटे की रोटी पचाने में आसान होती है। मैं बचपन के दिनों में मडुवे और मक्के की रोटी बहुत खाता था। उनका स्वाद दिव्य हुआ करता था। गेंहू का आटा मुझे अब रबड़ जैसा लगता था। मैं सोचकर भी हैरान होता था कि उसे कोई कैसे खा सकता है? मुझे बिना कहीं पढ़े यह समझ आ रहा था कि पेट के लिए चिकनी चीजों को पचाना मुश्किल होता है, मोटी और खुरदरी चीज़ों को पचाना आसान। उधर मैं दूध की चाय पीना भी बन्द कर चुका था। एक समय था, जब इस चाय ने मेरे जीवन में आतंक मचाया हुआ था और मैं उससे कई सालों तक पूरी तरह ग़ाफ़िल बना रहा। मैं जब 2010 में मुम्बई आया था, तो उन दिनों खाने–पीने को लेकर एक बेहोश जीवन जी रहा था। सुबह एक–दो किलोमीटर की दौड़ लगाकर मैं समझता था कि अब कुछ भी खा–पी सकता हूँ। ये वे दिन थे जब मैं ऑफ़िस में कैंटीन से सभी वर्कर्स के लिए स्टील के बड़े फिल्टर केनों में लाई जाने वाली चाय पिया करता था। मेरे लिए चाय की संख्या की गिनती नहीं थी, क्योंकि सिगरेट की कोई गिनती नहीं थी। अक्सर तो चाय और सिगरेट की

जुगलबन्दी होती थी। एक फूँक सिगरेट, एक घूँट चाय। कई बार जब जीवन में कोई एक्साइटमेंट आती, तो मैं उत्तेजना से भरे क्षणों में एक बुझती हुई सिगरेट से दूसरी नई सिगरेट जलाकर बैक टु बैक भी पिया करता था। उन दिनों रोज़ ही लगभग शाम के छह बजे तक मेरे पेट में गैस का ऐसा बवण्डर उठता कि मुझे पाखाने की शरण जाना पड़ता, जहाँ पूरी शक्ति लगाकर ध्वनि को रोकने की कोशिश के बावज़ूद गड़गड़ाहट के साथ ही विसर्जन हो पाता था। मुझे लगता तो था कि इस तरह रोज़ दफ़्तर में यह विसर्जन अच्छे स्वास्थ्य की निशानी नहीं, पर मैं बहुत सोचने के बावज़ूद उसकी वजह को नहीं पकड़ पा रहा था कि पेट में इतनी गैस क्यों बनती है। आज मैं अगर एक कप भी दूध वाली चाय पी लूँ, तो उदर में पहुँचते ही उसके प्रभाव को महसूस करने लगता हूँ। चाय भी एसिडिटी पैदा करती है और सिगरेट भी। मैं अब ग्रीन टी पीता था। कॉफी के नाम पर ब्लैक कॉफी। हालाँकि ब्लैक कॉफी भी पेट में एसिडिटी पैदा करती है और मैं जल्दी ही इसे भी गुडबाय कहने का मन बना चुका था। मेरे लिए रोज़ कोई न कोई फल खाना अनिवार्य था। सुबह दौड़ने जाने से पहले मैं एक छोटा केला और दो खजूर ज़रूर लेता था। इस नियम को मैंने शायद ही कभी तोड़ा हो। दही भी मुझे बहुत पसन्द थी। लेकिन मैं सिर्फ़ दोपहर में दही लेता था। पर उसकी मात्रा पर मेरी बाज नज़र रहती थी। हालाँकि मैं कॉमरेड मैराथन करने के बाद वीगन डाइट पर चले जाने वाला था यानी मेरे आहार में पौधों से मिलने वाले भोजन के सिवा कुछ नहीं रहने वाला था। अण्डे, माँस, मछली के साथ दूध–दही भी छोड़ने वाला था। वीगन होना शाकाहारी होने से एक क़दम आगे था। यह सब कैसे हुआ उसकी कहानी आगे बताता हूँ। मैं जिम में बी.सी.ए.ए. का पानी लेकर ही वर्कआउट करने जाता था। इसमें पैसा ख़र्च होता था, पर बाद में उन्मुक्त ने 'व्हे प्रोटीन' पाउडर और बी.सी.ए.ए. दोनों भेजने की जिम्मेदारी ले ली और इनका सेवन मेरी आदत बन गयी। हालाँकि वीगन बनने के बाद मैंने प्लांट प्रोटीन लेना शुरू कर दिया था। प्रोटीन मैं इसलिए भी लेता था कि

मुझे बिना माँसपेशियों वाला शरीर नहीं चाहिए था। मैंने समीर सिंह की हालत देखी थी। सौ दिनों तक रोज़ सौ किलोमीटर दौड़ने की कोशिश में उसने अपने शरीर को कहीं का न रख छोड़ा था। मेरी तो माँ भी मेरे साथ रहती है। वह इस उम्र में भी चेहरे पर जरा भी चिन्ता की रेखाएँ देखती है, तो पचास सवाल पूछती है कि क्या हुआ। एक किलो वजन भी कम होता है, तो उसे पता चल जाता है।

बेटा, इतना कमज़ोर क्यों हो गया है? क्या चिन्ता सता रही है तुझे? मुझे जरा भी कमज़ोर देख माँ सवालों की झड़ी लगा देती है। मैं अगर समीर सिंह जैसा कृशकाय हो जाऊँ, तो वह मेरी ओर देख भी न पाए। मैं चाहता था कि मैं मैराथन भी तेज़ दौड़ूँ और शरीर से भी बलिष्ठ रहूँ। ऐसा अपनी डाइट को अच्छा बनाये बिना सम्भव न था। इसीलिए मैं डाइट को लेकर बहुत सतर्क रहने लगा था। मैं तेल के रूप में सिर्फ़ और सिर्फ़ ऑलिव ऑयल लेता था। महँगा था। पर मैं आर्मी कैंटीन से लेकर आता था।

कॉमरेड मैराथन की तैयारी करते हुए हम जितना दौड़े थे, उस ऊर्जा की भरपाई के लिए भोजन की बहुत अहम भूमिका थी। मैं ऑफ़िस में लगभग हर वक़्त कुछ न कुछ खाता ही रहता था। खाने पर कोई रोक न थी, पर क्या खा रहा हूँ, इस पर मेरा पूरा ध्यान रहता था। मुझे तली हुई चीज़ें खाए ज़माना हो गया। समोसा खाए हुए इतना समय हो चुका कि उसका स्वाद अब मेरी स्मृति से भी पलायन करने वाला है। कई बार अपने पुराने दोस्तों या दफ़्तर के साथियों से खाने के बारे में बातें होतीं, तो वे हैरान होते कि मैं इतना नियन्त्रण कैसे कर लेता हूँ। लेकिन मुझे यह अब बहुत साधारण बात लगती थी। मैं यह जान गया था कि हमें विचार के स्तर पर मज़बूत होना पड़ता है। हमें संकल्प लेने पड़ते हैं और जब वे संकल्प मरने लगते हैं, तो उन्हें फिर से दोगुने जोश से पुनर्जीवित करना पड़ता है। ख़ुद से कई वादे करने पड़ते हैं और उन्हें दोहराते रहना पड़ता है। अपने से ज़्यादा प्रतिबद्ध, ज़्यादा सफल लोगों की संगत में रहना पड़ता है, अतीत में अपना जलवा दिखाकर इतिहास

के पन्नों में गुम हुए महान लोगों की दास्तानें पढ़ते रहनी होती हैं। ख़ुद को निरन्तर एक सकारात्मक माहौल में रखना पड़ता है, क्योंकि इसी सकारात्मकता से हमें ताक़त मिलती है और हम कमज़ोर क्षणों में फिसलने से बच जाते हैं।

हम रेस के तीन दिन पहले साउथ अफ्रीका पहुँच रहे थे। ओएस से हम सातों रनर्स एक ही गाड़ी में निकले। हमने कॉमरेड रेस के लिए ख़ास बनाया हुआ एक नीले रंग का जैकेट पहना हुआ था, जिसमें सुनहरे रंग में कॉमरेड का ऑफिशल लोगो बना हुआ था। हमें दो फ्लाइट्स बदलकर डरबन पहुँचना था। वहाँ पहुँचकर क्या–क्या करना है, इसके निर्देश हमारे पास थे। किसी पुराने कॉमरेड ने हमारे व्हाट्सऐप ग्रुप पर इन निर्देशों को साझा किया था। इन्हें मैं ज़रा–से भाषा के बदलावों के साथ यहाँ उतार रहा हूँ, ताकि आप लोगों को इसका अन्दाज़ हो सके कि कॉमरेड रेस से पहले दौड़ने वालों को क्या–क्या करना और क्या सोचना पड़ता है।

कॉमरेड के लिए निर्देश

- अब जबकि आपकी कॉमरेड की तैयारी पूरी हो चुकी है और महज चार दिन बाकी हैं, ख़ुद को सकारात्मक बनाकर रखो। ख़ुद को इस बड़ी चुनौती के समक्ष परखने के लिए अपने भीतर बच्चों जैसा उत्साह महसूस करो। इतनी सख़्त ट्रेनिंग के बाद अपनी सामर्थ्य पर जरा भी सन्देह मत पैदा होने दो। घबराओ बिलकुल नहीं।
- दौड़ के बारे में बहुत ज़्यादा मत सोचो। उसके लिए जितनी मेहनत, जितनी ट्रेनिंग तुमने करनी थी, वह तुम कर चुके। प्रक्रिया में भरोसा रखो, ख़ुद पर यक़ीन करो कि तुम चुनौतियों के सामने ख़ुद को ऊपर उठाओगे और जैसा चाहते हो, ठीक वैसा ही फल पाओगे। जब तक कि तुम बहुत बड़ी बेवकूफ़ी नहीं करते, तुम अपने कॉमरेड मैराथन आराम से ख़त्म कर लोगे।

डरबन में

- शनिवार को एक्स्पो में कम से कम समय ख़र्च करो। कोशिश करो कि अपना रनिंग बिब शुक्रवार को ही ले आओ। शुक्रवार को अपने साथियों के साथ समन्दर के किनारे–किनारे आराम से 5–6 किलोमीटर दौड़ लो। मांसपेशियाँ तैयार रहेंगी। सण्डे की रेस से पहले शनिवार को पूर्ण आराम ज़रूरी है।
- जिन चीजों को पहनकर आप दौड़ने वाले हो, उन्हें शनिवार की दोपहर तक ही फिक्स कर लो ताकि अगर कुछ भूल गये, तो उसे ठीक करने के लिए आपके पास समय रहे। टी–शर्ट में बिब लगाकर रखो। ध्यान रहे कि कोई ऐसी चीज़ न पहनो, जिसे आप पहले इस्तेमाल नहीं कर चुके।
- सादा और हेल्दी खाना खाओ और थोड़ा पहले खाकर जल्दी सो जाओ। याद रखो कि पूरी नींद लोगे, तो उसका आपको दौड़ में बहुत फ़ायदा मिलने वाला है।

रेस से पहले

- सुबह उठने के बाद तड़के कोई हेल्दी स्नैक्स ज़रूर लें। रेस के लिए आपको ऊर्जा का हर ग्राम चाहिए होगा।
- सुबह हल्की ठण्ड रहती है। बेहतर होगा कि आप रनिंग टी–शर्ट के ऊपर ठण्ड रोकने के लिए विंडचिटर जैसा कुछ पहन लें, जिसे आप रास्ते में फेंक सकें।
- सुबह वॉर्म–अप के लिए बहुत ज़्यादा न दौड़ें। इस दौरान अपने एनर्जी ड्रिंक से छोटे–छोटे घूँट भरते रहें। अपनी बोतल आप रेस शुरू होने से पहले डस्टबिन में डाल दें, साथ लेकर न दौड़ें, क्योंकि रास्ते में आपको जगह–जगह वॉटर–पॉइंट मिलेंगे, जहाँ हर तरह के एनर्जी ड्रिंक्स और खाने–पीने की दूसरी चीजें भी उपलब्ध रहेगी।

रेस के दौरान

- इस बात का ख्याल रखें कि रेस की शुरुआत अँधेरे में होगी और स्टार्ट लाइन तक पहुँचने में ही आपको बहुत समय लग जायेगा। अँधेरे और भीड़ में आपने अगर तेज़ दौड़ने की कोशिश की, तो गिर भी सकते हैं। इसीलिए जो लोग आपको धक्का देकर आगे निकलने की कोशिश करें, उन पर सिर्फ़ हँसें, उनसे प्रेरित न हों।
- भीड़ से बाहर निकल आने और उजाला होने के बाद भी धीमे ही दौड़ें। याद रखें कि यह एक लम्बी रेस है। आप जितना धैर्य दिखाओगे, आपको उतना ही लाभ मिलेगा। एक गति से दौड़ें, अपने दिल की धड़कनों को अपने नियन्त्रण में रख, उसे महसूस करते हुए दौड़ें। बिना थकान के जितना ज़्यादा दौड़ सकते हैं, उतना दौड़ने की कोशिश करें।
- याद रखें कि आप सिर्फ़ संकल्प–शक्ति से नहीं दौड़ सकते। आपको ऊर्जा चाहिए और वह आपको खाने से मिलेगी। इसीलिए शुरू से ही कुछ न कुछ हेल्दी खाते रहें, ताकि आपको लगातार ऊर्जा मिलती रहे। चूँकि पहले हाफ़ में धूप नहीं रहती, मौसम ठण्डा रहता है, आपका खाया हुआ आसानी से पच जाता है और दूसरे हाफ़ के लिए ऊर्जा भी जमा हो जाती है। पहले हाफ़ में जितना कम खायेंगे, दूसरे हाफ़ में आपको उतनी ही तकलीफ़ उठानी पड़ सकती है।
- आप रफ़्तार को जितना स्थिर करके दौड़ेंगे, आपके शरीर में उतनी ही चर्बी का ज़्यादा इस्तेमाल होगा। ग्लाइकोजन आपके लिए बचा रहेगा, जिसका बाद में इस्तेमाल कर सकते।
- पानी के लिए जगह–जगह वॉटर–स्टेशन मिलेंगे, लेकिन ध्यान रहे कि ज़्यादा पानी न पी जायें। सिर्फ़ छोटे–छोटे घूँट लें और बाकी पानी सिर और गर्दन पर उँड़ेल लें, ताकि शरीर ठण्डा बना रहे।
- जहाँ भी चढ़ाई आये, दौड़ने की बजाय पैदल चलें। तेज़ गति से पैदल चलें, दोनों हाथ हिलाते हुए। चढ़ाई न भी आये,

तो हर 5–6 किलोमीटर के बाद कुछ दूर पैदल चल लें। पैरों को थकान से बचाना बहुत ज़रूरी है। वॉटर–स्टेशन पर पानी पीते हुए या कुछ खाते हुए बेहतर है कि पैदल चलें। इससे शरीर में पुनः शक्ति आ जायेगी। शुरू में शरीर में ऊर्जा रहती है। उसे चढ़ाई पर दौड़ने में न ख़र्च कर दें। ऐसा करेंगे, तो दूसरे हाफ़ में आपके लिए चलना भी मुश्किल हो जायेगा और तब रेस पूरी करना भी एक सपना लगने लगेगा।

- आपका हर क़दम आपको मन्ज़िल के क़रीब ले जाता है, इसलिए चाहे कुछ हो जाए, चलना न छोड़ें। दूसरे हाफ़ में जब पैरों में बेतहाशा दर्द और थकान उतर आती है, तब रुकने का मन करता है। लेकिन मन की न सुन अपनी करें और चलते रहें।
- इस बात को स्वीकार करें कि रेस के दौरान कई कमज़ोर क्षण भी आयेंगे। आप ख़ुद से पूछोगे – ये मैं कर क्या रहा हूँ, क्यों कर रहा हूँ। क्यों इस तरह ख़ुद को पीड़ित कर रहा हूँ। ऐसे नेगेटिव विचारों पर ध्यान न दें। ख़ुद से बातें करते हुए चलते रहें। जैसे–जैसे मन्ज़िल नज़दीक आती जायेगी, आप में अपने आप पॉजिटिव विचार भी आने लगेंगे।
- अगर एनर्जी लेने के लिए आप जैल लेते हो, तो एक घण्टे में एक से ज़्यादा न लें। बेहतर हो अगर आप एनर्जी के लिए एनर्जी ड्रिंक्स और खजूर, उबले आलू, सन्तरे व खाने की दूसरी चीज़ों का इस्तेमाल करें, क्योंकि जैल लेने से आपको ज़्यादा पानी पीना पड़ता है। अच्छा यह होगा कि शुरू के पाँच–छह घण्टों में आप जैल न लें, क्योंकि इसे लेने से आपका मुँह बार–बार सूख सकता है और आपको बार–बार पानी पीने की ज़रूरत पड़ सकती है।
- रेस में आपको फल तो शुरू से ही मिलने लगेंगे, लेकिन आगे चलकर आपको खाने के लिए नमक और घी लगे हुए उबले आलू और पीने के लिए कोक भी मिलेंगे। आलू आपको पर्याप्त

कार्बोहाइड्रेड देते हैं, जबकि कोक आपके शरीर के तापमान को कम कर आपको तुरन्त एनर्जी देता है। उससे आपको कैफीन भी मिलता है, जिससे आप 'हाई' फील करते हो।

- शरीर की गर्मी का आपको विशेष ख़याल रखना है, क्योंकि जैसे–जैसे आप रेस में आगे बढ़ते जायेंगे, वैसे–वैसे शरीर की गर्मी बढ़ती जायेगी। वॉटर स्टेशनों पर आपको ठण्डे पानी के पैकेट मिलेंगे। पैकेट को अपने गालों और गले पर लगाकर आप थोड़ी ठण्डक ले सकते हैं।
- अपने हाथों को बीच–बीच में नीचे की ओर झटकते रहें, ताकि हाथों और कन्धों की माँसपेशियों में जमा तनाव रिलीज़ हो। शुरू में आपको चश्मे की ज़रूरत नहीं होगी, क्योंकि सुबह अँधेरे में ही रेस शुरू होगी। परन्तु दिन के चढ़ने पर धूप आपको परेशान कर सकती है, इसलिए बेहतर होगा कि आप चश्मा रख लें।
- कॉमरेड 2019 में आपको चढ़ाई चढ़नी है। डरबन से पीटरमारिजबर्ग तक क़रीब 650 मीटर की ऊँचाई है। इस बीच आपको पाँच पहाड़ियाँ लाँघनी होंगी और कट–ऑफ टाइम का भी ख़याल रखना होगा। अगर आपने एक निश्चित समय में एक ख़ास दूरी पार नहीं की, तो आपको रेस से बाहर कर दिया जायेगा।
- आपके लिए एक अच्छी बात यह है कि इन पाँच में से चार पहाड़ियाँ पहले हाफ़ में ही मिल जायेंगी। यह आपके लिए अच्छी बात है, क्योंकि इस दौरान आपमें पर्याप्त ऊर्जा रहेगी। सबसे पहले 13 से 16 किलोमीटर के बीच क़रीब 2.1 किलोमीटर लम्बी कोवीज हिल आयेगी। इस वक़्त अँधेरा होगा और आपको ज़्यादा पता नहीं चलेगा। आप बस भीड़ के पीछे बने रहें।
- इसके बाद 19 से 23 किलोमीटर के बीच क़रीब 3.2 किलोमीटर की फील्ड्स पहाड़ी आयेगी। यह निश्चित ही आपको थोड़ा तनाव देगी। लेकिन अभी आपमें बहुत ताक़त होगी। इसे आप आराम से पार लेंगे।

- इसके बाद 33 से 36 किलोमीटर के बीच 2.3 किलोमीटर लम्बी बोथाज हिल आयेगी। इसे पार करने के लिए आपको वाक़ई दम लगाना पड़ेगा। यह मान लें कि आपको पैदल चलना ही होगा।
- इसके बाद अगली पहाड़ी आने से पहले आप आधी दूरी पार करेंगे। यह आपके लिए मुस्कराने का समय होगा। आप आधा कमाल कर दिखा चुके होंगे। ज़्यादा मुश्किल दौड़ पूरी कर चुके होंगे। अब आपको समझदारी से दौड़ना होगा।
- इसके बाद 43 से 46 किलोमीटर के बीच क़रीब 2.5 किलोमीटर की इंछागा पहाड़ी आयेगी। इसे आप बड़बड़ाते हुए ही पार करेंगे और पैदल चलते हुए भी। लेकिन आधी दूरी पूरी करने की ख़ुशी आपको तकलीफ़ महसूस नहीं करने देगी।
- इसके बाद 77 से 79 किलोमीटर के बीच पॉली हिल का अवतरण होगा, जो सारी पहाड़ियों के पिता जैसी है। इस पहाड़ी को आप देखकर थोड़ा घबरायेंगे और दौड़ने की ज़ुर्रत नहीं करेंगे। लेकिन आप इसे कर जायेंगे, क्योंकि अब आप रेस के अन्त की सुखद कल्पना करते हुए अपने शरीर में नई स्फूर्ति महसूस करने लगेंगे।
- कट ऑफ टाइम को लेकर बहुत घबराने की ज़रूरत नहीं, क्योंकि अगर आप चोटिल नहीं होते, तो उसे आप बहुत आसानी से हासिल कर लेंगे। अगर आप 6 मिनट से 6.30 मिनट की औसत पेस पर दौड़ते हैं और चढ़ाई पर चढ़ते हुए क़रीब 12 मिनट की पेस रखते हैं, तो ढलान में आपकी बेहतर स्पीड आदि को देखते हुए आप पूरा कोर्स आराम से 7.30, 7.50 की पेस पर पूरा कर लेंगे।
- पहले हाफ़ में आप फ्रेश होते हैं लेकिन ज़्यादा पहाड़ियाँ हैं इसलिए आपकी पेस नियन्त्रित रहती है। दूसरे हाफ़ में पहाड़ियाँ कम हैं लेकिन अब आप ज़्यादा थक गये हो, इसलिए यहाँ भी पेस नियन्त्रित रहती है। आपकी औसत पेस में ज़्यादा फ़र्क़ नहीं आता।

- अन्त में एक बार फिर याद दिला दें कि अपने शरीर की फीलिंग से चलें, घड़ी से नहीं। घड़ी का उपयोग सामान्य गाइडलाइन के लिए करें। कृपया भूलकर भी अपनी औसत पेस सुधारने के लिए तेज़ दौड़ने की कोशिश न करें। बहुत लोगों को इस भूल के चलते ही लेने के देने पड़ जाते हैं। धैर्य रखें, पानी पीते रहें, ज़्यादा से ज़्यादा दूरी तय करने की कोशिश करें और दिमाग़ में नकारात्मक विचार नहीं आने दें। ऐसा करेंगे, तो आप ज़रूर समय ख़त्म होने से पहले ही फिनिश लाइन पर मुस्कराते हुए दिखेंगे।

इस कॉमरेड मैराथन को लेकर हम कितना गम्भीर थे, इसका अन्दाज़ इस बात से लगाया जा सकता है कि अन्तर्राष्ट्रीय उड़ान की परिचारिकाओं द्वारा मुस्कराहट के साथ सर्व किये जाने के बावज़ूद किसी ने हवाई यात्रा में शराब को हाथ नहीं लगाया। कभी हफ़्ते में दो–तीन दिन पी लेने वाले गौतम दास के लिए अब महीने में दो–तीन बार पीना भी मुहाल था। क्या करता। उसने चुनौती ही ऐसी ली हुई थी। कैप्टन को हराने की। वो कैप्टन, जो किसी भी क़ीमत पर हमेशा जीतने की फिराक में रहता था। ज़ाहिर है, ऐसे कैप्टन को हराने का सुख बहुत ख़ास रहने वाला था। इसीलिए उसका हवाई जहाज़ में न पीना समझ में आता था। लेकिन मुझे दूसरों को देखकर हैरानी हो रही थी। यहाँ तक कि अर्चना ने भी पीने से इंकार कर दिया। उसे पीने का बहुत शौक है और वह गाहे–बगाहे उसका ऐलान भी करती रहती है। प्रसून और डालमिया भी पीने के शौकीन थे। लेकिन उन्होंने भी ऊँघना ज़्यादा पसन्द किया। प्रतिहारी और अनुपम को तो ख़ैर पीने में जरा भी दिलचस्पी न थी। मैं बहुत ज़्यादा नियमों और अनुशासन में चलने वालों में नहीं था। मैंने पीना छोड़ा हुआ था, पर ऐसे भी नहीं कि पिऊँगा ही नहीं। लेकिन हवाई जहाज़ में मैंने परिचारिका की मुस्कान और उसके हाथों में शैंपेन की बोतल के आकर्षण को अपने ध्यान व तप की शक्ति से नज़रअन्दाज़ किया। उसने जब मेरी ओर मुखातिब होकर पूछा – *एनी ड्रिंक्स सर?*

मैंने तुरन्त आँखें बन्द कर कल्पना की कि कॉमरेड मैराथन में गौतम दास मुझे पीछे छोड़ आगे निकल रहा है और यह कहते हुए जा रहा है कि आखिर पेल दिया ना तुम्हें कैप्टन। मेरे मुँह से तुरन्त निकला– नो थैंक्यू, कैन आयी हैव सम वॉटर प्लीज।

हमारी फ्लाइट आबूधाबी से जोहानिसबर्ग पहुँची, तो हम काफ़ी थक चुके थे। हमने क़रीब नौ घण्टे की उड़ान भरी थी। पर जहाज़ से बाहर निकल एयरपोर्ट में प्रवेश करते ही सातों अपने रंग में आ गये। यहाँ हमें फ्री वाईफाई मिला था, सो हमने कई तरह की पोज़ में तस्वीरें खींची और उन्हें सोशल मीडिया के सुपुर्द किया। हम अपनी अब तक की ज़िन्दगी की सबसे बड़ी मैराथन दौड़ने जा रहे थे, लोगों को यह बताने का कोई मौक़ा कैसे चूकते। हम सबने अपने ख़ास तौर पर बनवाये नीले जैकेट पहने हुए थे। हम बात–बात पर ज़ोर–ज़ोर से हँस रहे थे। ज़ाहिर था कि हम भीतर ही भीतर बहुत ख़ुश थे। कॉमरेड मैराथन दौड़ने का हमारा सपना जो पूरा हो रहा था। इस सपने को पूरा करने में गौतम दास और अनुपम ने ख़ास भूमिका निभाई थी, क्योंकि उन्हीं की पहल पर यह सम्भव हो रहा था– एक ही अपार्टमेंट से सात लोग एक साथ कॉमरेड मैराथन दौड़ने वाले थे। यह भी अपने में एक क़िस्म का रेकॉर्ड ही था।

जोहानिसबर्ग से हमें लोकल फ़्लाइट लेकर डरबन पहुँचना था। इंटरनैशनल फ्लाइट के विशालकाय जहाज़ में बैठने के बाद लोकल जहाज़ बहुत छोटा लगा। वह हवा में भी कुछ ज़्यादा ही हिचकोले खा रहा था। यहाँ से डेढ़–दो घण्टे की ही फ़्लाइट थी। मैं साउथ अफ्रीका पहली बार आ रहा था। गौतम दास कई साल पहले यहाँ छह महीने नौकरी कर चुका था। अमित प्रतिहारी भी यहाँ आता–जाता रहता था। हालाँकि मैं अपनी धुर जवानी में अफ्रीका ज़रूर आया था। पूर्वी अफ्रीका में। सोमालिया। वहाँ संयुक्त राष्ट्र सेना में भारतीय ब्रिगेड का प्रतिनिधित्व करते हुए। पर तब मैं अफ्रीका को देख नहीं पाया था। इसीलिए हवाई जहाज़ से मैं सतत बाहर देख रहा था। जंगल और नदियाँ। साउथ अफ्रीका बहुत हरा–भरा दिख रहा था।

हम जब डरबन में उतरे, तो बाहर आते ही तेज़ हवा ने हमारा स्वागत किया। वहाँ बहुत शानदार मौसम हमारा इन्तज़ार कर रहा था। अमित प्रतिहारी ने बहुत मोलभाव करके हमारे साउथ अफ्रीका में रहने तक एक किराए पर मिनी बस की व्यवस्था कर ली थी। वही मिनी बस हमें एयरपोर्ट लेने आयी थी। नई जगह को लेकर मैं बहुत कौतूहल से भरा हुआ था। होटल के कमरे भी हमने पहले से बुक किये हुए थे। अर्चना अपने लिए कमरा नहीं ले पाई थी। प्रसून और अनुपम ने उसे अपने कमरे में जगह दी। मैं, अमित डालमिया, अमित प्रतिहारी और गौतम एक कमरे में थे। कहने को एक कमरा था, वह पर उसमें असल में दो कमरे थे और दो डबल बेड। होटल तक पहुँचते हुए मैं रास्ते में हर चीज़ को बहुत गौर से देख रहा था। प्राकृतिक हरियाली बहुत दिख रही थी। इमारतें भी बहुत सटी हुई और बहुत ऊँची न थीं। मुम्बई में रहकर मैं ऊँची इमारतें देखने का आदी हो गया था। इसीलिए जब भी मैं कम ऊँची इमारतें और ज़मीन पर सपाट फैला हुआ शहर देखता था, तो मुझे बहुत अच्छा लगता था। डरबन की सड़कें भी बहुत साफ़–सुथरी थीं। खाने के बेहिसाब रेस्टोरेंट्स को देखकर अन्दाज़ा लगाया जा सकता था कि यह एक टूरिस्ट सिटी है। सारे वर्ल्डक्लास रेस्टोरेंट्स यहाँ देखे जा सकते थे। जिस इलाक़े में हमारा होटल था, वह ज़्यादा पॉश था। होटल पहुँचने से पहले सड़क एक मोड़ लेने के बाद अचानक समंदर के किनारे आ जाती है। हमारी बस जैसे ही यहाँ पहुँची, प्रसून चिल्लाया – भाई, ये तो हम वापस मुम्बई आ गये। समन्दर के साथ समानान्तर दौड़ती इस सड़क को देख किसी को भी मुम्बई की याद आ जाती, क्योंकि वहाँ भी हम हर संडे मरीन ड्राइव पर ही दौड़ते थे। जैसे पूरी मुम्बई संडे के दिन मरीन ड्राइव पर दौड़ने आती थी, वैसे ही आने वाली सुबह हमें दिखाने वाली थी कि पूरा डरबन हमारे होटल के सामने वाली इसी सड़क पर दौड़ने आता है।

कमरे में आकर गौतम दास ने तय किया कि कौन कहाँ सोयेगा, कहाँ सामान रखेगा। बाहर वाले कमरे का डबल बेड मेरे और अमित

प्रतिहारी के नाम गया। भीतर वाले कमरे में दो सिंगल बेड थे। वे अमित डालमिया और गौतम के नाम आये। चारों ने फटाफट नहाया। होटल की लॉबी पर हमें दुनिया भर से आये कॉमरेड रनर दिखे थे। इंडिया से ही इस बार रेकॉर्ड बना था और दो सौ से ज़्यादा रनर आये थे। उनमें से कई इस होटल में रुके थे। लगभग हर कमरा ही कॉमरेड रनर से भरा हुआ था। लोगों ने पिछले सालों की कॉमरेड टी–शर्ट पहनी हुई थी। अब तक कौन कितनी कॉमरेड मैराथन दौड़ चुका है, हर टी–शर्ट पर दौड़ने वाले के नाम के अलावा वह संख्या भी दर्ज़ थी। मैं लगभग आँख फाड़ के टी–शर्ट में दर्ज़ इस संख्या को देख रहा था। मैं किसी बन्दे या बन्दी की शक्ल बाद में देखता था और टी–शर्ट पर दर्ज़ इस संख्या को पहले। कई बार संख्या को देख मेरे चेहरे पर हैरानी के बादल तैरते दिखते। अगर आप वहाँ 8, 9, 10, 11, 12 जैसी संख्याएँ देखें, तो आपको हैरान होने का पूरा हक़ है। ख़ासकर तब तो ज़रूर, जबकि आप भी कई महीनों की अविश्वसनीय ट्रेनिंग के बाद, लगभग एक सपने के पूरे होने की तरह पहली बार कॉमरेड मैराथन में भाग लेने आये हुए हों।

कमरे में पहुँच सबसे पहले मैंने सूटकेस से खाने की चीज़ें बाहर निकालीं। हर बन्दा खाने के लिए ख़ास चीजें लेकर आया हुआ था। ये भूख लगने वाले दिन थे। हम हर वक़्त ही कुछ न कुछ खाते रहते थे। यह सोचकर कि हमें दौड़ते हुए पहाड़ की 87 किलोमीटर लम्बी चढ़ाई पार करनी है, मनोवैज्ञानिक रूप से हम खाने की ओर ज़्यादा खिंचते थे, क्योंकि चढ़ाई पार करने की उस चुनौती को पूरा करने में भोजन सबसे अहम भूमिका निभाने वाला था। उसी भोजन से ली गयी ऊर्जा को हमने शरीर में संरक्षित करना था और शरीर ने संकट के वक़्त उसी से काम चलाना था। मैंने बादाम, काजू, किशमिश, अंजीर, अखरोट, मुनक्के आदि ड्राई फ्रूट्स का अच्छा मिक्सचर बनाया हुआ था, जिसमें कद्दू, खरबूजे और अलसी समेत कई तरह के बीज भी डाल दिये थे। जब भी भूख लगती मैं इस मिक्सचर को मुट्ठी भर–भर के खा जाया करता था। कुछ घण्टे कमरे में रहकर

फ्रेश होने के बाद हम लोग शाम को डिनर के लिए बाहर निकले। एक सड़क पर हमें एक से बढ़कर एक रेस्टोरेंट दिखायी दिये। सात लोग हों, तो एक फैसले पर आने में वक़्त लगता है, क्योंकि सातों की प्राथमिकताएँ अलग होती हैं। उन दिनों मैं माँसाहारी भी था। हमारे बीच अर्चना और अमित प्रतिहारी ही शुद्ध शाकाहारी थे। अमित डालमिया भी शाकाहारी ही था, पर शरीर के लिए प्रोटीन की चाह में वह कभी–कभार चिकन और मछली से परहेज नहीं करता था। अक्सर वह गौतम दास को अपना धर्म भ्रष्ट करने के लिए दोषी करार देता था, क्योंकि वही अक्सर नॉन–वेज डिश बनाकर उसे खिलाया करता था। हमने डिनर के लिए एक बहुत ही बढ़िया रेस्टोरेंट चुना। बढ़िया में इसलिए कह रहा हूँ, क्योंकि यहाँ हमें खाना बहुत लाजवाब मिला। मैंने मैक्सिकन ग्रिल्ड चिकन मंगाया था। चिकन के साथ बहुत हेल्दी क़िस्म की हरी सब्ज़ियाँ और कुछ बेहद स्वादिष्ट सॉस थे। उसी में थोड़े चावल भी थे। रेस्टोरेंट ने डिनर के ऑर्डर में अपनी ओर से फ्रेंच फ्राई मुफ़्त में सर्व किये थे। शाकाहारी लोगों ने अपने लिए उस रेस्टोरेंट की कोई ख़ास डिश मँगाई थी। हम मांसाहारियों ने उनकी डिश का भी मजा लिया। हर प्लेट में भोजन की मात्रा अनुमान से कहीं ज़्यादा थी। मैंने कुछ स्वाद के चलते, कुछ भूख के चलते और कुछ बिना मकसद के इतना खाना खा लिया कि मुझे उसे पचाने के लिए तुरन्त पैदल घूमने जाना पड़ा। मुझे याद नहीं कि मैंने उस तरह कभी पहले भोजन किया था। बाकी लोगों के साथ भी ऐसा ही हुआ था। सभी की मनःस्थिति एक जैसी थी, इसलिए सबका व्यवहार भी एक जैसा ही दिख रहा था। अर्चना के लिए अपनी पसन्द का भोजन मिलना एक बहुत बड़ी चुनौती था। पर उसे यहाँ पास्ता, चावल और आलू सब मिल गये थे। वह इन सब पर टूट पड़ी थी। हम सभी लोग कार्ब–लोडिंग के मोड में थे। जिस कार्बोहाइड्रेड को खाने में हम दो बार सोचते थे, इन दिनों उसे खोज–खोज के खा रहे थे। पास्ता कार्ब का अच्छा स्रोत माना जाता है। उस पर सभी लोग इस तरह टूटे कि हमें उसकी दो एक्स्ट्रा प्लेट मँगवानी पड़ी।

मेरा पेट फटने को आ गया था। अपनी मैक्सिकन ग्रिल्ड चिकन की पूरी प्लेट ख़त्म करने के बाद मैं फ्रेंच फ्राई और पास्ता भी बहुत खा गया था। बेहिसाब भरे हुए पेट के साथ हम लोग अपने–अपने कमरों में आये और तुरन्त सोने चले गये। हालाँकि सोने की प्रक्रिया में अमित प्रतिहारी ने कुछ देर तक अपने ख़ास ढंग से दूसरों को परेशान करने का सुख लिया। उसे नींद नहीं आ रही थी। वह सोने की कोशिश कर रहे हम में से किसी को भी सम्बोधित कर उसकी नींद की प्रक्रिया में विघ्न डालता और ज़ोर से हँसता। गौतम को बाकियों की तुलना में जल्दी नींद आ जाती थी। वह लगभग नींद के अतल में प्रवेश करने वाला था, जब अमित को शरारत सूझी और उसने उसका नाम पुकारना शुरू किया। गौतम! गौतम!! गौतम!!! गौतम!!! गौतम!!!! हर बार उसके उच्चारण की ध्वनि बढ़ती जाती थी और आवाज़ में आग्रह का भाव घनीभूत होता जाता था, जिससे सुनने वाले को लगता था कि जैसे वह कोई बहुत ही ज़रूरी बात करना चाहता है। अमूमन उसके ऐसे आग्रह सुन नींद में जाते हुए भी हम उसकी आवाज़ के झाँसे में आकर हूँ! बोलते हुए आँख खोल देते और तब वह पलटकर कहता– कुछ नहीं! सो जा! कल सुबह बात करते हैं! वह ऐसे भोलेपन और गम्भीरता के साथ ऐसा बोलता कि दूसरे को इलहाम नहीं हो पाता कि असल में उसने उसके साथ शरारत की है। पर हम तीनों ही लोनावला में ट्रेनिंग करते हुए कई बार साथ रहने के दौरान उसके पैंतरों से वाकिफ हो चुके थे। इसलिए वह पाँच मिनट तक गौतम! गौतम! करता रहा, पर मज़ाल है कि गौतम हूँ! भी करे। कैप्टन को पराजित करने के अपने इरादे को फलीभूत करने के लिए यह बहुत ज़रूरी था कि वह शरीर को पर्याप्त नींद के ज़रिये तरोताज़ा रखे।

बहुत ज़्यादा लंच करने की वजह से पेट में गैस बनना बहुत स्वाभाविक था। नींद में जाने की प्रक्रिया के दौरान ही हमने पाया कि रजाई के भीतर से जब–तब गन्ध उठ रही है। मैं और अमित इस तरह सोए थे कि उसका चेहरा मेरी पीठ की ओर था। अमित ने सिर के ऊपर रजाई ली हुई थी। मैंने सिर रजाई से बाहर रखा हुआ था,

इसलिए मैं इस बात को लेकर बेपरवाह था कि पेट में उठती हुई गैस का शरीर समय–समय पर अपनी सुविधा और आवृत्ति के मुताबिक़ रजाई के भीतर ही निष्कासन करता रहे। हालाँकि इस बात का एहसास होने के बाद कि नींद में लगभग जा चुके अमित का मुँह न सिर्फ़ रजाई के भीतर है बल्कि उसकी दिशा भी मेरी ओर है, मुझे एक बारगी थोड़ा–सा संकोच हुआ, लेकिन मैं भी नहीं चाहता था कि शरीर की अन्दरूनी प्रक्रियाओं में किसी भी तरह का कोई व्यवधान डाला जाये। मैं गौतम को ऐसे ही नहीं जीतने देना चाहता था। इसीलिए न चाहते हुए भी मैं लम्बी–लम्बी अवधि तक शक्ति लगाकर गैस के बड़े–बड़े गोले छोड़ता रहा। दूसरी ओर से कोई प्रतिक्रिया न देख मेरी जिज्ञासा बढ़ रही थी कि मेरे गैस के गोले असर भी पैदा कर रहे हैं या नहीं। पर कुछ ही मिनट में मुझे अमित के बड़बड़ाने की आवाज़ आई। उसने नींद में ही मुझे कोई ग़ाली दी और करवट बदल मुँह रजाई से बाहर निकाल सो गया।

अगले दिन की सुबह हमारे जीवन की सबसे ख़ूबसूरत सुबहों में गिनी जायेगी। सुबह उठने के बाद हम बारी–बारी से निवृत्त हुए। रात का बेहिसाब खाया हुआ बेहिसाब मात्रा में ही बाहर निकला। फलस्वरूप हम अचानक ख़ुद को बहुत हल्का–फुल्का महसूस करने लगे। मैंने कमरे में ही पानी गर्म कर ब्लैक कॉफी बनाई। बिना बीज वाले दो–दो खजूर खाकर हम जब होटल के बाहर आये, तो वहाँ नजारा ही कुछ और था। समंदर किनारे की सड़क पर बेहिसाब रनर दौड़ रहे थे। आज हमें बहुत धीमी रफ़्तार में पाँच किलोमीटर दौड़ना था और अच्छी स्ट्रेचिंग करनी थी, ताकि हमारी मांसपेशियाँ खुल जायें। अगले दिन पाँच बजे से कॉमरेड मैराथन शुरू होने वाली थी। हमने अपने रंगीन चश्मे भी निकाल लिए थे। अमित प्रतिहारी कुछ महीने पहले बीजिंग गया था ऑफ़िस के काम से। वहीं से वह चारों के लिए रनिंग गोगल्स लेकर आया था। समंदर के किनारे क्षितिज तक जाती दिखती उस सड़क पर नज़र की हद तक लोग दौड़ते दिख रहे थे– अकेले, छोटे–छोटे ग्रुप में, बड़े ग्रुप में और

अविश्वसनीय ढंग से बहुत बड़े ग्रुप में। ये जो अविश्वसनीय ढंग से बड़े ग्रुप थे, ये लोकल लोगों के थे, जो एक साथ क़दम से क़दम मिलाकर अपने किसी गीत की धुन पर दौड़ रहे थे। वह गाना वैसा ही था, जैसे हमारे यहाँ लोकगीत होते हैं। उसकी धुन से मनुष्य के आदिम समाज की कौंध फूट रही थी। मैंने आज तक उससे ज़्यादा दिव्य कोई समाँ न देखा था। फ़ौज के दिनों में बैंड के सामने परेड करते हुए उसकी धुन पर देशभक्ति के अहसास में मेरे रोंगटे खड़े रहते थे, इन लोगों के गीत की धुन सुनकर भी मेरे रोंगटे खड़े हो रहे थे। यहाँ देशभक्ति जैसा अहसास नहीं था, लेकिन मनुष्य के भीतर मिलकर काम करने, एक–दूसरे को साथ लेकर आगे बढ़ने भावना और उससे उसे मिलने वाली गरिमा का अहसास था। वहाँ का माहौल देखकर मुझे समझ आ रहा था कि क्यों एक बार कॉमरेड करने के बाद ज़्यादातर लोग बार–बार यह मैराथन दौड़ते हैं। इस दौड़ से जुड़ा हर एहसास दिव्य था। इस सड़क पर अति उत्साह में हमारा ग्रुप थोड़ा तितर–बितर हो गया। पाँच किलोमीटर दौड़ लेने के बाद मुझे गौतम और अमित डालमिया मिले, तो उनसे मालूम चला कि अर्चना किसी बात पर नाराज़ होकर कहीं चली गयी थी। यह एक अजनबी शहर था हमारे लिए। यहाँ पहले आ चुके लोगों ने हमें हिदायत दी हुई थी कि ग्रुप में एक साथ रहें। यहाँ अपराधियों की कमी नहीं थी। वे गली–नुक्कड़ों में छिपे रहते हैं और अकेला मिलने पर किसी को भी चाकू या तमंचे की नोक पर लूट लेते हैं। थोड़ी देर के लिए हम सभी घबरा गये। पर कुछ ही देर में वह वापस आ गयी। सबने चौन की साँस ली।

होटल में खाने के लिए बुफे सिस्टम था। इस वक़्त होटल में रह रहे सौ फ़ीसदी लोग कॉमरेड मैराथन में भाग लेने वाले लोग थे। होटल वाले पुराने अनुभवी थे। उन्होंने नाश्ता ऐसा तैयार किया था कि हमारी कार्ब और प्रोटीन दोनों की ज़रूरतें पूरी हो सकें। हम लोगों ने छककर नाश्ता किया। मुझे ख़ुद यक़ीन नहीं हो रहा था कि मैं इतना सारा खाना खा रहा हूँ। थोड़ा डर भी लग रहा था

कि इतना ज़्यादा खाने से कुछ गड़बड़ न हो जाये। लेकिन मैं यह देखकर आश्वस्त हो रहा था कि ऐसा सिर्फ़ मेरे साथ नहीं हो रहा था। ग्रुप में सभी लोग छककर खा रहे थे। मैंने आसपास की मेज़ों पर दूसरे देशों से आये धावकों की प्लेटों पर भी नज़र डाली कि पता चले वे क्या और कितना खा रहे हैं। लगभग सभी की प्लेटें भरी हुई थीं। ज़ाहिर है, उनका भी हमारे जैसा ही हाल था। मनोवैज्ञानिक स्तर पर सभी यह सोच रहे थे कि उन्हें अगले दिन सुबह 11–12 घण्टों तक लगातार दौड़ना है। जो खाना वे अभी खायेंगे, वही कल उनके लिए ईंधन का काम करेगा। मैंने नाष्ते में मक्खन और चीज़ लगाकर चार ब्रेड टोस्ट लिए। उनमें चार अण्डों का ऑमलेट भी डाला गया। नॉनवेज में मैंने 6–7 चिकन सॉसेजेस लिए। 3–4 उबले हुए आलू। फलों की एक प्लेट और अन्त में मेरा सबसे पसन्दीदा अनानास का जूस। हम सभी डकार मारते हुए नाश्ते की मेज से उठे और संघर्ष करते हुए अपने कमरों में पहुँच औंधे गिर गये। क्योंकि सभी जानते थे कि रात में सोने का समय कम मिलने वाला है, इसलिए सब दिन में सोकर अपनी नींद पूरी करना चाह रहे थे। लेकिन सब इतने भाग्यशाली नहीं थे। अपनी आँख बन्द करते ही नींद में चले जाने की आदत के कारण मैं तो कुछ घण्टे सो गया, पर गौतम को संघर्ष करना पड़ा। तीन–चार घण्टे बाद लन्च का समय हो गया। पूरा ग्रुप एक बार फिर एकमत से उसी सड़क पर गया, जहाँ कल हमने एक रेस्टोरेंट में डिनर लिया था। लन्च करना शुरू करने से पहले मुझे लग रहा था कि क्योंकि नाश्ता बहुत हैवी किया है, इसलिए लन्च में कम ही भोजन लिया जायेगा, लेकिन भोजन सामने आने तक जाने क्या हुआ कि फिर बेहिसाब भूख जाग गयी और फिर मैंने बाज़ारू भाषा में कहूँ, तो 'पेलकर' खाया। लंच के बाद एक बार फिर सबने सोने की कोशिश की। रात को डिनर जल्दी लेना था। डिनर के लिए हम एक गुजराती रेस्टोरेंट में जाकर बहुत सादा खाना खाने वाले थे। सभी का मानना था कि हमें सादा भोजन लेना चाहिए, ताकि शरीर में पाचन सम्बन्धी कोई दिक़्क़त न हो। भारत से यहाँ कॉमरेड दौड़ने

आने वालों के बीच इस गुजराती रेस्टोरेंट की खिचड़ी बहुत लोकप्रिय थी। हमने खिचड़ी ही खाने का फ़ैसला किया। हम सातों ही क़रीब साढ़े सात बजे रेस्टोरेंट में आये और दो मेजों को जोड़कर एक साथ बैठ गये। खिचड़ी के साथ दही और आलू की सब्ज़ी भी थी। मुझे मै सोसा रहा था कि, चूंकि मैंने नाश्ता और लंच अपनी कूवत से ज़्यादा कर लिया था, इसलिए डिनर में कम खाकर सन्तुलन स्थापित कर लूँगा। लेकिन अदृश्य शक्तियों ने ऐसा होने न दिया। मेरी बुद्धि ने काम करना बन्द कर दिया था, क्योंकि मैं शरीर की सुन रहा था। मैंने शरीर की माँग के आगे समर्पण कर दिया। जब मैंने तीसरी बार रेस्टोरेंट के मालिक को अपने लिए और खिचड़ी भेजने का आदेश दिया, तो बाकी के छह लोगों ने मेरी और गर्दन उठाकर बहुत हैरानी से देखा। लेकिन यह तो उनके हैरत में पड़ने की शुरुआत थी। मैं उस वक़्त सिर्फ़ और सिर्फ़ अपने शरीर की सुन रहा था। निस्सन्देह खिचड़ी बहुत स्वादिष्ट थी और उसमें दही, आलू की सब्ज़ी और देसी अचार मिलाने से उसका स्वाद दिव्य हो गया था। मैं आज इस बात पर अडिग था कि जब तक मेरे शरीर से आवाज़ नहीं आयेगी कि बस कर बहुत हो गया! अब और न खाया जायेगा! तब तक मैं रुकूंगा नहीं। उस शाम संभवतः मैंने खिचड़ी खाने का रेकॉर्ड बना दिया होगा। बाद में हाल यह हो गया कि बाकी लोग मुझे मना करने लगे कि इसे और मत दो। बीमार पड़ा, तो हमारी मुसीबत होगी। उस शाम मैंने सात बार प्लेट भर कर खिचड़ी खाई। जब एक बहुत बड़ी डकार के साथ पेट ने सन्देश दिया कि बस हुआ, अब और नहीं, मैंने गुजराती सौंफ की ओर हाथ बढ़ाया।

ऐसा नहीं कि अकेले मैंने ही बहुत खाया। बाक़ी लोगों ने भी कोई कसर न छोड़ी थी। यहाँ तक कि बहुत कम खाने वाली अर्चना ने भी तीन बार खिचड़ी ली थी। उसने आलू की सब्ज़ी और दाल और अन्त में मीठे में भी कुछ अलग से खाया था। सभी लोग पूरी तरह से तर और तृप्त आत्मा लेकर अपनी कुर्सियों से उठे थे। अब सबको कमरे में जाकर जल्दी से जल्दी सोने की कोशिश करनी थी।

हमने सुबह के लिए अपना रनिंग किट शाम को ही तैयार कर लिया था। मैंने बाक़ायदा उसे बिस्तर पर बिछाकर उसकी तस्वीर ट्वीट की और फेसबुक पर डाली। उस किट में काफ़ी कुछ था– रनिंग शॉर्ट, बिब लगी टी–शर्ट, जूते, मोज़े, घड़ी, रिस्ट बैंड, हैड बैंड, कमर में बाँधने वाला पाउच, जिसमें मैं पानी की बोतल रखता था, दोनों हाथों में पहने जाने वाले स्किन टाइट्स ताकि सुबह ठण्ड कम लगे और एक विंड चिटर, जिसे हमें बॉडी गर्म होने के बाद उतारकर फेंक देना था। मैंने जान–बूझकर जेब वाली रनिंग शॉर्ट्स पहनी थी, ताकि खाने की चीज़ें जेब में रख सकूँ, क्योंकि वॉटर पॉइंट्स पर बहुत भीड़ रहती है। बार–बार वहाँ रुकने से बहुत क़ीमती समय बर्बाद हो जाता है। यह सीख मुझे लोनावाला के प्रैक्टिस–रन से मिली थी।

वापस कमरे में आने के बाद सबने अपनी–अपनी रणनीति बताई कि वे कैसे दौड़ने वाले हैं। गौतम दास अपने उत्साह को रोके न रोक पा रहा था। उसने अपने ही बेहद निश्छल अन्दाज़ में घोषणा की–

"हाथी जाग गया है, इस बार कैप्टन का तो कोई चाँस नहीं है।"

वह आपसी मज़ाक में ख़ुद को हाथी बोलता था, क्योंकि उसे डेढ़ साल पहले सोलर एनर्जी का अपना नया काम शुरू करने के चक्कर में कुछ महीनों तक दौड़ने का समय नहीं मिला था। वह बिना तैयारी के भी हमारे साथ दौड़ता, तो बॉडी गर्म होने के बाद शरीर में ख़ुशी के हॉर्मोन डोपामीन के रिलीज़ होने पर कुछ न कुछ बोलता रहता था। उन्हीं दिनों उसकी जुबान पर यह नया डायलॉग चढ़ा था कि मरा हुआ हाथी भी सवा लाख का होता है। यहाँ इसका अर्थ था कि भले ही समय नहीं मिलने के कारण उसने रनिंग की प्रैक्टिस नहीं की, लेकिन फिर भी वह मुझसे अच्छा दौड़ सकता है।

"भाई कैप्टन को कम मत आँक, मुझे पता है वह अगर अपनी पर आ गया, तो सबको पेल देगा। एक बार इससे पंगा लेने की ग़लती की थी। पेडर रोड की चढ़ाई पर भी ऐसे दौड़ा, जैसे चढ़ाई नहीं ढलान पर दौड़ रहा हो।" अमित प्रतिहारी ने मेरी तारीफ की।

हम लोग कई बार एक–दूसरे की ऐसी तारीफ करते कि बन्दे को मन ही मन ख़ुद ही अजीब लगने लगता होगा। एक–दूसरे का मनोबल बढ़ाने के लिए यह ज़रूरी भी था। लेकिन असल में सच भी था कि हम सभी में अपनी–अपनी ख़ास विशेषताएँ थीं। एकदम अलग–अलग। अमित डालमिया मुश्किल से मुश्किल काम को भी करने को तैयार रहता था। दिखने में वह जितना पतला था, मानसिक रूप से वह उतना ही मज़बूत था। गौतम दास अपने बचपन के कठिन जीवन की आग में तपकर बाहर निकला था। उसे दुनिया की कोई भी मुसीबत बड़ी नहीं लगती थी। वह कैसी भी स्थिति से ख़ुद को उठा सकता था और अन्ततः हर स्थिति पर विजय पा सकता था। अमित प्रतिहारी अपनी धुन का पक्का था। जैसे घोड़े की आँखों के दोनों ओर कवर डाल दिया जाता है, ताकि वह सामने देखकर आगे बढ़ता रहे, प्रतिहारी भी दिमाग़ की नज़र से जिस लक्ष्य को देख लेता था, उसके बाद उसे पाने के लिए वह दिन–रात एक कर देता था। अर्चना को असंभव दिखती चीजों को सम्भव बनाने में मज़ा आता था। पहले उसके लिए फुल मैराथन दौड़ना असम्भव था। उसने उसे एक ही साल में सम्भव कर दिया। कॉमरेड दौड़ना असंभव से भी कहीं बड़ी चीज़ थी। ख़ासकर यह देखते हुए कि उसे नौकरी के साथ–साथ अपनी दो बेटियों को भी देखना होता था, लेकिन वह इसे भी सम्भव करने जा रही थी। अनुपम ख़ुद फ़ौज में नहीं जा पाया था, लेकिन उसके शरीर में एक फ़ौजी का खून बह रहा था। वह अपनी क्षमताओं से पूरी दुनिया को हैरान कर सकता था। जितनी तेज़ी से उसने दौड़ना शुरू करने के बाद अपनी रनिंग स्पीड को सुधारा था, बहुत कम लोग वैसा कर सकते हैं। उसका दिमाग़ एक फ़ौजी के दिमाग़ जैसा था। मुसीबतें और मुश्किलें जितनी बढ़ती थीं, वह उतना मज़बूत होता जाता। रनिंग के मामले में प्रसून की प्रोग्रेस भी देखनेवाली थी। उसने अभी जमा तीन साल पहले दौड़ना शुरू किया था और इतने कम समय में ही कॉमरेड मैराथन की चुनौती ले लेना साबित करता है कि मानसिक रूप से वह बहुत मज़बूत था। उसने भी दो साल में

ही हाफ़ से फुल मैराथन में शिफ़्ट करने का दम दिखाया था और लोनावला में तीन प्रैक्टिस दौड़ों में वही सबसे आराम से दौड़ा था।

गौतम दास की बात सुनकर मैं मुस्करा दिया।

"कल की कल ही देखेंगे भाई, अभी से क्या सोचना" मैंने दार्शनिक अन्दाज़ में गौतम को जवाब दिया।

"कैप्टन, वैसे इस बार मुझे भी फील हो रहा है कि गौतम वाकई तुमको पेलने वाला है" अमित डालमिया बहुत गम्भीर आवाज़ में और अपने भीतरी हँसी को होंठों के पीछे छिपाते हुए बोला। मैं जानता था कि वह मजे ले रहा है, जैसा कि वह अमूमन करता ही रहता था, क्योंकि वह ख़ुद हमसे दौड़ की प्रतिस्पर्धा का हिस्सा नहीं था। वह निरपेक्ष भाव से हमारे अहंकारों को अलग–अलग तरीके से टकराते हुए देखता और भरपूर मज़े लेता। इधर प्रतिहारी ने हमारे बीच एक ख़ास डायलॉग को बार–बार बोलकर प्रचलित कर दिया था। वह आपसी बातचीत के दौरान किसी को भी उसकी किसी बात के जवाब में बोलता – 'भाई, यह जो तुम्हारी अपने से ज़्यादा दूसरे के बारे में सोचने की आदत है न, ये तुम्हें जीवन में बहुत आगे ले जायेगी।' हम किसी की किसी भी बात के लिए अब प्रतिहारी के इस डायलॉग का इस्तेमाल करते। अगर कोई बात करते हुए दोस्तों के बीच चुप बैठा है, तो उसे बोल देते – भाई, बाक़ी सभी लोगों के बात करने के दौरान ये जो तुम्हारी चुप रहने की सामर्थ्य है, देखना यह तुम्हें लाइफ़ में बहुत ऊपर ले जायेगी। गौतम को मेरे दार्शनिक अन्दाज़ में दिये गये जवाब को सुनकर प्रतिहारी ने तुरन्त अपना डायलॉग उछाला–

"कैप्टन ये जो तुम कल की बात का जवाब कल देने की बात करते हो, ये तुम्हें ज़िन्दगी में बहुत ऊपर ले जायेगी।" वह बोला और हम हँसे। इस वक़्त सभी कल की रेस को लेकर बहुत उत्साह में थे। कल वह दिन था, जिसके लिए हमने छह महीने तैयारी की थी। परिवार, दफ़्तर और अपनी हर दूसरे शौक़ को पीछे रख, बस रनिंग के पीछे भागे थे।

उस रात सोते हुए मैं ख़ुद को मैराथन दौड़ते देखता रहा। विजुअलाइजेशन को मैं एक बहुत बड़े औज़ार के रूप में देखता था। खिलाड़ियों के लिए विजुअलाइजेशन बहुत ही काम की चीज़ है। जब हम ख़ुद को कोई काम करते हुए विजुअलाइज करते हैं और देखते हैं कि कैसे हम गलतियाँ नहीं कर रहे, तो जब हम वस्तुतः वह काम करते हैं, तो अपने आप कम ग़लतियाँ करते हैं, क्योंकि हमारा अवचेतन मन हमारे चेतन मन को नियन्त्रित कर लेता है।

उस रात सोते हुए अमित प्रतिहारी ने बार–बार किसी का नाम लेकर उसे सोते हुए से उठाने वाला मज़ाक नहीं किया, क्योंकि वह ख़ुद जल्दी से जल्दी नींद के आग़ोश में चले जाना चाहता था, ताकि नींद उसकी मांसपेशियों को तरोताज़ा कर दे और कल वह अपने अब तक के जीवन की सबसे अविस्मरणीय मैराथन अपनी उम्मीद से बेहतर दौड़ सके। मैं ख़ुद भी जल्दी सोना चाहता था, क्योंकि मुझे इस बात की चिन्ता सता रही थी कि मैंने गुजराती रेस्टोरेंट में जिस तरह से और जितनी मात्रा में खिचड़ी खायी थी, उसे मेरी अक्षम्य गुस्ताखी करार देते हुए सुबह उठने के बाद कहीं मेरा शरीर मुझे सजा देने का फ़रमान तो नहीं जारी कर देगा। एक रनर के लिए दौड़ की सुबह पाख़ाने की यात्रा सबसे ज़्यादा मायने रखती है। अगर वह यात्रा सफल रही, तो आप बाहर निकलते हुए उनके चेहरों पर खिली हुई हँसी देखोगे। पर असफल रहने पर यही चेहरा रुआँसा हो मुरझा जाता है।

सुबह तय समय में एक–एक कर हम चारों उठ गये। मेरा सौभाग्य था कि मुझे तीन बार पाख़ाने की यात्रा का अवसर मिला और हर बार मैं अपने चेहरे पर क़ामयाबी की मुस्कान लिए हुए बाहर आया। तीसरी बार तो वह मुसकान ऐसी थी कि मेरे होंठ कान को छू रहे थे। मैं जब बाहर निकल रहा था, तो गौतम दास अन्दर जा रहा था।

"हुआ कुछ" वह मुझसे पूछते हुए अन्दर घुसा। मैं मन ही मन मुस्कराया। मैंने ख़ुद से कहा कि बेटा आज तो अभूतपूर्व हुआ है। जैसा अभूतपूर्व मेरा रात को खिचड़ी खाना था, उसका निकालना भी वैसा ही अभूतपूर्व था। इस सफलता की एक वजह मेरा सुबह उठते ही चार गिलास गुनगुना पानी पीना था। आज उस पानी ने पेट में पहुँच ऐसा मौसम बनाया कि बैठते ही गरज–बरज के साथ सारे अवशेष विसर्जित हो गये। ज़ाहिर है कि अचानक किलो भर वजन कम करने से मैं हल्का–फुल्का महसूस करता। अगले डेढ़ घण्टे में हम चारों ही फारिग हो चुके थे। कमरे में हमने ब्रेड रखी हुई थी। यह अमित प्रतिहारी का दौड़ वाले दिन सुबह का अनिवार्य नियम है कि वह ब्रेड खाकर दौड़ता है। उसने खाना शुरू किया, तो हम तीनों भी पिल पड़े। मैंने ब्लैक कॉफी पीने का अपना नियम पूरा किया। हम चार बजकर चालीस मिनट पर होटल के सामने अपनी बस में सवार हो चुके थे। बस ने हमें दौड़ के स्टार्टिंग पॉइंट के क़रीब ही उतारना था। वहाँ पहुँचे, तो वहाँ का नजारा ही कुछ और था। ऐसा नहीं कि हमें इसका आइडिया नहीं था, लेकिन कल्पना और यथार्थ में फर्क होता है। दो किलोमीटर लम्बी सड़क को रंग–बिरंगे कपड़े पहने दौड़ने वाले 25 हज़ार लोगों से ठसाठस पटा हुआ देखने की कल्पना करना एक बात है और उन लोगों के बीच स्वयं खड़ा होना दूसरी। सबके स्टार्ट पॉइंट अलग–अलग थे। इसीलिए गाड़ी से उतरने के तुरन्त बाद हम सातों ही अलग हो गये। सिर्फ़ गौतम और मैं साथ थे। एक पराये देश में अनजान लोगों की भीड़ के बीच इतनी लम्बी दौड़ लगाने के किसी मनोविज्ञान के तहत था या यूँ ही, गौतम और मैंने तय किया कि जहाँ तक सम्भव है, हम साथ दौड़ेंगे। उस सड़क पर जहाँ तक नज़र जाती थी, लोग ही लोग थे। सब एक–दूसरे से टकराते हुए निकल रहे थे, क्योंकि आगे–पीछे होने की भी जगह न थी। एक समस्या यह हुई कि मुझे सुबह उठने के बाद ज़्यादा पानी पी लेने और दो बार ब्लैक कॉफी पीने के कारण पेशाब का बहुत दबाव महसूस हो रहा था। प्रेशर इतना बढ़ गया कि

मैं बेपरवाह होकर दो इमारतों के बीच जरा–सा अंधकार भरा कोना खोज वहीं निवृत्त हो आया। बड़े–बड़े स्पीकरों पर गाने चल रहे थे। कहीं–कहीं लोगों के ग्रुप ख़ुद ही कोई धुन गुनगुना रहे थे। सब कुछ किसी फ़िल्म के दृश्य–सा लग रहा था। हम लोग जहाँ खड़े थे, वहाँ से स्टार्टिंग लाइन तक पहुँचने में ही 8 मिनट लगने वाले थे। ये 8 मिनट हमारे ही खाते से जाने थे। इसलिए हम कोशिश कर रहे थे कि कहीं कोने–काने से हमें आगे जाने का मौक़ा मिल जाये। मैं और गौतम ज़रा–ज़रा–सी देर में एक–दूसरे का नाम पुकार लेते थे, क्योंकि उस भीड़ में एक बार खोने से दोबारा मिलना असंभव था।

दौड़ शुरू हुई, तो मैंने अपनी गारमिन चालू कर दी। डरबन शहर की जिस सड़क से यह रेस शुरू हुई, उसके दोनों ओर ऊँची इमारतें थीं। यह शहर का सबसे पॉश इलाक़ा था। दिल्ली के कनॉट प्लेस जैसा। एक अच्छी बात यह थी कि सड़क एकदम मक्खन जैसी थी। उस पर दौड़ने में मज़ा आ रहा था। हालाँकि पहले पाँच सौ मीटर तो हमें लगभग चहलकदमी करते हुए आगे बढ़ना पड़ा। भीड़ ही इतनी थी। धीरे–धीरे हमने स्पीड बढ़ाई। अभी हम दो किलोमीटर भी नहीं दौड़े थे कि मुझे फिर ज़बरदस्त प्रेशर महसूस हुआ। सुबह के समय मौसम में थोड़ी ठण्डक थी। हालाँकि हमने विंडचिटर पहने हुए थे। मुझे एक बार फिर सड़क का एक कोना चुनना पड़ा। मेरे निवृत्त होने तक गौतम ने वहीं खड़े होकर इन्तज़ार किया, क्योंकि आगे निकलने पर खोने का ख़तरा था। तभी अचानक हमें अमित प्रतिहारी भी मिल गया। अब हम तीनों उस बेपनाह भीड़ में समय–समय पर ज़ोर से एक–दूसरे का नाम पुकारते हुए आगे बढ़ने लगे। इस वक़्त हमारी स्पीड बहुत कम थी। लगभग 9 किलोमीटर प्रति घण्टा। अभी हम चाहकर भी तेज़ नहीं दौड़ सकते थे, क्योंकि भीड़ कम होने का नाम नहीं ले रही थी। हम क़रीब पाँच किलोमीटर दौड़े होंगे कि मुझे फिर अपने ब्लेडर में दबाव बनता महसूस हुआ। इसे मैं मनोवैज्ञानिक दबाव नहीं कह सकता, क्योंकि निवृत्त होते हुए बाकायदा लम्बे समय तक धार छूटती थी। इस बार मैं निवृत्त होने गया, तो गौतम मेरा

इन्तज़ार नहीं कर पाया। आख़िर वह कब तक ऐसा करता। उसका क़ीमती समय बर्बाद हो रहा था। अन्ततः तो सब अपना फ़िनिश टाइम ही जुबाँ पर लेकर वापस हिन्दुस्तान लौटने वाले थे। अब उसकी बॉडी भी गर्म हो चुकी थी। ऐसे गर्म शरीर के साथ रुकने का कोई मतलब नहीं था। पिछली बार वह धीमे–धीमे दौड़ता हुआ मुझ से कुछ आगे मिल गया था, पर इस बार लगता था कि वह प्रतिहारी के साथ आगे निकल गया था। मैं किसी भी हाल पर शुरू में ही अपनी स्पीड बढ़ाने की ग़लती नहीं करना चाहता था। लोनावला में अन्तिम बार 56 किलोमीटर के प्रैक्टिस–रन के दौरान मैंने कश्यप मोदी के ग्रुप के साथ धीमे दौड़कर जो अनुभव लिया था, मैं उसके मुताबिक़ ही कम से कम 80 किलोमीटर तक आराम से दौड़ना चाहता था।

मैंने क़रीब 15 किलोमीटर की दूरी तय की थी, जब दाहिनी ओर के आकाश में बादल सरके और सूर्य की बेहद कोमल किरणें नमूदार हुईं। मैं बहुत पहले ही अपना विंडचिटर निकालकर फेंक चुका था। जिस तरह लम्बी दूरी की रोडवेज की गाड़ियों के ड्राइवर कहीं चाय के विश्राम के बाद इस निश्चय के साथ स्टीयरिंग संभालते हैं कि अब वे चार–पाँच घण्टे लगातार बस चलाकर ही रुकेंगे, उसी तरह विंडचिटर निकालकर फेंकते हुए मैंने निश्चय किया था, अब रेस के अन्त में ही रुकना होगा। सूर्योदय होने के बाद आसपास की सुन्दरता देख मेरा मन खिल उठा था। वैसे पहाड़ और वैसी सुन्दरता को देख मुझे अपने उत्तराखण्ड के पहाड़ याद आ गये। मैंने ऐसे मनोरम दृश्य रानीखेत के कैंट एरिया में देखे थे। नज़र की हद तक इतनी घनी हरियाली थी और पहाड़ों की घास इतनी सफ़ाई से बिछी हुई थी कि उस पर नज़र फिसलती चली जाती थी। प्रकृति की ऐसी छटा और अपने पहाड़ के जीवन की याद ने एकाएक मुझमें यह अहसास पैदा किया कि मैं ऐसे पहाड़ी रास्ते पर अनन्त काल तक दौड़ सकता हूँ। जितनी बार भी मेरा प्रकृति की छटा की ओर ध्यान जाता, उतनी बार मुझे अपनी शिराओं में एक ताज़गी उतरती महसूस होती। मेरे शरीर में बेहिसाब ताक़त और एनर्जी भरी हुई थी,

जिसके चलते मुझे अपनी स्पीड को नियन्त्रित करने में मुश्किलें पैदा हो रही थीं। जरा–सा ध्यान हटते ही मैं ख़ुद को तेज़ दौड़ते हुए पा रहा था। कई जगह ढलान पर मैं 5.30 मिनट प्रति किलोमीटर के पेस पर भी दौड़ने लगा था। चूँकि पहाड़ों की चढ़ाई पर ज़्यादातर लोग पैदल चल रहे थे, शुरू में मैं भी पैदल चला, लेकिन मैं बाद में समय बचाने के लिए छोटी–मोटी चढ़ाई पर धीमी जॉगिंग करने लगा। मुझे बीच–बीच में अपने आगे–पीछे अफ़्रीकी रनर्स के छोटे–बड़े ग्रुप मिल रहे थे, जो अपने ख़ास अन्दाज़ में गाने गाते हुए दौड़ रहे थे। जितने आराम से और जितना आनन्द लेकर वे दौड़ रहे थे, लगता था कि वे ऐसे अनंत काल तक दौड़ सकते हैं। मैं कोशिश कर रहा था कि ऐसे किसी ग्रुप से चिपक कर दौड़ता रहूँ, ताकि उनके गीतों का रस मेरे कानों में भी घुलता रहा। यह सचमुच बहुत अद्‌भुत समाँ था। 15–16 डिग्री सेंटिग्रेड तापमान वाले ख़ूबसूरत मौसम में चारों ओर प्रकृति की अनुपम छटा को नज़र में भर समूह में गाते इन ग्रुपों के गीत सुनना और निरन्तर दौड़ने की वजह से शरीर में रिलीज़ हो रहे ख़ुशी के हॉर्मोन डोपोमीन के प्रभाव को महसूस करना एक जादुई अनुभूति जगा रहा था। मैंने महसूस किया कि मैं एक गहरे ध्यान में उतर रहा हूँ। मुझे इस बात से कोई सरोकार न था कि यहाँ कौन–कौन दौड़ रहा है, मुझे कितने समय में दौड़ पूरी करनी है, गौतम दास मुझसे आगे रहता है या पीछे। मेरा दौड़ना सायास दौड़ना न था। मैं बिना किसी कोशिश के दौड़ रहा था। अपने आप। जैसे मेरे आसपास भागते लोगों के भीतर कोई चुम्बकीय शक्ति मुझे भी साथ खींच रही हो। मैं इस तरह दौड़ रहा था, जैसे मैं जीवन में पहले कभी न दौड़ा था।

यह क़रीब 35वें किलोमीटर के पास था कि मुझे 16वीं बार पेशाब करने की जगह खोजनी पड़ी। यह मेरे लिए आज भी एक रहस्य बना हुआ है कि मैंने सुबह चार गिलास पानी ही पिया था और दो कप कॉफी ही पी थी, मुझे इतनी मर्तबा क्यों निवृत्त होने जाना पड़ा। ऐसा भी नहीं कि मैंने रेस शुरू होने के बाद भी बहुत

पानी पिया हो। मुझे फ़ारिग होने के लिए सड़क के साइड में ही एक अच्छी जगह मिल गयी थी। हम एक ऐसे इलाक़े से गुज़र रहे थे, जहाँ सड़क के दोनों ओर बहुत सुन्दर बड़े–बड़े खुले अहाते वाले घर थे। कई जगह अपने अहातों में लोग धूप वाली बड़ी छतरियों के नीचे मेज़ और कुर्सियाँ डाले बैठे हुए थे। वे बियर पीते हुए वहाँ से हमें 'चीयर्स' करते हुए 'चीयर' कर रहे थे। मैं जब इस दौड़ में आख़िरी बार फारिग होकर सड़क पर आया, तो मुझे कुछ ही आगे गौतम दास दिखायी दिया। उसे देखने के बाद मैं होश में आया। गौतम को पकड़ लेने का मतलब था कि मैं पिछले बीस किलोमीटर अच्छी रफ़्तार में दौड़कर आया था। मैंने पहाड़ों की चढ़ाई में भी कई जगह जॉगिंग की थी। लेकिन जल्दी ही मुझे लगा कि चढ़ाई पर यूँ दौड़ना कोई बुद्धिमानी वाला फ़ैसला नहीं था। अब जल्दी ही मुझे उसकी क़ीमत चुकानी थी, क्योंकि मैं अपने पैरों में एक बार फिर चिर–परिचित थकान उतरते महसूस करने लगा था। यह थकान वही थकान थी, जो मुझे पहली बार लोनावला में 65 किलोमीटर के पहले प्रैक्टिस–रन के दौरान महसूस हुई थी, जब मोदी कश्यप का ग्रुप मुझे पीछे छोड़कर आगे बढ़ा था और मैं चाहकर भी उनकी गति के साथ दौड़ पाने में नाक़ामयाब रहा था। आज फिर ऐसा होने वाला था क्या? मैंने मोदी कश्यप से कहा था कि मैं कॉमरेड मैराथन में उनके ग्रुप के साथ ही दौड़ूँगा, लेकिन यहाँ ऐसा न हो सका था, क्योंकि सबके स्टार्टिंग जोन अलग थे।

पैरों में थकान उतर आने के कारण मेरी गति अचानक कम हो गयी थी। मैं भीतर ही भीतर थोड़ा घबरा गया था कि अभी से ही यह हाल है, तो आगे क्या होगा क्यों कि अभी तो क़रीब एक–तिहाई दूरी ही तय हुई थी। अब हमें जगह–जगह सड़क के दोनों ओर लोग खड़े मिल रहे थे। इन लोगों के मुँह से बार–बार इंडिया! इंडिया! निकल रहा था। एक तो यहाँ काफ़ी संख्या में इंडियंस थे और दूसरा हमने जो टी–शर्ट पहनी हुई थी, उसमें सामने की ओर तिरंगे में बड़ा–सा इंडिया लिखा हुआ था। जो लोग भारतीय मूल के थे, वे तिरंगा देखते

ही भावुक हो जाते और अपने देश के प्रति प्रेम दिखाने के लिए दौड़ने वाले की हरसम्भव मदद करने की कोशिश करते। कई बार तो कुछ उत्साही लोग खाने की चीज़ हाथ में लिए हमारे साथ–साथ ही दौड़ते हुए हमें कुछ–कुछ खिलाते जाते। उनके *बकअप* करने, उनकी वाहवाही से अलग क़िस्म की ऊर्जा मिल रही थी। क़रीब पैंतीस किलोमीटर की दूरी पर जबकि मेरी गति धीरे–धीरे बहुत कम हो गयी थी, अचानक मुझे बहुत ज़ोर की आवाज़ में इंडिया! इंडिया! सुनाई दिया। पूरे माहौल में एक हलचल–सी मच गयी। मैं आपको बता दूँ कि अब भी सड़क दौड़ने वाले लोगों से पूरी तरह भरी हुई थी। जाने कितने देशों के रनर्स अपने ख़ास रंगीन परिधानों में दौड़ रहे थे। अब भी मुझे जब–तब किसी लोकधुन में झूमते अफ़्रीकी दौड़ाकों का दल मिल जाता था। कोई आगे जाता हुआ, तो कोई पीछे छूटता हुआ। इंडिया! इंडिया! की गूँज सुन मैं पलटा, तो देखता क्या हूँ कि मोदी कश्यप के दल के साथ दस–बारह अतिरिक्त भारतीय दौड़ाकों का एक बड़ा–सा दल लगभग पूरी सड़क घेरे हुए दौड़ता आ रहा है। यानी यह 15–16 लोगों का दल था। वे बहुत फ्रेश दिख रहे थे। एनर्जी से भरे हुए। उन्हीं लोगों में मुझे अर्चना दिखायी दी। मुझे देखते ही वह मेरे पास आकर हाईफाई करते हुए चिल्लाई–

कैप्टन! कहाँ हो, चलो हमारे साथ दौड़ो अब।

ग्रुप के और लोगों के मुँह से भी मैंने अपना नाम सुना। सबने अपने–अपने तरीक़े से मेरा हौसला बढ़ाया। मोदी कश्यप मेरे क़रीब आकर बोला– कैप्टन साहब, बस अब ग्रुप को छोड़ना नहीं है।

बहुत ईमानदारी से कहूँ, तो उस ग्रुप को इतने आवेग में दौड़ता देख मुझे लगा था कि मैं जल्दी ही पीछे छूट जाऊँगा। मैंने मन ही मन में ख़ुद को ताक़त देने की कोशिश की। मैंने ख़ुद को समझाया कि मुझे और कुछ नहीं करना है, बस किसी तरह 70–75 किलोमीटर तक इस ग्रुप के साथ ही दौड़ना है। जैसे–जैसे दूरी कम होती जायेगी, वैसे–वैसे मेरा आत्मविश्वास बढ़ेगा। मैं कश्यप के साथ–साथ ही दौड़ने लगा। अर्चना की ऊर्जा बाहर छलक रही थी।

वह लगातार कुछ न कुछ बोले जा रही थी। बाकी लोग उसकी बातों के जवाब में कुछ बोल पड़ते। पर सबका ध्यान अभी अपनी ऊर्जा बचाने में लगा हुआ था। कोई कुछ बोलता नहीं तो अर्चना कोई गाना ही शुरू कर देती। इस ग्रुप के साथ पाँच–सात किलोमीटर दौड़ लेने के बाद मेरा शरीर उसकी गति का अभ्यस्त हो गया। ग्रुप का लीडर मोदी कश्यप ही था। वह चढ़ाई में सख़्ती के साथ किसी को दौड़ने नहीं देता। सब पैदल ही चढ़ाई पार करते। मुझे इसका बहुत फ़ायदा हुआ। धीरे–धीरे शरीर में एनर्जी लौटने लगी। मैं अब वॉटर स्टेशनों पर कोक की घूँट मारना शुरू कर चुका था। उससे तुरन्त एनर्जी मिलती थी, जिसे मैं अपनी बढ़ती गति में महसूस कर पाता था। एक जगह मुझे घी लगे हुए उबले आलू मिल गये। मैंने उन्हें अपनी जेबों में भर लिया। इन्हीं आलुओं के लिए मैं जेब वाली नेकर पहनकर दौड़ रहा था। यह क़रीब 44 किलोमीटर के क़रीब था, जब मोदी कश्यप ने घोषणा की – गाइज! वी हैव क्रॉस्ड द हाफ़ मार्क। जस्ट हाफ़ लेफ्ट। उसकी बात सुन सबको राहत महसूस हुई होगी, क्योंकि मुझे भी हुई थी। अर्चना मोदी की घोषणा पर ज़ोर से चिल्लाई–*यस! वी कैन डू इट। कम ऑन गाइज!* मैं ग्रुप में आगे दौड़ रहा था। अर्चना अचानक मेरे बगल में आकर बोली–

"कैप्टन, कैसा फील कर रहे हो। मुझे तो सचमुच बहुत मजा आ रहा है।" मैंने उसकी ओर देखते हुए बिना कुछ बोले थम्स अप किया।

"कैप्टन आज तो मैं 70 किलोमीटर के बाद तुम्हें पेल दूँगी।" अर्चना के मुँह से निकला। मुँह से निकला, इसलिए कह रहा हूँ, क्योंकि सोच–समझकर तो वह ऐसा नहीं बोल पाती। हालाँकि वह हमारे साथ बात करते हुए बहुत ख़ुश होने पर कई बार एक दोस्त की तरह भाषा के प्रयोग की छूट ले लेती थी, लेकिन यहाँ भाषा से ज़्यादा उसके अति–आत्मविश्वास का मसला था। वह एक 87 किलोमीटर की मैराथन में उस कैप्टन को हराने की बात कर रही थी,

जिसे दौड़ता देखकर वह दौड़ने के लिए प्रेरित होती थी। कोई और होता, तो उसका पुरुष–अहं उसे अर्चना को कोई माकूल जवाब देने को उकसाता। पर मैं योग– ध्यान के अभ्यास के ज़रिये बहुत हद तक अपने अहं को जानने–समझने लगा था। मेरी इजाज़त के बिना वह सिर नहीं उठा सकता था। अभी भी मैंने उसे ऐसा करने की इजाज़त नहीं दी।

"अभी मन्ज़िल बहुत दूर है। अच्छा होगा, अगर तू अपनी एनर्जी बचाने की कोशिश कर।" मैं मुस्कराते हुए अर्चना की ओर देख बोला।

"तुम देखते जाओ, आज क्या होता है कैप्टन", अर्चना ने जवाब दिया और अचानक रफ़्तार बढ़ाकर आगे निकल गयी। इस ग्रुप में सेंड्रा और सुनन्दा भी शामिल थीं। दोनों बहुत सधे हुए कदमों से दौड़ रही थीं। मैंने अपनी साँस पर ध्यान देना शुरू किया। मैं अर्चना की 'पेलने' वाली बात से अपने भीतर मची हलचल को महसूस कर रहा था। मैं सोच रहा था कि इंसान तैश में अपनी ज़ुबान को नियन्त्रण में नहीं रख पाता। मेरा मानना था कि हमें वही बात मुँह से निकालनी चाहिए, जिसे हम वाकई कर सकते हैं। जिसे लेकर हमारे भीतर भरपूर भरोसा हो, पूरा विश्वास हो। लेकिन विश्वास और अति–विश्वास में बहुत फर्क होता है। क़रीब साठ किलोमीटर तक मैं मोदी के ग्रुप के साथ दौड़ता रहा। इस बीच अर्चना कभी आगे और कभी पीछे होती रही। हो यह रहा था कि ढलान पर मैं धीमे दौड़ रहा था, लेकिन बाकी लोग वहाँ बहुत तेज़ दौड़ रहे थे। तो जब भी ढलान आती, पूरा ग्रुप मुझसे आगे निकल जाता। लेकिन चढ़ाई में सभी पैदल चल रहे थे, कश्यप मोदी के हुक्म की तामील करते हुए। मुझे ख़याल आया कि ढलान पर तेज़ भागना इन सभी लोगों की ताक़त थी। वे अपनी ताक़त का भरपूर फ़ायदा उठा रहे थे। मेरी ताक़त चढ़ाई में दौड़ना थी। लेकिन मैं चढ़ाई में उनके साथ पैदल चल रहा था। इसका मुझे ख़ामियाज़ा उठाना पड़ रहा था। मैं चढ़ाई में जोर लगाकर उनके बराबर आ जाता और फिर उनके साथ–साथ ही चलता, पर ढलान में वे मुझसे आगे निकल जाते।

लोनावला में प्रैक्टिस–रन के दौरान ढलान पर दौड़ने के बहुत कड़वे अनुभव थे और इसका मुझ पर ऐसा मनोवैज्ञानिक प्रभाव पड़ा था कि ढलान आते ही मेरी गति अपने आप कम हो जाती है। अर्चना भी ढलान पर ज़्यादा ही तेज़ भाग रही थी। तब मुझे एक विचार यह सूझा कि ये सभी लोग अपनी ढलान में दौड़ने की ताक़त का फ़ायदा उठा रहे हैं, तो क्यों न मैं भी अपनी चढ़ाई में दौड़ने की काबिलियत का फ़ायदा उठाऊँ। पहाड़ों का रहने वाला हूँ। बचपन से पहाड़ों पर चढ़ने का अनुभव है। वह अनुभव मेरी स्मृति में आज भी जीवित था। मैंने यही करना शुरू किया। चढ़ाई पर मैं थोड़ा दौड़ने लगा। जल्दी ही मुझे इसका परिणाम मिला। मैं अर्चना, मोदी कश्यप के ग्रुप से आगे निकल गया। जितना मैं उनसे आगे निकल रहा था, उतना मेरा ख़ुद पर भरोसा बढ़ रहा था। एक लम्बी चढ़ाई पर मैंने बाकायदा पीछे मुड़कर देखा। दूर तक कहीं इंडियन टी–शर्ट नज़र नहीं आई। मैं आश्वस्त हुआ कि उन लोगों से काफ़ी आगे निकल आया हूँ। मैं उनसे अभी और आगे निकलना चाहता था। मैंने चढ़ाई पर दौड़ने और ढलान पर गति कम करने की अपनी रणनीति बनाये रखी। मैं ख़ुद को ख़ासा उत्साहित महसूस कर रहा था। पर मैं इसी उत्साह में ग़लती कर बैठा। चढ़ाई पर लगातार दौड़ने से एक बार फिर मुझमें थकान उतरने लगी। मैंने कोक पिया, जेब से निकालकर आलू खाये। लेकिन थकान जाती हुई नहीं लगी। मेरी गति कम होते जा रही थी। मैंने उसका विरोध नहीं किया। मैं सब कुछ अपने शरीर की फीलिंग के मुताबिक़ करना चाहता था। जैसा शरीर को महसूस हो, मैं वैसे ही दौडूँ– अगर वह तरोताज़ा महसूस करे, तो तेज़ दौडूं। अगर वह थकान महसूस करे, तो उसे ऊर्जा देते हुए आराम से दौडूं।

यह 62 किलोमीटर के क़रीब था कि मुझे एक बार फिर कश्यप मोदी का ग्रुप पीछे से आता दिखा। मैं यह देखकर हैरान था कि अर्चना अब भी उस ग्रुप के साथ टिकी हुई थी। मैंने फ़ैसला किया कि कुछ दूर इसी ग्रुप के साथ दौड़ता हूँ। मैं उनके साथ हो लिया। अर्चना ग्रुप के साथ दौड़ तो रही थी, पर उसमें मुझे पहली जैसी

एनर्जी नहीं दिखायी दी। उसने संघर्ष करना शुरू कर दिया था। यह संघर्ष इस बात की ओर इशारा करता है कि भीतर ऊर्जा का भण्डार ख़त्म हो रहा है।

"कम ऑन आर्ची, यू कैन डू इट। वैरी गुड" मैंने अर्चना के क़रीब पहुचकर उसे हौसला दिया। उसका चेहरा थकान से थोड़ा लाल हो गया था। मेरे यूँ उसे हौसला देने का अर्थ यह भी था कि मुझ में अभी उसकी तुलना में बहुत ऊर्जा थी। और वाक़ई थी, क्योंकि मुझ पर रेस पूरी होने के लिए बाकी बची हुई दूरी के लगातार कम होने का एक असर यह हो रहा था कि मेरा आत्मविश्वास बढ़ता जा रहा था। कोक और आलू भी अपना प्रभाव दिखा रहे थे। उस ग्रुप के साथ दो–चार चढ़ाई में पैदल चलने के बाद एक बार फिर जैसे ही मुझे शरीर में एनर्जी बढ़ती महसूस हुई, मैं सरपट आगे निकल गया। अब मुझे बाकी के रास्ते पर अर्चना नहीं मिलने वाली थी। अभी भी रास्ते के दोनों ओर हमें लोकल लोग मिल रहे थे, जिनके लिए कॉमरेड मैराथन किसी त्योहार से कम न था। वे दौड़ने वालों के लिए खाने–पीने की चीजें लाना एक पुण्य समझते थे, इसीलिए सड़क के दोनों ओर बच्चे, बुज़ुर्ग, औरतें प्लेट भर–भरकर खाने की चीज़ें लिए हाथ फैलाए खड़ी थीं। मैं कई इंडियन रनर्स को पीछे छोड़ते हुए आगे बढ़ रहा था। एक इंडियन रनर से बात करते हुए पता चला कि वह भी फ़ौज से है – न सिर्फ़ फ़ौज से, बल्कि मेरी तरह इंजीनियर्स रेजिमेंट से। इंजीनियर्स में भी मुम्बई, बंगाल और मद्रास इन्जीनियर्स के रूप में तीन आर्म हैं। वह मेरी तरह ही बंगाल इन्जीनियर्स से थे। उन्होंने अपना नाम कर्नल मलिक बताया था। हमने उत्साह से साथ–साथ दौड़ते हुए कुछ देर बात की। बात करते हुए हम दोनों ने ही महसूस किया कि दुनिया बहुत छोटी है, क्योंकि हमें पता चला कि हम दोनों अलग–अलग समय में एक ही जगह रहे थे। हमने पूना में स्थित कॉलेज ऑफ मिलिट्री इन्जीनियरिंग, सी.एम.ई. खड़की में गुज़ारे जीवन के बारे में बातें कीं। कुछ समय साथ दौड़ने के बाद कर्नल मलिक ने ख़ुद ही मुझे आगे निकल जाने को कहा।

"कैप्टन प्लीज डोंट स्लो डाउन फॉर मी। आयी एम ओल्ड। यू आर यंग। प्लीज गो अहेड", उन्होंने मुझे कहा मैंने उनसे हाईफाई किया और आगे निकल गया। कुछ ही आगे मैंने एक और इंडियन रनर को पैदल चलते देखा। क़रीब पहुँचा, तो पाया कि वह तो डॉक्टर गणेश हैं, जिनके साथ मैं मुम्बई के एक प्रैक्टिस–रन में दौड़ा था। वही गणेश, जो लोनावला के 65 किलोमीटर के पहले प्रैक्टिस–रन में 25 किलोमीटर के आसपास मुझे पीछे छोड़कर आगे निकला था और उस रन में पहले पाँच रनर्स में शामिल था। वही डॉक्टर गणेश, जिसने मुझे मुम्बई के प्रैक्टिस–रन में साथ दौड़ते हुए बताया था कि कैसे उसकी दो साल की बेटी का देहान्त होने के बाद रनिंग ने उसे उस सदमे से बाहर निकलने में मदद की।

"हाय डॉक्टर गणेश, ऑल वेल?" मैंने उसके क़रीब पहुँच पीठ पर थपकी मारते हुए पूछा।

"हाय कैप्टन, यस–यस, सब ठीक है। पीछे जरा गिर गया था। थोड़ी चोट लगी है। बट डोंट वरी आयी विल मैनेज। यू कीप रनिंग कैप्टन।" उसके चेहरे पर दर्द था। पर मैं अभी उसके लिए क्या कर सकता था। कुछ नहीं। हौसला बढ़ाने के लिए दो शब्द बोलने के सिवा।

"टेक इट ईजी ब्रदर, यू विल मेक इट। टाइमिंग डज नॉट मैटर",मैं उसे यह कहते हुए आगे निकल गया। यहाँ से अगले दस किलोमीटर तक मैं बहुत शान्त होकर अपनी गति को बनाये रखने की कोशिश करते हुए दौड़ा। मैंने क़रीब 72 किलोमीटर की दूरी पूरी की थी, जब अचानक मेरे बगल में आकर पीछे से कन्धे पर हाथ रखते हुए प्रसून नमूदार हुआ।

"कैप्टन, सब ठीक चल रहा है न?" उसने मुझसे यूँ पूछा, जैसे वह कोई परीक्षाओं का निरीक्षक हो और मैं परीक्षा देते हुए कोई छात्र। उसके चेहरे पर थकान की ज़रा–सी परछाई तक न थी। उसका यूँ इतनी ताजगी से भरे हुए दौड़ना मेरे लिए किसी सदमे से कम न था। सदमा इसलिए,क्योंकि इसका मतलब यह भी था

कि मैं बहुत धीमे दौड़ा हूँ। प्रसून कई बार इशारों में ही अपने भीतर छिपी प्रतिस्पर्धा की भावना को ज़ाहिर करता रहा था। अपने और उसके पिछले प्रदर्शनों के आधार पर मैं यह मानकर चल रहा था कि उसे तो मैं आसानी से पीछे छोड़ दूँगा। लेकिन कहाँ तो उसे पीछे छोड़ना, वह मुझे पीछे छोड़कर आगे बढ़ गया। और ऐसा करते हुए उसके चेहरे पर थकान नहीं बल्कि मुस्कराहट थी, जो उसके भीतर अभी बहुत एनर्जी भरे होने का प्रमाण थी। यानी उसे हराने के लिए न सिर्फ़ मुझे पहले उससे ज़्यादा ऊर्जा के साथ दौड़ना पड़ेगा, उसे और बढ़ाना भी होगा, क्योंकि मुझे हराने के लिए वह कोई कसर कहाँ छोड़ने वाला था। ठीक इसी वक़्त पीछे से कश्यप मोदी का ग्रुप भी मेरे पास पहुँच गया। साफ़ था कि इस दौरान इन लोगों की गति में इज़ाफ़ा हुआ था और मैं धीमा हो गया था। मैंने अब अपनी परखी हुई रणनीति पर चलना शुरू किया। इस रणनीति के तहत मैं जिसे पीछे करना चाहता हूँ, पहले उसके साथ–साथ दौड़ता हूँ। एक क़दम पीछे ही। मैं न्यूनतम ऊर्जा के साथ दौड़ते हुए किसी तरह उसके साथ चिपका रहता हूँ और इस दौरान अपने भीतर ऊर्जा जमा करता रहता हूँ। यहाँ से लगभग 77 किलोमीटर तक प्रसून आगे–आगे दौड़ रहा था, मोदी कश्यप का ग्रुप उसके पीछे था और मैं सबसे पीछे किसी तरह उन्हें अपनी जद में पकड़े हुए था। इस दौरान मैं रुक–रुक कर अपनी जेब में भरे हुए आलू निकालकर खा रहा था। हर वॉटर स्टेशन पर मैं कोक भी ज़रूर लेता। ठण्डा पानी सिर पर डालना भी चालू हो गया था, क्योंकि अब गर्मी महसूस होने लगी थी। अब हमारे सम्मुख इस दौड़ का सबसे चुनौतीपूर्ण समय आने वाला था। हमें पॉली हिल नामक सबसे ऊँची पहाड़ी पर चढ़ना था। इसके लिए लगभग दो किलोमीटर की चढ़ाई तय करनी थी। मैंने सब्र से काम लिया और मोदी कश्यप के ग्रुप के सबसे पिछले सदस्य के रूप में चढ़ता रहा। प्रसून हमसे आगे था। क़रीब तीन–चौथाई चढ़ाई चढ़ने के बाद मुझे लगा कि मोदी कश्यप का ग्रुप ज़्यादा धीमे चल रहा है, तो मैं धीरे–धीरे जॉगिंग करते हुए उनसे आगे निकल गया।

प्रसून भी धीरे चल रहा था। मैं उससे भी आगे निकल गया। यहीं मुझसे चूक हो गई, क्योंकि जरा–सी जॉगिंग से मैंने महसूस किया कि मेरा हार्ट रेट बढ़कर 175 पहुँच गया। पॉली हिल ख़त्म होते–होते मैं फिर से पैदल चलने लगा। मैंने पैदल चलना शुरू किया नहीं कि प्रसून और मोदी कश्यप का ग्रुप मेरे बगल से आगे निकल गया। चढ़ाई ख़त्म होते ही प्रसून ने फिर से दौड़ना शुरू कर दिया। मोदी कश्यप के ग्रुप ने भी स्पीड बढ़ाई। प्रसून कुछ ज़्यादा ही तेज़ दौड़ रहा था। मैं गति बढ़ाकर उससे क़रीब पंद्रह मीटर पीछे दौड़ने गये। अगले एक किलोमीटर तक मैं प्रसून से पंद्रह मीटर का फ़ासला बनाकर दौड़ता रहा। यह क़रीब 80वें किलोमीटर में प्रवेश करते हुए था कि मेरे दिमाग़ में एक विचार कौंधा। मैं अब ख़ुद से ही बात कर रहा था – देख कैप्टन। तू 80 किलोमीटर पूरा कर चुका है। अब सिर्फ़ सात किलोमीटर की दूरी बची है। जिस तरह तू दौड़ रहा है, लगता यही है कि तू 11 घण्टे में ही ख़त्म करेगा। लेकिन अगर कोशिश करे, तो 11 घण्टे से कम समय में भी ख़त्म कर सकता है। अब दूरी इतनी कम है कि थोड़ी बहुत चोट भी लग गयी, तो पैदल चलकर भी तू मैराथन पूरी कर लेगा। और इसका क्या मतलब कि प्रसून यूँ तेरे से आगे दौड़ रहा है। क्या तू चाहता है कि वह तुझसे पहले दौड़ पूरी कर ले?

नहीं! नहीं!मैं ऐसा नहीं होने दूँगा।

मैं ख़ुद से बात करते हुए ख़ुद ही को जवाब दे रहा था।

अगर तू ऐसा नहीं चाहता तो यही समय है, अपनी पूरी एनर्जी लगा दे। अब तू किसके लिए बचाना चाहता है अपनी इस एनर्जी को। याद कर किपचोगे का वह विडियो। वह कैसे अपनी मैराथन फिनिश करता है। कितनी शान से। कितनी ऊर्जा से भरा हुआ। पूरी मैराथन कैसे भी दौड़ो, पर उसका अन्त सबसे ख़ूबसूरत होना चाहिए।

मेरी आँखों में किपचोगे का विडियो चल रहा था। उस विडियो में दो घण्टे से कम समय में मैराथन दौड़ने वाले दुनिया का पहला धावक बने किपचोगे अपने साथ–साथ दौड़ रहे एक प्रतिद्वन्द्वी को

अचानक पीछे छोड़कर कट मारकर सड़क के दूसरे किनारे चला जाता है और इस क़दर अपनी गति बढ़ा देता है कि प्रतिद्वन्द्वी सिवाय उसे देखते रहने के कुछ नहीं कर पाता।

किपचोगे के साथ–साथ मुझे अमित प्रतिहारी की मज़ाक–मज़ाक में कही गयी बात भी याद आती है। उसने कहा था – कैप्टन और कुछ भी करना, कॉमरेड में प्रसून से मत हारना। किपचोग के विडियो और अमित प्रतिहारी की बात के याद आने का मुझ पर तुरन्त असर पड़ा। मैंने महसूस किया कि अचानक मेरी शिराओं में रक्त संचरण तीव्र हो गया है। मैं अपनी गति बढ़ाना शुरू कर देता हूँ। मुझमें जैसे किपचोगे की आत्मा प्रवेश कर जाती है। ठीक किपचोगे की तरह मैं सड़क पर एक तेज़ कट मारकर दूसरी ओर चला जाता हूँ और हवा में बात करते हुए दौड़ने लगता हूँ। अब बस सात किलोमीटर बाकी है। अब मैं जितना हो सके, उतनी तेज़ दौडूँगा। कुछ ही आगे जाने पर एक तीव्र ढलान आती है। ढलान पर सामान्यतः मुझसे तेज़ नहीं दौड़ा जाता। लेकिन मैं तो अब था ही नहीं। मुझमें किपचोगे की आत्मा आ बसी थी। मेरा ख़ुद पर से नियन्त्रण जाता रहा था। कोई बाहरी शक्ति थी, जो मुझे दौड़ा रही थी। तेज़ और तेज़। और तेज़। मैंने पाया कि मैं ढलान में धीमे होने की बजाय और तेज़ दौड़ रहा हूँ। ढलान ख़त्म होते–होते मुझे एक इंडियन टी–शर्ट दिखायी दी। क़रीब पहुँचा, तो मैंने देखा कि वह अनुपम था। इस वक़्त वह पूरी तरह गाफिल होकर पैदल ही चल रहा था। ज़ाहिर था, वह थक गया था। इधर मुझे ख़ुद पता नहीं चल रहा था कि मेरे साथ क्या हो रहा है। मेरे पैरों में गति लिपटी हुई थी। मैं सड़क के दूसरे छोर से दौड़ता हुआ अनुपम से भी आगे निकल गया। मैं कहीं–कहीं 12 किलोमीटर प्रति घण्टे की रफ़्तार से दौड़ रहा था। मेरी जेब में एक बड़ा–सा आलू और बचा हुआ था। इसे मैं फ़िनिश लाइन के तीन किलोमीटर पहले खाने वाला था, ताकि अंतिम तीन किलोमीटर भी पूरी ऊर्जा से दौड़ सकूँ। मुझे ऐसा लग रहा था कि जैसे मैं बहुत हल्का हो गया हूँ। कई जगह मुझे अपनी स्पीड को देखकर ख़ुद को और तेज़

दौड़ने से रोकना पड़ रहा था। मैं डर भी रहा था कि बॉडी के अन्दर कोई रिएक्शन तो नहीं हो गया। 50–60 किलोमीटर के प्रैक्टिस–रन में भी कहाँ तो अन्त आते–आते हवा निकल चुकी होती थी और पूरा दमखम लगाकर भी बमुश्किल आठ किलोमीटर प्रति घण्टे की स्पीड से दौड़ पाता था। पर यहाँ तो 80 किलोमीटर दौड़ चुकने के बाद भी 12 किलोमीटर प्रति घण्टे की स्पीड कम लग रही थी।

मैं अपनी स्पीड को कंट्रोल करने की बाबत सोच रहा था कि मुझे एक और इंडियन टी–शर्ट दिखी। और अबकि बार मैंने जैसे ही उस शख़्स को पहचाना, मैं उछल गया। भाईसाहब, वह कोई और नहीं अपना गौतम दास था। उसे देखते ही मेरे दिमाग़ में बात कौंधी–गौतम को हराने का ये गोल्डन मौक़ा है। अब चाहे कुछ हो जाए, इसे आगे नहीं निकलने देना। मैं उसे देखकर ठीक वैसे ही ख़ुश हुआ था, जैसे आर्किमिडीज सोने की शुद्धता जाँचने का फॉर्मूला पाकर ख़ुश हुआ था। वह तो ग्रीस की गलियों में यूरेका! यूरेका! चिल्लाते हुआ नंगा भागा था, लेकिन यहाँ मैं पहले ही भाग रहा था। वह दृश्य मुझे किसी फ़िल्म का दृश्य लगा। मेरा प्रतिद्वन्द्वी यह मानकर कि मैं तो रेस से बाहर हो चुका हूँ, पूरी तरह निश्चिंत होकर पैदल चल रहा था। खरगोश को अहसास ही न था कि कछुआ कितने करीब आ गया है। उसे देखकर सड़क के दोनों ओर से इंडियंस इंडिया! इंडिया! चिल्ला रहे थे और वह किसी फ़िल्मी सितारे की तरह हाथ हिलाता हुआ अपनी ही मस्ती में क़दम ताल कर रहा था। मेरे दिमाग़ में बात आयी कि अगर इसके सामने आ गया, तो ये साँड़ की तरह मेरे पीछे दौड़ेगा, क्योंकि उसी ने अपनी पत्नी समेत जाने किस–किस के सामने कैप्टन को हराने की बात की थी। मुझे सामने ही एक बड़ा वॉटर पॉइंट दिखा, जहाँ बहुत भीड़ थी। मैं उस भीड़ में घुस गया, ताकि गौतम दास को दिखायी न दूँ। भीड़ के पार निकलने के बाद मैंने अपनी गति और बढ़ा दी। मैं मन ही मन समझ रहा था कि यह बहुत बड़ा काण्ड घटित हो रहा है, जिसकी आने वाले कई सालों तक ओबरॉय स्प्लेंडर के रनिंग ग्रुप में चर्चा होगी। छह महीने की सख़्त ट्रेनिंग के

बाद और हर प्रैक्टिस रन में सबसे हारने के बावज़ूद असली कॉमरेड मैराथन में आख़िरी सात किलोमीटर में सारे दिग्गजों को एक–एक कर पीछे छोड़ना किसी फ़िल्मी पटकथा से कम नहीं। वॉटर पॉइंट की भीड़ से आगे निकलने के बाद मैं लगातार अपनी गति बढ़ाता रहा। मुझे अब अपने शरीर को लेकर किसी बात की कोई परवाह नहीं थी। अगर यहाँ मैं गिर भी जाऊँ, तो क्रॉलिंग करते हुए भी फिनिश लाइन तक पहुँच जाऊँगा। मैंने आख़िरी आलू एक किलोमीटर पहले ही खाया था। अब उससे मिली ऊर्जा ज़ोर मार रही थी। मैं और तेज़ और और तेज़ दौड़ने की कोशिश कर रहा था। क्या मालूम गौतम ने मुझे देख लिया हो और वह मेरे पीछे कुछ दूरी बनाकर दौड़ रहा हो, जैसे कि मैं प्रसून के पीछे दौड़ा था। अगर उसने पीछे से मुझे देख लिया होगा, तो वह जान देकर भी मुझे हराने की कोशिश करेगा। मेरा मन कर रहा था कि एक बार पीछे मुड़कर देखूँ, लेकिन मुझे मिल्खा सिंह की कहानी याद आ रही थी। वह पीछे मुड़कर देखने के चक्कर में ही ओलिम्पिक में पदक पाने से चूक गये थे। हमारे बीच प्रतिस्पर्धा इतनी संगीन थी। मैंने पीछे मुड़कर नहीं देखा। मेरी गारमिन वॉच की बैटरी 80 किलोमीटर के आसपास ख़त्म हो गयी थी। घड़ी को देखकर मुझे दूरी का पता नहीं चल रहा था। उसके लिए मुझे साइन बोर्ड देखने पड़ रहे थे। कुछ देर पहले ही मैंने दो किलोमीटर का साइन बोर्ड देखा था। जी हाँ, उलटी गिनती शुरू हो चुकी थी। हम पीटरमारिजबर्ग में प्रवेश कर चुके थे। वही शहर, जहाँ महात्मा गाँधी कई साल रहे। उन्हें राजनीतिक आन्दोलनों का प्रशिक्षण इसी शहर में मिला था। लेकिन अभी मेरे पास शहर की ओर देखने की फ़ुर्सत नहीं थी। मुझे बार–बार वहम हो रहा था कि गौतम दास का साया मेरे पीछे ही है। मेरा वहम जितना बढ़ रहा था, उतनी ही मेरी गति भी बढ़ती जा रही थी। अपनी गति को देख में ख़ुद हैरान हो रहा था। मेरी ऊर्जा को देखकर कौन कहेगा कि मैं 85 किलोमीटर पहले ही दौड़ चुका था। ऐसा नहीं कि पैरों में दर्द नहीं था या शरीर में तकलीफ़ नहीं थी, लेकिन मंज़िल क़रीब आने और गौतम दास को

हराने के एहसास में मैं बाकी सब भूल गया था। द्रुत गति से दौड़ते हुए मैं लगातार ख़ुद से बातें कर रहा था– स्पीड कम नहीं करना सुन्दर। ये सुनहरे पल जीवन में बार–बार नहीं आने वाले। एक–एक मिनट का हिसाब रखा जायेगा। दास का कोई भरोसा नहीं। तेरहवीं के बाद ही जाट को मरा मानना। जब तक फिनिश लाइन क्रॉस नहीं हो जाती, तब तक जरा–भी ढील नहीं देना। और तेज़ दौड़। दिखा तू किस मिट्टी का बना है। ज़िन्दगी ने कैसी–कैसी तकलीफ़ें दी हैं तुझे। उन्हें याद कर और दौड़।

मेरे दिमाग़ में लगातार ख़ुद से ही संवाद चल रहा था। मैंने एक किलोमीटर के साइन बोर्ड को पार किया और फिर 500 मीटर का साइन बोर्ड आया। 400 मीटर। गौतम दास का साया अब भी मुझे पीछे महसूस हो रहा था। मैंने अपनी गति और बढ़ा दी। 300 मीटर। मुझे अर्चना की बात याद आयी – कैप्टन आज तुम्हें पेल दूंगी। मैं मुस्करा रहा था। 200 मीटर। मैंने अमित प्रतिहारी को दिया वादा पूरा किया था। उसने भले ही मज़ाक में कहा था – कैप्टन और चाहे किसी से हार जाना, पर प्रसून से मत हारना। मैंने याद किया 81 किलोमीटर पर कैसे प्रसून को सड़क के एक ओर पीछे छोड़कर आगे निकल आया था मैं। 100 मीटर। मैं जैसे कॉमरेड मैरा. थन नहीं, सौ मीटर की रेस दौड़ रहा था। मेरे मन में एक क्षण को आया कि पीछे मुड़कर देख लूँ, कहीं गौतम दास चिपक के तो नहीं दौड़ रहा कि आख़िरी बीस–पच्चीस मीटर में आगे निकल जाये। पर नहीं। मैंने पीछे नहीं देखा। महाभारत में धनुर्धर अर्जुन को जैसे सिर्फ़ मछली की आँख दिख रही थी, वैसे ही मुझे इस वक़्त सिर्फ़ फिनिश लाइन दिखायी दे रही थी। 50 मीटर। बस! बस! आ ही गया। मुझे सामने नियॉन लाइटों में जगमगा रहा बोर्ड दिख रहा था, जिस पर समय दिख रहा था। मैंने समय का कोई हिसाब नहीं रखा था। इस वक़्त मेरे दिमाग़ में सिर्फ़ और सिर्फ़ एक ही बात थी कि गौतम दास पीछे से तेज़ी से आगे न निकल जाये। अब मैंने अपने पास बचा हुआ सारा ईंधन झोंक दिया था और लगभग स्प्रिंट लगा रहा था।

इतना तेज़ फिनिश तो मैंने किसी हाफ़ मैराथन तक में नही किया था। 10 मीटर। मुझे समय साफ़ दिख रहा था। 10.46.20। और वो थी फिनिश लाइन। मेरे सामने ही। मेरे हाथ अपने आप हवा में ऊपर उठ गये। मैंने बोर्ड की ओर देखा। 10.46.23। मैंने कॉमरेड मैराथन 10 घण्टे 46 मिनट और 23 सेकंड में पूरी की थी। मेरा सब–इलेवन का लक्ष्य पूरा हो गया था।

कॉमरेड मैराथन के परिणाम इस तरह थे। पहला अमित प्रतिहारी, जिसने मुझसे चार मिनट पहले रेस पूरी की थी। दूसरा मैं। मेरे पीछे गौतम दास। उसने मुझसे दो मिनट बाद रेस पूरी की थी। इसका अर्थ था कि उसने असल में मुझे हराने की कोशिश की थी। क्योंकि वह अगर पैदल ही चल रहा होता, तो हमारे बीच कम से कम पाँच मिनट का फ़ासला तो ज़रूर रहता। हालाँकि गौतम का कहना था कि उसने मुझे नहीं देखा। लेकिन वह कॉमरेड को याद कर आज भी गहरे पश्चाताप से भर जाता है कि उसे ख्याल क्यों नहीं आया कि कैप्टन पीछे था और कभी भी आ सकता है। वह इस ग़लती की तुलना इम्तहान में आता हुआ सवाल छोड़कर आने की ग़लती से करता है। लेकिन वह कितना भी कुछ बोले। अन्ततः मैं दो ही शब्दों में उसका जवाब देता हूँ। जीता कौन? गौतम के बाद अनुपम और प्रसून ने एक साथ रेस पूरी की। प्रसून का कहना था कि उसे पता ही नहीं चला कि मैं कब उससे आगे निकल गया। अनुपम ने भी मुझे आगे जाते नहीं देखा। इन दोनों के बाद अर्चना पहुँची। वह वाक़ई कमाल की मैराथन भागी थी। हैरान करने वाली। उसने साढ़े ग्यारह घण्टे से कम समय में कॉमरेड फिनिश किया था, जो बड़ी उपलब्धि थी। अमित डालमिया को लेकर हमारा ख़ून सूख गया था। 12 घण्टे के बाद डिस्क्वॉलिफाई कर दिया जाता है। मैडल भी नहीं मिलता। हम सब बेसब्री से उसका इन्तज़ार कर रहे थे। मन ही मन घबराते हुए कि कहीं वह डिस्क्वॉलिफाई न हो जाये। उसने 11.55 पर एंट्री मारी। सिर्फ़ पाँच मिनट पहले। हम सबने गहरी राहत की साँस ली। सात महीने पहले हम सात लोगों ने जो लक्ष्य तय किया था,

आज सातों ने उसे सफलतापूर्वक हासिल कर लिया था। हम एक ही सोसायटी से कॉमरेड करने वाले सात सूरमा बन गये थे।

दक्षिण अफ्रीका में कॉमरेड मैराथन दौड़ने से एक दिन पहले रनिंग किट लेने के बाद फ़ोटो खिंचवाते साथी रनर्स (बायें से)–अमित डालमिया, गौतम दास, लेखक, अर्चना वर्मा, प्रसून सिकदर, अमित प्रतिहारी, अनुपम गुहा।

दक्षिण अफ्रीका में कॉमरेड मैराथन की कामयाबी का तिरंगे के साथ उत्सव मनाते लेखक और उनके साथी रनर्स।

अध्याय 13

टाटा मुम्बई मैराथन 2020 : एक जंग में उतरने की तैयारी

कॉमरेड मैराथन के परिणाम और अनुभव ने मेरा हौसला बहुत बढ़ा दिया था। मुझे यह बात समझ आ गयी थी कि लक्ष्य को फतह करने के लिए जोश के साथ होश रहना बहुत ज़रूरी होता है। अगर कोई मुझसे पूछे कि अपनी सफल कॉमरेड मैराथन के लिए मैं किसे शुक्रिया देना चाहूँगा, तो मैं बिना संकोच के मोदी कश्यप ग्रुप का नाम लूँगा, क्योंकि उसी ग्रुप ने मुझे एक पेस पर दौड़ना सिखाया, ताकि फिनिश बहुत स्ट्रॉग हो सके। मैंने ज़्यादातर मैराथनों में हमेशा यही ग़लती की कि शुरू में बहुत तेज़ दौड़ गया, जिसका ख़ामियाज़ा मुझे अन्त में चुकाना पड़ा। लगभग हर बार ही मैंने यही ग़लती की। लेकिन कॉमरेड में मुझे अर्चना वर्मा के किये उपहास पर चुप हो जाना ज़्यादा बेहतर लगा, बजाय इसके कि मैं उसके द्वारा दी गयी चुनौती पर प्रतिक्रिया करते हुए अपनी ज़्यादा से ज़्यादा समय तक धीमी रफ़्तार में दौड़ते रहने की रणानीति को बदल तेज़ दौड़ने लगूं। मेरे इसी धैर्य के कारण मुझमें अन्तिम सात किलोमीटर इतनी द्रुत गति से दौड़ने की शक्ति बची रही और देखिए उसका मुझे क्या ईनाम मिला।

मैंने उस सात किलोमीटर के दौरान एक नहीं, अपनी सोसायटी के तीन–तीन दिग्गज़ों को पीछे किया और हम सातों के बीच सबसे युवा अमित प्रतिहारी से सिर्फ़ चार मिनट बाद दूसरे स्थान पर फ़िनिश करने का गौरव प्राप्त किया।

ऐसा नहीं था कि 10 घण्टे 46 मिनट में 87 किलोमीटर की चढ़ाई पूरी करने के बाद शरीर में दर्द था ही नहीं। कई जगह था। पैरों में था। पैर के तलवों में छाले बन गये थे। लेकिन मुझे वैसा अनुभव नहीं हुआ, जैसा कि टाटा अल्ट्रा मैराथन के दौरान हुआ था। मैंने 16 हज़ार रुपये में नाइकी के जिस वेपरफ्लाई मॉडल के जूते में निवेश किया था, वह मेरे लिए वरदान साबित हुआ, क्योंकि एक अच्छी रेस के लिए सबसे ज़रूरी है कि आपका जूता आपको जरा भी परेशान न करे। मेरे जूते ने परेशान करने की बजाय अपने हल्के वज़न और अतिरिक्त उछाल के चलते मुझे आगे धकेलने का ही काम किया। मेरी बाँह का अन्दरूनी हिस्सा थोड़ा छिल गया था। कमर में और जाँघ के अन्दरूनी भाग में भी दर्द था। शरीर की हालत समझने के लिए आप इस बात से अन्दाज़ लगायें कि रेस पूरी करने के बाद चाहकर भी मैं सीधा नहीं चल पा रहा था। पैरों में एक लंगड़ाहट आ ही गयी थी, जिसे जाने में दो दिन लगे। ऐसा कमोवेश सभी के साथ हुआ था। अगले दिन होटल में और आसपास की दुकानों में हम जहाँ भी गये कॉमरेड रनर अपनी कॉमरेड की टी–शर्ट में दिखे। जिन्होंने कोई और प्राइवेट टी–शर्ट पहनी थी, उन्हें हम उनकी लँगड़ाहट से पहचान ले रहे थे कि ये कॉमरेड रनर्स हैं। यह दृश्य कई बार देखने को मिला कि सड़क चलते हम अजनबी लोगों के आमने–सामने आते, हम उनकी लँगड़ाहट पर गौर करते, वे हमारी लँगड़ाहट पर गौर करते, हमारी नज़रें मिलतीं, होंठों पर जीत की मुस्कान आती और हम बिना कुछ कहे एक–दूसरे की ओर थम्सअप करके अपनी राह निकल लेते।

प्रसून कॉमरेड की सफलता का नश्न मनाने की इंडिया से ही तैयारी करके गया था। उसने अपने पास 20 सिगरेट का एक पैकेट

रखा हुआ था। लेकिन उसकी जिद थी कि मैं भी उसके साथ पिऊँ। अर्चना भी सुट्टे के लिए मरी जा रही थी। मैंने पिछले चार महीनों में पीना छोड़िए, उसके बारे में सोचा तक नहीं था। हालाँकि मैं यह भी जानता हूँ कि अगर प्रसून साथ नहीं होता, तो मैं साउथ अफ्रीका में भी सिगरेट के बारे में नहीं सोचता। पर ऐसा हो न सका। अगले दिन दोपहर में ही बियर खुल गयी और दो घूँट मारते ही प्रसून ने सिगरेट भी बाहर निकाल ली। मेरी ओर उसने आँखों ही आँखों में इशारा किया और हम दोनों उठकर बाकी लोगों से कुछ दूर चले गये। हमको देखकर आर्ची भी आ गयी। मैंने पहला कश लिया, तो गले में ख़राश महसूस की। शरीर ने विद्रोह किया। पर मैंने कश–दर–कश उस पूरी सिगरेट को फूँकते हुए गले का विद्रोह कुचल दिया।

हम सातों कॉमरेड गये तो एक ही साथ थे, पर सबका लौटना अलग–अलग था। प्रसून, अनुपम और आर्ची एक साथ जा रहे थे, अमित डालमिया को अपने ऑफ़िस की मीटिंग के लिए सिंगापुर निकलना था, अमित प्रतिहारी भी ऑफ़िस के काम से अकेले ही निकल रहा था। वहाँ मैं और गौतम दास साथ रह गये। हमें एक दिन बाद लौटना था। हमने पहला काम तो होटल छोड़ने का किया, क्योंकि वह महँगा था। हमने एयर बी.एन.बी. के ज़रिये एक घर में एक कमरा ले लिया। वह एक उम्रदार महिला का घर था। वह हमसे मिलने आयी, तो उसने अपने परिवार के बारे में बताया कि उसके तीन बच्चे हैं। वह कॉलेज में पढ़ाती थी। अब रिटायर हो चुकी थीं। जिस एरिया में उनका घर था, वह बहुत महँगा लगता था। महँगा इसलिए क्योंकि वहाँ हरियाली बहुत थी। बड़े–बड़े प्लॉट्स में बँगले टाइप घर बने हुए थे। उनके भीतर ही स्विमिंग पूल और बहुत बड़े–बड़े दालान थे। हमें जो कमरा मिला था, उसके बाहर ही दो बड़े पेड़ थे, जिन पर हमेशा चिड़ियाँ गीत गाती रहती थीं। छोटी–छोटी चिड़ियाँ उनकी डालों पर फुर्र–फुर्र उड़ती–चहकती रहती थीं। मैंने यह सब इसलिए महसूस किया, क्योंकि उस कमरे में अपने 24 घण्टे के निवास के दौरान मैं कई बार बाहर पेड़ के नीचे जाकर कुर्सी में बैठा।

वहाँ मैंने एक–एक कर एक दिन पहले ख़रीदे गये पैकेट की सिगरेटें फूँकी, ताकि वे मेरे यहाँ रहते हुए ही ख़त्म हो जायें। एक पराए मुल्क में शरीर में दर्द और थकान लिए एक अजनबी घर के बड़े से अहाते में एक एकाकी कुर्सी पर पेड़ के नीचे बैठे हुए मैं जितनी बातें सोच सकता था, मैंने उससे ज़्यादा बातें सोचीं। मैं और गौतम घर वालों के लिए कुछ सामान ख़रीदने डरबन की सस्ती मार्केट में गये थे और वहीं से हम महात्मा गाँधी के संग्रहालय को देखने भी गये। उस संग्रहालय को देखना मेरे लिए आँख खोलने वाला अनुभव बना। मैंने पढ़ा तो था कि कैसे महात्मा गाँधी इंग्लैंड से साउथ अफ़्रीका गये और 1915 में वहाँ से भारत लौट कर आये। लौटने पर उनका मुम्बई में बहुत बड़ा स्वागत हुआ था। मैं यही सोचा करता था कि 1915 से पहले तो गाँधी जी ने देश के लिए ऐसा कुछ ख़ास किया न था, फिर उनका मुम्बई में ऐसा भव्य स्वागत क्यों हुआ? संग्रहालय में जाकर मुझे ठीक से मालूम चला कि गाँधी जी ने यहाँ के लोगों के लिए कितना बड़ा काम किया था। उनका योगदान ब्रिटिश हुकूमत द्वारा सताए जा रहे सिर्फ़ डरबन के लोगों को उनके अधिकार दिलाने में ही नहीं था, बल्कि तब की सबसे बड़ी साम्राज्यवादी ताक़त माने जाने वाले देश के ख़िलाफ़ लोगों में आवाज़ उठाने का साहस पैदा करने में था। एक बार वह साहस आने के बाद साम्राज्य का ध्वंस निश्चित था और ऐसा ही हुआ भी। लेकिन गाँधी जी ने दूसरों की आज़ादी के लिए, दूसरों को अधिकार दिलाने के लिए ख़ुद कितनी प्रताड़नाएँ सहीं, वह सब दिखाकर संग्रहालय ने मुझे बहुत भावुक बना दिया। संग्रहालय में मैंने बापू के बारे में एक–एक शब्द पढ़ा, एक–एक तस्वीर को गहरी श्रद्धा और हैरानी के साथ देखा। मुझे अब लगता है कि असल में बापू को ब्रिटिश हुकूमत को समझने और उससे लड़ने का जो अनुभव साउथ अफ़्रीका में मिला, वही हिंदुस्तान में काम आया और इसी अनुभव की बदौलत ही वह यहाँ पहुँचते ही हर फ्रंट पर ब्रिटिश हुकूमत के ख़िलाफ़ मोर्चा खोल पाए। गाँधी जी के बारे में किताबें पढ़ और यहाँ तक कि रिचर्ड एटनबरो की उन पर

बनी फ़िल्म देखकर भी मैं उनके व्यक्तित्व को उस तरह न समझ सका, जिस तरह मैंने उस दोपहर दो घण्टे बहुत ही प्रेम और श्रद्धा से बनाये और महफ़ूज़ रखे गये डरबन स्थित उनके संग्रहालय में गुजारकर समझा। मैं जितनी देर वहाँ रहा, अभिभूत रहा। उनके जीवन से जुड़ी चीजें और तस्वीरें देखते हुए मेरे शरीर में थोड़ी–थोड़ी देर में झुरझुरी उठ रही थी।

भारत लौटने के बाद मैंने 15–20 दिन तक कोई रनिंग नहीं की। जानकारों ने तो पूरे महीने आराम करने को कहा था, लेकिन मैं चाहकर भी ज़्यादा आराम न कर सका। मेरे दिमाग़ में बार–बार पिछले दो सालों की मुम्बई मैराथन का समय आ रहा था। चार घण्टे से कम में रेस पूरी करने का अपना सपना मैं महज तीन–तीन मिनट से चूक रहा था। इस बार मेरे पास अब कॉमरेड मैराथन दौड़ने का अनुभव भी था। मेरे पास जूते भी अच्छे थे। इस बार सिर्फ़ मेरी ढीली प्रैक्टिस ही मुझे मेरा सपना सच करने से रोक सकती थी, इसलिए मैंने प्रैक्टिस को टाइट करने में समय नहीं जाया किया। यह इन्हीं दिनों की बात थी कि मुझे कहीं से नेटफ्लिक्स में एक डॉक्यूमेंट्री देखने को मिली – द *गेम चेंजर्स।* उसे देखते हुए मुझे लगने लगा कि वह मेरा गेम भी चेंज करने वाली है। डॉक्यूमेंट्री में लगभग–लगभग यह साबित कर दिया गया था कि अगर आप रनिंग करते हैं, कोई भी दूसरा गेम खेलते हैं या कोई और शारीरिक क्षमता के प्रदर्शन वाली गतिविधि में शामिल हैं, तो अपने परफॉर्मेंस को सुधारने के लिए आपका वीगन होना ज़रूरी है। वीगन होने का मतलब है सिर्फ़ पौधों से मिलने वाली चीजों का सेवन करना। एक वीगन व्यक्ति के लिए जानवरों से मिलने वाली चीज़ें निषिद्ध हो जाती हैं। वह मांस, अंडा, घी, दूध कुछ नहीं ले सकता। मैंने फ़िल्म के दावों पर बहुत ईमानदारी से भरोसा करते हुए ऐलान कर दिया कि मैं तुरन्त प्रभाव से वीगन हो गया हूँ। मैंने अपने लिए सिर्फ़ घी

का विकल्प खुला रखा। वीगन हो गया, तो प्रोटीन कहाँ से मिलेगा। सभी ने यही सवाल किया। अब नेट को खँगाला गया। वहाँ भरपूर विकल्प मौजूद थे। फ़िल्म देखने के बाद मुझे लग रहा था कि अगले दिन से ही मेरे जीवन में क्रान्तिकारी बदलाव आने वाले हैं। अचानक मेरी गति बहुत बढ़ने वाली है। मैं जो इतने सालों से चार घण्टे से कम समय में फुल मैराथन नहीं कर पा रहा था, अब वह मेरे लिए बायें हाथ का खेल होने वाला था। तब तक मैं रोज़ छह से आठ अंडे खाता था। मैंने अण्डे बन्द कर दिये। दोपहर में दही के बिना मेरा लन्च नहीं होता था, मैंने वह दही भी बन्द कर दी। ट्विटर और फेसबुक पर जाकर घोषणा कर दी कि मैं वीगन हो गया हूँ। अगले दिन से मेरे रनिंग संबंधित प्रदर्शन में जरा भी सुधार आता, तो मैं इसके लिए वीगन होने को श्रेय देता। हमारे बीच पहले से अमित प्रतिहारी भी मेरे जैसा ही वीगन था। प्रोटीन के लिए मैंने ड्राई फ्रूट्स की मात्रा ज़्यादा कर दी। अब मैं एक दिन में बीस–बीस बादाम भिगोकर खाता था। मूंग की दाल और चना भिगोकर मैं उन्हें अंकुरित कर लेता था। रोज़ शाम को यही मेरा स्नैक्स होता। मैं तरह–तरह के बीज खाने लगा था। भतीजे उन्मुक्त ने मेरे लिए प्लांट बेस्ड प्रोटीन भेजना शुरू किया। मैं यह मानकर चल रहा था कि मेरा वीगन हो जाना ही असल में वह बदलाव है, जो मेरे प्रदर्शन को अभूतपूर्व रूप से बेहतर करने वाला था और मैं पिछले छह सालों के अथक प्रयास के बाद सब–फोर के अपने सपने को आखिरकार पूरा होते देखने वाला था।

इस बीच एक और खोज ने मुझे अपनी क़ामयाबी के प्रति आश्वस्त किया। वह थी अपने कोर से दौड़ने की तकनीक। यह रेगुलर दौड़ने का अभ्यास करते हुए था कि एक रोज़ जबकि मैं बहुत तेज़ दौड़ने की कोशिश कर रहा था, मैंने मरीन ड्राइव से क़रीब पाँच मिनट प्रति किलोमीटर की पेस से दौड़ना शुरू किया था और हाजी अली पार कर लगभग वरली आने तक मैं इसी रफ़्तार में दौड़ता रहा। मुझे अहसास ही नहीं हुआ कि मैं कैसे पाँच की पेस में दस

किलोमीटर दौड़ गया। मैं इतनी तेज़ दौड़ पाया, क्योंकि दौड़ते हुए मेरा कोर एक्टिव था। मैंने अपने पूरे शरीर को कोर की मांसपेशियों पर टिकते देखा। कोर की मांसपेशियाँ स्प्रिंग की तरह काम कर रही थीं। ऊपर का शरीर एक क़दम पर ऊपर उठता और दूसरे क़दम पर नीचे आता। पूरा कोर एक स्प्रिंग में तब्दील हो गया। मेरा ऊपर का शरीर थोड़ा अतिरिक्त तना हुआ था। यूँ कि जैसे कोई मुझे सिर में तालू के ठीक ऊपर किसी तार से जोड़कर खींच रहा हो। मैं लगभग एक रोबोट की तरह दौड़ा था। पूरे शरीर की ऊर्जा सिर्फ़ और सिर्फ़ गति पैदा करने में इस्तेमाल हो रही थी। कोई भी अतिरिक्त मूवमेंट नहीं। दोनों कन्धे पूरी तरह रीलेकस्ड थे, दोनों हाथ बराबर आगे पीछे मूव करते हुए। पैर एक मिनट में लगभग 180 क़दम की बारम्बारता में उठ रहे थे। दस किलोमीटर तक शरीर में रत्ती मात्र थकान न थी। दस के बाद कन्धे थोड़ा झुकने लगे। कोर की मांसपेशियाँ पहले जैसी तनी हुई नहीं रह पा रही थी। मैंने गति कम कर दी, लेकिन दौड़ने की स्टाइल जरा भी नहीं बदली। स्पीड मैंने कम की थी, पर बहुत कम भी नहीं की थी। अब पाँच की बजाय मैं साढ़े पाँच के पेस पर दौड़ रहा था। यानी साढ़े पाँच मिनट में एक किलोमीटर। उस दिन मैं एक घण्टे पचास मिनट में 21 किलोमीटर दौड़ा। स्पीड अच्छी थी, लेकिन उससे बड़ी खोज कोर को सक्रिय करते हुए दौड़ने का अनुभव था। वह मुझे ऐसा याद रहने वाला था कि मैं अब हर अभ्यास में दौड़ना शुरू करते ही सबसे पहले अपने कोर को सक्रिय करने वाला था। इससे और कुछ हो न हो, मुझे एक मनोवैज्ञानिक लाभ तो ज़रूर मिलने ही वाला था। कोर सक्रिय करने के बाद मुझे लगता कि शरीर चूँकि बिना प्रयास के सहज गति से दौड़ रहा है, इसलिए उसकी ज़्यादा ऊर्जा नहीं ख़र्च हो रही और नतीज़तन मुझे थकान कम महसूस हो रही है। मुझे हर अभ्यास के दौरान कम थकान महसूस होने लगी। मेरे हाथ जैसे अलादीन का चिराग लग गया हो। मेरे लिए एक सफल दौड़ का अर्थ था कोर को सक्रिय करते हुए दौड़ना। अपनी ओर से मुझे सिर्फ़ इतना ही करना था, बाकी सब

अपने आप हो जाता। मैं तेज़ गति से दौड़ता। हर बार मेरे समय में सुधार होता। मैं दिन पर दिन ज़्यादा ताक़तवर महसूस करता।

अगस्त का महीना आते–आते मैं फुल अभ्यास करने लगा था। लेकिन मैंने अभी अपना सोलह सप्ताह का ट्रेनिंग शेड्यूल चालू नहीं किया था। इस बार मैं उन ग़लतियों को हरगिज नहीं दोहराने वाला था, जिनकी वजह से मुझे लगता था कि मैं दो साल से तीन–तीन मिनट से अपने सब–फोर मैराथन का लक्ष्य हासिल नहीं कर पा रहा। इसलिए शुरू से ही बहुत शान्त मन से अपनी ट्रेनिंग पर काम करने वाला था। मैं अपने मन में प्रतिस्पर्धा की भावना भी नहीं लाने वाला था। आध्यात्मिक स्तर पर जे. कृष्णामूर्ति समेत कई दूसरे आध्यात्मिक गुरुओं की किताबें पढ़ते हुए जीवन को गहरे स्तर पर समझने की कोशिश कर रहा था। ग्रीक दार्शनिक और सम्राट मार्कस ऑरिलियस की किताब *मेडिटेशंस* को पढ़ने के बाद अचानक जैसे मेरे ज्ञान–चक्षु खुल गये थे। अचानक जीवन बहुत पारदर्शी बनकर मेरे सम्मुख उपस्थित हो गया था।

मैं जब अपने साथी रनर्स के साथ प्रतिस्पर्धा की बातें करता भी था, तो वह बहुत बाहरी तल पर करता था। उन लोगों में जोश पैदा करने के लिए। ऐसा नहीं कि मैं कॉमरेड मैराथन को अन्तिम सत्य के रूप में ले रहा था कि वहाँ अगर मैं क़िसी से आगे निकल गया था, तो वह मेरे जीवनभर की उपलब्धि हो गया। लेकिन मेरे भीतर कुछ बुनियादी रूप से बदल चुका था। इसे मेरे सब–फोर मैराथन करने के सपने से न जोड़ें। उस सपने को पूरा करने की चाहत में लेश मात्र भी फर्क नहीं पड़ा था। अलबत्ता मुझे लग रहा था कि उसी सपने को पूरा करने की ख़ातिर ही ब्रह्माण्ड मुझमें ऐसे बदलाव ला रहा था। मैं अब जीवन में घटनाओं की वज़हों पर ज़्यादा ध्यान देने लगा था। क्या हो रहा है से ज़्यादा अहम था कि वह क्यों हो रहा है। उसकी वजह क्या है। मैं इस बात को जान चुका था कि जिस बात को लेकर आप पूरे दिल से सौ फ़ीसदी यक़ीन करो, उसे होने से कोई नहीं रोक सकता। सम्भव है कि वह बात किसी चमत्कार

की तरह पूरी होगी, लेकिन होगी ज़रूर। बस, आपका यक़ीन 99.99 पर्सेंट भी नहीं होना चाहिए। मैं अपने सब–फोर के लक्ष्य को लेकर ख़ुद में यही भरोसा पैदा कर रहा था। इसी भरोसे के लिए मैंने वीगन होना स्वीकार किया। मैं बहुत मासूमियत के साथ वीगन को दुनियाभर में प्रचलित कराने के मन्तव्य से बनी इस डॉक्यूमेंट्री *गेम चेंजर्स* पर भरोसा करना चाह रहा था। वीगन बनने के बाद दौड़ने का अभ्यास करते हुए मैं जान–बूझकर सोचता था कि अण्डा और नॉन–वेज छोड़ने और सिर्फ़ पौधों से पैदा होने वाला भोजन लेने से मेरे शरीर के भीतर एक ओर जहाँ टॉक्सिक रसायन बनना बन्द हो जायेंगे, वहीं प्राकृतिक रूप से मेरी शक्ति बढ़ने लगेगी, जो अन्ततः दौड़ते हुए मेरी तेज़ गति का सबब बनेगी। इस बार मैं अपनी ओर से यह भी सुनिश्चित करना चाहता था कि मैं पिछले सालों में की गयीं ग़लतियों को न दोहराऊँ। मैं उन सभी पाठकों के लाभ के लिए जो ख़ुद भी मैराथन दौड़ना चाहते हैं और उसमें अच्छा परफॉर्म भी करना चाहते हैं, इन ग़लतियों की लिस्ट यहाँ दे रहा हूँ। पीछे मैंने वादा किया था कि मैं इस किताब में दौड़ने को लेकर अर्जित अपना सारा ज्ञान देकर जाऊँगा। ये बहुत बुनियादी बातें हैं, लेकिन अपने अनुभव से मैंने जाना है कि बातें जितनी बुनियादी हैं, उतनी ही क़ीमती और अनिवार्य भी हैं। इन बातों को मैं 8 सूत्रों में पिरो रहा हूँ।

1. आप मैराथन के दिन जिस पेस के साथ दौड़ना चाहते हैं, अपनी लम्बी दूरियों का अभ्यास उससे ज़्यादा पेस में न करें। याद रखें कि आपको अपना पीक परफॉर्मेंस मैराथन रेस के दिन देना है। पीक का मतलब है सर्वश्रेष्ठ। सर्वश्रेष्ठ प्रदर्शन के लिए आपको अपनी ऊर्जा बचाकर रखनी होगी। अगर अभ्यास के दौरान ही सर्वश्रेष्ठ प्रदर्शन दे दिया, तो वह बर्बाद चला जायेगा। मुझे अब समझ आता है कि मैंने हर साल अभ्यास के चार महीनों में ख़ुद को इतना थका दिया कि रेस में कभी अपना सर्वश्रेष्ठ परफॉर्मेंस दे ही नहीं पाया।

2. अभ्यास के दौरान ज़्यादा से ज़्यादा दौड़ने की कोशिश करो। लेकिन कम पेस के साथ। यानी कम हार्ट रेट के साथ।

हार्ट रेट जितना कम होगा, आपका शरीर उसका उतना अभ्यस्त होता जायेगा। कम हार्टरेट के साथ धीरे–धीरे आपकी गति बढ़नी शुरू होगी। एक वक़्त ऐसा आयेगा कि आप अपनी मैराथन पेस भी कम हार्ट रेट के साथ दौड़ने लगेंगे। इसका मतलब है कि आपको अब थकान कम लगेगी। लैक्टिक एसिड भी कम बनेगा, जिससे माँसपेशियों में कम दर्द होगा। कोशिश करो कि छुट्टी के दिन आप जिस लॉन्ग रन का अभ्यास करें, वह दिल के ग्रीन जोन में ही करें। मुझे अपने ग्रीन जोन के लिए 147 से कम हार्ट रेट के साथ दौड़ना पड़ता है। आपको यह तो मालूम होगा कि प्रैक्टिस करने के लिए अधिकतम हार्ट रेट कैसे निकाला जाता है। 220 में से अगर आप अपनी उम्र घटा देंगे, तो आपको वह हार्ट रेट मिल जायेगा, जिससे ऊपर आपको नहीं जाना चाहिए। अगर आपकी उम्र 50 साल है, तो आपको 170 के हार्ट रेट से ऊपर कम दौड़ना चाहिए। अगर आप बहुत फिट हैं, तो इंटरवल ट्रेनिंग के लिए हार्ट रेट को 5–10 काउंट और ऊपर जाने दे सकते हैं। मुझसे कई सालों तक यही ग़लती हुई कि मैंने हार्ट के ग्रीन जोन में रनिंग का अभ्यास नहीं किया। मेरे हार्ट के ग्रीन जोन की ऊपरी सीमा 147 है। यानी जैसे ही मेरा हार्ट रेट 147 से ऊपर जायेगा, वह यलो जोन में चला जायेगा। हार्ट पाँच जोन में फंक्शन करता है। पहले जोन में हार्ट पर कम लोड पड़ता है, क्योंकि वह अपने अधिकतम हार्ट रेट के 50–60 पर्सेंट पर काम करता है। रेड जोन में हार्ट अधिकतम के 90–100 पर्सेंट पर काम करता है। ग्रीन जोन का अर्थ है कि हार्ट अधिकतम के 70–80 पर्सेंट सामर्थ्य पर काम करे।

3. चाहे कुछ हो जाए पर रेस की शुरुआत में तेज़ नहीं दौड़ना है। इसे समझ लें कि रेस की शुरुआत में आप जितना संयम बरतेंगे, आप बाद में उतना ही तेज़ दौड़ पायेंगे। कॉमरेड मैराथन में जिन लोगों ने शुरू में तेज़ दौड़ने की ग़लती की, वे बाद में रेस पूरी भी नहीं कर पाए। मैं जिस भी रेस में शुरू में तेज़ दौड़ा, मेरा टाइम हमेशा ख़राब रहा। अगर आप चाहते हैं कि आप 5.30 मिनट प्रति

किलोमीटर की पेस में दौड़ें, तो पहले पाँच किलोमीटर आपको 6 मिनट प्रति किलोमीटर की पेस से ज़्यादा तेज़ नहीं दौड़ना चाहिए। शरीर जैसे–जैसे गर्म होता है, वैसे–वैसे वह एक लय में ढलता जाता है। इस लय में दौड़ने से ऊर्जा कम ख़र्च होती है। ज़्यादातर लोग शुरू में ही तेज़ दौड़ने की ग़लती करते हैं। मैंने भी यह ग़लती की। और हर साल इसके बुरे नतीज़े भुगते।

4. दौड़ने में ऊर्जा लगती है और हमें ऊर्जा भोजन से मिलती है। अगर आप फुल मैराथन दौड़ रहे हैं और तेज़ दौड़ना चाहते हैं, तो आपको दौड़ते हुए अपने शरीर को एनर्जी देने की व्यवस्था करनी ही होगी। दौड़ते हुए सड़क पर आये लोगों द्वारा दिये जा रहे केले, संतरे, बिस्कुट वगैरह अगर ना ही खाएँ तो अच्छा, क्योंकि शरीर रिएक्ट कर सकता है। वही खाएँ, जिसकी आपने शरीर को आदत डाली हुई है। कॉमरेड मैराथन के दौरान उबले आलुओं ने मेरी नैया पार लगाई थी। उसके बाद से मैं लम्बी दूरी की रनिंग प्रैक्टिस के लिए भी अपनी जेब में उबले हुए आलू लेकर चलता हूँ। बड़े वाले नहीं, छोटे वाले, बेबी पटेटोज। वही जिससे दम आलू की सब्ज़ी बनाई जाती है। छोटे आकार के कारण आप आराम से पाँच–पाँच आलू दोनों जेबों में डाल सकते हैं। हर दो किलोमीटर में एक आलू लेते रहें। मैंने कई तरह की चीजें इस्तेमाल की। एनर्जी जैल भी दो साल तक इस्तेमाल किया। एनर्जी तो मिलती है, लेकिन क्योंकि आपको यह मालूम रहता है कि वह पानी ज़्यादा सोखता है, आप दौड़ते हुए मनोवैज्ञानिक दबाव में रहते हो कि शरीर में पानी की कमी न हो जाये। क्योंकि पानी कम होने से माँसपेशियों में ऐंठन आने लगती है और एक बार ऐंठन आने लगे, तो दौड़ना मुश्किल हो जाता है। दौड़ना शुरू करने के पहले 8–10 किलोमीटर तक अगर आप कुछ नहीं भी खाएँगे, तो चलेगा। क्योंकि पहले 8–10 किलोमीटर के लिए आपके शरीर में पहले से एनर्जी स्टोर रहती है। लेकिन उसके बाद शरीर को एनर्जी की ज़रूरत पड़ती है। आलू के अलावा आप खजूर भी जेब में रख सकते हैं। मैं शुरू में गुड़ भी जेब में रखकर दौड़ता था।

5 मेरी एक मैराथन सिर्फ़ इसलिए ख़राब हुई थी कि मैंने रेस के दो सप्ताह पहले नया जूता लिया था। आदर्श स्थिति तो यह है कि आपको हमेशा दो जोड़ी जूते रखने चाहिए। और रनिंग के लिए जूता एक साइज़ बड़ा हो तो चलेगा, लेकिन आधा साइज़ भी छोटा होगा तो जान ले लेगा। वैसे दौड़ने के लिए हमेशा एक साइज़ बड़ा जूता लें। ऐसा इसलिए क्योंकि दौड़ते हुए पैर जूते के भीतर आगे–पीछे होता है। अगर अन्दर जगह नहीं रहेगी, तो अँगूठे समेत आपके पैरों की दूसरी उंगलियाँ जूते के भीतर आगे से दबने लगेंगी। ऐसे में वे धीरे–धीरे आपको असहनीय पीड़ा भी दे सकती हैं। इस पीड़ा के साथ दौड़ना असंभव हो जाता है। इसीलिए वह जूता हो या रेस डे के दिन दौड़ने के लिए आपके द्वारा इस्तेमाल में लायी जा रही कोई दूसरी चीज, सब कुछ महीने भर पुराना तो होना ही चाहिए, ताकि आपका शरीर उनका अभ्यस्त हो जाये।

6 मैराथन से पहले न सिर्फ़ जूते, कपड़ों और रनिंग के दूसरे उपकरणों को लेकर कोई प्रयोग नहीं करना चाहिए, भोजन को लेकर भी उतनी ही सावधानी बरते जाने की ज़रूरत है। होता यह है कि मैराथन का दिन जैसे–जैसे नज़दीक आता जाता है, वैसे–वैसे हमारी उत्तेजना भी बढ़ती जाती है। हम अच्छे प्रदर्शन के लिए ज़्यादा से ज़्यादा लोगों से बात करते हैं, रनिंग के विडियो वगैरह भी देखते हैं। ऐसा करते हुए हमें कई नई बातें मालूम चलती हैं। हमें लगता है कि इन बातों को करने से हमारी स्पीड बढ़ सकती है और हम ज़्यादा अच्छा प्रदर्शन कर सकते हैं। ख़ासकर खाने के मामले में हम प्रयोग करने को तैयार रहते हैं। हमें मालूम होता है कि रेस डे के तीन–चार दिन पहले से कार्ब लोडिंग करनी होती है। हम जितना ज़्यादा कार्बोहाइड्रेड लेते हैं, वह शरीर में ग्लाइकोजिन के रूप में जमा हो जाता है। यही ग्लाइकोजिन दौड़ने के लिए हमें ज़रूरी ऊर्जा देता है। कार्ब के महत्व को देखते हुए हम कई बार ज़्यादा कार्ब जमा करने के चक्कर में ज़्यादा खा जाते हैं और अपच का शिकार हो जाते हैं। कुछ लोग खाना भी ठूँस–ठूँसकर खाते हैं।

कॉमरेड रेस से पहले मैंने भी यही किया था, पर वह 90 किलोमीटर की रेस थी, जिसमें धीरे दौड़ना था। 42 किलोमीटर की मैराथन में थोड़ा तेज़ दौड़ने की ज़रूरत होती है। बेहतर है कि आप वही चीज़ें खाते रहें, जो सामान्यतः अपने रोजमर्रा के जीवन में खाते हैं। चावल से ही पर्याप्त कार्ब मिल जाता है। पास्ता और शकरकन्द भी कार्ब के अच्छे स्रोत हैं। आप कुछ भी खाएँ, लेकिन ओवरईटिंग से बचें। क्योंकि ज़्यादा खाने से अगर आप अपच का शिकार हुए, तो ऊर्जा मिलेगी नहीं बल्कि आपके पास पहले से मौजूद ऊर्जा भी चली जायेगी। मैंने अपने अनुभव से जाना है कि ज़्यादा ऊर्जा के लिए ज़्यादा नहीं, बल्कि सन्तुलित भोजन की ज़रूरत होती है।

7 लम्बी दौड़ में मांसपेशियाँ सबसे ज़्यादा प्रभावित होती हैं। दौड़ने में शरीर की लगभग हर मांसपेशी का उपयोग होता है। मैराथन दौड़ते हुए अक्सर मेरी गर्दन, कन्धे, पीठ, लोअर बैक, ग्लूट्स से लेकर काफ तक किसी न किसी मसल में क्रैंप ज़रूर आया। एक–दो बार तो दो–तीन मसल्स में एक साथ ही क्रैंप्स आये। जैसे एक बार जब मैंने मैराथन दौड़ते हुए नींबू का सेवन कर लिया था और मेरा पेट बेतरह गड़गड़ाने लगा था, मैंने एक साथ अपनी गर्दन, ग्लूट्स और काफ मसल में क्रैंप्स के कसमसाते दर्द को झेलने का कारनामा करके दिखाया था। लेकिन मांसपेशी में क्रैंप आने की वजह से सबसे ज़्यादा यंत्रणा मैंने अपनी सबसे ताज़ा मैराथन में झेली, मैं जिसके बारे में आपको आगे बताने जा रहा हूँ। यह मैराथन पूरी दौड़ लेने के बाद था कि मुझे ख्याल आया कि भाई अगर दस किलोमीटर के बाद से थोड़ा–थोड़ा नमक ले लेता, तो क्रैंप से मिली 'झेली न जा सकने वाली यंत्रणा' मुझे नहीं झेलनी पड़ती। आप इस बात को जानें कि क्रैंप आते ही इसलिए है, क्योंकि शरीर में पानी और नमक कम हो जाता है। वह पसीने के रास्ते लगातार निकलता रहता है। कुछ लोग तो क्रैंप रोकने के लिए दवाएँ खाते हैं, क्रीम और स्प्रे लगाते हैं। लेकिन यह सब करने की बजाय आप अगर अपने शरीर में पानी और नमक का स्तर बनाये रख पायें, तो वह ज़्यादा बेहतर उपाय साबित होगा।

8 मन्ज़िल तक पहुँचने के लिए पहला क़दम सबसे ज़रूरी है, बाकी तो सिर्फ़ सफ़र है, जिसका आनन्द लिया जाना है। मैराथन पूरी दौड़ने के लिए भी एक–एक क़दम ही ज़रूरी है – एक बार में एक क़दम के बारे में ही सोचें। अगर रेस की शुरुआत में ही आप 42 किलोमीटर के बारे में सोचने लगें कि अभी तो मैं पहला ही किलोमीटर दौड़ रहा हूँ, अभी तो 41 किलोमीटर और बाक़ी है, तो ऐसा सोचना आपको मानसिक रूप से और भी थकाने का काम करेगा। इसीलिए बेहतर यह है कि आप पाँच–पाँच किलोमीटर की दौड़ को अपना लक्ष्य बनाते हुए दौड़ें। पहला किलोमीटर दौड़ने के बाद आपको अपना पहला लक्ष्य पूरा करने के लिए सिर्फ़ चार किलोमीटर और दौड़ना होगा। ऐसे में चार किलोमीटर की दूरी आपको बहुत कम लगेगी और आप बिना किसी तनाव के उत्साह में भरे हुए इस दूरी को तय कर लेंगे। जब आप उत्साह से भरे होते हैं, तो शरीर में अतिरिक्त ऊर्जा आ जाती है। यह ऊर्जा आपको और तेज़ गति से दौड़ने में सहायक होती है। आप अगर ऐसे पाँच–पाँच किलोमीटर का लक्ष्य बनाकर दौड़ेंगे, तो ख़ुद आपको मालूम नहीं चलेगा कि कब दौड़ पूरी होने को आ गयी। पाँच किलोमीटर थोड़ा कम लगे, तो आप दस–दस किलोमीटर की चार रेस में बाँट सकते हैं अपनी मैराथन को। चार बार दस किलोमीटर की रेस दौड़नी पड़ेगी आपको। उसके बाद दो किलोमीटर ही बचेगा, जिसे आप एक पैर पर दौड़कर भी पूरा कर लेंगे। ये कुछ मेंटल ट्रिक्स होती हैं, जो आपकी मैराथन को थोड़ा दिलचस्प बना देती हैं। इनके बिना मैराथन बहुत बोझिल लग सकती है और आप जब बोझिल मन से मैराथन दौड़ेंगे, तो पर्सनल बेस्ट टाइमिंग पाना थोड़ा मुश्किल साबित हो सकता है।

मैं ट्रेनिंग और प्रैक्टिस में किसी तरह की कोई कमी नहीं रखना चाहता था। रन लैस इन फास्टर किताब में 3 घण्टे 45 मिनट में फुल मैराथन करने के लिए जो 16 सप्ताह का शेड्यूल दिया हुआ था, मैं उसका अक्षरशः पालन कर रहा था। अभ्यास के दौरान मेरी गति देखते हुए सोसायटी का हर बन्दा बोल रहा था–

इस बार कैप्टन कमाल करने वाला है। कहीं साढ़े तीन घण्टे में ही न पूरी कर दे मैराथन। लोग ऐसा बोल रहे थे, क्योंकि वे ऐसा अपनी आँखों के सामने घटित होते देख रहे थे। मैं प्रैक्टिस के दौरान पाँच मिनट प्रति किलोमीटर के पेस पर आराम से 21 किलोमीटर दौड़ रहा था। मेरी ट्रेनिंग देखकर लोग मुझ पर दाँव लगाने को तैयार थे। वे कानाफूसी करने लगे थे कि इस बार हो सकता है कि कैप्टन प्रशान्त को भी पीछे छोड़ दे। हालाँकि प्रशान्त को लेकर मेरे मन में कभी प्रतिस्पर्धा का भाव जागा नहीं था। इसकी दो वजहें थीं। एक तो वह वाकई बहुत तेज़ दौड़ता था। वह लगभग साढ़े छह फुट लम्बा था। उसका एक सामान्य क़दम भी मेरे दो कदमों के बराबर था। दूसरा वह मुझसे बहुत छोटा था। 12–13 साल छोटा। इतने अंतर से बहुत फर्क पड़ जाता है। प्रतिस्पर्धा के भाव की बात करें, तो इस मामले में गौतम दास नम्बर वन पर था। दूसरे नम्बर पर अनुपम था, क्योंकि उसने कुछ वर्ष पहले ही मैराथन दौड़ना शुरू किया था और मुझे एक मैराथन में हरा चुका था। तीसरे नम्बर पर अमित प्रतिहारी था। वह भी उम्र में 11 साल छोटा था, लेकिन उसने भी हमारे साथ दौड़ना सीखा था, तो उसके प्रति शिष्य वाला भाव था। अब शिष्य को कोई गुरु इतनी आसानी से तो नहीं जीतने देता ना! कई बार हम तीनों साथ ही लम्बी दौड़ के लिए मरीन ड्राइव जाते थे। मैं बीच–बीच में कई बार प्रशान्त के साथ भी दौड़ने का अभ्यास कर लेता था। इस बात को समझना बहुत ज़रूरी है कि खेल में प्रतिद्वन्द्वी जितना बड़ा होता है, आपका अपना खेल उतना ही निख़रता है। आप जितने अच्छे रनर्स के साथ अभ्यास कर पाओगे, आपकी रनिंग भी उतनी ही अच्छी होती जायेगी। क्योंकि जिस पल आप शरीर की थकान से हार मानकर अपनी गति कम करना चाहोगे, आप साथ दौड़ रहे अच्छे रनर को देखकर ऐसा नहीं करोगे और कुछ ज़्यादा दम लगाकर दौड़ोगे। धीरे–धीरे आपका शरीर और दिमाग़ यूँ दम लगाकर दौड़ने का आदी हो जायेगा।

इस बार गौतम दास एक पेसर के रूप में टाटा मुम्बई मैराथन में शामिल हो रहा था। वह साढ़े चार घण्टे वाली बस ले जाने वाला था।

पेसर एक झण्डा लेकर दौड़ता है, जिस पर टाइम लिखा रहता है कि वह कितने समय में मैराथन पूरी करने वाला है। लोग उसके साथ–साथ दौड़कर उतने समय में रेस पूरी करने की कोशिश करते हैं। पेसर बनने के लिए ज़रूरी है कि आपने उस टाइम से क़रीब आधे घण्टे पहले मैराथन दौड़ी हो। इस तरह इस साल गौतम मेरे साथ प्रतिस्पर्धा नहीं करने वाला था। मुम्बई मैराथन में वह पहले भी कभी प्रतिस्पर्धा में नहीं था, क्योंकि हर साल मैंने उसे ज़्यादा प्रयास के बिना ही हराया था। हालाँकि हम कभी प्रतिस्पर्धा की भावना से दौड़े नहीं थे। यह भाव उसमें पिछले साल जागा, जब उसने 4 घण्टे 7 मिनट में मैराथन दौड़ी और पाया कि मैंने उससे महज़ चार मिनट पहले ही अपनी रेस पूरी की थी। उसे लगा कि वह अगर थोड़ा भी तेज़ दौड़ता, तो चार मिनट का फ़ासला कवर कर सकता था। वह सालभर तक सबको बोलता रहा था – अगर एक बार कैप्टन मुझे सामने दिख जाता, तो मैं उसे छोड़ता नहीं। मैं जवाब में उसे यही कहता – लेकिन भाई कैप्टन तुझे क्यों दिखता। वह तुझसे कहीं आगे था। और अगर कैप्टन को तू दिख जाता आगे जाते, तो तू क्या सोचता है कि कैप्टन कुछ नहीं करता। कभी ऐसा होगा, तो देखना कैप्टन क्या करता है!

हमारे बीच सालभर से इस तरह की चुहलबाजी चल रही थी। कॉमरेड मैराथन में हारने के बाद अक्सर उसे अन्त में चुप हो जाना पड़ता था। क्योंकि जो हो चुका था, उसे वह बोलकर बदल नहीं सकता था। लेकिन अनुपम और अमित प्रतिहारी कम न थे। उन्होंने भी अपनी ट्रेनिंग में पूरी जान झोंक रखी थी। गौतम दास की तरह वे सामने से चुनौती नहीं देते थे। वे जीतने–हारने की ज़्यादा बात भी नहीं करते थे। मगर हमारे बीच फिर भी अच्छा प्रदर्शन करने को लेकर एक बहुत स्वस्थ क़िस्म की प्रतिस्पर्धा छिपी हुई तो थी ही। ऐसा मैं सामान्य बोलचाल में कई बार अनियन्त्रित होती उनकी प्रतिक्रिया से समझ लेता था।

मैं डाइट के मामले में पूरी तरह वीगन हो चुका था और इन दिनों रोज़ अंकुरित चने और मूँग की दाल का सेवन कर रहा था।

सब्ज़ियाँ, दाल चावल, मक्के, बाजरे की रोटियाँ, एवोकेडो स्मूदी, सत्तू, बादाम, अख़रोट, काजू, अंजीर का एनर्जी ड्रिंक– मैं बहुत सन्तुलित भोजन कर रहा था। शराब और सिगरेट कभी भूले–भटके मेरे सपनों में भी नहीं आते थे। कोई बहुत ही अप्रत्याशित घटनाक्रम ही मुझे इस बार चार घण्टे से कम समय में मैराथन पूरा करने के अपने सपने को सच साबित करने से रोक सकता था। और सचमुच एक अप्रत्याशित घटनाक्रम ने मुझे ऐसा करने से रोक ही दिया था'

2019 में मुम्बई मैराथन पूरी करने के बाद साथी रनर्स के साथ तस्वीर खिंचवाते लेखक (बायें से)–प्रसून सिकदर, जॉन मेसिटो और लेखक।

अध्याय 14

हार और जीत के बीच था महज 36 सेकण्ड का फासला

19 जनवरी 2020 की सुबह। मैं दो बजे ही उठ गया था। रात बहुत कोशिश करने के बावज़ूद मुझे सोते–सोते 9.30 बज गये थे। रेस इस बार 5 बजे शुरू होने वाली थी। पिछले साल तक उसके शुरू होने का समय 5.40 था। रेस के 40 मिनट पहले शुरू होने का मतलब था कि हमें बनिस्बत कम तापमान में दौड़ने के लिए 40 मिनट ज़्यादा मिलने वाले थे। पिछले साल हम मौसम को समझ न पाने के कारण मात खा गये थे। रेस के दिन हवा में आर्द्रता ज़्यादा थी, लेकिन हम उसकी परवाह किये बिना पहले से तय स्पीड पर दौड़े और हाफ़ मैराथन के मार्क पर पहुँचते–पहुँचते अपनी ताक़त खो बैठे। हवा निकल जाना किसे कहते हैं, यह मुझे उस दिन मालूम चला, क्योंकि 25 किलोमीटर तक पहुँचते–पहुँचते मेरी सारी हवा निकल चुकी थी। मेरे से कुछ आगे प्रशान्त दौड़ रहा था। 34 किलोमीटर के बाद उसकी भी हवा निकल गयी और उसने DNF category यानी Did Not Finish की कैटेगरी में आने की जिल्लत को सहर्ष स्वीकार किया। ये वाकई बहादुरी का काम था,

क्योंकि अच्छे रनर्स का ईगो भी बहुत बड़ा होता है। वे इतनी आसानी से हार नहीं मानते। पर प्रशान्त अच्छे से ज़्यादा बुद्धिमान रनर था। वह अपने शरीर पर मौसम के प्रभाव का आकलन कर चुका था। वह जान गया था कि ऐसे मौसम में आज किसी भी हाल में अपना पर्सनल बेस्ट टाइमिंग नहीं निकाल पाएगा। अमित प्रतिहारी भी मेरे आगे दौड़ रहा था, पर 25 किलोमीटर के आसपास उसकी मुझसे भी ज़्यादा हवा निकल गयी। इतनी कि उसे रुक ही जाना पड़ा। पिछले साल हम सबने ही मौसम की आद्रर्ता को नज़रअन्दाज़ करने की क़ीमत चुकायी थी। इसीलिए मनोवैज्ञानिक रूप से हम यह जानकर बहुत ख़ुश थे कि इस बार रेस 40 मिनट पहले शुरू होने वाली थी।

इस बार सभी अलग–अलग दौड़ने वाले थे। गौतम दास साढ़े चार घण्टे वाली बस का पेसर बना हुआ था। अमित प्रतिहारी को लगता था कि वह ज़्यादा प्रैक्टिस नहीं कर पाया, इसलिए वह धीरे–धीरे ही दौड़ेगा। कुछ महीने पहले उसके भाई का बीमारी के बाद असमय ही देहान्त हो गया था, जिसके चलते वह मानसिक और भावनात्मक स्तर पर बहुत परेशान रहा था और ज़्यादा प्रैक्टिस नहीं कर पाया था। प्रशान्त इस बार फुल की बजाय हाफ़ मैराथन दौड़ रहा था। उसने सीनियर पॉजिशन पर नौकरी बदली थी, इसलिए नयी ज़िम्मेदारियों के चलते वह फुल मैराथन का अभ्यास करने का समय नहीं निकाल पाया था। मुझे अकेले ही मैराथन दौड़ने का अभ्यास था। अपना पहला ही मैराथन मैं अकेले दौड़ा था। दर्द के बियाबान में अकेले दौड़ने के उस अनुभव के बाद मेरे लिए इस तरह दौड़ना कभी किसी तकलीफ़ का सबब न बन सका। इसलिए भी मैं अकेले दौड़ना चाहता था, क्योंकि दूसरों के साथ दौड़ते हुए इस बात का ख़तरा बढ़ जाता है कि आप उनकी गति के मुताबिक़ दौड़ने लगो। हर व्यक्ति अपने शरीर की फ़ीलिंग के मुताबिक़ दौड़ता है। उसे ऐसे ही दौड़ना भी चाहिए। हम जब दूसरों के मुताबिक़ दौड़ते हैं, तो हमारा शरीर हमें इसकी सजा देता है। तो मैं इस बार न सिर्फ़ अकेले दौड़ने वाला था, बल्कि इस बात को लेकर भी बहुत सतर्क था कि पहले की गयी

किसी ग़लती को न दोहराऊँ। मैंने सबसे पहली मैराथन में सबसे बड़ी ग़लती की थी कि मैराथन के एक दिन पहले नयी टी–शर्ट लेकर आया था– बहुत भारी और मोटी टी–शर्ट। उस टी–शर्ट ने मुझे जगह–जगह बेतरह छील दिया था। मेरी छाती पर उभरे वे दो पिद्दी से निपल्स तीन दिन तक दर्द से भरे रहे थे। टी–शर्ट के कपड़े से पाँच घण्टे तक रगड़ खाकर उनकी सतह बुरी तरह छिल गयी थी। इस बार मैंने दस दिन पहले ही मैराथन में इस्तेमाल होने वाले कपड़े अलग रख दिये थे। जुराबों समेत वे सभी कम से कम तीन महीने इस्तेमाल किये जा चुके कपड़े थे। मैराथन के दिन दौड़ने के लिए मैं ख़ास तौर पर छोटे साइज़ का शॉर्ट्स पहनता था, क्योंकि मैंने अनुभव किया था कि दौड़ के अंतिम दस किलोमीटर के दौरान जाँघों पर सामने से हवा लगने पर बहुत सुकून मिलता था। जूतों के फीते मैं थोड़े ढीले बाँधता था। एक बार मुझे बीच में रुककर उन्हें ढीला करना पड़ा था, क्योंकि टाइट बँधे होने से मुझे पैरों में ब्लड सर्कुलेशन कम होता जान पड़ा। मैं बता ही चुका हूँ कि जूता मैं कम से कम आधा साइज़ बड़ा पहनता था, ताकि उँगलियों को आगे–पीछे जाने की स्पेस मिले अन्यथा वे भीतर से जूते की दीवार पर टकराकर दर्द करने लगती थीं। जूते की क्वॉलिटी को लेकर मैं जीवनभर समझौता नहीं करने वाला था, क्योंकि पहले दिल्ली की आई.डी.बी.आई. फुल मैराथन और बाद में टाटा अल्ट्रा रन के दौरान पुराने टाइट जूते ने मेरा क्या हाल किया, मैं यह देख ही चुका था। मैं घर से निकलने के बाद पानी भी बहुत कम पीने वाला था। दो साल पहले पानी ज़्यादा पी लेने की वजह से मुझे मैराथन शुरू होने के पाँच मिनट के अन्तराल में ही ब्लेडर के प्रेशर से मज़बूर होकर सड़क किनारे मोबाइल टॉइलेट की शरण जाना पड़ा था और इस प्रक्रिया में मेरे पाँच बेशक़ीमती मिनट बर्बाद हो गये थे। जहाँ एक–एक सेकण्ड का हिसाब हो, वहाँ पाँच मिनट खो देना बहुत बड़ा जुर्म था। इसीलिए इस बार मैं पानी की घूँट बहुत सतर्क होकर ले रहा था।

इस बार वीगन डाइट के कारण भी मेरा हौसला बढ़ा हुआ था। मैं कुछ ऐसा कर रहा था, जिसे मैंने पहले कभी नहीं किया था। इसीलिए मेरा मन कह रहा था कि इस बार मुझे ऐसा परिणाम मिलने वाला था, जैसा पहले कभी नहीं मिला था। मैं पिछले वर्षों में दौड़ी गयी मैराथनों में की गयी एक–एक ग़लती को याद कर रहा था और अपनी दौड़ की योजना में उन्हें निरस्त करता जा रहा था। शुरू में तेज़ दौड़ने की ग़लती मैंने लगभग हर बार की थी। मैं उसे इस बार हरगिज़ दोहराना नहीं चाहता था। पर मुझे गति को लेकर बहुत बारीक सन्तुलन साधने की ज़रूरत थी। क्योंकि शुरू में गति के ज़्यादा कम हो जाने का अपना अलग जोखिम था। तब बाद में आपको गति बढ़ानी पड़ती है और तब शरीर में इतनी ताक़त नहीं रहती कि वह आपकी इच्छा के मुताबिक़ गति बढ़ा सके।

इस बार हम सुबह सवा चार बजे तक आज़ाद मैदान पहुँच गये थे। गाड़ी में मैं, अमित प्रतिहारी, अनुपम, अमित डालमिया और गौतम दास साथ थे। इस बार हम सब अपने–अपने इनक्लोजर से दौड़ने वाले थे। मुझे सबसे पहला इनक्लोजर मिला था, अनुपम का भी पहला ही इनक्लोजर था, पर बाकी लोगों का इनक्लोजर पीछे था। ये इनक्लोजर हमारे पिछले साल दौड़ी मैराथन के प्रदर्शन के आधार पर मिलते हैं। पिछले साल मैं महज 3 मिनट से चार घण्टे से कम समय में मैराथन पूरी करने से रह गया था। मुझे 'ए' इनक्लोजर मिला था। मैदान में पहुँचकर हम सबने एक साथ वॉर्म–अप किया।

मैंने अकेले ही 'ए' इनक्लोजर से मैराथन शुरू की। भीड़ इस बार ज़्यादा थी। स्टार्ट लाइन क्रॉस करने तक तीन मिनट लग गये। मैंने स्टार्ट लाइन क्रॉस करते हुए ही गारमिन घड़ी का टाइम शुरू किया। अब मुझे अपनी घड़ी के मुताबिक़ दौड़ना था। मेरा लक्ष्य था कि मुझे चार घण्टे से पहले फिनिश लाइन क्रॉस करनी थी। मैंने रेस की शुरुआत में ही अपने साथ कॉमरेड मैराथन दौड़ चुके पैडी को देख लिया था। वह चार घण्टे वाली बस का पेसर था। मेरे पास एक विकल्प यह था कि मैं पैडी की बस में सवार हो जाता।

पैडी बहुत तेज़ दौड़ता था। कॉमरेड मैराथन में भी उसने अपनी स्पीड से सबको हैरान करते हुए दस घण्टे से कम समय में रेस पूरी करने का कारनामा करके दिखाया था। मैंने कुछ दिनों पहले ही एक 30 किलोमीटर के प्रैक्टिस रन के दौरान पैडी के ग्रुप के साथ रनिंग की थी और यह देखकर बहुत प्रभावित हुआ था कि पैडी सबको तय समय के भीतर वापस ले आया था। अगर मैं उसकी बस में सवार हो जाता, तो मुझे ख़ुद स्पीड और टाइम का हिसाब रखने की ज़रूरत न थी। लेकिन कहते हैं न कि दूध का जला छाछ भी फूँक–फूँककर पीता है। पिछले आठ सालों में मुझे इतनी तरह के धोखे मिल चुके थे कि इस बार मैं अपने अलावा किसी और पर भरोसा नहीं करना चाहता था।

मैंने योजना बनाई थी कि शुरू में गति कम रखनी है और शरीर को धीरे–धीरे ही गर्म होने देना है, इसलिए मैंने पैडी और उसके ग्रुप को शुरू में आगे निकलने दिया। पहला कि.मी. मैंने 6 मिनट में पूरा होने दिया। दूसरा 5 मिनट 50 सेकंड्स में और तीसरा 5 मिनट 40 सेकण्ड्स में। अब मैं समंदर के साथ दौड़ रही सड़क यानी मरीन ड्राइव पर आ गया था। इस सड़क पर आते ही समन्दर की ओर से आती हवा चेहरे पर टकराती है और एक गहरा सुकून आपकी शिराओं में उतरता महसूस होता है। अगर ठण्डी हवा चेहरे पर टकराती महसूस नहीं होती, जैसा कि पिछले साल हुआ था, क्योंकि उस रोज़ उमस बहुत ज़्यादा थी, तो एक चालाक रनर को यहीं से अपनी रणनीति बदलते हुए पहले हाफ़ में अपनी गति कम कर देनी चाहिए। पिछले साल मैंने ऐसा नहीं किया था और उसका दुष्परिणाम भुगता भी था। पर इस बार दक्षिण मुम्बई की संकरी सड़कों से बाहर निकल मरीन ड़ाइव की खुली सड़क पर आते ही मैंने साफ़ तौर पर अपने चेहरे पर ठण्डक महसूस की और ऐसा करते ही मैं मुस्करा उठा। इस बार पिछले साल जैसा उमस भरा मौसम नहीं है। यानी मैं पहले हाफ़ में भी अपनी गति बनाये रख सकता था। मरीन ड्राइव पर आते ही अपने आप गति में इज़ाफ़ा हो जाता है। इसकी दो वजहें हैं–

पहली कि यहाँ पहुँचते–पहुँचते एक साथ दौड़ रहे रनर्स की भीड़ छँट जाती है और आपको दूसरों से टकराकर गिरने का डर कम हो जाता है। दूसरी यह कि यहाँ पहुँचकर चेहरे से जो समन्दर से आ रही हवा टकराती है, वह आपके उत्साह को बढ़ा देती है और अनायास ही आपकी गति बढ़ जाती है। मरीन ड्राइव पर आयोजकों की ओर से रनर्स को प्रोत्साहित करने के लिए एक से बढ़कर एक बैंड आमन्त्रित किये गये होते हैं, जिनके द्वारा बजाई जा रही पॉपुलर उत्साहवर्धक फ़िल्मी गानों की धुनों पर पैर अपने आप थिरकने लगते हैं। ये बैंड भी कहीं न कहीं रनर्स के खून में अतिरिक्त जोश भरने का काम करते हैं और यही जोश उनकी तेज़ गति में रूपान्तरित होता है। मैंने न जाने कितनी बार कितने ही रनर्स को बैंड की इन धुनों पर अचानक तेज़ गति से दौड़ते देखा है और कुछ किलोमीटर के बाद उन्हें फिर से हाँफते हुए पीछे छूटते पाया है। साफ़ था कि इस अनुभव के साथ मैं ख़ुद बैंड की धुन पर गति को ज़्यादा बढ़ाने जैसी बचकानी ग़लती नहीं कर सकता था। मैंने चौथा कि.मी. 5.30 मिनट के पेस पर पूरा किया। अब मैं लगभग यही पेस बनाये रखना चाहता था। मरीन ड्राइव पर मैं न जाने कितनी बार अपने अभ्यास के दौरान दौड़ चुका था। मैं इस सड़क के हर हिस्से से वाकिफ था कि कहाँ पर वह उबड़–खाबड़ है, कहाँ एकदम समतल है, कहाँ सावधानी बरतने की ज़रूरत है और कहाँ बिन्दास दौड़ लगा सकते हैं। मरीन ड्राइव ख़त्म होते–होते मेरा शरीर पूरी तरह गर्म हो चुका था और अब भीतर से ऊर्जा फूटकर बाहर आने को बेचैन हो रही थी। यही वह समय था, जब मुझे ख़ुद को सबसे ज़्यादा नियंत्रित करने की ज़रूरत थी। फुल मैराथन में लगभग 8 किलोमीटर से लेकर 18 किलोमीटर तक की दूरी किसी भी रनर को सबसे ज़्यादा आनन्द देती है, क्योंकि इसी दौरान कई दिनों के आराम से फ़्रेश पैरों की मांसपेशियाँ गर्म होकर तेज़ दौड़ने पर सबसे ज़्यादा आमादा होती हैं। उनमें अभी थकान के चलते लेमिृक एसिड बनना शुरू नहीं हुआ होता। बाबुलनाथ मन्दिर के क़रीब से गुज़रते हुए मैं कुछ आगे से

शुरू होने वाली चढ़ाई को लेकर अलर्ट था कि वहाँ मैंने अपनी ऊर्जा को बचाना है। पिछले साल मैंने इस चढ़ाई पर तेज़ दौड़ने की ग़लती की थी। कॉमरेड मैराथन ने मुझे चढ़ाई का सम्मान करना सिखाया था। इसी चढ़ाई पर मुझे एक बार फिर पैडी की 4 घण्टे वाली बस दिखायी दी। इस बस को देखने से ही मेरे कलेजे में सुकून उतर आता था। मुझे इस बस के साथ ही अपनी मैराथन पूरी करनी थी। इस मैराथन का मेरा यही लक्ष्य था। मुकेश अम्बानी के घर एंटीलिया के ठीक सामने पहुँचने पर मैंने पाया कि मेरी गति अपने आप बढ़ रही है। मैंने कुछ देर पहले ही पहला एनर्जी जैल लिया था। उसकी ऊर्जा शायद भीतर अपना असर दिखा रही थी। मैंने ख़ुद को ज़्यादा कंट्रोल नहीं किया और पेडर रोड की ढलान पर मेरे पैर सरपट भागते चले गये। पैडी की बस को मैंने पीछे छोड़ दिया था। हाजी अली दरगाह के सामने पहुँचने के बाद ही मेरी गति थमी, क्योंकि यहाँ से बहुत धोखेबाज़ चढ़ाई शुरू हो जाती है। यह चढ़ाई इतनी बारीक है कि दिखती नहीं। लेकिन मैं उस सड़क पर हज़ारों बार दौड़ चुकने के अपने अनुभव से जानता था कि यहाँ से क़रीब एक किलोमीटर आगे तक चढ़ाई है और उसके बाद अगले पाँच सौ मीटर ढलान है। उस ढलान पर जितना तेज़ भागना है, भाग लो। दरअसल फिर वरली सी–लिंक तक एक बार फिर दिखायी न पड़ने वाली धोखेबाज चढ़ाई आ जाती है और वहाँ से तो सी–लिंक ही शुरू हो जाता है, जिसकी चढ़ाई नंगी आँखों से भी साफ़–साफ़ देखी जा सकती है।

पेडर रोड पर पैडी की 4 घण्टे की बस को पीछे छोड़ने के बाद से मेरे दिमाग़ के पिछवाड़े से एक राहत का भाव रिसता हुआ शरीर में उतर रहा था और मेरी गति को बनाये रखने को निरन्तर मुझे प्रोत्साहित कर रहा था। मैं अपने शरीर के भीतर होने वाले बदलावों के प्रति बहुत सतर्क था और रह–रहकर इस बात की जाँच कर रहा था कि कहीं मेरे पैरों में ज़्यादा लैक्टिक एसिड तो नहीं जमा हो रहा। पैरों में थकान को आप दौड़ते हुए महसूस कर सकते हो। मुझे अब तक रत्ती भर भी थकान महसूस नहीं हो रही थी।

लेकिन मैं अपनी गति को संयमित करने की लगातार कोशिश कर रहा था। पिछले सालों की ग़लतियों से मैंने जितने सबक सीखे थे, उन सभी को आज मैं लागू कर रहा था – इस उम्मीद में कि इस बार मैं उस गोल्डन सब फोर क्लब का हिस्सा बन जाऊँ, जिसके लिए मैं पिछले पाँच सालों से इतनी कोशिश कर रहा था। मैं औसतन 5.30 मिनट की पेस पर दौड़ रहा था। इस पेस पर दौड़ने का मतलब था कि मैं हाफ़ मैराथन क़रीब 1 घण्टा 56 मिनट में तय करता और बाकी की हाफ़ मैराथन के लिए मेरे पास 2 घण्टा 4 मिनट का समय बाकी रहता। वरली सी–लिंक में प्रवेश करते हुए मुझे सुबह का सबसे ख़ूबसूरत नजारा दिखता था। यह मैराथन का गोल्डन टाइम होता था, क्योंकि दाहिनी ओर समुद्र के पार से सूर्योदय दिखायी पड़ता। सूर्य की स्वर्णिम किरणें समुद्र के पानी में प्रतिबिम्बित होकर पूरे वातावरण को ही सुनहरा बना देती थी। इस वक़्त तक पैरों में लैक्तिक एसिड का प्रभाव दिखना शुरू नहीं हुआ होता था, इसलिए हर धावक प्रकृति के उस मनोरम दृश्य को अपने भीतर जज्ब करता। मैंने यहाँ भी कई लोगों को खुश होकर अचानक गति बढ़ाते देखा था। जिस साल (पाँच साल पहले) मैंने सिगरेट पीने के बावज़ूद 4 घण्टे 20 मिनट में मैराथन पूरी की थी, उस साल मैं सी–लिंक के आख़िरी हिस्से से लेकर अगले दस किलोमीटर तक जादुई रफ़्तार के साथ दौड़ा था। मुझे आज तक अपना इतनी तेज़ गति से दौड़ लेना किसी रहस्य सरीखा ही लगता है। मैं जल्दी ही उस जगह पहुँचने वाला था, जहाँ से मैंने पाँच साल पहले दौड़ने की गति बढ़ाई थी। सी–लिंक का तीन–चौथाई हिस्सा चढ़ाई वाला था। इस हिस्से में मेरी पेस घटकर 5.45 मिनट प्रति किलोमीटर हो गयी थी। पर मुझे इसकी चिन्ता नहीं थी। मैं किसी तरह पहला हाफ़ 1 घण्टे 56 मिनट से पहले कर लेना चाहता था। मैं जानता था कि पैडर रोड की ढलान पर मैं 5 की पेस पर भागा था। जैसे ही सी–लिंक की चढ़ाई ख़त्म हुई, मेरी मांसपेशियों की याददाश्त जाग उठी और मेरी गति स्वतः स्फूर्त तरीके से बढ़ने लगी। मैं कुछ ही पलों में हवा से बातें कर रहा था।

मेरा 18वाँ किलोमीटर 5 मिनट 25 सेकंड्स में पूरा हुआ। 19वाँ 5 मिनट 20 सेकण्ड्स में और 20वाँ 5 मिनट 15 सेकण्ड्स में। लेकिन हाफ़ मैराथन की लाइन पार करते हुए मैंने पाया कि मुझे हाफ़ पूरा करने में 1 घण्टा 57 मिनट लग गया था। यह समय देखकर कुछ पलों के लिए मेरा मन बैठ गया। मुझे लग रहा था कि मैं 1 घण्टा 55 मिनट में आधी दूरी पूरी कर लूँगा। ये दो मिनट मुझे अन्त में भारी पड़ सकते हैं। मैं यही सोच–सोचकर परेशान हो रहा था।

लगभग हर साल ही हाफ़ मैराथन पूरी करने के 3–4 किलोमीटर आगे जाकर एक ऐसा बिन्दु आता था, जब अचानक 42 किलोमीटर असम्भव दूरी लगती थी। मैं इसी बिन्दु पर पहुँचकर अपनी फ़ौज की ट्रेनिंग को याद कर अपने भीतर उत्साह भरता था। पिछले साल तो हाफ़ मार्क के तुरन्त बाद हम पस्त हो गये थे। आधी दूरी पर रखे गये इलेक्ट्रॉनिक उपकरणों के बीच से बीप की ध्वनि सुनते हुए ही मैंने गारमिन घड़ी में समय चैक कर लिया था और बहुत सतर्क होकर अपने पैरों में उतरी थकान का जायजा लिया था। मैं थक चुका था। मैंने साफ़ महसूस किया। मैंने थोड़ी ही दूरी पर सड़क के किनारे से बर्फ के पानी में रखा मोटा स्पंज उठाकर जब ठण्डा पानी अपने चेहरे पर और गर्दन के पीछे लगाया, तो उससे बड़ा सुकून मिला। लेकिन यह सुकून ज़्यादा देर तक साथ नहीं दे सका। क्योंकि चाहने और ज़ोर लगाने पर भी मैं देख रहा था कि मेरे पैरों में गति नहीं उतर पा रही। और फिर 22वें किलोमीटर में वही हुआ, जिसका मुझे शुरू से ही डर था। मैंने देखा कि पैडी की 4 घण्टे की बस मुझे एक ओर छोड़कर आगे निकल गयी। मैंने कुछ दूरी तक उस बस को पकड़ने की कोशिश की, पर नाक़ामयाब रहा। इतनी लम्बी दूरी की दौड़ का नियम ही यही है कि अगर शरीर में ताक़त नहीं, तो आप चाहकर भी नहीं दौड़ सकते। मैंने पीछे से पैडी को बस के बीचोंबीच सरपट दौड़ते हुए देखा। वह यूँ दौड़ रहा था, जैसे उसे जरा भी ज़ोर न लगाना पड़ रहा हो। उसके आजू–बाजू वाले बहुत उन्नत क्लास के धावक लग रहे थे। मेरे मन में निराशा भर रही थी।

मैं उस निराशा में ख़ुद से बुदबुदाया – चार घण्टे से कम समय में मैराथन करने वाले अलग ही क्लास के रनर होते हैं कैप्टन साहब। आपके वश की बात नहीं यह। ऐसा बुदबुदाते हुए मैं गहरी निराशा में लगभग रो ही पड़ा था। मैं अगले दो किलोमीटर तक इसी निराशा से भरा हुआ दौड़ता रहा। मेरा ख़ुद पर से भरोसा ख़त्म हो रहा था। इस दौरान पैडी की बस मुझसे क़रीब दो सौ मीटर आगे निकल चुकी थी। मेरी आँखों के सामने ही जहाज डूब रहा था। मैं गति को बढ़ाने में ख़ुद को अक्षम पा रहा था। मुझे यक़ीन नहीं हो रहा था कि इस बार भी मेरे साथ वही सब हो रहा है, जो हर साल हुआ है। मेरे पास इस बार भी लोगों को बताने को वही पुरानी कहानी रहने वाली थी। मैं दौड़ते हुए सोच रहा था और शर्म से गड़ा जा रहा था। मेरी हालत उस बल्लेबाज की तरह थी, जो चार बार शून्य पर आउट हो गया था। पर टीम मैनेजमेंट ने उस पर भरोसा दिखाकर उसे एक और मैच खेलने को दिया। अच्छा परफॉर्म करने के लिए उसने दिन–रात मेहनत की थी। नेट पर रात–रात भर बैटिंग की। लेकिन मैच में वह पहली ही बॉल पर आउट हो गया। पूरा स्टेडियम उसे देख रहा है, करोड़ों लोग उसे टी.वी. पर देख रहे हैं। उसे भरोसा नहीं हो रहा कि वह सचमुच आउट हो गया है। पैवेलियन तक पहुँचते–पहुँचते उसके मन में जितने और जैसे नेगेटिव ख़याल उठ सकते हैं, मेरे मन में भी अभी दौड़ते हुए वैसे ही नेगेटिव ख़याल उठ रहे थे। मैं एक तरह से अपनी हार स्वीकार कर रहा था।

क्या आप लोगो ने गौर किया है कि कोई भी प्राणी मरने से पहले एक अन्तिम बार ज़ोर से तड़पता है। उस तरह तड़पने के लिए जाने कहाँ से शरीर में ताक़त आ जाती है। मैं भी हार को सौ फ़ीसदी स्वीकार करने से पहले एक आख़िरी बार दम लगाना चाहता था, क्योंकि मुझे लगता था कि अगर इस बार भी मैं चार घण्टे के कम समय में नहीं कर पाया, तो मैराथन दौड़ने का ही कोई मतलब नहीं रह जाता। मैंने यह भी सोचा कि हर साल इतने सारे लोग सब–4 मैराथन करते हैं। उन लोगों में मुझसे भी बड़ी उम्र के लोग होते हैं।

ऐसा करना असम्भव तो बिलकुल नहीं है। कुछ बात है, जो मैं समझ नहीं पा रहा। कोई ग़लती है, जो मैं बार–बार कर रहा हूँ। मैंने दो–चार लम्बी साँसें भरीं। एक एनर्जी जैल निकालकर खाया। पानी के दो घूँट भरे और दर्द भरे पैरों के साथ गति बढ़ा दी। मैं क़रीब 5.50 की पेस से 5.30 की पेस पर आ गया। शरीर में थकान ऐसी थी कि इस पेस पर मुझे लगा कि जैसे मैं स्प्रिंट लगा कर दौड़ रहा हूँ। मैंने 25वाँ किलोमीटर 5.25 की पेस में पूरा किया। अब मुझे आँखों से ओझल होने को आयी पैडी की बस दिखने लगी थी। उस बस के दिखते ही जाने क्या हुआ कि अचानक थकान जैसे भाप बनकर उड़ गयी। अब मैं सड़क पर उड़ रहा था। अपने रनिंग करने की स्टाइल को देखते हुए मुझे समझ आ रहा था कि मैं अपनी कोर मसल्स का इस्तेमाल करते हुए दौड़ रहा हूँ। यह एक बहुत शुभ संकेत था। इसका अर्थ था कि अब भी शरीर में ताक़त बची हुई थी। कुछ देर पहले ही जो शरीर निराशा की भावना के बीच पूरी तरह शक्तिहीन लगता था, वही अब जोश और उत्साह में बेहिसाब ताक़त से भरा हुआ लग रहा था। मैंने इसी स्पीड में पैडी की बस को पार किया। बाजू से निकलते हुए मैं उत्साह में ज़ोर से चिल्लाया – *कम ऑन पैडी कॉमरेड, सी यू एट द एंड!*

मुझे कॉमरेड मैराथन की याद आ रही थी। वहाँ भी आख़िरी सात किलोमीटर मैं जादुई ताक़त के साथ दौड़ा था। अब मुझे हू–ब–हू वही ताक़त महसूस हो रही थी। इस दौरान मुझे पहला डोज मिला, जब मैंने अमित प्रतिहारी को क्रॉस किया। वह मुझे अब तक कहीं नहीं दिखा था। कॉमरेड मैराथन में सिर्फ़ वह था, जिसने मुझसे चार मिनट पहले मैराथन पूरी की थी। लेकिन मुम्बई मैराथन में वह पिछले चार साल से हमेशा मुझसे पीछे ही रहा था। वह मुझसे उम्र में 11 साल छोटा था। ज़ाहिर है, उसमें मुझसे ज़्यादा स्टेमिना था। लेकिन मुम्बई मैराथन में स्टेमिना के साथ इच्छाशक्ति बहुत अहम भूमिका निभ. ाती है। मैं अब इच्छाशक्ति से गले तक भरा हुआ था। मैंने उसकी पीठ पर धौल मारा और थोड़ी स्पीड बढ़ाते हुए आगे निकल गया।

यहाँ से मैं बमुश्किल दो किलोमीटर आगे पहुँचा होऊँगा, जब मुझे 28 किलोमीटर में अनुपम गुहा दिखायी दिया। वह न जाने कितनी बार इसी दूरी के आसपास मुझे पीछे छोड़कर आगे निकला है। आगे निकलते हुए वह हमेशा जय बदरी विशाल का नारा लगाता था। यह गढ़वाल राइफ़ल्स का युद्धघोष था। उसके पिता इसी पलटन में थे। पलटन में पिता के साथ रहते हुए जुबाँ पर इस युद्ध घोष का चढ़ जाना स्वाभाविक ही था।

किसी तरह का प्रतिशोध लेने के भाव से नहीं पर अति उत्साह में अनुपम से आगे निकलते हुए मेरे मुँह से भी आज जय बदरी विशाल का घोष निकला। आगे निकलने के बाद मैंने पीछे मुड़कर नहीं देखा, क्योंकि मुझे उसकी ज़रूरत ही नहीं महसूस हुई। मैं वाकई बहुत तेज़ गति के साथ आगे बढ़ रहा था। मुझे ख़ुशी इस बात पर हो रही थी कि अचानक मेरी सारी थकान ग़ायब हो गयी थी। मैं घड़ी देखकर समय का हिसाब लगा रहा था और हिसाब लगाते हुए हर बार मुस्करा उठता था क्योंकि जिस गति से मैं दौड़ रहा था, उसके मुताबिक़ तो मैं 3 घण्टा 50 मिनट में ही मैराथन पूरी करने वाला था। अन्त में थोड़ा ज़ोर लगाने पर टाइम 3 घण्टा 45 मिनट भी आ सकता था। ऐसा हो जाता, तो मेरी सोसायटी ओएस में तो भूचाल ही आ जाता। किसी का फुल मैराथन इतनी तेज़ दौड़ना वहाँ सबके लिए कल्पनातीत था। मुझे यह बात भलीभाँति समझ आ रही थी कि यह जो मैं अचानक इतनी तेज़ दौड़ने लगा था और मेरी थकान जो ग़ायब हो गयी थी, यह मेरे अवचेतन मन की शक्ति का कमाल था। मैंने इस साल इतनी बार ख़ुद को यूँ तेज़ दौड़ते हुए विजुअलाइज किया था और वह इस क़दर मेरे अवचेतन मन का हिस्सा बन गया था कि अब यूँ तेज़ दौड़ना मुझे बहुत सामान्य लग रहा था। मेरी *कोर मसल्स* पूरी तरह एक्टिव थी। सिर हल्का–सा ऊपर की ओर खिंचा हुआ। मेरे दोनों हाथ बराबर आगे–पीछे जाते हुए। पैर एकदम मिडफुट पर गिरते। नाक से साँस लेना नाक से साँस छोड़ना। मैं बीच–बीच में मछली की तरह मुँह खोलकर भी साँस ले रहा था।

हाफ़ मैराथन की दूरी लाँघने के दो किलोमीटर बाद तक मैं जिस गहरी निराशा में चला गया था, उसका अब कहीं नामोनिशाँ न था। 29वाँ किलोमीटर करने के बाद मैं जब यू–टर्न लेकर वरली सी फेस की ओर मुड़ा, तो कुछ आगे जाने पर मैंने ऊपर से पहले अनुपम को और उसके कुछ पीछे अमित प्रतिहारी को आते हुए देखा। दोनों की गति ऐसी नहीं लगी कि मुझे उनसे कोई ख़तरा महसूस हो। उन्हें देखकर मैंने अपनी स्पीड थोड़ी–सी और बढ़ा दी। मैंने घड़ी देखी, तो अभी इतना समय था कि इस गति से दौड़ते रहता, तो 3 घण्टे 50 मिनट में तो आराम़ से मैं रेस पूरी करने वाला था। हालाँकि मुझे पेडर रोड की चढ़ाई का थोड़ा मनोवैज्ञानिक डर था, क्योंकि मैं वहाँ पहुँचने तक इतना थक जाता रहा कि लगभग हर साल ही मुझे उस पर पैदल चलना पड़ा है। पर आज मेरा वह मनोवैज्ञानिक डर भी पस्त पड़ रहा था, क्योंकि मैं हिसाब लगा रहा था कि अगर पेडर रोड की चढ़ाई पर पैदल चलना भी पड़ा, तो भी मेरे सिर्फ़ दो मिनट ही बर्बाद होंगे। मैं तब भी 4 घण्टे से लगभग 8 मिनट पहले मैराथन पूरी करने वाला था। मेरा मन ख़ुशी से फूला नहीं समा रहा था। हालाँकि मैं मन में बहुत गहरे इस बात को लेकर बहुत सजग भी था कि शरीर में कहीं कोई गड़बड़ न हो। अभी 12 किलोमीटर की दूरी बाकी थी और 12 किलोमीटर बहुत लम्बी दूरी होती है। कहीं कुछ गड़बड़ हो गई, तो 4 घण्टे क्या 5 घण्टे में भी मैराथन पूरी न होती। इसीलिए मैं पूरे शरीर को लेकर सतर्क था। जूतों के भीतर मेरे पैरों में कहीं जूता नहीं काट रहा था। यही बहुत बड़ा सुकून था। मेरे शरीर की त्वचा कहीं से छिली नहीं थी। मेरी गर्दन और पीठ में भी बहुत ज़्यादा दर्द नहीं हो रहा था। सबसे बड़ी बात थी कि मेरे कन्धे अकड़ नहीं गये थे, जैसा कि लम्बी दौड़ में अमूमन मेरे साथ होता है। लेकिन सब कुछ ठीक होने के बावज़ूद मेरे मन में कहीं एक डर था कि कही मुझे कुछ हो न लाए। मैं देख रहा था कि कोशिश करने के बाद भी वह डर जाने का नाम नहीं ले रहा था। और 32वें किलोमीटर पर वह डर सच में बदल गया!

किसी और के साथ ऐसा होता है या नहीं, लेकिन मेरे साथ होता है। जब कभी जीवन में बहुत बड़ी ख़ुशी हाथ आने वाली होती है, तो ऐसा होने से ठीक पहले मन में एक डर सिर उठाने लगता है कि ख़ुशी के हकीकत बनने से पहले कुछ ग़लत न हो जाये। दौड़ते हुए आज मेरे लिए इससे बड़ी ख़ुशी की कोई और वजह नहीं हो सकती थी कि मैं 4 घण्टे से कम समय में मैराथन पूरी कर लूँ। मैंने छह साल पहले यह सपना देखा था और इसे यथार्थ में बदलने के लिए कोई कसर बाक़ी न छोड़ी थी। 32वें किलोमीटर तक आते–आते मैं वरली सी–लिंक के क़रीब आ चुका था। इस सड़क पर मैं जाने कितनी बार रनिंग की प्रैक्टिस कर चुका था। यहाँ से मुझे अपनी स्पीड को बनाये रखकर बस अपनी साँस पर ध्यान देते हुए दौड़ना था। 10 किलोमीटर अगर मैं 60 मिनट में भी पूरी करता, तो भी 4 घण्टे से पाँच मिनट पहले ही रेस पूरी कर लेता। लेकिन ठीक तभी मेरे बायें पैर की पिंडली यानी काफ मसल में एक मांसपेशी ने बाहर की ओर झाँका। मैं उसकी टीस महसूस करते ही समझ गया था कि यह बहुत गम्भीर मामला बन सकता है। मैंने तुरन्त अपनी गति कम कर ली। मैं अपने अनुभवों से जानता था कि मेरे काफ की मसल बुरी तरह थक चुकी है और इस तरह वह विद्रोह कर रही है। वह नहीं चाहती कि मैं दौड़ता रहूँ। मैं उसे बहुत प्यार से मनाना चाहता था। मैं क़रीब तीन सौ मीटर तक बेहद धीमे दौड़ा। ऐसा करके मैं अपनी काफ मसल को उल्लू बना रहा था। धीरे दौड़ने से वह शान्त हो जाने वाली थी और तब मैं बहुत आहिस्ता से अपनी गति को बढ़ाने वाला था। मैंने जब गति बढ़ाई, तो कुछ देर तक काफ मसल में कोई टीस न उठी। पर मैं दम साधे हुए था क्योंकि दोबारा टीस के उठने का मतलब था कि मामला वाकई ज़्यादा गम्भीर है और काफ मसल मानने वाली नहीं। मेरी ख़ुशी को गायब होने में देर नहीं लगी। अचानक पहले से बड़ी, मोटी, भारी और गहरी टीस उठी। इतनी गहरी कि मुझे रुक जाना पड़ा और मेरा बायाँ हाथ काफ मसल के उस हिस्से को दबाने लगा, जहाँ अभी–अभी एक मछली

उभरकर गुम हुई थी। मेरे चेहरे पर घबराहट उभर आयी थी। मैंने एक बार फिर अपनी गति कम कर दी। मैंने 33वाँ किलोमीटर क़रीब 6.30 मिनट में पूरा किया। यह बहुत ही ख़तरनाक संकेत था। मैंने हिसाब लगाया कि अगर इसी गति से दौड़ा, तो मैं 4 घण्टे से ज़्यादा समय में फिनिश लाइन क्रॉस करूँगा। ऐसा ख़याल आते ही मैंने बेपरवाह होकर अपनी गति बढ़ा दी। पर ये क्या कि गति बढ़ाई नहीं, काफ पर माँस फूलकर एक ओर उभर आया। मैं असहनीय पीड़ा से भरकर सड़क पर ही बैठ गया। दर्द ने मेरे पसीने छुड़ा दिये। उफ! ये क्या था? मुझे समझ नहीं आया। मैंने बैठकर पूरी काफ मसल की दोनों हाथों से मालिश की। जहाँ वह मांस का गोला उठा था, उसे अच्छी तरह दबाया। एक मिनट तक मैं काफ की मालिश करने में ही था। इस बीच मैंने एक और एनर्जी जैल निकालकर खाया। संयोग से सड़क किनारे मुझे रिफ्रेशमेंट स्टॉल पर नमक लगा सन्तरा मिल गया था। मैंने संतरे की दो फाँकें नमक में डुबोकर निगल लीं। क्रैंप आने की एक बड़ी वजह शरीर में पानी और नमक की कमी होती है। पसीना बहुत बह जाने से शरीर में पानी और नमक दोनों की मात्रा कम हो जाती है। बहुत से लोग नमक की कैप्सूल लेकर चलते हैं। मैंने इस तरह से नमक की कभी प्लानिंग नहीं की थी। लेकिन नमक लगे सन्तरे की दो फाँक लेने का मुझे फ़ायदा ज़रूर हुआ। मैं थोड़ी लचक के साथ ही सही, पेडर रोड की चढ़ाई तक बिना रुके दौड़ता रहा। हालाँकि मेरे दौड़ने की गति अब बहुत कम हो गयी थी। पर मैं लगातार दूरी और समय की गणना करते हुए दिमाग़ में हिसाब कर रहा था कि मैं 4 घण्टे में मैराथन पूरी करूँ। मुझे वह मुश्किल सही, पर असम्भव नहीं लग रहा था।

मैं शरीर से तो सीधा दौड़ रहा था, पर मेरा मन तरंग की गति की तरह ऊपर–नीचे हो रहा था। एक पल मुझे लगता कि मैं 4 घण्टे से पहले रेस पूरी कर लूँगा, दूसरे पल ही वह असंभव जान पड़ता। जब मुझे वह असंभव जान पड़ता, तो मैं ज़ोर लगाकर अपनी गति बढ़ाता। लेकिन जैसे ही कुछ मीटर दौड़ता, पिंडली की मांसपेशी

कराह मारती हुई उठ खड़ी होती और मुझे तुरन्त अपनी गति पर ब्रेक लगाना पड़ता। दिलचस्प यह था कि मेरे बाक़ी शरीर में इस बार आश्चर्यजनक रूप से कहीं कोई दर्द या तक़लीफ़ नहीं थी। दो साल पहले तक लोअर बैक में जो करंट उठता था, उसे मैं लगभग भुला ही चुका था। पीठ और कन्धे अकड़ जाते थे, पर इस बार वहाँ भी कोई दर्द न था। पिछले साल गर्दन में क्रैंप आना शुरू हो गये थे और मुझे उसे एक ख़ास कोण पर बनाये रखते हुए दौड़ना पड़ा था, पर इस बार वह भी दुरुस्त थी। मेरी तकलीफ़ के केन्द्र में बेतरह बगावत पर उतरी बायें पैर की काफ मसल थी, जिसमें रह–रहकर मरोड़ उठ रही थी। मैं अपनी अधिकतम सम्भव गति से दौड़ रहा था, ऐसी गति जो क्रैंप आने से रोके रखे। लेकिन जब भी बचे हुए समय और दूरी की गणना से मुझे लगता कि 4 घण्टे से कम में पहुँचना मुश्किल हो रहा है, मैं अपनी गति बढ़ाने की कोशिश करता और कुछ ही मीटर दौड़ने के बाद पैर पकड़ कर बैठ जाता।

मैं समय और दूरी की गणना में उलझा हुआ ही मरीन ड्राइव पहुँचा। मैराथन शुरू करते हुए इस सड़क पर आने से जो ख़ुशी मिलती थी, जितनी गति बढ़ती थी, लौटते हुए यह सड़क उतनी मनहूस लगती थी और गति भी उत्तरोत्तर कम होती चली जाती थी। मेरी हालत उस विमान चालक की तरह थी, जिसे इंजन में ख़राबी के चलते विमान धीरे भी उड़ाना है, लेकिन ख़त्म होते ईंधन को ख़याल में रखकर जल्दी भी लैंड करवाना है। मरीन ड्राइव पर एक बार फिर बैंड वालों की जोश बढ़ाने वाली धुनें सुनने को मिलीं। उनकी धुनों पर एक बार फिर मैंने अपने सामने जा रहे रनर्स को अचानक अपनी गति बढ़ाते देखा। उन्हें देख मेरे होंठों पर फीक़ी–सी मुस्कान आयी। मैं मुस्कराया, क्योंकि मैं चाहकर भी गति नहीं बढ़ा पा रहा था। मुझे यही डर लग रहा था कि अगर गति बढ़ाने पर काफ मसल पलटकर दोहरी हो गयी, तो दौड़ना क्या मेरा चलना भी मुहाल हो सकता था। इसीलिए मुझे बहुत फूँक–फूँककर स्पीड बढ़ाने का जोखिम लेना पड़ रहा था। मेरी पेस अब 6.30 मिनट प्रति किलोमीटर पर आ गयी थी।

39वें किलोमीटर तक पहुँचते हुए मुझे लगा कि 4 घण्टे से पहले पहुँचना मुश्किल है। मेरा रोने का मन हुआ। मैंने महसूस किया कि मेरी आँखों से होंठों तक नमकीन पानी की एक रेख बन चुकी है। पता ही नहीं चला कि कब मेरे आँसू बहने शुरू हुए। मैंने अपनी मुट्ठियाँ भींचने की कोशिश की। ओह, यह मुझसे नहीं हो पा रहा! मैंने बेआवाज़ रोते–रोते ख़ुद से कहा आँखों से आँसुओं की दो और बूँदें गालों से ढुलककर होंठों पर तिरने लगीं। एक बार फिर मेरे दिल में एक भारीपन उतर रहा था। मैं निराशा की गिरफ्त में जाने लगा था। मेरी दाहिनी ओर से रह–रहकर रनर्स मुझसे आगे जा रहे थे। मुझसे युवा और मुझसे ज़्यादा उम्र के, दोनों ही वय के रनर्स।

तभी मेरे दिमाग़ में विचार कौंधा कि किसी रनर को पकड़ लेता हूँ। मेरे बगल से उस वक़्त मुझसे क़रीब दस साल युवा दिखता एक नौजवान निकल रहा था। उसके क़दमों और रनिंग के ढंग को देख लग रहा था कि उसमें काफ़ी ऊर्जा बची हुई है। मैं उसके पाँच क़दम पीछे दौड़ने लगा। ऐसा मैं पहले भी कई बार कर चुका था। अपनी स्पीड बढ़ाने का यह गज़ब का नुस्खा था। मैं बगल से आगे निकल गये इस धावक से पाँच मीटर की दूरी तो नहीं बनाये रख सका, पर मैं पिछले 39 वें किलोमीटर की तुलना में अपना 40वाँ किलोमीटर 15 सेकंड तेज़ दौड़ा था। मामला अब मिनटों का नहीं सेकण्डों का रह गया था। 41 वें किलोमीटर के दौरान मुझे महसूस हुआ कि पैर बहुत भारी हो गये हैं। जिस रनर के पीछे मैं दौड रहा था, वह न जाने कहाँ गायब हो गया। मेरे पैर कोशिश करने पर भी ज़्यादा नहीं उठ पा रहे थे। मैं एक तरह से उन्हें घसीट ज़्यादा रहा था। एड़ियों में बेपनाह दर्द उतर आया था। ख़ासकर **बायें** पैर की एड़ी दर्द से भरी हुई थी, क्योंकि काफ मसल पर **लोड क्रम** डालने के लिए मैं एड़ी पर ज़्यादा दौड़ रहा था। 41 वें किलोमीटर का टाइम जब घड़ी में आया, तो मैंने अपने दिल में घबराहट की धमक सुनी। मैं यह किलोमीटर 25 सेकंड धीमे दौड़ा था। मैंने घड़ी में टाइम देखा, अब यहाँ से 1.195 किलोमीटर की दूरी शेष थी और घड़ी के मुताबिक़

4 घण्टे से कम समय में पूरा करने के लिए मेरे पास क़रीब साढ़े पाँच मिनट बचे थे।मेरे सामने सबसे बड़ी चुनौती यह थी कि मैं कैसे सन्तुलन बनाकर दौड़ूं। ख़तरा अब भी यही था कि कहीं काफ मसल में ऐसा क्रैंप न उठ जाए कि मेरे लिए चलना भी मुश्किल हो जाये।

टाटा अल्ट्रा मैराथन के अपने अनुभव से मैं भलीभाँति जानता था कि मसल के साथ ज़्यादा खेला नहीं जा सकता। वह अपने पर आ गई, तो आपको दौड़ने की इजाज़त ही नहीं देगी। एक किलोमीटर बहुत लम्बी दूरी होती है। पैदल एक किलोमीटर चलने में 11–12 मिनट लग जाते हैं। मैंने अपनी गति बढ़ाने की कोशिश की– बहुत थोड़ी–सी। तभी पिंडलियों में मरोड़ बढ़नी शुरू हुई। मैंने थोड़ी और गति बढ़ायी। मरोड़ और बढ़ गयी। मैंने गति कम कर ली। पूरी काफ बेतरह कड़क हो गयी थी। मुझे लग रहा था कि मैं कुछ सेकण्ड्स से अपना लक्ष्य पाने से चूक जाऊँगा। एक बार फिर मेरी आँखों से लाचारी के आँसू ढुलक पड़े। कैसी विडंबना थी कि मैं तेज़ दौड़ सकता था, पर नहीं दौड़ पा रहा था। किसी रनर के साथ इससे बड़ी कोई त्रासदी नहीं हो सकती थी।

यह फिनिश लाइन के पाँच सौ मीटर पहले था, जब मैंने फ़ैसला किया कि अब अगर काफ की मांसपेशी फूलकर पलट भी जाती है, तो भी मैं रुकने वाला नहीं। मैं तेज़ दौड़ूँगा चाहे मुझे एक टाँग पर ही क्यों न दौड़ना पड़े, क्योंकि अभी अगर मैं तेज़ नहीं दौड़ा, तो महज़ कुछ सेकंड्स से अपना लक्ष्य पाने से वंचित रह सकता हूँ और यह बात मुझे साल भर सताती रह सकती है। मैंने गति बढ़ानी शुरू की। बायें पैर की काफ मसल को मेरे दिमाग़ ने सिग्नल दे दिया था कि तू कुछ भी कर ले, अब ये रुकने वाला नहीं। छह साल से इसे रोका हुआ है। मैं इसकी ज़िद के सामने नत–मस्तक हूँ। मेरे दिमाग़ ने मेरे सम्मुख समर्पण कर दिया था। मैंने अपनी कोर मसल्स को थोड़ा टाइट किया। सिर को हवा में थोड़ा ऊपर की ओर ताना। कदमों में गति भरी। जल्दी ही मैंने एक लय पकड़ ली। बायें पैर की काफ मसल का दर्द पीछे छूट रहा था। जैसे रेल में सफ़र करते

यात्री को छोड़ने आये क़रीबी लोग दूर हाथ हिलाते दिखते हैं और एक बिन्दु के बाद ग़ायब हो जाते हैं, वैसे ही काफ की मसल का दर्द दूर होता जा रहा था। एक बिन्दु के बाद वह ग़ायब हो गया। मैंने पाया कि मैं पूरी दुनिया से कट गया हूँ। मुझे सिर्फ़ अपने पैरों में उतर आयी लय महसूस हो रही थी। साँस के भीतर–बाहर जाने की लय के साथ पैरों की लय मिल गयी थी। अब मैं, मेरा शरीर और मेरा मन, सब एक लय में आ चुके थे। कहीं से कोई आहट नहीं आ रही थी। कोई विचार नहीं चल रहा था। वहाँ सिर्फ़ दौड़ना था। मैं अब मैं नहीं रह गया था। मैं एक दौड़ में रूपान्तरित हो चुका था। वह एक विचारशून्य दौड़ थी। मैं इस तरह जीवन में कभी नहीं दौड़ा था। मैं अपने शरीर की एक–एक मांसपेशी के प्रति गहरी कृतज्ञता से भरकर दौड़ रहा था। मैं किसी लक्ष्य को पाने के लिए नहीं, बल्कि सिर्फ़ दौड़ने के लिए दौड़ रहा था। मैं उस आख़िरी 500 मीटर के दौरान जैसे किसी ट्राँस में चला गया था। बेसुध। अब मैं शरीर और शरीर के दर्द से ऊपर उठ गया था। मैं मानो उस मनःस्थिति में अपने शरीर से बाहर निकल आया था। यही वह साक्षी भाव था शायद, जिसकी योगीजन बात करते हैं। मैं शरीर के प्रति अनासक्ति से भर गया था। मैं उसे साक्षी भाव के साथ देख रहा था। मैं देख रहा था कि वहाँ शरीर ही नहीं बचा रह गया था। वहाँ तो सिर्फ़ दौड़ना था। शरीर तब लौट के आया, जब मुझे फिनिश लाइन पर लगे बड़े इलेक्ट्रॉनिक पैनल पर घड़ी की लाल सुइयाँ दिखीं। समय था–8.59.20। मेरे दिमाग़ ने तुरन्त गणना की। पाँच बजे मैराथन शुरू हुई थी और अभी 9 नहीं बजा था। यानी मैंने आख़िरकार 4 घण्टे से कम समय में फुल मैराथन दौड़ने का अपना सपना पूरा कर लिया था। मैं अब 52 साल की उम्र में इलीट समझे जाने वाले सब–4 ग्रुप का सदस्य बन चुका था।

फिनिश लाइन के पार जाने के बाद मुझे लगा कि अचानक शरीर बहुत हल्का हो गया है। कुछ ही देर में मेरे पास ऑफिशल एस.एम.एस. आ गया था। मैंने मैराथन 4 घण्टे से कम समय में पूरी कर ली थी।

मेरा टाइम था 3.59.24 यानी मैंने 36 सेकंड्स पहले मैराथन पूरी कर ली थी। ऐसा करते हुए मैं दौड़ में संभवतः परम समाधि को पा गया था, क्योंकि आख़िरी 500 मीटर की दौड़ का अनुभव इतना दिव्य, इतना अलौकिक था कि उसे शब्दों में बयाँ करना मुमकिन नहीं। मैं समय और शरीर दोनों के बाहर निकल गया था। वह एहसास, वह अनुभूति हमेशा मेरे साथ बने रहने वाली थी। मेरे पीछे–पीछे ही पैडी, अमित प्रतिहारी और अनुपम गुहा ने भी रेस पूरी की। वे मेरे बाद आये। पर उन्होंने भी सब–4 में ही फिनिश किया। उन्होंने स्टार्ट लेट किया था, इसलिए लेट फिनिश करके फर्क नहीं पड़ा। ओएस से सब–4 मैराथन करने वाले हम तीन लोग ही थे। इस बार मैं पूरी तरह वीगन डाइट के साथ दौड़ा था। मुझे समझ आया था कि मेरा सबसे बड़ा मेंटल बैरियर हाफ़ मैराथन की दूरी के बाद अगले दस किलोमीटर के दौरान शरीर में उतरी थकान को भुलाकर न दौड़ पाना था। मुझे उस थकान की परवाह न करते हुए तेज़ दौड़ना था, जैसा कि मैंने आज किया था। दूसरा सबक यह था कि मैं यह न मानकर चलूँ कि शारीरिक तकलीफ़ें दूसरों के लिए ही थीं, मेरे लिए नहीं। पिछले तीन सालों में लगभग हर साल ही मुझे मसल्स में क्रैंप का दर्द झेलना पड़ा था। क्रैंप से बचने के लिए बीच–बीच में नमक के कैप्सूल मुँह में रखना कोई बुरा विकल्प नहीं था।

मैं अब सोच रहा था कि आने वाली मैराथन में अब अपने लिए कोई लक्ष्य निर्धारित किये बिना ही दौड़ूँ, जैसा कि कई रनर्स बोलते रहते हैं। ऐसा करने से दौड़ने का ज़्यादा आनन्द लिया जा सकता है। मैंने ये विचार अपने कॉमरेड के साथियों से साझा किया। हम अब एक साथ 70 किलोमीटर की खारदूंगला अल्ट्रा मैराथन दौड़ने की तैयारी कर रहे थे। मुम्बई की एक उजली और सुन्दर सुबह साथ दौड़ते हुए मैंने जब यह बात उनसे कही, तो वे हँसे। उनमें से एक बोला – कैप्टन कितना भी बड़ा मोंक बनने का दावा करे, पर मुझसे लिखकर ले लो, वह बिना टारगेट के रनिंग कर ही नहीं सकता। उसमें प्रतिस्पर्धा कूट–कूटकर भरी हुई है।

मैंने पूरे यक़ीन के साथ कही गयी यह बात सुनकर मन ही मन सोचता हूँ – अब इन्हें कैसे समझाऊँ कि प्रतिस्पर्धा तो है, परन्तु अब वह ख़ुद से ही है। मैं अब किसी और से नहीं बल्कि ख़ुद से जीतना चाहता हूँ। अगली बार जब भी मुम्बई मैराथन होगी, मैं उस 3.59.24 के समय को बेहतर करने के लिए ही दौड़ रहा हूँगा!

ख़ुद से जीतने की कोशिश करने का ये सिलसिला तो साँस रहने तक चलता रहेगा। यही तो जीवन है। ख़ुद से जीत ही सबसे बड़ी जीत है।

6 साल की सख़्त ट्रेनिंग और दर्दभरे इन्तज़ार के बाद आखिरकार 2020 की टाटा मुम्बई मैराथन में 4 घण्टे से कम समय में अपने मैराथन दौड़ने के लक्ष्य को हासिल करने के बाद ख़ुशी में रेस फिनिश करने के कुछ क्षण पहले लेखक सुन्दर चन्द ठाकुर और साथ में रेस की टाइमिंग का ऑफ़िशल सर्टिफिकेट जिसके मुताबिक उन्होंने यह रेस 3 घण्टे, 59 मिनट और 24 सेकण्ड में पूरी की।

❐❐